LE FINANCEMENT DU DÉVELOPPEMENT LOCAL PAR LES COLLECTIVITÉS TERRITORIALES AU MALI

El-Hadji Boubacar TOURÉ

LE FINANCEMENT DU DÉVELOPPEMENT LOCAL PAR LES COLLECTIVITÉS TERRITORIALES AU MALI

Sénégal
L'Harmattan

10 VDN, Sicap Amitié 3, lot. Cité Police Dakar, Sénégal

senharmattan@gmail.com
senlibrairie@gmail.com

ISBN : 978-2-336-60342-1
EAN : 9782336603421

DÉDICACES

Je dédie ce modeste travail à :

- **Mes défunts parents :**

Feu El-Hadji Boubacar Touré, mon père ;

Feue Halimatou Tamboura, ma mère ;

- **Mon épouse :**

Dalanda Tamboura, mon épouse ;

REMERCIEMENTS

Je remercie tout d'abord Messieurs le Professeur *Eloi DIARRA* et *Abdoul Aziz Daba KÉBÉ* d'avoir bien voulu diriger ma thèse de doctorat, *pour leur admirable générosité scientifique,* de toutes leurs heures, jours, longues discussions, conseils et critiques toujours constructives durant toutes ces années. Je les remercie, enfin, de leur implication et de leur bienveillance qui ont permis la réalisation de ce travail.

Je souhaite également remercier :

- *Ma famille (mes frères, sœurs, oncles et tante) ;*
- *Le professeur Cheick Amala Touré, Doyen de la Faculté des Sciences Administratives et Politiques (FSAP) de l'USJPB ;*
- *Mes collègues de l'Université des Sciences Juridiques et Politiques de Bamako ;*
- *Mes amis et mes proches pour leur soutien indéfectible ;*
- *Et tous ceux qui, de près ou de loin, ont participé à sa réalisation.*

SIGLES ET ABRÉVIATIONS

(Liste non exhaustive, seules les abréviations essentielles ont été reportées)

ACDI	: Agence Canadienne de Développement International
AdP	: Association des Professionnels du Développement Urbain et de Coopération
ADR	: Agence de Développement Régional
AFD	: Agence Française de Développement
AJDA	: Actualité Juridique Droit Administratif
AN	: Assemblée Nationale
ANICT	: Agence Nationale d'Investissement des Collectivités Territoriales
Ann. Af	: Annales Africaines
APCAM	: Association Permanente des Chambres d'Agriculture du Mali
APUL	: Administrations Publiques Locales
Art.	: Article
ASACO	: Association de Santé Communautaire
BAD	: Banque Africaine de Développement
BIT	: Bureau International du Travail
CCL	: Cellule Combustible Ligneux
CDI	: Commission du Développement Institutionnel
CDLR	: Comité Directeur des Autorités Locales et Régionales
CE	: Conseil d'État
CERDI	: Centre d'Études et de Recherches en Développement International
CESAG	: Centre Africain d'Études Supérieures en Gestion
CFCT	: Centre de Formation des Collectivités Territoriales
CFE	: Cotisation Foncière des Entreprises

CGCT	: Code Général des Collectivités Territoriales
CGI	: Code Général des Impôts
CGS	: Comité de Gestion Scolaire
CL	: Collectivités Locales
CMDT	: Compagnie Malienne pour le Développement des Textiles
CNRS	: Centre National de la Recherche Scientifique
CODESRIA	: Conseil pour le Développement de la Recherche en Sciences Sociales en Afrique
coll.	: Collection
CSCOM	: Centre de Santé Communautaire
CSREF	: Centre de Santé de Référence
CT	: Collectivités Territoriales
DDHC	: Déclaration des Droits de l'Homme et du Citoyen
DGTCP	: Direction Générale du Trésor et de la Comptabilité Publique
DGCT	: Direction Générale des Collectivités Territoriales
DGI	: Direction Générale des Impôts
DGF	: Dotation Globale de Fonctionnement
DNPIA	: Direction Nationale des Industries et Production Animale
EDJA	: Éditions Juridiques Africaines
ENA	: École Nationale d'Administration
EPL	: Établissements Publics Locaux
EPT	: Éducation Pour Tous
FNACT	: Fonds National d'Appui aux Collectivités Territoriales
FAEF	: Fonds d'Appui à l'Enseignement Fondamental
FCFA	: Franc de la Communauté Financière Africaine
FDD	: Fonds de Dotation de la Décentralisation
FED	: Fonds Européen de Développement
FENU	: Fonds d'Équipement des Nations Unies
FICT	: Fonds d'Investissement des Collectivités Territoriales
FMI	: Fonds Monétaire International
GAJA	: Grands Arrêts de la Jurisprudence Administrative

GAR : Gestion Axée sur les Résultats

GDCC : Grandes Décisions du Conseil Constitutionnel

GERSDA : Groupe d'Études et de Recherches en Sociologie et Droit Appliqué

GIZ : Deutsche Gesellschaft für Internationale Zusammenarbeit (Bureau de la Coopération Allemande au Développement)

GRALE : Groupement de Recherches sur l'Administration Locale en Europe

IER : Institut d'Économie Rurale

IRF : Impôt sur les Revenus Fonciers

ITS : Impôt sur les Traitements et Salaires

LGDJ : Librairie Générale de Droit et de Jurisprudence

LOLF : Loi Organique relative aux Lois de Finances

MSFP : Manuel de Statistiques de Finances Publiques

NEA : Nouvelles Éditions Africaines

OECD : Organisation de Coopération et de Développement Économiques

OHADA : Organisation pour l'Harmonisation en Afrique du Droit des Affaires

OMD : Objectifs du Milliaire pour le Développement

ONG : Organisation Non Gouvernementale

RPM : Recettes Perceptions Municipales

PACT : Programme d'Appui aux Collectivités Territoriales

PARAD : Programme d'Appui à la Réforme Administrative et à la Décentralisation

PASSIP : Programme d'Appui au Sous-secteur de l'Irrigation de Proximité

PCSCS : Pacte de Convergence, de Stabilité, de Croissance et de Solidarité

PDESC : Programme de Développement Économique, Social et Culturel

PDSSC : Plan de Développement Socio-Sanitaire de Cercle

PDSU : Programme de Développement Social Urbain

PIB	: Produit Intérieur Brut
PISE	: Programme d'Investissement du Secteur de l'Éducation
PNIP	: Programme National d'Irrigation de Proximité
PPP	: Partenariat Public – Privé
PPTE	: Pays Pauvres Très Endettés
PRG	: Président de la République de Guinée
PRODEC	: Programme Décennal de Développement de l'Éducation
PTF	: Partenaire Technique et Financier
PUF	: Presse Universitaire de France
RDP	: Revue de Droit Public
RFFP	: Revue Française de Finances Publiques
RM	: République du Mali
SAFIC	: Système d'Analyse Financière et Institutionnelle des Collectivités Locales
SCN	: Service de Conservation de la Nature
SP	: Service Public
SGG	: Secrétariat Général du Gouvernement
SSP	: Soins de Santé Primaires
TDRL	: Taxe de Développement Régional et Local
TEB	: Taxe Environnementale sur le Bois
TFPB	: Taxe Foncière sur les Propriétés Bâties
TFPNB	: Taxe Foncière sur les Propriétés Non Bâties
TLB	: Taxe Locale sur le Bois
TRI	: Taux de Rentabilité Interne
TSCG	: Traité sur la Stabilité, la Coordination et la Gouvernance
TVA	: Taxe sur la Valeur Ajoutée
UCAD	: Université Cheikh Anta Diop de Dakar
UCAO	: Université catholique de l'Afrique de l'Ouest
UEMOA	: Union Économique et Monétaire Ouest Africaine.
vol.	: Volume

SOMMAIRE

INTRODUCTION

Le désir du constituant malien d'assentiment au principe de la décentralisation, avec comme finalité la recherche d'une autonomie de gestion à leurs collectivités territoriales, ne fait l'ombre d'aucun doute. Ainsi, au Mali comme dans la plupart des États francophones d'Afrique[1] (Cameroun, Côte d'Ivoire, Sénégal...). Le constituant et le législateur n'ont pas épuisé d'impétuosité pour consacrer le principe de l'autonomie financière des collectivités territoriales, admis comme un des piliers incontournables de la décentralisation.

Mais, en dépit de la consécration solennelle de la libre administration des collectivités territoriales, l'autonomie financière des entités locales demeure encore un horizon lointain. Déjà dans sa formulation de principe, ce désir apparaît obstrué par des controverses doctrinales sur ses composantes majeures[2].

D'une part, les éléments indispensables à une autonomie financière pleine et entière ne sont pas clairement déterminés. Là où on assiste à un effort de détermination de ces éléments, ils restent insuffisamment réunis. Dans tous les cas, les autorités locales ne disposent pas d'un véritable pouvoir de décision en la matière. Elles se trouvent largement dépendantes de l'autorité centrale.

Dans les faits, d'autre part, les collectivités territoriales en Afrique se trouvent limitées par l'insuffisance de ressources propres, nécessaires à

---

[1] L'Afrique francophone désigne tous les États d'Afrique ayant la langue française en partage. Le français d'Afrique est le nom générique des variétés de français parlées par environ 140 millions d'Africains dans 31 pays et territoires d'Afrique francophone en 2018. Cela comprend ceux qui parlent le français comme première ou deuxième langue dans ces 31 pays et territoires d'Afrique francophone. Le français est une langue introduite en Afrique avec la colonisation par la France et par la Belgique. Ces francophones d'Afrique forment maintenant la partie la plus importante de la Francophonie. Les pays francophones représentent près de la moitié des pays africains pour un tiers de la population du continent africain, et parmi ce tiers, environ un tiers est francophone, ce qui fait qu'un Africain sur neuf parle français. Donnée prise sur Wikipédia, consulté le 20 janvier 2021.

[2] Sur cette question, voir : R. HERTZOG, *« L'ambiguë constitutionnalisation des finances locales »*, Actualité juridique, Droit administratif, mars 2003, p. 548 ; voir aussi J. C. MAITROT, *Recherches sur la notion d'autonomie financière en droit public*, Thèse, Paris I, 1972, p. 119 et également E. KIENDREBEOGO, *L'autonomie financière de l'Assemblée nationale*, Mémoire de fin d'études, Ecole Nationale des Régies financières, Burkina Faso, 2003 ;

leur émancipation vis-à-vis du pouvoir central. Cet obstacle majeur sera amplifié par les contrôles étroits que ces collectivités subissent, tant de la part de l'administration générale que de celle des juridictions financières et administratives. Cette régulation est appelée tutelle[3].

L'expression « financement » est en vogue depuis la crise économique de 2008, elle est de plus en plus au cœur des débats sur les capacités des États en voie de développement. Cela est dû au rôle primordial qu'elle joue dans un État démocratique désireux de se développer. Longtemps, l'État a été le point focal du développement. Par la notion d'État, il s'agit de « *L'État est la forme habituelle, dans les sociétés dites développées, de l'organisation du pouvoir politique. Il est le cadre à l'intérieur duquel naissent et se développent les règles constitutionnelles.* »[4]. Dans la plupart des pays qualifiés de « modernes », l'État est le cadre du pouvoir politique, ou l'institutionnalisation du pouvoir politique. Elle implique un choix d'agencement institutionnel qui, dans un pays comme le Mali, a été fortement orienté par un principe, le principe de l'unité et de l'indivisibilité de l'État, impliquant le recours au type d'État unitaire[5].

---

[3] En droit français, la tutelle administrative est une forme de pouvoir exercé par une personne morale de droit public, appelée autorité de tutelle, sur une autre : collectivité publique, établissement public ou établissement privé d'intérêt public. Le pouvoir de tutelle comprend l'ensemble des moyens de contrôle réglementaires dont dispose cette autorité sur l'entité sous tutelle, en vue de la maintenir dans le respect de la loi, et de faire prévaloir un intérêt public supérieur. (TOCQUEVILLE, *Anc. Rég. et Révol.*, 1856, p. 110). La notion de tutelle administrative est inspirée de la tutelle civile, la personne morale soumise à la tutelle étant en quelque sorte considérée comme mineure. Depuis les lois de décentralisation, le contrôle hiérarchique ne s'exerce plus sur les collectivités territoriales de la France. Il est remplacé par la tutelle administrative. Celle-ci concerne donc certains établissements publics et groupements d'intérêt public (GIP). Wikipédia, https://fr.wikipedia.org/wiki/Tutelle_administrative consulté le 14/03/2020.

[4] Michel Verpeaux, Droit constitutionnel : théorie générale de l'État, Leçon n° 1 : L'État et le pouvoir politique, Université Numérique Juridiques Francophone, 2013, p. 2.

[5] La structure unitaire ou simple est la forme d'État la plus répandue, car la plupart des États sont organisés selon le modèle unitaire : Mali, Sénégal, France, Espagne, etc. L'État unitaire s'articule autour du principe de l'unité. Le pouvoir au sein de la sphère étatique procède « *d'un centre d'impulsion unique* » (BURDEAU) : l'État lui-même qui est le seul centre de décision et d'animation. L'État est, en quelque sorte, « *le maître des lieux* » sur son territoire et sa population. Il transmet sa volonté uniformément sur tout son territoire et sur toute sa population qui est soumise à un même et unique pouvoir.

L'État unitaire ne partage pas sa souveraineté avec une quelconque entité vivant sur son territoire. En effet, il est considéré comme un tout indifférencié uniforme et homogène sur lequel vient se projeter son autorité. À travers son appareil, il investit, structure, quadrille et recrée ce territoire en espaces administratifs correspondant à des circonscriptions

L'État peut partager la gestion des affaires publiques en créant les collectivités territoriales dotées de la personnalité juridique, auxquelles sera confiée la gestion des affaires locales des personnes publiques ; l'État se réservant les affaires nationales[6]. À ce procédé correspond la décentralisation.

La centralisation et la décentralisation posent le problème du partage de la gestion des affaires publiques entre l'État et les collectivités qui lui sont subordonnées[7].

La décentralisation est potentiellement l'une des plus importantes innovations politiques et institutionnelles intervenues en Afrique à la suite de la récente généralisation des processus démocratiques. À l'instar de la

---

administratives locales qui constituent les cadres d'application des politiques nationales. Il en résulte que l'État est un dans sa structure avec une organisation unique qui ne comporte qu'un seul appareil de politique qui satisfait à toutes les fonctions étatiques. L'appareil d'État est unique. Il est constitué d'un seul exécutif, d'un seul parlement, d'une seule organisation juridictionnelle et d'un seul ordonnancement juridique dont le ressort s'étend sans différenciation à l'ensemble du territoire. En conséquence, il n'existe qu'une seule organisation politique et juridique incarnée par un seul centre d'impulsion doté de la plénitude de sa souveraineté et exprimant sa volonté uniforme pour toutes les parties du territoire. Le pouvoir politique dans l'État unitaire appartient aux seules autorités mises en place par la Constitution. L'État peut créer des collectivités secondaires, auxquelles il peut attribuer plus ou moins de compétences. Seulement, ces collectivités lui sont subordonnées. Elles doivent leur existence à la *« loi étatique »* qui peut les transformer ou même à la limite les supprimer. Le modèle unitaire est essentiellement vertical en raison de la hiérarchisation des rapports juridiques que l'État entretient avec les collectivités infra-étatiques.

L'État est un dans son élément humain. Il étend ses tentacules sur tout son territoire sans que se trouvent admises des différences entre les personnes soumises à sa juridiction. Ses décisions obligent tout le monde conduisant ainsi à une *« homogénéité du pouvoir »* dans le cadre d'une collectivité unifiée, prise globalement.

[6] Les domaines nationaux sont des domaines où l'État intervient. Ce sont des affaires étatiques, sauf s'il y a une habilitation législative en faveur des autorités locales. Le problème de la détermination des affaires nationales est attaché à celui de l'organisation administrative de l'État. Ces affaires constituent en effet un élément essentiel de l'organisation de l'administration territoriale de l'État. Mais la question cruciale, pour une décentralisation territoriale plus authentique (ou non), est la répartition des compétences entre l'État et les collectivités territoriales. C'est-à-dire la distinction entre les affaires locales qui relèvent de la compétence des autorités locales et les autres affaires nationales qui relèvent de la compétence de l'administration de l'État (centrale ou déconcentrée). Les domaines nationaux où l'État intervient sont des affaires étatiques, sauf s'il y a une habilitation législative en faveur des autorités locales.

[7] Elhadji MBDJ, cours droit constitutionnel, Université Catholique de l'Afrique de l'Ouest, p. 45

France depuis 1946, plusieurs pays d'Afrique francophone reconnaissent, pour la 1re fois dans leurs Constitutions[8], l'existence des collectivités territoriales décentralisées à deux ou trois niveaux[9], comme entités

---

[8] La Constitution du 14 avril 1996 (Tchad) Titre XI : Des collectivités territoriales décentralisées- Art. 203. Les collectivités territoriales décentralisées sont dotées de la personnalité morale. Leur autonomie financière, patrimoniale, économique, culturelle et sociale est garantie par la Constitution.

La Constitution du 10 décembre 1990 (Benin) Titre X des collectivités territoriales Art 150. -Les collectivités territoriales de la République sont créées par la loi ; Art. 151. - Ces collectivités s'administrent librement par des conseils élus et dans les conditions prévues par la loi ; Art. 152. -Aucune dépense de souveraineté de l'État ne saurait être imputée à leur budget.

La Constitution du 22 janvier 2001 (Sénégal) Titre XI Des collectivités locales Art. 102. — Les collectivités locales constituent le cadre institutionnel de la participation des citoyens à la gestion des affaires publiques. Elles s'administrent librement par des assemblées élues. Leur organisation, leur composition et leur fonctionnement sont déterminés par la loi.

La Constitution de la République du Tchad : Art 209 « *L'État veille au développement harmonieux de toutes les collectivités territoriales décentralisées sur la base de la solidarité nationale* ».

Acte fondamental du 24 octobre 1997 (Congo) Art. 169. Les collectivités locales de la République du Congo sont déterminées par la loi. – Art. 170. Les collectivités locales ont la personnalité juridique. Elles jouissent de l'autonomie administrative, patrimoniale, financière, économique, culturelle et sociale ;

La constitution du 18 septembre 1992 (Madagascar) Titre VII : Des responsabilités et des principes d'autonomie effective des collectivités territoriales décentralisées- Art. 125. Les collectivités territoriales décentralisées, dotées de la personnalité morale et de l'autonomie financière, constituent le cadre institutionnel de la participation effective des citoyens à la gestion des affaires publiques et garantissent l'expression de leur diversité et de leurs spécificités. – Art. 127. Les collectivités territoriales s'administrent librement par des assemblées qui règlent par leurs délibérations les affaires dévolues par la présente Constitution et la loi à leur compétence. Ces délibérations sont exécutoires de plein droit dès leur publication. Toutefois, elles ne peuvent pas être contraires aux dispositions constitutionnelles, législatives et réglementaires.

[9] - La constitution du 18 janvier 1996 du Cameroun Titre X : Des collectivités territoriales décentralisées- Art. 55 (1) Les collectivités territoriales décentralisées de la République sont les régions et les communes. Tout autre type de collectivité décentralisée est créé par la loi.

- La Constitution centrafricaine du 5 décembre 2004, Art. 102 : Les Collectivités Territoriales de la République Centrafricaine sont les régions et les communes Elles ne peuvent modifiées que par la loi.
  D'autres catégories de Collectivités Territoriales peuvent être créées par la loi.
- La Constitution de la Côte d'Ivoire du 23 juillet 2000, Art. 120 : Les Collectivités territoriales sont les régions et les communes.

juridiques autonomes faisant partie intégrante de leurs territoires. Certaines lois fondamentales révisées de ces pays commencent en général par une disposition liminaire commune qui proclame le caractère « *unitaire et décentralisé* » de la République[10]. Mais le cas malien est atypique, il n'y a rien de tel dans la Constitution malienne du 25 février 1992. Cette Constitution se contente de deux articles seulement, à savoir les articles 97 et 98[11] qui énoncent les principes juridiques communs à toute décentralisation territoriale, notamment la personnalité morale de droit public, la libre administration au profit des conseils élus et dans les conditions fixées par la loi. La grande nouveauté réside dans l'affirmation, en plus, du principe de l'autonomie des collectivités territoriales (CT). Au Mali, par exemple, cette autonomie se décline en autonomie juridique (personnalité morale), autonomie administrative et financière pour la gestion des intérêts régionaux et locaux.

Selon C. EISENMANN, pour tenter de donner plus d'éclaircissement à la notion de décentralisation. Juridiquement, cela n'est possible que lorsqu'on détermine et définit des notions connexes à la décentralisation comme : déconcentration, centralisation, libre administration.

- La Constitution congolaise du 20 janvier 2002, Art. 174 : Les collectivités locales de la République du Congo sont le département et la commune. Les autres collectivités locales sont créées par la loi.
- La Constitution guinéenne, Art. 88 (Révisée par le Décret D/2002/48/PRG/SGG du 15 mai 2002, promulguant la Loi constitutionnelle adoptée par référendum du 11 novembre 2001, JO du 10 mai 2002) : L'organisation territoriale de la République est constituée par les circonscriptions territoriales et les collectivités locales. Les circonscriptions territoriales sont les régions, les préfectures, les quartiers et districts. Les collectivités locales sont les communes urbaines et les communautés rurales de développement. La création des circonscriptions territoriales, leur réorganisation et leur fonctionnement relèvent du domaine réglementaire. La création des collectivités locales et leur réorganisation relèvent de la loi.

[10] Loi constitutionnelle du Cameroun ; Art. 1er (nouveau), Loi constitutionnelle de la France.

[11] Ainsi, au terme du titre XI de la loi fondamentale de la troisième République, la loi de création et l'administration des collectivités territoriales relèvent de la loi (art. 97) ; et encadre leur libre administration (98).

Contrairement à certains doctrinaires de droit constitutionnel[12] et du droit administratif[13], nous pensons que c'est nécessaire de définir la centralisation avant d'aborder toute autre notion.

Ainsi, A. de LAUBADERE indiquait : « *Il convient donc d'analyser en premier lieu cette théorie de la centralisation et de la décentralisation. À cette fin, il est pratiquement utile de partir de la seconde de ces notions pour lui opposer la première* »[14]. Ainsi, il est compréhensible que les deux concepts soient opposés dans un sens large.

D'après une analyse de la définition donnée par M. HAURIOU, la centralisation administrative consiste en « *la création d'une centrale de coordination et d'unification dans l'administration de l'État grâce à l'existence d'un personnel hiérarchisé* »[15].

Pour sa part, la notion de décentralisation, soutient J. RIVERO, consisterait pour les collectivités dans le « *pouvoir de gérer leurs intérêts propres* »[16]. Mais, à partir de cela, la doctrine débat non plus de la définition du pouvoir mais de la notion d'affaires locales, même si les auteurs s'accordent pour dire que le critère de celle-ci est introuvable[17] ou encore que « *la notion d'affaires locales n'a guère de signification* »[18]. La décentralisation marquerait seulement une tendance à écarter le pouvoir du centre[19] et ainsi, selon M. WALINE, « *décentraliser, c'est retirer des pouvoirs à l'autorité centrale pour les transférer à une autorité de compétence moins générale* »[20]. C. GUETTIER aborde dans le même sens quasiment lorsqu'il note que : « *la décentralisation apparaît comme une*

---

[12] P. ARDANT, Institutions Politiques et Droit Constitutionnel, LGDJ 1990, p. 30 ; cf. G. BURDEAU, Droit Constitutionnel et Institutionnel Politiques, LGDJ 19e édition 1980, p. 54 ; voir également A. HAURIOU et L. SFEZ Institutions Politiques et Droit Constitutionnel, éditions Montchrestien 1972, p. 64.

[13] R. CHAPUS, Droit Administratif Général, Montchrestien 4e édition 1988, p. 260 ; cf. L. ROLLAND, Précis de Droit Administratif, Dalloz 10e édition nouveau tirage 1953, p. 142 ; voir aussi G. VEDEL, Droit Administratif, PUF, 7e édition 1980, p. 812 ; voir également M. WALINE, Droit Administratif, Sirey 1959, p. 266.

[14] A. de LAUBADERE, Traité élémentaire de Droit Administratif, Tome 1, LGDJ 3e édition 1963, p. 85.

[15] M. HAURIOU, Précis élémentaire de droit administratif, Sirey 1938, p. 40.

[16] J. RIVERO, la décentralisation, problème et perspectives ; études janvier 1990, p. 46.

[17] J. CHAPUISAT, *« les affaires communales »,* AJDA 1976, p. 471 du même auteur la notion d'affaires locales LGDJ 1972.

[18] Y. MENY, Centralisation-décentralisation dans le débat politique français, LGDJ 1974, p. 28.

[19] J. RIVERO, Droit administratif ; édition Dalloz 1980, 9e édition, p. 315.

[20] M. WALINE, Droit Administratif, édition Sirey, 8e édition 1958, p. 266.

modalité d'exercice de l'autorité à l'intérieur du système administratif beaucoup plus radicale et politique que la déconcentration. Elle donne une certaine liberté politique accordée aux citoyens »[21]. Pour T. MICHALON, « *la décentralisation procède de la reconnaissance par le pouvoir central de l'existence, au sein de la nation, d'intérêts parcellaires distincts des intérêts de celle-ci "les affaires locales", susceptibles d'être érigées en centres de décision administrative distincts de l'État lui-même* »[22].

La décentralisation prône la liberté, surtout celle des collectivités territoriales. La Révolution française en a fourni de nombreuses démonstrations : « *laissez aux communes le pouvoir de régler elles-mêmes leurs propres affaires en tout ce qui ne tient pas essentiellement à l'administration générale de la République* »[23], s'écriait Robespierre à la convention, le 10 juin 1793, et Hérault-Séchelles, dans son rapport sur le second projet de Constitution, déclarait lors de la séance du 10 juin 1793 : « *Pouvions-nous ne pas conserver les municipalités, quelques nombreuses qu'elles soient ? Ce serait une ingratitude envers la révolution et un crime contre la liberté* »[24]. De son côté, D. DIOP la définit par rapport à sa finalité, c'est-à-dire la réalisation du développement. Ainsi, « *la décentralisation pourrait être donc un élément favorisant un processus de développement local* »[25].

Ces différentes tentatives de définition mettent davantage en évidence la complexité du concept, qu'elles ne permettent de parvenir à une définition consensuelle. Ce constat ne donne-t-il pas raison à P. MAHON qui énonçait que « *la notion de décentralisation se résume difficilement à une formule* ? »[26]. Malgré la diversité des formules proposées en l'espèce, il est au moins clair que la majorité des auteurs s'accordent sur l'objectif de la décentralisation qui est « *de donner aux collectivités territoriales de*

---

[21] C. GUETTIER, *Institutions administratives,* Paris, Dalloz, 1990, p. 107. Voir également O. GOHIN, *Institutions administratives*, 7e édition, coll. « *Manuels* », Paris, LGDJ, 2016.

[22] T. MICHALON, *La décentralisation : les régimes d'administration locale*, Editions Syros/Alternatives, Paris, avril 1988, p. 15.

[23] M. ROBERSPIERRE, Choix de rapports, opinions et discours à la tribune nationale, p. 323.

[24] H-SECHELLES, A Ey Mery Libraire, Tome XII, Paris, 1820, p. 351.

[25] D. DIOP, *Décentralisation et gouvernance locale au Sénégal. Quelle pertinence pour le développement local* ?, L'Harmattan 2006, p. 77.

[26] P. MAHON, *La décentralisation administrative, étude de droit public français, allemand et suisse*, librairie Droz, Genève, 1985, p. 50.

base une certaine autonomie leur permettant de définir les normes de leurs actions et de choisir les modalités de leur intervention »[27].

Ainsi, l'autonomie locale apparaît comme un aspect fondamental de la décentralisation. C'est une nécessité technique et démocratique[28]. Elle se manifeste sur divers plans : politique, administratif et financier. Au plan financier, l'autonomie se définit par rapport à l'existence d'un budget propre et de ressources financières suffisantes permettant à la collectivité locale de s'autogérer et de satisfaire la demande des populations locales. Cette dimension constitue à la fois un enjeu et une finalité de la décentralisation. C'est pourquoi l'autonomie financière locale est consacrée par la majorité des États modernes. Dans certains pays, comme la France par exemple, ce principe est proclamé dans la Constitution. Dans d'autres, en revanche, comme le Mali, elle fait l'objet d'une affirmation législative.

La réforme de l'État est clairement abordée par P. DEVEDJIAN : « *Dès l'instant où on va confier davantage de libertés d'administration aux collectivités locales, celles-ci vont d'abord pouvoir mieux s'adapter à la demande des administrés. Elles vont être plus proches d'eux, plus responsables devant eux, et donc en mesure de les satisfaire davantage qu'un État éloigné ne le fait aujourd'hui* ».

Ainsi, l'État va devoir se réorganiser autour de cette nouvelle administration locale et se simplifier. Ce sera l'occasion, sans doute, d'une réorientation de l'État et d'un meilleur service public pour l'État lui-même. (…) Aujourd'hui, nous avons un État impotent, et on confond souvent un État fort et un État impotent. C'est ce que disait TOCQUEVILLE : « *l'État peut à peine faire le nécessaire et il voudrait faire le superflu* ». Aujourd'hui, il est encombré du superflu, et il fait très mal, en faisant très mal le nécessaire. Dès lors qu'il aura « *dégraissé une partie de ce qu'il fait mal, il pourra se consacrer avec beaucoup plus d'efficacité à ses tâches réelles* »[29].

---

[27] B. REMOND et J. BLANC, *Les collectivités locales,* presse de la fondation nationale des sciences politiques et Dalloz, 2e édition, Paris, juin 1992, p. 30.

[28] N. BELAÏD, *« L'expérience tunisienne de l'autonomie locale »*, Actes séminaire international organisé par le congrès des pouvoirs locaux et régionaux de l'Europe en partenariat avec les autorités marocaines, Rabat (Maroc) 2-3 décembre 1999, https://books.google.sn/books?id=M9htqm0DJ2YC&pg=PA37&lpg=PA37&dq=autonomie+locale+d%C3%A9f

[29] P. DEVEDJIAN, *« Pourquoi il est si difficile de réformer l'État »*, novembre 2017.

Ainsi, l'article premier de la loi N° 93-008/du 11 février 1993, déterminant les conditions de la libre administration des collectivités territoriales, modifiée par la loi N° 96-056 du 16 octobre 1996, dispose que : « *Dans le respect de l'unité nationale et de l'intégrité du territoire, les collectivités territoriales de la République du Mali sont : les Régions, le District de Bamako, les Cercles, les Communes Rurales et les Communes Urbaines* ».

Aujourd'hui, le constat est que l'État et les collectivités peinent financièrement à faire face à leurs obligations. Les populations, confrontées aux problèmes du quotidien, en ressentent profondément les conséquences et rêvent de voir leur cadre de vie amélioré.

La gestion des finances publiques est « *au cœur de l'État de droit et de la démocratie* ». Elle est présente dans de nombreux débats politiques, académiques ou de société compte tenu de son influence sur la vie publique[30]. « *La question de la qualité de la gouvernance publique, plus exactement de la gouvernance financière publique, est devenue le point axial des préoccupations des politiques et des gestionnaires* », renchérit N. MEDE[31]. Ainsi, l'État et ses entités auront des ressources financières leur permettant de satisfaire les besoins de la population. L'encadrement de ces ressources et de leurs dépenses est assuré par les finances publiques. Selon J-L. ALBERT, ces finances publiques se définissent de trois (3) manières :

Il peut s'agir en premier lieu des finances des personnes morales de droit public : État, collectivités territoriales, établissements publics et autres organismes de droit public (et sur le plan externe, organisations internationales et supranationales). En deuxième lieu, les finances

---

[30] Selon M. DUVERGER les problèmes de l'État ne se situent pas seulement dans l'atmosphère éthérée des principes a priori et des raisonnements logiques, mais sur le terrain des faits, et des plus prosaïques et brutaux parmi les faits : les questions d'argent. M. DUVERGER, *Finances publiques*, Paris, PUF, 1re édition 1956 (sous le titre Institutions financières), 10e édition mise à jour 1984, p. 9.
Le même constat était déjà établi par les professeurs L. TROTABAS, J-M. COTTERET : « *Quand la sagesse des nations évoque le nerf de la guerre ou les cordons de la bourse, elle exprime l'idée que les moyens financiers sont la condition de toutes les activités, la mesure et la garantie de l'indépendance et du pouvoir* ». L.TROTABAS, J-M. COTTERET, *droit budgétaire et comptabilité publique*, Paris, Dalloz, 5e édition, 1995, p. 11.

[31] N. MEDE, « *Réflexion sur le cadre harmonisé des finances publiques dans l'espace UEMOA* » revue électronique Afrilex, 2e numéro spécial finances publiques, juin 2012, http:// afrilex.u-bordeaux4.fr, p. 3.

publiques désignent les finances des administrations publiques. Cette notion est utilisée par le système de comptabilité économique. Sont considérées comme administrations publiques, « *les unités économiques dont l'activité économique principale consiste à effectuer des opérations de redistribution ou à produire des services non marchands* ». Une troisième définition considère les finances publiques comme celles du secteur public (SP). Elle consisterait à ajouter aux administrations publiques les entreprises publiques, c'est-à-dire les entreprises industrielles et commerciales sous le contrôle de la puissance publique. Cet ensemble permettant de mieux cerner le poids économique et financier de la puissance publique, car l'autonomie des entreprises publiques par rapport au pouvoir public a toujours été relative[32].

En plus, on observe que « *la doctrine financière moderne oriente les recherches vers des champs tels que la communautarisation du droit des finances publiques*[33]*, le paradigme de la cybernétique financière*[34]*, ou encore l'extension du périmètre des finances publiques*[35] ». Le domaine de l'exécution de la dépense publique intéresse peu. Les finances publiques comprennent, outre les finances de l'État, les finances locales, les finances sociales, les finances d'une union économique[36] et plus globalement celles des organisations internationales. Selon une définition étroite, les finances locales sont la branche de la science financière qui traite du financement des collectivités territoriales. Elles étudient les aspects juridiques, politiques et économiques des recettes et des dépenses des budgets des Administrations publiques décentralisées[37]. L'analyse de finances locales est donc celle du budget de la collectivité territoriale.

Selon une définition large, les finances des collectivités territoriales englobent toutes les activités ayant directement ou indirectement trait à l'ensemble des opérations financières de ces unités décentralisées : analyse des recettes et des dépenses, étude des paiements et de l'argent, des moyens financiers, du cadre budgétaire et de la politique financière. Pour

---

[32] J. L. ALBERT, *Finances publiques*, Dalloz, 2015, 9e éd., pp. 1-3.

[33] T. GUEYE, *L'incidence de l'Union économique et monétaire ouest-africaine (UEMOA) sur les finances publiques de ses États membres*, Thèse, Paris, Université Panthéon-Assas, 2011.

[34] A. A. D. KEBE, *La répartition des compétences entre la loi et le règlement en droit fiscal sénégalais*, Thèse, Dakar, UCAD, 2012, p. 38.

[35] Id. p.38.

[36] T. J. O. KABORE, *Cours de finances publiques locales*, document didactique, université Ouaga II, Burkina, 2016, p. 3.

[37] Idem.

Jean François PICARD, la notion de finances locales est très vaste et fait penser à celle de finances publiques au niveau étatique.

Elle englobe, en effet, la notion de collectivité territoriale, les différents organes de celle-ci, les dépenses locales parmi lesquelles les interventions économiques, les recettes locales avec au plan la fiscalité locale, les budgets locaux, de leur préparation à leur exécution en passant par les contrôles sans oublier la comptabilité…[38]

Mais, quelle que soit la définition privilégiée, les finances publiques se trouvent placées au cœur d'une question qui concerne et intéresse, de la même façon, toutes les sociétés contemporaines, celles de la gouvernance des sociétés nationales qui sont devenues de sociétés internationales complexes[39].

Sur la base des définitions ci-dessus, les finances locales apparaissent comme une composante des finances publiques, qui étudient les recettes et les dépenses des Administrations publiques locales (collectivités territoriales et établissements publics locaux). Elles constituent un instrument de mise en œuvre des politiques publiques locales, c'est-à-dire le moyen par lequel les collectivités territoriales pourvoient à la satisfaction de l'intérêt local dans les différents secteurs du développement économique, social, culturel, etc.[40]

Cette évolution fait des finances locales un élément clef de la réussite du développement local. Cette fonction assignée aux finances locales n'est pas sans lien avec le développement du phénomène local dans le monde[41]. En effet, l'expansion de la décentralisation en tant que système de gouvernance des États a consacré une nouvelle vision de la gestion des affaires publiques fondée sur la responsabilisation des acteurs locaux dans la prise en charge des besoins socio-économiques de leur territoire. Mais,

---

[38] J. F. PICARD, *Finances locales,* Paris, Lexis-Nexis-Litec, 2009, p. 17.

[39] M. BOUVIER, M. C. ESCLASSAN, J. P. LASSSALE, *Finances publiques*, 12e édition, LGDJ, 2013, p. 38.

[40] B. FAYE, « La réforme du système financier des collectivités locales sénégalaises », thèse de doctorat, soutenue en septembre 2017 à l'université de Jean Moulin de Lyon, p. 17.

[41] Voir G. MARCOU, *« La régionalisation en Europe »*, Document de Travail, Groupement de Recherches sur l'Administration Locale en Europe (GRALE), Luxembourg, avril 2000, CNRS, 170 p, http://www.univ-paris1.fr/fileadmin/GRALE/PEregional1.pdf. Voir également P. DENIEUIL, *« Introductions aux théories et à quelques pratiques du développement local et territorial »*, Suisse, Bureau international du Travail (BIT), 1re édition, 2005, p. 66 (cité par B. Faye précité).

privilégier l'approche du développement local pose un véritable problème à la fois aux États et aux chercheurs. Dans ce débat, Jean Marc FONTAN pense que le développement local n'est pas sujet à une crise paradigmatique, mais plutôt en renouvellement[42]. Selon lui, « *de nouvelles pratiques locales novatrices sont en émergence, lesquelles donnent à la nouvelle cuvée du développement local un potentiel réformateur indéniable* »[43]. Cette évolution fait passer, selon lui, le développement local du mouvement social au système de production[44].

Plus que jamais, les finances publiques locales ont un rôle considérable à jouer. Selon certains auteurs comme Michel BOUVIER, « *les finances locales se présentent à maints égards comme un parfait révélateur des évolutions que connaissent les sociétés contemporaines. Elles apparaissent tout d'abord comme l'un des éléments essentiels pour juger de l'accomplissement de la réforme décentralisatrice engagée en 1982 et relancée en 2003. Mais leur perspective est plus large* »[45]. Ou encore, Michel BOUVIER, Marie Christine ESCLASSAN et Jean-Pierre LASSALE notent : « *Les finances locales ont pris aujourd'hui une ampleur inégalée, ce qui de prime à bord paraît aller de pair avec les initiatives de plus en plus larges accordées aux collectivités territoriales. Si on se réfère aux statistiques, on peut observer que les dépenses des APUL représentent maintenant environ 60 % des dépenses de l'État et 20 % des dépenses publiques. Elles réalisent près de ¾ de la formation brute de capital fixe, ce qui correspond environ à 11 % de la formation brute de capital fixe au niveau. D'autre part, l'on constate aussi que les budgets locaux pèsent d'un poids chaque année plus lourd tant en ce qui concerne les dépenses (200 milliards d'euros) que les recettes parmi lesquelles la fiscalité locale (plus de 100 milliards)* »[46].

---

[42] J. M. FONTAN, « *Le développement du local, de la contrainte économique au projet politique* », Revue française d'administration publique n° 135, ENA, 2010/3.
[43] *Ibid.*
[44] L'auteur distingue deux grandes écoles. Une première école dite libérale proposant des actions devant être portées par des acteurs locaux issus des milieux publics et privés pour créer des emplois et produire une richesse locale. Une seconde école dite progressiste, dont l'originalité repose sur des actions visant l'atteinte des objectifs sociaux et économiques par des acteurs locaux mobilisés par des donateurs du secteur social pour créer des emplois et de la richesse pour contrer l'exclusion et l'appauvrissement des personnes en situation de marginalisation sur le territoire concerné.
[45] M. BOUVIER, *Les finances locales*, 12e édition, LGDJ, 2008, coll. « *systèmes* », pp. 9-10.
[46] M. BOUVIER, M. C. ESCLASSAN, J. P. LASSSALE, *Op cit.*, p. 70.

Ce rôle de plus en plus affirmé des finances locales dans la prise en charge des problématiques locales et la contribution à l'économie nationale justifie que cette discipline fasse l'objet aujourd'hui d'une attention particulière de la part des chercheurs.

L'Afrique n'est pas en marge de cette évolution, on note une réflexion significative consacrée aux finances locales. La relation entre la décentralisation et les finances locales constitue l'une des thématiques les plus traitées par les chercheurs. Ainsi, selon Eloi DIARRA, « *c'est l'un des aspects non négligeables des finances publiques africaines* »[47].

L'étude de cette relation a permis d'aborder plusieurs thèmes dont l'autonomie financière des collectivités territoriales, les pouvoirs des collectivités territoriales (CT) en matière financière et fiscale, les transferts financiers de l'État aux collectivités territoriales, les mécanismes de financement du développement local, etc.

Mais, malgré la diversité des questions soulevées dans les réflexions, « *on le voit bien sur le plan financier, la décentralisation pose plus de problèmes qu'elle n'en résout* »[48].

Tout de même, les finances locales ont pour fonction de trouver les moyens nécessaires au fonctionnement de la décentralisation et à la réalisation du développement local. « *Trouvez des moyens pour agir ; agir pour se procurer des moyens : tels sont les deux grands défis, apparemment contradictoires des finances publiques* »[49].

Pendant longtemps, dans beaucoup de pays, y compris le Mali, c'est l'État qui pilote le processus de développement socio-économique. Il avait en charge, à travers les plans de développement ou programmes spéciaux de conduire les dynamiques sociales et économiques en vue de l'amélioration des conditions de vie de la population, ou encore les perspectives à offrir à la jeunesse en matière de formation, d'emploi et d'insertion, etc.

Aujourd'hui, ces plans de développement nationaux ou les opérations « *fixées et centralisées* » ne font plus recette, d'autant plus que la pauvreté et l'exclusion se sont installées au cœur de notre société et plus

---

[47] E. DIARRA, « *Editorial sur l'actualité des finances publiques en Afrique* », afrilex.u-bordeaux4.fr/sites/afrilex/IMG /pdf/ 3.
[48] *Ibid.*
[49] R. L. ALISSOUTIN, *Les défis du développement local au Sénégal*, CODESRIA, 2008, p. 112.

particulièrement dans certaines régions. Il est légitime de faire une réflexion sur *« le financement du développement local par les collectivités territoriales au Mali »*.

Le travail ci-dessus était nécessaire, dans la mesure où il nous a permis de contextualiser notre sujet. Nous remarquons que ce dernier est au carrefour de plusieurs disciplines du droit public.

D'une part, on a le droit constitutionnel et droit administratif au regard de l'aspect organisationnel de l'État unitaire. Ainsi, il est judicieux de cerner le contour de cette organisation et cela à travers la centralisation, la déconcentration et la décentralisation. Ce laborieux et nécessaire travail nous a montré que notre sujet appartient au domaine de la décentralisation même si les autres notions le sont moins, mais de par leur importance en tant que notions connexes méritent toute notre attention.

Et, d'autre part, les finances publiques, qui seront au centre de cet ouvrage, notamment sa branche locale «*finances locales*». Ici, c'est la capacité financière des collectivités territoriales à porter le développement prioritairement local qui aura ensuite un effet *boomerang* sur celui national. Ce droit financier se préoccupe essentiellement de la recherche des moyens budgétaires permettant aux personnes morales de droit public (État, Collectivités territoriales et Établissement public) de s'acquitter de leurs tâches.

Et enfin, la science politique, en marge de la mobilisation des ressources nécessaires, on se penchera sur les politiques publiques de développement local mises en place par les CT.

Les liens entre le pouvoir financier et le pouvoir politique ne sont plus à démontrer, car *« les phénomènes financiers publics sont avant tout des phénomènes politiques »*, les premiers étant *« étroitement imbriqués »* aux seconds[50].

Cependant, il serait judicieux de mettre en évidence les différentes définitions des termes de ce sujet de ce livre.

1- Définition des termes

Dans son cours de droit administratif, C. EISENMANN recommandait de commencer toujours par résoudre avec clairvoyance le problème de définition des concepts qui forment l'armature d'une étude juridique,

---

[50] M. BOUVIER, *« Mutations des finances publiques et crise du pouvoir politique ? »*, *RFFP* n° 79, 2002, p. 241.

« sinon, [poursuivait-il], on discuterait dans l'obscurité en vain »[51]. Ainsi, les termes fondamentaux à prendre en considération sont ceux de la participation, du financement et de l'expression collectivités territoriales.

Par collectivités territoriales, on entend un groupement humain, au sein de l'État qui est doté de la personnalité juridique. Aussi, toute collectivité territoriale dispose-t-elle d'un organe d'administration et surtout de moyens de financement pour réaliser les missions qui sont les siennes. Parmi celles-ci figurent certes des tâches administratives, mais surtout des missions de développement.

Au plan conceptuel, la première analyse sera consacrée aux différents mots clés du sujet. Ainsi, nous tenterons de lever toute équivoque autour des termes similaires « *collectivités territoriales/collectivités locales* ». Nous définirons « *le financement* » pour terminer avec des éclaircissements sur la notion du « *développement* ».

1.1- Les collectivités territoriales

Le concept de collectivités territoriales est une expression générique désignant des entités de droit public, correspondant à des groupements humains géographiquement localisés sur une portion déterminée du territoire national, auxquelles l'État a conféré la personnalité juridique et l'autonomie, c'est-à-dire le pouvoir de s'administrer par des autorités locales élues. L'autonomie effective des collectivités territoriales ne se limite pas à la seule liberté administrative, mais elle est aussi liée à la liberté financière.

Ainsi, pour D. SY, les collectivités territoriales sont définies comme « *des portions de territoire national dotées de la personnalité juridique ayant une vocation générale pour les affaires intéressant leurs populations et les intérêts propres dont un conseil élu ou une assemblée élue assure librement la gestion* »[52]. Selon J. BLANC et B. REMOND, elles désignent « *des personnes publiques représentatives et non spécialisées* »[53].

De l'analyse des points ci-dessus, on identifie la personnalité morale par quatre critères. Elle dispose ainsi d'un organe délibérant, c'est-à-dire

[51] C. EISENMANN, Cours de droit administratif, tome I, Paris, LGDJ, 1982, p. 17.
[52] D. SY, Cours de droit constitutionnel local donné au DEA de Droit public, option Décentralisation et gestion des collectivités locales, UFR de Sciences juridiques et politiques, université Gaston Berger, 2003.
[53] J. BLANC et B. REMOND, Les collectivités locales, Presses de la fondation nationale de sciences PO et Dalloz, 3e édition, 1995, p. 23.

d'un conseil, de son propre personnel et de son propre budget ; la personne morale, collectivité territoriale, assume des compétences propres, qui lui sont confiées par le législateur. Mais une collectivité territoriale n'est pas un État dans l'État ; elle ne dispose ni d'une armée propre, ni de relations internationales propres. Elle exerce un pouvoir de décision, qui s'exerce par délibération au sein d'un conseil de représentants élus. On dira que la collectivité territoriale est une personne décentralisée. Par la décentralisation, les collectivités territoriales ou locales sont affranchies d'une direction ou d'une administration directe de l'État ; ce dernier n'exerce qu'une tutelle sur elles ; elles bénéficient de la libre administration.

La libre administration renvoie à la nature politique des collectivités territoriales ; elle est souvent assimilée à l'aptitude à se « *gérer librement* ». Ce qui signifie que les collectivités territoriales se gèrent en toute liberté et autonomie. Elles ne doivent pas être soumises à des contraintes excessives de l'État central.

La reconnaissance juridique et l'aspect de la libre administration des collectivités territoriales sont des principes constitutionnels. La Constitution malienne du 25 février 1992 traite les collectivités à l'art. 98 : « *Les collectivités territoriales s'administrent librement dans les conditions prévues par la loi par des conseils élus* ».

On remarque l'utilisation de deux terminologies pour désigner les entités infra-étatiques, à savoir collectivités territoriales et collectivités locales. Cependant, les collectivités territoriales apparaissent dans la Constitution française de 1946 et l'expression sera reprise dans le texte constitutionnel de 1958. Elles sont aussi désignées sous le nom de « *collectivités locales* ». Si au Mali la Constitution a privilégié les CT (titre XI, art. 97), de même que le Code général des collectivités, les deux expressions sont employées de manière équivalente dans le langage courant. En France, si la Constitution emploie des termes différents, le Conseil constitutionnel se réfère soit au principe de la libre administration des CT dans une décision du 23 mai 1979[54], soit au principe de la libre administration des CL dans une décision du 25 février 1982[55]. Toutefois, dans une décision du 20 janvier 1984, cette haute juridiction a considéré que c'est l'art. 34-4 de la Constitution qui précise que le contenu de la compétence du législateur pour la mise en œuvre du principe de la libre

---

[54] Décision du CC du 23 mai 1979, GDCC, p. 398.
[55] Décision n° 82-138 DC du 25 février 1982.

administration ne fait aucune distinction entre les termes CT et CL[56]. Le terme collectivité territoriale est notamment employé au Burkina Faso, en France[57], au Mali et au Maroc[58]. Le terme collectivité locale est employé en Algérie[59], au Sénégal[60].

Dans le monde anglophone, on parle plutôt de *local gouvernment* ou *local gouvernment area*; en Allemagne de *Gebietskorperschaft*. La pyramide de la nouvelle organisation territoriale comprend au niveau inférieur les communes dirigées par un Conseil Communal, au niveau médian, les cercles dirigés par un Conseil de Cercle et au sommet, les régions (ensemble de cercles) dirigées par une Assemblée Régionale.

Pour éviter toute controverse définitionnelle, nous avons retenu le générique de collectivités territoriales en lieu et place de collectivités locales.

1.2- *Le financement*

Les principes de financement exercent une influence déterminante sur le comportement dépensier des collectivités territoriales pour être « *optimales* », les formules de financement doivent répondre à plusieurs objectifs, parfois contradictoires[61]. D'une part, les collectivités territoriales sont mieux à même de répondre aux préférences locales des habitants si la fiscalité locale leur permet d'aligner leurs dépenses sur leurs coûts. D'autre part, la nécessité de lisser des recettes fiscales instables à l'échelon local, de recouvrer efficacement l'impôt, de réduire le coût de la discipline fiscale milite souvent en faveur d'une coordination ou d'une centralisation des compétences fiscales[62]. Dans la pratique, les collectivités territoriales font

---

[56] Décision du CC du 20 janvier 1984, GDCC, p. 687.

[57] Constitution française du 04 octobre 1958, titre XII CT, consulté le 14/04/2017 sur le site du conseil constitutionnel.fr.

[58] Constitution marocaine du 1er juillet 2011, « *titre IX des régions et des CT* » sur Digithèque de matériaux juridiques et politiques, Université de Perpignan (consulté le 12/04/2017).

[59] Constitution algérienne.

[60] Constitution sénégalaise, voir page 2.

[61] I. JOUMARD et P. M. KONGSRUD, « *les relations financières entre l'État et les CL* », revue économique de l'OCED, N° 36, 2003/1, p. 09.

[62] Ces coûts et risques liés à l'attribution de recettes propres aux CL ont conduit TANZI (1995) à soulever la question suivante : « *si l'on se prononce en faveur de la décentralisation par ce qu'elle améliore l'affectation des ressources du côté des dépenses dans quelle mesure ce gain d'efficience est-il compromis lorsque le financement de ces dépenses est très perturbé* ? ».

appel à un mélange très variable de ressources : subvention, recettes fiscales et recettes non fiscales.

On peut appréhender le financement comme la réunion des fonds nécessaires à la réalisation d'une opération (acquisition ou amélioration d'un bien) moyennant en général le recours au crédit, notamment par emprunt (sauf le cas d'autofinancement, par affectation de ressources propres) ; plus spécialement, action de procurer des capitaux aux entreprises et aux particuliers sous forme de prêts, d'ouvertures de crédits ou autre montage financier, surtout pratiquée, à titre professionnel, par des organismes spécialisés (sociétés de financement)[63].

Encore, selon le dictionnaire de finance, le « *financement est un moyen financier destiné à assurer la réalisation des objectifs d'une personne morale de droit privé ou de droit public* »[64].

Les principes de financement que sont : pouvoirs locaux, concurrence fiscale, dotations affectées… jouent un rôle déterminant dans le comportement des CL en matière de dépenses, mais leur conception entraîne des problèmes et des choix difficiles. On soulignera tout particulièrement que l'adéquation des recettes propres aux responsabilités en matière de dépenses est souhaitable pour permettre aux CL d'adapter l'offre de biens publics aux préférences des habitants et à la disposition à payer des contribuables locaux, donc de répondre à leur obligation de rendre compte.

Dans la majorité des pays en développement, les moyens dont disposent les autorités locales ne sont pas à la hauteur des défis à relever. La pénurie en matière de financement des investissements dans le secteur des infrastructures est très préjudiciable sur la capacité des entités locales à porter le développement. Ainsi, la question du financement local est l'enjeu critique de la réussite des objectifs de développement. Elle se pose en termes d'échelles territoriales, de pouvoir et de compétence, mais également d'outils financiers.

Afin de répondre aux défis, les autorités locales doivent disposer de réelles capacités en matière de mobilisation des ressources financières. L'écart entre les besoins et les financements est tel qu'il convient d'adopter une démarche centrée sur l'optimisation des ressources ayant des effets

---

[63] G. CORNU et H. CAPITANT, Vocabulaire juridique, PUF, édition 2013, p. 458.

[64] JOSETTE et M. PEYNARD, Dictionnaire de Finance, 2e édition, édition Vuibert, p. 116.

significatifs, en particulier pour les dépenses dédiées aux investissements[65].

La prise en charge effective du processus du développement local est tributaire des ressources financières mobilisables par les acteurs locaux. Du coup, à la spécificité de la démarche du développement local doit correspondre impérativement une conception d'outils de financement spécifiques. Car l'enjeu est là : ces outils spécifiques de financement doivent permettre la réalisation d'opération nécessaire au développement local. Quant à la démarche, elle relève de l'adaptation de ces outils de financement aux besoins nouveaux permettant d'encourager et d'accompagner les initiatives des acteurs locaux.

Ceci étant, le développement local doit s'appuyer sur les ressources locales qui ne peuvent être que diversifiées, permanentes et mobilisables ; en raison du fait que ces petits projets ont, en général, des besoins de financement exprimés à chaque phase du projet : conception, prédémarrage, démarrage, exploitation et extension… et par conséquent, nécessitant une gamme de produits financiers et des modalités de financement appropriées et adaptées à leurs caractéristiques de secteur d'appartenance, de technologies utilisées, de structure de capital, etc.[66]

L'estimation des besoins de financement constitue un exercice délicat que la présente étude n'a pas pour objet d'aborder de manière globale. Outre le fait que la notion de besoin est soumise à des interprétations diverses, les études disponibles prennent généralement en compte des périmètres différents, et ne distinguent pas toujours les investissements urbains des grandes infrastructures nationales structurantes, et encore moins celles qui relèvent d'un financement local ou national.

Retenons, pour l'instant, en ordre de grandeur : selon le rapport du comité intergouvernemental d'experts sur le financement du développement[67], 5 000 à 7 000 milliards de dollars US par an sont nécessaires dans les vingt prochaines années, pour combler les besoins en investissement. De son côté, l'institut McKinsey[68], dont les secteurs étudiés sont différents, estime qu'il faudrait augmenter de 60 % dans les

---

[65] Conférence habitant III : Vers la définition d'un nouvel agenda urbain, financement local, condition du développement territorial durable et inclusif, pp. 01 à 03.

[66] A. JOYAL, PME et développement territorial, www.globenet.org.

[67] http://www.un.org/esa/ffd/wp-content /uploads/2015/03/SummaryICESDF_Fr.pfd

[68] McKinsey Global Institute : *« Infrastructure productivity : how to save $1trillion a year »*, 2013.

18 années à venir les montants affectés aux investissements par rapport aux 18 années passées et y consacrer 3,5 % du PIB mondial anticipé. La part de ces investissements qui relèvent des collectivités territoriales, est estimée à 30 %[69].

En effet, la contribution des collectivités territoriales au développement économique local repose prioritairement sur la fourniture de services et d'équipements adaptés aux contextes locaux et aux préférences des citoyens. Les charges de fonctionnement induites par ces équipements devraient être couvertes par des ressources[70] récurrentes. Tel n'est pas le cas, en général : le constat dressé par les auteurs du rapport Gold II[71] reste pertinent et le déséquilibre budgétaire local est quasiment endémique dans la plupart des pays en développement.

En théorie, le choix des instruments dépend de la nature des dépenses à couvrir, ainsi que des missions des collectivités. En vertu du principe de décentralisation, il serait logique que les actions définies par les collectivités territoriales soient financées intégralement sur leurs ressources propres, c'est le corollaire du principe même de décentralisation.

Certains équipements de services publics devraient pour leur part être financés, en tout ou partie, au moyen de redevances d'utilisation versées par les usagers. Enfin, les dépenses mises à la charge des collectivités, mais qui relèvent de compétences déléguées par le gouvernement central, devraient être financées par des produits d'impôts transférés ou/et par des transferts financiers en provenance du gouvernement central.

1.3- *Le développement local*

Étymologiquement, développement vient du latin « *de* », préfixe de cessation, de négation, et de « *velare* », voiler couvrir, envelopper. Il désigne l'action de faire croitre, de progresser, de donner de l'ampleur, de se complexifier au cours du temps. En général, croissance et développement sont employés pour désigner la même action. Or, ce ne sont pas des synonymes. Le développement implique accroissement de bien-être et changement dans la structure économique et sociale. Le développement est le résultat, réparti dans le temps, d'un processus plus

---

[69] Source, Banque Mondiale et CGLU.

[70] Fiscalité, paiements des usagers, transferts.

[71] GOLD II, Rapport mondial sur la décentralisation et la démocratie locale : *« Le financement des collectivités locales, les défis du XXIe siècle »*, CGLU, éd. Bruyant, 2010.

ou moins long, positif, de changement d'abord humain, ensuite culturel, social, économique, politique, environnemental, etc. Enfin, le développement est fondamentalement une amélioration de la qualité de vie des individus, des familles et des communautés. Mieux nourries, soignées et éduquées, les populations peuvent mieux participer aux activités économiques et politiques, entraînant leur communauté et leur pays dans un cercle vertueux. Leur productivité accrue met un pays en meilleure position pour négocier avec d'autres pays et plus de commerce se traduit généralement par un éventail plus large de biens et services, améliorant encore les conditions de vie de tous[72].

Le développement, phénomène multiforme et multidimensionnel, est souvent défini comme un processus de transformation qui accompagne la croissance économique dans une évolution à long terme[73]. Ce processus est étroitement lié au changement structurel, au progrès technique et à l'innovation globale et intéresse par conséquent tous les aspects de la vie.

Quant à la notion de « *local* », elle repose sur la notion de territoire[74] qui, elle-même est liée au découpage administratif parfois arbitraire et à l'appartenance identitaire au sens large qui offre un potentiel de ressources humaines, financières, d'infrastructures et institutions dont la mobilisation et la valorisation engendrent des idées et des projets de développement.

La notion de développement local est née en France de la prise de conscience que les politiques d'aménagement du territoire mises en œuvre pour corriger les grands déséquilibres géographiques et socio-économiques ne pouvaient trouver leur pleine efficacité qu'en s'appuyant sur une structuration des populations locales, propice à une mise en mouvement de la société civile. Il s'agit donc d'un mouvement aux dimensions culturelle, économique et sociale, qui cherche à augmenter le bien-être d'une société, à valoriser les ressources d'un territoire par et pour les groupes qui l'occupent.

Apparu dans les années 1960, le développement local part d'un principe simple : la mobilisation des potentialités locales (ressources naturelles,

---

72 Éviter la pauvreté, c'est possible : Objectifs du millénaire pour le développement et l'après 2015. https://www.un.org/fr/millenniumgoals/background.shtml consulté le 20 novembre 2020.

73 Il existe une littérature abondante sur ce thème, notamment les travaux de F. PERROUX, M. PENOUIL, G. de BERNIS, W. ROSTOW et autres.

74 P. PREVOST, *« Le développement local : contexte et définitions »*, cahiers de recherche IREC, pp. 01-03.

sociales, individuelles…) peut orienter les dynamiques socio-économiques. En analysant la situation actuelle du Mali, on est tenté de l'assimiler aux décennies de crises en France (70-80), qui ont vu arriver la gauche au pouvoir et qui sont considérées comme des périodes phares du développement local[75].

Le développement local peut donc être appréhendé comme un processus qui impulse, construit et conforte les dynamiques locales et autorise une amélioration substantielle du vivre ensemble et du bien-être de tous. Ainsi, le développement local dépasse l'idée de la croissance économique pour se placer dans la sphère d'un développement durable associant les dimensions économiques, sociales et culturelles, piliers de la durabilité du développement. C'est un objet géographique puisqu'il s'appuie sur ce que J. LEVY présente comme la dimension spatiale des sociétés. Il met au cœur de la problématique le triptyque territoire/acteur/développement. C'est donc clairement une action volontaire et organisée autorisant un « *agir ensemble* » et un « *vivre ensemble* ».

On peut définir le développement local comme un processus utilisant les initiatives locales à l'échelle des collectivités comme moteur du développement économique. Il est considéré en tant qu'émanation du local, inversement au national, à travers une propulsion ascendante, dont les acteurs se situent sur l'échelle de la sphère locale[76]. Il est une démarche impliquée des relations que tissent les acteurs dans la proximité. Cette démarche contribue à produire des marges de manœuvre nouvelles et permet d'expliquer que le territoire est le niveau pertinent pour la réflexion et l'action économique.

Le développement local est, en effet, un concept dont la signification et l'émergence varient d'un contexte à l'autre. Mais on s'accorde néanmoins sur la nécessaire existence d'une multiplication d'acteurs (les entreprises, les autorités locales, les institutions élues, les mouvements associatifs, etc.), composant une entité territoriale dans laquelle ces différents agents porteurs de développement définissent les objectifs du développement local, en l'occurrence création d'emplois et distribution de revenus, prise

---

[75] F. TESSON, Introduction au cours du développement local L2-L3, p. 01.

[76] J. Y GOUTTEBEL, Stratégies de développement territorial, 2e éd., Economica, 2003, 262 pages.

en charge et couverture des besoins des citoyens en matière de santé, d'éducation, de culture…[77]

La composante économique devient souvent une priorité, vu l'importance pour chacun d'être en mesure de gagner sa vie et de subvenir de manière satisfaisante à ses besoins et à ceux de ses proches. Cette approche est avant tout un phénomène humain où les projets et l'action, plus que les institutions et les politiques, mobilisent l'ensemble des intervenants de la communauté de chacun des arrondissements[78]. Cette définition du développement local se caractérise par une orientation économique forte sans pour autant négliger l'aspect transversal et intersectoriel de la démarche. L'humain semble tenir une place prépondérante, au détriment des différentes institutions.

En effet, le développement local peut être envisagé comme une démarche qui consiste à privilégier les initiatives multiples. Ces dernières peuvent être socio-économiques et écologiques des acteurs publics et privés à l'échelle d'un territoire donné (espace). Elles visent l'amélioration des conditions de vie par le biais d'une certaine autosuffisance qui s'appuie sur la diversification et l'intégration des activités. Elle insiste particulièrement sur la prise en compte des traditions productives locales et des valeurs culturelles des réalités locales qui restent réceptives aux changements technologiques et à la modernisation[79]. En d'autres termes, ce sont des réseaux souples de petites unités de production caractérisées par une grande flexibilité qui répondent à la demande du marché. Ainsi, ils apportent plus de plus-value économique et sociale et culturelle. C'est la contribution qu'un territoire ou espace apporte au mouvement général du développement. Ainsi, les territoires deviennent eux-mêmes des éléments structurants de l'économie et de la société. Ils sont capables de former des milieux innovateurs, des systèmes productifs performants, le foyer de nouveaux produits…[80].

---

77 M. SADOUDI : *« Développement local et décentralisation »*, Université de Tiziouzou, Algérie, 2001.

78 Cette définition a été mise en place par le groupe d'étude sur le développement local de Montréal lors d'un sommet le mardi 9 avril 2002. Ce groupe était animé par Monsieur P. PREVOST, spécialiste en développement local et attaché à l'université de Sherbrooke.

79 A. SMATI, *« Nature du développement local et rôle des collectivités locales dans son financement »*, Centre universitaire de Souk-Ahras, p. 82.

80 B. PECQUEUR et K. KOLOSY, *« Le développement local : réflexion pour une définition théorique du concept »*, Version archivée le 2 avril 2006 du site/annuaire horizon local de Globenet.

Nous pouvons nous étonner de la diversité de ces définitions qui couvrent pourtant un seul et unique concept, le développement local. Pourtant, les spécificités que nous retrouvons dans ces définitions sont aussi présentes dans notre vie et font partie intégrante de notre réalité quotidienne. C'est pourquoi tout un chacun pourra, en fonction de son environnement, de ses valeurs et de sa vision du monde, définir le développement local de manière à ce que celui-ci réponde aux problématiques auxquelles il peut être confronté.

Au regard de tout ce qui précède, on peut dire que le développement tant promis par la décentralisation pourra être déclenché à la base tout en réconciliant avec les promesses de la modernité dans le cadre d'un contrat social jetant les bases d'une nouvelle citoyenneté au sein de l'État malien. C'est à ce sens que la décentralisation offre une autre chance pour le développement du Mali.

Si le développement local est fondé sur la participation et le consensus, la décentralisation, en revanche, contient l'expression d'un droit de substitution légitime ; c'est la différence fondamentale entre la décentralisation, comme projet politique, et le développement local, comme pratique sociale. Engendrant de possibles tensions, elle est générique du débat ancien entre démocratie représentative et démocratie participative[81].

---

[81] Le modèle politique de l'État dominant et centralisateur, détenteur de la souveraineté, est remis en question depuis une trentaine d'années. En effet, dès le milieu des années 1970, M. Crozier, S. Huntington et J. Watanuki, dans un rapport intitulé The Crisis of Democracy, montrent que les démocraties occidentales sont de plus en plus incapables de faire face à l'ensemble des demandes sociales qui leur sont soumises : la « surcharge » de l'appareil d'État compromettrait ses capacités d'action et remettrait en question sa légitimité fonctionnelle.
Au cours de la décennie 1980, cette thématique de « crise » disparaît un temps de l'agenda. Mais, vers le milieu des années 1990, dans un nouveau contexte de globalisation de l'économie, de recomposition des États et de métropolisation, elle refait surface, consistant cette fois en une critique des formes de gouvernabilité.
C'est dans ce contexte général de défiance par rapport au politique et plus précisément de remise en cause d'un modèle politique centralisateur structuré autour de la démocratie représentative, de l'expertise scientifique non partagée et d'une conception universaliste de la citoyenneté que les thèmes de la démocratie locale et de la gestion de proximité ont peu à peu pris le devant de la scène à la fois chez le savant et chez le politique.
Comme le rappelle Jouve, la démocratie locale basée sur la participation, et non plus uniquement sur la représentation politique, est supposée susciter un sentiment d'appartenance à une communauté, l'altruisme, la probité, l'intérêt pour la « chose publique », le désintéressement envers les affaires individuelles… autant de vertus et de

Dans la suite logique de ce qui précède, il devient nécessaire de soulever la problématique soulevée par ce thème.

2- *Problématique*

L'exploitation d'idées novatrices en matière de financement requiert un haut niveau de compétences financières à l'échelon local. Il manque souvent au développement local les investissements dont il a besoin, malgré le fait que des capitaux soient disponibles sur les marchés. Cela découle d'une incapacité à élaborer des montages financiers attractifs en matière de développement économique.

Le problème de fond est que des compétences clefs semblent faire défaut aux praticiens et aux financiers du développement local, notamment en matière de communication, de capacité d'initiative et de techniques de financement. Les dirigeants locaux et les investisseurs potentiels ont souvent des difficultés à communiquer les uns avec les autres.

Les responsables locaux sont focalisés sur les besoins sociaux et liés aux politiques publiques, et non sur le rendement potentiel des investissements. Tandis que les financiers ignorent les retombées positives plus générales sur lesquelles peut être fondée une approche commune vis-à-vis d'un marché local.

Les compétences techniques relatives au financement des projets ou à la gestion stratégique des actifs font souvent défaut aux praticiens du développement local. Elles s'expliquent, en partie, parce qu'elles vont de pair avec des rémunérations élevées que les organismes de développement local n'ont pas les moyens de verser. Pourtant, lorsqu'ils possèdent effectivement ces compétences, ils accèdent beaucoup plus aisément aux financements commerciaux et institutionnels. Ainsi, certaines collectivités territoriales ont mis à profit le fait qu'un développement efficace pouvait être une source de recettes d'impôts locaux supplémentaires pour créer des flux de revenus permanents, affectés à des aspects spécifiques du développement local.

De ce qui précède, cette problématique débouche sous deux angles : d'une part, il s'agira d'identifier les questions soulevées par le sujet et, d'autre part, des esquisses de réponses.

« compétences civiques » qui différencient la démocratie participative de la démocratie représentative.

2.1- Les questions soulevées par le sujet

Le philosophe C. LEVI-STRAUSS affirmait que « *le savant n'est pas celui qui fournit les bonnes réponses mais celui qui pose les vraies questions* »[82]. Après deux décennies de mise en œuvre du processus de décentralisation, les collectivités territoriales maliennes peinent toujours à assurer efficacement leurs missions d'impulsion, d'animation et de coordination de programmes et projets de développement. Cette situation a comme conséquences de fortes suspicions, soit d'incapacité, soit de mauvaise gestion des ressources destinées au développement local. Or la viabilité des collectivités territoriales exige d'elles des capacités de mobilisation et de gestion efficiente et transparente de ressources financières pour le financement de projets de développement économique et social.

La question de recherche s'articule autour de l'interrogation suivante : quels sont les mécanismes juridiques et juridictionnels de financements du développement des collectivités territoriales au Mali ?

Le sujet pose la question centrale de savoir si les dispositions législatives et réglementaires fondent les conditions d'un financement propre des collectivités territoriales.

Cette problématique soulève en filigrane d'autres interrogations non moins essentielles liées à la question principale. Ces différents questionnements, nous allons les soulever après une étude analytique de la situation des CT maliennes.

Ainsi le Mali, depuis 1996, est passé à l'ère de la décentralisation, c'est-à-dire à l'effectivité de la gestion politico-administrative des collectivités territoriales. Notre interrogation est celle de savoir comment ces collectivités territoriales participent au financement de leur propre développement.

En effet, le développement local suppose un transfert de finances de l'État vers les collectivités territoriales. Si la gouvernance financière locale est théoriquement porteuse de promesses et d'espoirs de développement socio-économique local, dans un pays fragilisé et plongé dans une crise profonde depuis 2012. Ainsi, nous nous interrogeons de savoir dans quelle

---

[82] C. LEVI-STRAUSS cité par M-A COHENDET, *Méthodes de travail*, 3e édition, Paris, Montchrestien, 1998, p.13.

mesure les collectivités territoriales prennent en charge le financement de leur propre développement ?

Au regard de toutes ces inquiétudes, l'analyse des mécanismes de financement et de leur mise en œuvre devient un impératif pour le choix et la nature des ressources nécessaires pour le financement du développement. Cependant, ce sujet n'est pas limité à la question de la nature des ressources et de leur disponibilité, mais aux problèmes financiers que soulève la problématique du financement du développement afin d'atteindre les objectifs du millénaire pour le développement[83]. En effet, il s'agit de déterminer les principaux domaines d'action du financement à travers la mobilisation des ressources financières.

3- *Intérêt du sujet*

Au regard de cette problématique et les probables réponses qu'on peut y apporter, une réflexion approfondie sur les collectivités territoriales et le financement du développement local présente aujourd'hui un intérêt renouvelé dans un contexte où « *il est souvent reproché aux finances publiques africaines francophones de n'être qu'une pâle copie du système financier français* »[84].

Les contributions de cet ouvrage sont à plusieurs niveaux. D'abord, elles sont d'ordre théorique, à travers un éclairage du système de gouvernance locale au Mali. Ensuite, les contributions de ce travail portent sur les politiques de développement et les politiques publiques. Le modèle théorique et les préconditions au développement permettent d'avoir une vue d'ensemble des stratégies à mettre en œuvre pour créer le cercle vertueux du développement.

En conséquence, le développement local est un concept qui va au-delà de la gouvernance des collectivités territoriales responsables et de la fourniture décentralisée des services de base. L'accent est mis sur les liens

---

[83] Les huit objectifs du Millénaire pour le développement (OMD) forment un plan approuvé par tous les pays du monde et par toutes les grandes institutions mondiales de développement. Ils ont galvanisé des efforts sans précédent pour répondre aux besoins des plus pauvres dans le monde et arrivent à expiration à la fin 2015. Pour leur succéder, l'ONU a travaillé avec les gouvernements, la société civile et les différents partenaires pour exploiter la dynamique dégagée par les OMD et élaborer un programme ambitieux pour l'après-2015 : Transformer notre monde : le Programme de développement durable à l'horizon 2030. Il s'articule autour de 17 objectifs mondiaux pour le développement durable.

[84] E. DIARRA, « *L'actualité du thème des finances publiques africaines* », op. cit., p. 1.

institutionnels, économiques et spatiaux dans une localité. La mutation devrait passer par des programmes innovants et des investissements transformateurs qui agissent sur les domaines principaux. L'intérêt du sujet peut être appréhendé sur un triple plan théorique et pratique.

3.1- Sur le plan théorique

Traiter de la problématique du financement du développement local au Mali aujourd'hui peut paraître à première vue s'engager sur un sentier confus, compte tenu de la rareté d'études et d'articles relatifs à ce sujet. Cependant, l'importance et l'actualité du sujet impliquent que l'on s'investisse davantage, voire que l'on accélère la réflexion, eu égard aux exigences des bailleurs de fonds internationaux pour l'atteinte du point d'achèvement de l'initiative en faveur des pays pauvres très endettés.

Toutefois, la rareté des études n'implique pas l'inexistence totale. Au plan institutionnel, l'étude des finances locales s'appuierait sans doute sur la Constitution du 25 février 1992 et plus particulièrement par la loi 96-060 et 061 du 4/11/1996 relative à la Loi de Finances qui constitue le texte central de la comptabilité publique et son Décret d'application 97-192/PRM du 9 juin 1997 portant principes fondamentaux de la Comptabilité publique.

Sur le plan de la recherche scientifique, très peu de travaux sont consacrés aux finances locales. Peu d'ouvrages et de thèses ainsi que l'inexistence de grandes revues financières explique que la production doctrinale en la matière au Mali soit relativement faible. On peut citer Chienkoro DOUMBIA[85] (2010) et Modibo FOFANA[86] (2019), qui donnent une explication du concept et des paramètres de la décentralisation, sujet au centre des préoccupations politiques de l'heure. Ils analysent l'aspect historique de l'institution municipale avant de passer au crible les finances communales. À cet effet, outre les principes régissant les finances publiques, les auteurs procèdent à un examen en profondeur des ressources des communes, des procédures budgétaires et des problèmes liés au financement des équipements communaux. Ils examinent les différents autres aspects de la gestion municipale, notamment la gestion du domaine et des services publics communaux.

---

[85] C. Doumbia, La mobilisation des ressources financières des collectivités territoriales : cas du District de Bamako, Université Cheick Anta Diop de Dakar, soutenu le

[86] Dr M. FOFANA, La gouvernance financière locale au Mali, thèse, Université Gaston Berger, soutenue en janvier 2019.

C'est à ce titre d'ailleurs qu'Eloi DIARRA souligne que les études sur les finances publiques africaines restent limitées à quelques thèses[87].

En revanche, plusieurs études sont consacrées à ce sujet au plan international. Ainsi, dans la documentation française de 2004, on retrouve des études relatives aux différentes ressources des collectivités territoriales. Blanc. J (1997) a publié une étude sur les finances locales des quinze pays de l'Union européenne. Dans cette étude, l'auteur expose les apparences et les réalités de la décentralisation financière dans les États de l'Union européenne. Ce document de 283 pages recense les différentes sources de financement du développement local dans l'Union européenne et relève surtout les difficultés que les magistrats municipaux rencontrent sur le terrain. On retrouve aussi plusieurs articles des chercheurs occidentaux dans ce domaine de recherche. Pierre Hamel, professeur à l'INRS-URBANISATION, a publié en 2002 un article sur la situation des finances locales au Québec. Dans cet article, l'auteur analyse le « *pacte fiscal* »[88] entre le gouvernement du Québec et les municipalités, conclu en juin 2000. Il arrive à la conclusion que « *la raison du plus fort est toujours la meilleure* »,[89] car le gouvernement du Québec, après multiples réformes, a su retirer un à un la plupart des outils fiscaux que les municipalités avaient elles-mêmes développés pour les confier graduellement à l'impôt foncier, à très peu de choses près.

C'est donc avec ce noyau de points de vue et bien d'autres que découle le thème de notre étude, envisagé sous forme de problématique, car il est question d'une étude prospective et critique, le Mali ne disposant pas encore d'un régime financier local tel que prévu par la loi portant orientation de décentralisation.

3.2- Sur le plan pratique

A- Pour les collectivités territoriales

Les collectivités maliennes ont des difficultés à équilibrer leur budget et à assurer convenablement les missions de service public qui leur incombent. En outre, le peu de recettes disponibles sert généralement à payer les salaires et à régler les dépenses de fonctionnement courant.

---

[87] E. DIARRA, éditorial sur « *L'actualité du thème des finances publiques en Afrique* », in revue électronique Afrilex n° 4, http://www.afrilex.u.bordeaux.fr, décembre 2004.

[88] J. H. PIERRE, « *Le Pacte fiscal entre le gouvernement du Québec et les municipalités : la raison du plus fort est toujours la meilleure », Revue Organisations et territoires, 2002, p. 31.*

[89] Idem,

L'équipement et l'investissement ne sont pas assurés. Les fournisseurs et les prestataires de services locaux ont du mal à se faire payer. Face à cette situation, la question des moyens financiers préoccupe les autorités locales.

B- Pour l'État

Face à la crise de l'État-providence, et conscient du rôle des collectivités territoriales dans le développement. Les autorités étatiques ont montré leur volonté de trouver les voies et moyens d'accroître les revenus des collectivités territoriales. Cette détermination est perceptible à travers les réformes intervenues dont on peut rappeler quelques-unes, à savoir : la création d'un fonds d'appui aux collectivités territoriales et ANICT, etc. Notre étude, qui va dans le même sens, tente d'éclairer davantage les pouvoirs publics dans la quête d'une bonne santé financière pour les collectivités.

C- Pour les partenaires techniques et financiers (PTF)

Par ailleurs, notre étude participe des efforts que mènent inlassablement les partenaires pour accompagner les processus de décentralisation en Afrique en général et au Mali en particulier. Dans la construction de ce vaste chantier qu'est la décentralisation, aucune contribution n'est de trop.

Grâce à des outils et des approches adaptés, le développement local peut devenir un nouveau domaine d'investissement important, offrant des rendements que ni le secteur public ni le secteur privé ne pourront se permettre d'ignorer. Donc, c'est de faire en sorte que les collectivités parviennent à tirer le meilleur parti de leurs possibilités d'investissements et que le développement local soit couronné de succès et viable à long terme.

Sur un plan plus pratique enfin, ce travail entre en droite ligne de nos préoccupations professionnelles. Cet aspect aura donc déterminé le choix du sujet dans la mesure où les politiques actuelles de financement des CT créent des disparités entre collectivités et cela est d'autant plus remarquable que l'État voudrait transférer de nouvelles compétences aux CT. Nous pensons ainsi qu'il est urgent de poser les bases fiables pour une efficacité des politiques de financement des CT.

Le champ d'application du droit financier étant principalement limité aux seules règles formelles, l'effectivité de ces règles ne peut être appréhendée qu'à travers un dépassement de la démarche institutionnelle. Loin d'épuiser le sujet, cette façon de procéder permettra en revanche de le poser entièrement et de saisir son intérêt.

Une part non négligeable de l'intérêt de cette étude nous semble résider dans son caractère prospectif. Elle tente en effet d'apporter une contribution à la réflexion sur l'évolution future de la gestion financière des CT. Certes, il reste encore des étapes importantes dans la mise en œuvre. On pourra néanmoins relever, sinon des limites, à tout le moins, quelques imperfections des nouvelles relations entre le centre et la périphérie dans le cadre du financement du développement local et contribuer à une amélioration de la gestion financière locale.

4- Méthodologie

Dans son cours de finances publiques, G.JEZE précisait que « *ceux qui n'ont pas médité longuement avec la méthode scientifique sur les problèmes financiers sont incapables de diriger les finances publiques d'un État : il leur est matériellement impossible de trouver les solutions aux grands problèmes financiers* »[90]. Ainsi, nous tenons à préciser qu'en raison de la nature un peu complexe de la présente étude, nous ne saurions nous satisfaire du recours « *à une méthode* »[91] et à une « *seule discipline* »,[92] mais pour plusieurs notamment celles consistant à synthétiser voire combiner plusieurs approches. Toutefois, nous garderons

---

[90] G. JEZE, *Cours de finances publiques*, Giard, 1925-1931.

[91] La méthode peut être perçue comme « *un ensemble concerté d'opérations mises en œuvre pour atteindre un ou plusieurs objectifs, un corps de principes présidant à toute recherche organisée (...)* ». M. GRAWITZ, *Méthodes des sciences sociales*, Paris, Dalloz, 9e éd., 1993, p. 302. Dans le même ordre d'idées, voir R. DESCARTES préconise quatre préceptes dans la recherche de la vérité scientifique : « *ne recevoir jamais aucune chose pour vrai* », diviser et segmenter « *les difficultés* » pour mieux les résoudre, conduire par ordre la pensée « *en commençant par les objectifs les plus simples à connaître* » et terminer avec les plus complexes ; enfin avoir « *l'esprit de synthèse* ». R. DÉSCARTES, *Discours de la méthode, les classiques de la philosophie,* éd. 2009, pp. 88-90.

[92] On serait tenté de dire que les finances publiques constituent une discipline transversale. Tantôt elle fait recours au droit administratif : parmi les moyens d'exécution dont dispose l'administration, il y a d'un côté du domaine public, des agents publics, des entreprises publiques, etc., auxquels sont consacrés des chapitres de droit administratif, les deniers publics, c'est-à-dire les fonds et valeurs constituant les finances publiques. Aussi, pendant longtemps, le droit des deniers publics ne constituait-il qu'un chapitre du droit administratif au même titre que le droit de la fonction publique, celui du domaine public, ou celui des travaux publics. C'est bien ainsi que l'avaient compris les auteurs des traités de droit administratif du XIXe. Par ailleurs, les liens entre les finances publiques et le droit constitutionnel sont assez étroits. Ils apparaissent tantôt par la soumission des mécanismes financiers aux règles constitutionnelles, tantôt par l'influence qu'exercent les phénomènes financiers sur l'équilibre constitutionnel. Voir P-M. GAUDEMET, J. MOLINIER, *Les finances publiques, Budget/Trésor*, Paris, Montchrestien, Domat droit public, 7e édit., tome1, p. 23.

à l'esprit que les méthodes de recherche ne sont que des « *voies d'accès à la connaissance* »[93] et à la suite de L. TROTABAS et J-M. COTTERET, on ne peut, bien sûr, les négliger, car la « *connaissance en dépend* »[94], même s'il ne faut pas confondre « *les moyens et la fin* »[95]. Ces précisions faites, l'étude sur le financement des collectivités territoriales pose un problème de délimitation et d'approche méthodologique. Quelle est la méthode d'analyse la plus appropriée pour rendre compte de manière claire et cohérence de cette problématique de la mobilisation financière des CT ?

C'est un problème qui, en réalité, déborde le cadre des finances publiques pour s'étendre à la méthode d'analyse de la problématique de la réforme globale de l'État. La complexité du tissu institutionnel, politique et sociologique de l'État dans les pays africains impose, pour une bonne compréhension du fonctionnement de ces réformes, une combinaison entre la méthode traditionnelle[96] et la méthode systémique[97]. L'action conjuguée de l'idéalisme juridique hérité des jacobins et du conformisme légaliste de la société bourgeoise a longtemps imposé, dans les pays de tradition française, la méthode exégétique comme la seule convenable aux études de droit. Les premiers juristes faisaient des « *cours de code* » et leurs héritiers ont encore bien du mal à se défaire de cette forme de raisonnement. Mais le droit public s'est dégagé très tôt de cette contrainte. Léon DUGUIT, pour des raisons doctrinales, a imposé le premier une approche sociologique des phénomènes juridiques. Cette approche a été approfondie notamment par les partisans du marxisme pour qui le droit est un instrument au service de la classe dirigeante, visant à perpétuer la domination de celle-ci. L'intégration de la science administrative et politique dans le droit public

---

[93] L. TROTABAS, J-M. COTTERET, *Droit budgétaire et comptabilité publique*, op. cit., p. 8.

[94] *Ibid.*

[95] *Ibid.*

[96] La méthode traditionnelle dénommée également exégétique ou positive met l'accent sur le contenu même des règles dont il convient de faire l'exégèse, autrement dit la stricte présentation au regard du droit positif. Elle consiste à appréhender les textes et les règles comme des valeurs en soi, à les disséquer, à en faire l'exégèse.

[97] La méthode systémique qui se veut dialectique analyse le droit nouveau à travers ses interférences avec son environnement et permet dans le domaine des finances publiques de mettre en relief la dynamique des interrelations entre les normes financières et le cadre spatio-temporel qui les accueille. Elle envisage la règle juridique comme un élément du contexte social où elle est insérée, dont elle est le produit, voire le moteur, mais dont il est vain de l'isoler.

a rendu désormais impossible le pur juridisme dans les études de finances publiques surtout au moment où la problématique la plus actuelle du droit financier est relative à l'introduction des principes de la science administrative, notamment de la logique du développement local. Il est donc nécessaire de dépasser le cadre de l'analyse exégétique et recourir également à l'approche systémique avec la prise en considération des facteurs politique et sociologique. Une telle méthode permet de rendre compte des règles positives de gestion des finances publiques dans une perspective dynamique en raison de l'impact des données socio-politiques qui constituent le soubassement d'un système financier donné.

Les professeurs P.M. GAUDEMET, J. MOLINIER expliquaient que « *la diversité des disciplines qui concourent à la connaissance des finances publiques, tout en bénéficiant des enseignements de la science financière, donne aux finances publiques le caractère d'une discipline de carrefour* »[98]. Cette affirmation est frappée au coin de l'évidence[99] en ce sens qu'elle rend l'étude particulièrement profitable puisqu'elle oblige tous ceux qui s'y adonnent à dépasser les classifications scientifiques traditionnelles et à mettre en œuvre des disciplines variées pour en résoudre les problèmes[100]. La multiplicité des points de vue[101] desquels doivent être envisagées les opérations financières[102] en rend l'étude attrayante[103] et aussi formatrice[104]. C'est pourquoi cette technique sera

---

98 P. M. GAUDEMET, J. MOLINIER, *Finances publiques*, op. cit., p. 20.

99 N. MEDE, *« Réflexion sur l'autorité de la chose jugée au financier »*, p. 157.

100 Cette importance avait été bien vue notamment par Jèze qui avait insisté sur la place des éléments politiques et économiques dans l'étude des phénomènes financiers. Il avait montré la nécessité de replacer les opérations financières dans leur cadre pour bien les comprendre. Ce cadre prend les aspects multiples. Le cadre constitutionnel et politique doit d'abord être considéré. Les phénomènes financiers sont conditionnés par le régime politique. Ensuite, le cadre social doit être retenu. Enfin, le cadre économique ne doit pas être oublié. Les structures économiques d'un pays, la conjoncture économique du moment influent sur les phénomènes financiers. Voir G. JÈZE, *cours de finances publiques*, Paris, 1930, p. 17.

101 L. SAÏDJ, *« Recherche sur la notion de finances publiques en droit constitutionnel et financier positif »*, RDP, 1982, p. 1297.

102 Voir sur ce point G. JÈZE, *Cours de finances publiques*, Paris, 1930, p. 17 ; et le passage cité dans le nouveau guide des exercices pratiques : finances publiques, tome I, politique financière-Budget-Trésor, Paris, Montchrestien, 1978, p. 16. Voir aussi, J. MOLINIER, L'apport *de G. JÈZE à la théorie des finances publiques,* travaux de l'association droit et recherche Université de Paris I, 1989 publié dans la revue d'histoire des facultés de droit, 1991, n° 12.

103 P. M. GAUDEMET, J. MOLINIER, *finances publiques*, précité.

104 *Ibid.* p. 20.

largement utilisée dans le cadre de cette étude. Ainsi, le recours au droit constitutionnel nous a paru impératif en ce sens que les liens entre finances publiques et droit constitutionnel sont assez étroits[105]. Dans le même ordre d'idées, il nous a fallu recourir au droit administratif, dans la mesure où les liens qui unissent les finances publiques au droit administratif ne sont pas moins étroits que ceux du droit constitutionnel. D'un côté, on peut noter que ce sont les règles du droit administratif qui commandent la plupart des mécanismes financiers. De l'autre côté, certaines notions clefs du droit administratif sont indispensables dans la définition de la dépense publique telles que *« l'intérêt général »*[106], *le « service public »*[107], *« la puissance publique »*[108]. Relativement, il fallait prendre en compte aussi la science politique[109]. *« C'est pourquoi, si les finances publiques relèvent du droit public et se situent parmi les disciplines de droit public interne, il ne faut pas les limiter à une étude purement abstraite et juridique, mais en envisager aussi les aspects politiques et concrets, ce qui amènera à souligner les rapports encore mal connus des finances publiques avec la science politique »*[110].

Il s'agira donc d'une réflexion juridique qui impose en premier lieu, une méthode qui est celle du droit et les matériaux d'analyse qui ont cours dans

---

105 Voir L. PHILIP, *Les fondements constitutionnels des finances publiques*, Economica, série poche, 1995, voir aussi que le fascicule 1461 du Jurisclasseur administratif : *droit constitutionnel financier*, par E. DOUAT, 1994, et l'article de J.-P. CAMBY *« Le droit constitutionnel et les principes du droit budgétaire »*, Revue française de finances publiques n° 51,1995, cité par P. M. GAUDEMET, J. MOLINIER, *Finances publiques*, op. cit., p. 25.

106 Comme évoqué dans les développements antérieurs, le concept d'intérêt général est un concept fourre-tout utilisé par la doctrine et par la jurisprudence pour donner un contenu à certaines notions clefs du droit administratif. C.E, 13 mai 1938, *caisse primaire Aide et protection* cité par J-F. LACHAUME, Droit *administratif*, Paris, PUF, 13e éd., 2002, p. 261.

107 Le service public est l'un des concepts fondamentaux du droit administratif dont il contribue à justifier la spécificité et à déterminer le champ d'application. G. CORNU, *Vocabulaire juridique*, op. cit., p. 758. Voir également A. de LAUBADÈRE, J-C VENEZIA, Y. GAUDEMET, *Droit administratif*, L.G.D.J. 16e éd., 1999, p. 23.

108 Le concept de puissance publique comme précédemment évoqué a été développé par l'école de Toulouse dirigée par M. HAURIOU. Il constitue aussi l'un des concepts fondamentaux de la comptabilité publique. Voir A. de LAUBADÈRE, J-C VENEZIA, Y. GAUDEMET, *droit administratif*, L.G.D.J. 16e éd., 1999, p. 22.

109 M. DUVERGER, *Finances publiques*, op. cit. p.27. Voir aussi M. BOUVIER, M-C. ESCLASSAN, J. P. LASSALE, *finances publiques*, LGDJ, 1998, pp. 16 et s. voir de même M. BOUVIER, *« Tradition et modernité de la science des finances »*, RFFP, n° 41, 1993, p. 263.

110 *Ibid.* p.619.

cette discipline. Toutefois, comme le droit, ainsi que le soutiennent certains auteurs, n'est pas une matière « *dogmatique prétendant déterminer continuellement le bien et le mal* », on ne peut se contenter d'une approche normative pour étudier les prérogatives des collectivités territoriales dans le financement du développement local. Il faudra dépasser la simple exégèse et élargir l'étude des financements du développement local en tenant compte des instruments d'analyse forgés par la science administrative et politique qui entretiennent des rapports d'osmose avec le droit (en particulier, de la réceptivité du droit ou de ses interactions avec le milieu social).

Par ailleurs, contrairement à l'approche classique marquée par la prégnance du droit comme instrument d'analyse et de pilotage des finances publiques[111], la nouvelle gestion publique emprunte à l'économie et à la gestion de l'entreprise privée l'essentiel de ses concepts et de ses outils[112]. On fera donc appel à des concepts et des théories propres aux sciences économiques. Car « *il n'est pas pertinent et il est même contreproductif de [...] cantonner [les finances publiques], comme ce fut le cas autrefois, à leurs aspects juridiques, ou comme c'est le cas aujourd'hui à leurs implications économiques ou gestionnaires alors qu'il s'agit d'un champ foncièrement interdisciplinaire* »[113]. En effet, l'absence d'une approche globale de la capacité financière des collectivités à financer leurs développements met dans l'incapacité d'en comprendre le véritable sens et l'unité d'ensemble comme, du reste, elle prive celui qui porte intérêt à certains aspects.

En outre, les comparaisons internationales aident les pays à éclairer leurs propres pratiques. L'analyse et le bilan des expériences des autres permettent de se poser les questions utiles, voire d'anticiper et d'éviter les causes connues d'échec ou de contrer les effets pervers identifiés ailleurs.

Au regard de ce qui précède, nous pensons que l'étude sur le financement du développement par les collectivités territoriales n'a de valeur que lorsque nous analysons le cadre juridique desdites collectivités. Pour mieux comprendre la capacité des entités décentralisées à porter financièrement leur propre développement, il est nécessaire d'analyser

---

111 J. CHEVALLIER, *Science administrative*, PUF, coll. « *Thémis* », Paris, 1986, p. 607.

112 A. AMAR et L. BERTHIER, « *Le nouveau management public : avantages et limites* », Gestion et management public, 2007, vol. 5, pp. 1-14.

113 M. BOUVIER, « *Les ambigüités fatales du droit public financier* », Revue française des finances publiques, n° 122, 2013, p. 08.

l'arsenal juridique qui constitue le socle d'existence de la décentralisation et de surcroît des collectivités territoriales (première partie).

Ainsi, le constat est que les collectivités ont une très faible participation financière au financement du développement. Cette situation entraîne des conséquences qu'il faut analyser avant toute proposition de voie nouvelle, qui permettra une mobilisation financière suffisante pour enclencher le véritable développement (deuxième partie).

PREMIÈRE PARTIE

DES RESSOURCES FISCALES LOCALES INCAPABLES DE PORTER LE DÉVELOPPEMENT

En Afrique francophone, pendant longtemps, la tendance en matière de production législative fut celle de la reproduction systématique du droit français sans autre forme[114]. Cette affirmation frappée au coin de l'évidence s'expliquerait par deux raisons essentielles selon le Professeur A. BOCKEL : « *D'une part, le droit français était principalement le système juridique appliqué dans les colonies avant l'indépendance, ce qui pousse évidemment à son maintien, au moins à titre provisoire. De l'autre, le phénomène humain : le mimétisme. En effet, la plupart des spécialistes africains, à qui incombe la mise en place de nouvelles institutions juridiques, ont été formés à l'école française ou ont pratiqué les solutions françaises qu'ils connaissent parfaitement et auxquelles très souvent ils adhèrent* »[115]. La gestion démocratique des collectivités territoriales suppose leur autonomie financière. La pratique a montré que les conseils locaux, précisément les communaux, sont souvent moins inquiétés et moins gênés par les mesures du contrôle fiscal que par le problème chronique du manque des moyens financiers. Le caractère unitaire de l'État et le dogme du principe d'égalité imposent que le pouvoir fiscal reste un acte souverain dans les mains du législateur qui refuse de reconnaître le pouvoir fiscal au profit des collectivités territoriales, lesquelles profitent des mesures de compensation.

Il convient d'attirer l'attention, de prime abord, que l'analyse de la fiscalité locale se focalisera, beaucoup plus, sur les communes qui sont, selon certains experts, les collectivités territoriales, *« les plus impliquées*

---

[114] J. P. DUPRAT, *« La formation et l'évolution du droit financier en Afrique francophone subsaharienne » in la création du droit en Afrique*, D. DARBON, J. DUBOIS de GAUDUSSON (dir.), Paris, Khartala, 1997, pp. 445.

[115] A. BOCKEL, *Droit administratif*, Dakar, NEA, 1980, p. 29.

dans le processus de gestion des affaires locales et bénéficient de l'essentiel des ressources fiscales »[116].

Théoriquement, dans un budget véritablement décentralisé et librement géré, la collectivité territoriale doit disposer d'une plus grande marge d'initiative. Elle peut déterminer ses recettes en créant certaines taxes fiscales dont elle fixe elle-même le ou les taux[117]. Même si d'aucuns essaient de nuancer une interdépendance nécessaire entre les ressources fiscales autonomes et l'autonomie financière[118].

Du point de vue formel, le principe d'acceptation d'imposition d'impôts par les contribuables, nécessite que ce soient les représentants de la nation, qui soient habilités à la création d'impôts et taxes[119]. Il est évident qu'une telle habilitation entraîne des conséquences sur la situation financière, sociale et économique des individus.

C'est ce qui explique que le pouvoir d'imposition fiscale est un acte souverain faisant partie de la souveraineté générale que l'État détient seul.

Par cette considération, donner la possibilité aux collectivités territoriales de prévoir des impositions de nature fiscale revient à attenter à l'unité du pouvoir normatif en la matière[120], donc, à compromettre le caractère unitaire et souverain de l'État.

Du point de vue pratique, habiliter les collectivités territoriales à prendre des décisions de création de nouveaux impôts et taxes est de nature à aggraver davantage l'exiguïté de la matière imposable. Cela va engendrer une dualité fiscale, voire des abus fiscaux. Ce qui pourrait donner naissance à divers régimes fiscaux qui peuvent attenter à la justice fiscale[121] au plan territorial. Cet état de fait favoriserait des comportements d'évasion fiscale. Ainsi, les contribuables vont se voir obliger de choisir les collectivités territoriales les plus avantageuses en termes d'impositions

---

[116] M. HADDY, *« Liberté et pauvreté : Quelles articulations ? »*. REMALD, n° 96, janvier-février 2011, p. 26.

[117] F. BREMAD, *« L'organisation régionale au Maroc »*. LGDJ. Paris. 1949. p. 161.

[118] A. El ALLALI, (Présentation). Actes du colloque national des XIXe Universités Fiscales De Printemps, organisé les 24 et 25 mai 2013 à Oujda, sous le thème *« Autonomie financière territoriale face à la crise économique : Afrique, Amérique, Europe »*.

[119] Cela s'explique par le fait que le pouvoir fiscal est étroitement lié à la question de la souveraineté étatique. V. dans ce sens : J. B. GEFFROY, *« Grands problèmes fiscaux contemporains »*. PUF. Paris. 1993. pp. 30-31.

[120] F. LABIE, *« Finances locales »*. DALLOZ. 1995. pp. 12-14.

[121] R. MICHEL et M. A. BENABDALLAH, *« Actualité du droit administratif : 2003-2009 »*… précité. p. 57.

fiscales. En n'oubliant pas le fait que certaines collectivités rurales ne se sont soit même pas arrivées à concevoir leur action de développement, soit à même de disposer de moyens techniques et administratifs nécessaires pour créer et recouvrer des impôts.

Toutefois, il est facile dans un certain sens de repousser les deux raisons avancées : d'abord, parce que la première raison est que même les décideurs au niveau des collectivités territoriales sont eux aussi issus d'élections directes. Ce processus de légitimation fait qu'ils représentent eux aussi la population locale et peuvent, de ce fait, se voir habiliter à créer des impôts à sa charge.

Ensuite, la deuxième raison ne peut pas nous faire perdre de vue que même la capacité de fixer les taux d'impôts et taxes locales peut donner lieu à des variétés de taux différentes d'une collectivité territoriale à une autre. Ainsi, cela peut conduire, par conséquent, à des cas de dualité d'imposition voire même d'abus en matière de fixation de ces taux.

Outre l'aspect dommageable de la concurrence fiscale qui se dégage de cette démarche, ajoute le même rapport, apparaît, au plan local, la fiscalisation d'assiettes abandonnées par le système fiscal central. Ce qui dénote en conséquence l'absence d'une vision partagée de la politique fiscale au plan national. La faible contribution des collectivités territoriales au développement économique et social est donc due à un potentiel fiscal partiellement appréhendé par une administration territoriale insuffisamment outillée, mais aussi à des recettes fiscales précaires (titre 1).

Cependant, au nom du principe d'universalité, l'ensemble des recettes recouvrent l'ensemble des dépenses. Ainsi, ces dernières sont divisées en deux sections, à savoir : les dépenses de fonctionnement et celles d'investissement. L'incapacité des collectivités territoriales à déclencher le développement local est aussi due à un bipartisme déséquilibré de ces dépenses (titre 2).

TITRE 1 :

DES RECETTES FISCALES PRÉCAIRES

La fiscalité est la science de l'impôt, du fisc. Elle occupe une place importante dans l'économie des États modernes en raison des ressources qu'elle procure aux budgets des collectivités publiques. Cela n'a toujours pas été le cas. Au XVIe siècle, on distinguait sept sources de revenus publics parmi lesquelles l'impôt n'occupait qu'une place purement accessoire : revenus du domaine public, butin, dons des amis, tributs des États sujets, trafics publics, droits de douane et accessoirement impôts sur les citoyens[122]. De nos jours, l'impôt n'occupe plus la dernière place et répond plus que jamais à cet appel lancé par G. JEZE au début du siècle : « *il y a des dépenses publiques ; il faut les couvrir* »[123]. L'impôt est donc l'un des principaux instruments dont dispose la puissance publique pour collecter ses ressources budgétaires.

Le droit fiscal, comme l'impôt, a existé de tous les temps et en tous lieux. L'assujettissement des citoyens à des contributions obligatoires est inhérent à la société : « *Nul citoyen n'est dispensé de l'honorable obligation de contribuer aux charges publiques* », affirmait l'article 101 de la Constitution française de 1793.

Le droit fiscal est, à côté du droit budgétaire, du droit de la comptabilité publique et des politiques publiques, l'une des branches principales des finances publiques[124]. Il est le droit de l'impôt qui étudie le pouvoir fiscal, ses conditions d'exercice, et les problèmes juridiques relatifs à l'impôt[125]. La fiscalité est d'une dimension importante en démocratie. Dans un régime démocratique, les citoyens expriment leur confiance à l'État en payant leurs impôts ; ce dernier rétribue cette confiance par une politique de dépense judicieuse, par la délivrance des services publics ; partant de ce fait, l'État exprime ses fonctions régaliennes. « *En effet, le mot "fisc" provient du latin "fiscus", petite corbeille d'osier destinée à recueillir de*

---

[122] J. BODIN, Les six livres de la République, VI, 2, Paris, p. 1576.
[123] G. JEZE, Cours élémentaire de science des finances et de législation financière, Giard Paris, p. 19.
[124] A. A. D. KEBE, La répartition des compétences entre la loi et le règlement en droit fiscal sénégalais, thèse de doctorat, soutenue en 2012, UCAD, Sénégal, p. 24.
[125] J. P. MAUBLANC, *Dictionnaire Encyclopédique de Finances publiques,* L. Philip (dir), Economica, 1991, p. 674.

l'argent». Dans cette perspective, le droit fiscal est «*l'ensemble des dispositions juridiques relatives à l'impôt*»[126].

Parvenir à une meilleure mobilisation des recettes est un impératif, car le Mali, à l'instar de nombreux pays en voie de développement, a besoin de recettes supplémentaires[127]. En effet, les besoins de dépenses du pays sont de plus en plus considérables. Avec la crise économique récente, il est plus que jamais nécessaire pour l'État malien d'augmenter de manière durable sa capacité endogène à satisfaire les besoins de sa population et réduire la pauvreté.

La question de la fiscalité au Mali pose plusieurs enjeux et défis relatifs à la capacité incertaine de l'État à mobiliser correctement les recettes internes à partir de mécanismes adéquats et légitimes. Ces mécanismes constituent le socle de la redevabilité comme paradigme de gouvernance fiscale et aussi à celle de la souveraineté économique.

En plus de ces préoccupations, le système fiscal malien est caractérisé par une forte démobilisation fiscale en raison, d'une part, des difficultés d'imposition du secteur informel qui échappe presque à l'impôt, malgré son poids économique, social considérable et, d'autre part, la non-imposition du secteur agricole moderne et l'attribution de multiples exonérations fiscales. Il en résulte ainsi un problème d'iniquité fiscal. Dès lors, l'imposition des biens et revenus soulève au Mali un problème de gouvernance, de communication, d'explication et surtout de compréhension du rôle et de l'importance de la fiscalité dans le financement du développement.

Au Mali, les impôts et taxes applicables sont multiples et variés. Le système, en vigueur depuis les réformes de 1999, est celui de la taxation unique et catégorielle des revenus. Il se caractérise également par une fiscalité d'État et une fiscalité locale depuis l'avènement de la décentralisation.

Le Mali fait face à d'énormes difficultés d'ordre économique et financier. Les causes de ces problèmes sont multiples et résultent, entre autres, du suivi d'une longue stratégie de développement économique qui s'est révélée inappropriée, donc inefficace.

---

[126] L. TROTABAS et J-M-COTTERT, *Droit fiscal*, Paris, Dalloz, 7e ed.1992, p. 96., cité par KEBE (A. A. D.), thèse précitée, p. 25.

[127] FMI, « *Mobilisation des recettes dans les pays en développement* », 8 Mars, 2011, p. 4.

Mais aussi, pendant longtemps, les pouvoirs publics ont donné à la fiscalité un rôle financier et économique accru. C'est un héritage de la colonisation, où le rôle de l'impôt fut d'abord celui d'affermir l'autorité du pouvoir politique. Ensuite, de procurer des ressources financières pour le fonctionnement de son administration et pour bien d'autres fonctions subsidiaires. Enfin, la monétarisation de l'économie et l'incitation au travail par le biais de l'impôt de capitation[128].

Le constat est donc clair : qu'il s'agisse du temps colonial ou de la période du Mali indépendant, les pouvoirs publics n'ont pas réussi à adapter l'environnement économique et social à l'environnement fiscal, d'où la faiblesse de l'assiette fiscale et, par conséquent, du rendement de l'impôt[129].

Pour mieux cerner ces ambigüités et l'utilisation de l'outil fiscal dans le processus de développement local dans le contexte malien, nous analysons d'abord les incohérences du système fiscal local (chapitre 1) avant de présenter ses effets en termes de productivité (chapitre 2).

---

[128] Du latin *capitatio « impôt par tête »*. De façon historique, la capitation est l'impôt, taxe levée par un individu jusqu'en 1789. Le Mali a hérité de cette pratique de la colonisation française.

[129] La gouvernance de la fiscalité au Mali : enjeux et défi de la mobilisation des recettes fiscalités, Forum multi-acteurs sur la gouvernance au Mali, 8e séance, octobre, 2011, p. 13.

CHAPITRE 1

UN SYSTÈME FISCAL À FAIBLE RENDEMENT FINANCIER

Plus encore que pour d'autres domaines, la revendication de la réforme fiscale est ici une donnée permanente. Revendication d'autant plus accentuée par le double sentiment d'une fiscalité de plus en plus inadaptée (vieillissement des bases, inégalités récurrentes, sinon incohérences) et de la quasi-impossibilité pour les pouvoirs publics de mener à bien sa refondation. Ce qui ne signifie pas toutefois qu'aucune réforme ne soit jamais intervenue (la dernière en date étant celle de 2009, mais chaque année, les annexes y sont ajoutées). Les bases d'imposition, les valeurs locatives demeuraient à bien des égards approximatives et inégalitaires, non seulement entre communes, mais au sein même de celles-ci. Ce qui signifie qu'au milieu de la présente décennie perdurent les bases d'imposition des années 1960.

La société malienne a choisi de mettre en place un niveau important de dépenses publiques et sociales, ce qui implique un haut niveau de prélèvements obligatoires. Ce choix social nécessite d'une part que les dépenses soient gérées avec rigueur, d'autre part, que les prélèvements soient les plus équitables possibles. La fiscalité joue trois rôles. Le premier consiste à faire financer les dépenses publiques par chaque citoyen selon ses capacités contributives. Ceci se traduit aussi par la règle : « À *revenu égal, impôt égal* ». Ainsi est limité en principe le degré de liberté des gouvernements en matière fiscale. Le deuxième est de redistribuer les revenus de façon à ce que les revenus disponibles soient plus équitables que les revenus primaires. Le troisième est d'inciter les agents économiques à avoir des comportements socialement et économiquement souhaitables[130].

Malheureusement, la fiscalité malienne est trop souvent réformée par des mesures incohérentes qui contribuent à la rendre compliquée et injuste. Actrices de plus de plus présentes dans la vie économique, les collectivités territoriales souffrent à l'évidence d'un handicap majeur, celui de recouvrer l'essentiel de leurs ressources (55 % très exactement) assuré par une fiscalité qui repose sur un fonctionnement complètement archaïque et

---

130 H. STERDYNIAK, *« Incohérences fiscales »*, Le blog, octobre 2017, en ligne : https://www.ofce.sciences-po.fr/blog/incoherences-fiscales/

opaque. Et pire encore, depuis quinze ans que ce constat est connu, aucun gouvernement n'a encore eu le courage de réformer tout cela.

On constate une multiplicité et une variété accrue d'impôts locaux qui créent une dispersion du revenu fiscal non seulement à l'intérieur d'une même collectivité territoriale, mais aussi entre les différents niveaux de collectivités (section 1). À cela s'ajoutent l'incohérence et les inégalités de situations liées aux valeurs locatives qui déterminent le montant de la taxe d'habitation et des taxes foncières, source principale des impôts locaux. Cette injustice de bases imposables se double d'une absence quasi totale de correction des inégalités de richesse fiscale, ce qui, par conséquent, entrave un faible rendement des ressources fiscales (section 2). La fiscalité locale est ainsi faite qu'elle enrichit les collectivités privilégiées et tire un peu plus vers le bas celles qui perdent pied.

Dans ces conditions, selon la remarque faite par un expert en fiscalité, il existe une certaine incohérence à voir un État qui a cumulé et conservé pour lui les seuls impôts modernes et productifs (impôts sur le revenu, TVA et impôt sur les sociétés). Selon lui, il fait *« tout ça pour payer des fonctionnaires et rembourser sa dette »*, alors qu'il a laissé aux collectivités territoriales une fiscalité indiciaire imaginée de la colonisation.

Section 1 : Un système fiscal local improductif

Dans nos sociétés traditionnelles, la soumission au chef de clan ou au roi lorsqu'il s'agissait d'un royaume se matérialisait, entre autres, par une contribution en nature par chaque famille. Il disposait d'un champ communautaire, dans lequel il était obligatoire pour chaque individu majeur de venir y accomplir son devoir en exécutant tous les types de travaux nécessaires au moment de la saison pluvieuse.

Cette forme de contribution très primitive est supplée aujourd'hui, grâce à la colonisation, par un système nouveau d'imposition. Ce système dit moderne correspond d'ailleurs à l'organisation actuelle de nos États souverains. Il a subi des modifications successives au cours de l'évolution économique, politique et sociale de notre pays.

Et comme *« l'argent est le nerf de la guerre »*[131], nous nous sommes particulièrement intéressé aux stratégies financières locales, voire

[131] Proverbe latin, premièrement cité par Cicéron et signifiant que l'argent est le principal ressort de la guerre. On l'utilise (surtout aujourd'hui), par extension, pour parler de tout problème dont la source et la solution sont financières.

économiques, c'est-à-dire aux stratégies liées aux moyens financiers de l'action publique locale, notamment à celui qualifié de «*financement par le contribuable*», appelé aussi en France la «*fiscalité directe*». Ce qui renvoie, en quelque sorte, à la relation intra-disciplinaire ou inter-disciplinaire[132] entre économie publique locale et finances publiques locales.

Selon GILBERT, « *que n'a-t-on pas dit à propos de la fiscalité locale ? Un empilement hétéroclite d'impôts réputés archaïques, un amas de mesures fiscales dérogatoires nées au gré des préoccupations successives du législateur. Un système mal équilibré entre l'État et les collectivités locales de divers niveaux, entre les ménages et les entreprises : un système antiéconomique, obstacle voire ennemi de l'aménagement du territoire, coûteux à administrer voire ingérable. Le mot est lâché : le système fiscal est à bout de course ; ingéré parce qu'ingérable* »[133]. Aujourd'hui, cette analyse colle beaucoup plus à la réalité de la fiscalité locale malienne qui, à plusieurs écarts, se trouve dans la même situation que celle française des années 80 et 90.

Nonobstant la diversité des impôts et taxes instaurés, ainsi que celle des domaines qu'ils couvrent, notamment le foncier construit et non construit, le secteur industriel et commercial et le secteur touristique et hôtelier, ils sont confrontés au problème du caractère étroit et juxtaposé de leurs assiettes (paragraphe 1).

À vrai dire, le manque d'harmonie dans le régime fiscal local dû à la multiplicité des taxes et impôts (paragraphe 2), portant, en plus sur des domaines divers, nuit au rendement en ce sens que les contribuables potentiels subissent une surimposition provenant d'impôts locaux et d'une fiscalité d'État de plus en plus lourde.

---

[132] Ces deux champs ne sont pas exclusivement *« économiques »*, dans la mesure où ils intéressent aussi d'autres disciplines, telles que les sciences juridiques et politiques, l'Urbanisme, etc., cité par Christian NAL

[133] G. GILBERT, « *La fiscalité locale en France : Du constat aux marges de manœuvres* », In *« Le financement du développement local »*, CURAPP, Paris-PUF, 1995, pp. 11-34.

Paragraphe 1 : Des impôts locaux assis principalement sur le foncier

La complexité des questions touchant au foncier, tant en zone urbaine qu'en zone rurale, est une réalité avec laquelle il faut composer[134]. La création d'un impôt foncier[135] demande de faire un état des lieux préalable de la nature et de l'étendue des informations foncières disponibles, tant au niveau urbain, qu'au niveau rural.

Il est nécessaire de s'interroger sur la nature de l'information foncière, sa valeur juridique et sa disponibilité. Il est tout aussi possible d'analyser la manière dont cette information foncière circule au sein des différents services de l'État. Ces points sont d'autant plus à prendre en compte dans le cas du Mali qu'à la différence de nombreux États, le service du cadastre n'est pas rattaché à la DGI[136]. Il devient nécessaire de se questionner sur la manière dont la base foncière est renseignée et actualisée.

Il est très facile de reprocher à l'administration locale le fait de ne pas disposer de ressources humaines qualifiées et suffisantes pour la gestion de l'assiette des impôts locaux et le suivi de leur recouvrement.

Dans le contexte de la décentralisation et de son financement, la question centrale est celle de l'autonomie fiscale. En général, un consensus large, y compris de la part des autorités centrales, reconnaît le bien-fondé d'une certaine autonomie de gestion en matière de dépenses locales. Il en va de même à propos des recettes. L'autonomie de gestion des ressources locales est particulièrement limitée dans la majeure partie de l'Afrique, de l'Asie et de la région Moyen-Orient – Asie occidentale. Or, une certaine initiative dans la gestion des recettes est indispensable pour renforcer les responsabilités locales. Le renforcement de capacité gestionnaire des collectivités concernées peut en attester cette assertion.

Par ailleurs, le degré de décentralisation et d'autonomie financière apparaît comme un facteur clé de l'accès des collectivités territoriales à des ressources externes de long terme, puisque les initiatives qu'elles peuvent prendre au niveau de leurs ressources propres sont susceptibles de leur permettre de supporter des chocs extérieurs. Pour les investisseurs soucieux du remboursement à long terme des fonds prêtés, un certain degré

---

[134] Programme de développement Institutionnel, « *Etude sur la révision du système de fiscalité locale* », CDI, Août 2010, p. 69.

[135] Loi n° 2017-01 du 11 avril 2017 remplace la loi n° 99-048 du 28 décembre 1999.

[136] Voir le Décret n° 2019-0332 portant répartition des services publics entre la Primature et les départements ministériels, p. 2 et 23.

d'autonomie financière des collectivités partenaires est de ce fait perçu comme un facteur positif. Une diversification de la base d'imposition locale est nécessaire pour renforcer le potentiel fiscal des gouvernements locaux. En effet, les bases d'imposition locales sont souvent étroites, et le potentiel fiscal que constitue l'impôt foncier est largement sous-utilisé. En moyenne, l'impôt foncier rapporte 0,5 % du PIB dans les pays en développement contre 2 % dans les pays développés. Il est en outre impopulaire : même dans les pays développés où il joue un rôle important (États-Unis, Canada, Royaume-Uni), il est mal accepté. En outre, son recouvrement est coûteux et complexe, en particulier pour la plupart des pays en développement. En effet, ils ne disposent pas de registres fonciers. L'habitat informel est dominant tandis que sont avérées les dotations budgétaires destinées à l'évaluation de la valeur des biens, à la mise en œuvre de l'impôt et à son recouvrement. Au-delà de la définition de l'assiette des impôts locaux, se posent également les problèmes récurrents d'actualisation des bases d'imposition. Pour les impôts fonciers et immobiliers, l'évolution de ces bases exige des dispositifs coûteux d'informations relatives au prix de marché ou aux valeurs cadastrales.

La faible mobilisation du potentiel fiscal, notamment l'impôt foncier, est de nature à provoquer des pertes considérables pour les collectivités territoriales en termes de développement spatial. À cet effet, les spécialistes de la fiscalité remarquent que c'est ce genre d'impôts qui est le plus fréquent pour assurer le financement de la politique urbanistique et de l'aménagement du territoire[137]. L'impôt foncier représente, même dans certains pays comme l'Angleterre et l'Irlande, la seule ressource fiscale locale[138].

Et dans les pays africains comme le Mali où la population rurale est majoritaire et dont l'économie dépend en grande partie du foncier (agriculture, pêche, élevage…), il est urgent de trouver une alternative visant à la promotion et au développement de ce secteur[139].

---

137 Actes de la Conférence Résolutions Afrique tenue à Marrakech en 2014, sous le thème *« Valoriser et mobiliser les ressources endogènes du territoire pour le développement : Renforcer l'autonomie locale et la prévisibilité »*.

138 Y. ROCABOY, *« Qui paie la ville ? Logique et efficacité du système de financement »*, Revue d'économie financière, n° 86. 2006, Paris, pp. 6 et 7.

139 I. TOURE, « *La décentralisation et la gestion foncière au Mali* », thèse de doctorant, Institut Supérieur de Formation et de la Recherche Appliquée (ISFRA), Bamako, 2016, p. 216.

Et à G. CHAMBAS d'ajouter que : « *Après les indépendances (1960), la contribution du monde rural au financement des États a considérablement évolué. Ainsi, dès le milieu des années 70, la fiscalité directe sur les ruraux et notamment sa composante essentielle, la taxe per capita (impôt direct), considérée comme un des symboles de l'oppression coloniale, a été abolie dans la quasi-totalité des pays. L'abolition de cette taxe fut cependant tardive dans certains pays comme le Mali (1991) tandis que le principe de la capitation survivait à travers des taxes locales à faible rendement comme la taxe rurale au Sénégal ou la taxe d'arrondissement au Niger* »[140].

Au Mali, le principe de la capitation est aussi supplanté par la TDRL dans laquelle son influence reste encore perceptible. « *Taxe de développement participatif* », la TDRL a été créée pour amener les populations à s'impliquer activement à la gestion de leurs localités respectives.

Certes, les collectivités territoriales ne trouvent pas de grandes difficultés à soumettre la propriété aux impôts à savoir : la taxe d'habitation, la taxe sur les services communaux et la taxe professionnelle, puisqu'ils sont gérés par l'État à leur profit. Cependant, des efforts restent à déployer pour maîtriser l'assiette fiscale, puisque la pratique a révélé que les collectivités territoriales sont peu impliquées pour contribuer auprès de l'administration fiscale dans le but d'améliorer le rendement de ces impôts.

La Taxe de Développement Régional et Local (TDRL) est un impôt forfaitaire créé en 1988 par tête dû par les personnes de plus de 14 ans. Son taux est fixé par le Code Général des Impôts et varie de 875 FCFA dans la région de Tombouctou à 3000 FCFA pour le district de Bamako. Une collectivité territoriale a la capacité de modifier son taux respectif dans un encadrement de plus ou moins 25 %. La taxe de développement régional et local est complétée par la taxe de voirie qui concerne les entreprises assujetties à la patente et les familles. Le taux de cette taxe est le maximum entre 5 % de la patente ou 3 000 FCFA par famille dans le district de Bamako (2 000 FCFA ailleurs)[141].

---

140 G. CHAMBAS, « *L'impôt rural et la fiscalité indirecte interne au Mali* », Bamako, CERDI, 1990. Cité par I. TOURE, thèse Précitée.

141 Voir FMI, précité. p. 37.

Les recettes de la TDRL représentent 21 % des recettes fiscales locales en 2013. Elles sont particulièrement importantes en zones rurales, alors que leur recouvrement comme celui de la taxe de voirie en milieu urbain (Bamako) est défaillant comme l'illustre (le graphique 1 ci-dessous). Cette distinction s'explique notamment par le mode de collecte de la TDRL qui associe les chefs de village. Cette taxe représente l'un des seuls impôts payés directement dans certaines zones rurales et s'avère plus difficile à collecter dans les zones urbaines plus denses où le contribuable est protégé par un certain anonymat. Résidant au Mali au 1er janvier de l'année d'imposition ou y fixant leur résidence dans le courant de l'année d'imposition. Plusieurs personnes sont exemptées de la Taxe de Développement Régional et Local (TDRL)[142].

Par exemple, pour le cas de la commune rurale de liberté Dembaya, nous avons pu constater que la TDRL est de 7 726 600 francs CFA, soit 3,66 % du budget estimé (210 887 092 francs CFA) et 23,41 % de l'ensemble du potentiel fiscal pour l'année 2015[143]. Elle est dans le même ordre de 8 406 000 francs CFA, soit 3,47 pour un de 241 750 599 francs CFA et 23,53 de l'ensemble de la fiscale de la commune pour 2016[144].

Pour la commune urbaine de Bamako, elle est de 66 000 000 francs CFA, soit 2,09 % du budget (3 151 142 693 francs CFA). Elle représente 7 % du potentiel fiscal[145].

Enfin, nous avons analysé le budget du conseil régional de Koulikoro. La part de la TDRL est de 40 000 000 francs CFA pour le compte de 2019, soit 0,65 du budget estimé à 6 062 329 360 francs CFA et représente 20,43 % des ressources fiscales estimées à 195 750 000 francs CFA[146].

[142]Financer la décentralisation rurale, précité, pp. 76-77.
[143] Budget additionnel de la commune rurale de Liberté Dembaya, 2015.
[144] BUDGET ADDITIONNEL de la Commune Rurale de Liberté Dembaya, 2016.
[145] Budget primitif de la commune II du district de Bamako de 2018.
[146] Budget primitif du conseil régional de Koulikoro de 2019.

Graphique 1 : La fiscalité locale assise sur les personnes.

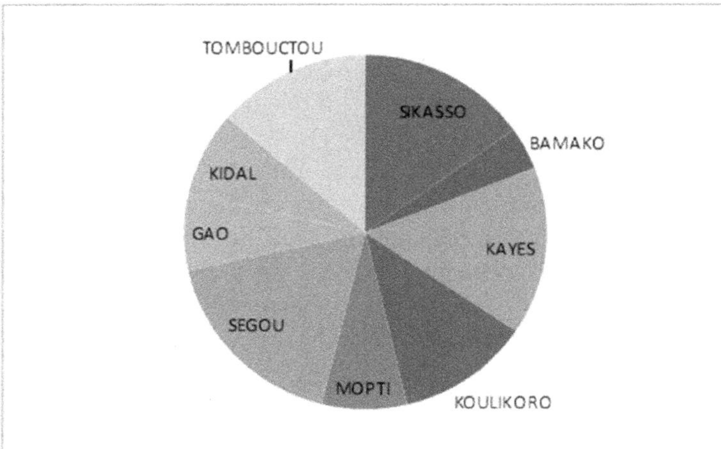

Note. Année 2013 sauf pour les 3 régions. Kidal, Gao, Tombouctou (2010).
Sources. DNTCP et calcul de la mission.

À la lumière de notre analyse, la Taxe sur le Développement Régional et local (TDRL) est non seulement dépendant que le rôle soit transmis au receveur percepteur pour le recouvrement, mais aussi le recouvrement est quasi inexistant dans les communes urbaines.

Le fait que la fiscalité des communes rurales repose à ce jour largement sur un impôt per capita, la TDRL, certaines données relatives à la population seront présentées.

Elles montrent à elles seules la nécessité d'adapter les assiettes fiscales, et donc de permettre des différences d'assiette. La loi actuelle prévoit d'ailleurs en listant les impôts et taxes dont l'instauration est laissée à la discrétion de la commune. Cette compétence discrétionnaire est une nécessité pour répondre aux différences de potentiel fiscal susceptible d'être mobilisé.

Dans la fiscalité locale directe, le foncier apparaît, d'après les élus locaux et beaucoup de chercheurs, comme un impôt qui dispose de plusieurs avantages, comme une croissance rapide de ses bases (activités et logements) et dénonce une faible intervention de l'État.

De surcroît, le foncier semble être l'impôt qui nous permet, pour le mieux, d'établir une corrélation entre les stratégies de développement territorial et les moyens financiers (directs) de l'action publique locale. Puisqu'il est, dans la fiscalité directe locale, le seul impôt qui dispose à la fois d'une base « *habitat* » (les ménages ou les logements) et d'une base « *économique* » (les activités ou entreprises). Ce qui leur conférerait des possibilités de mise en œuvre des politiques ou stratégies assises sur les deux modèles de développement territorial cité plus haut dans le but de les accroître.

La taxe foncière sur les propriétés bâties (TFPB) et la taxe foncière sur les propriétés non bâties (TFPNB) sont des impôts directs locaux. Ces impôts directs constituent des taxes relevant d'une fiscalité de détention du patrimoine foncier. En réalité, ils sont perçus par les communes, les intercommunalités et les cercles.

À ces deux taxes peuvent s'ajouter celles relevant, d'une part, de la fiscalité de transmission. Elle concerne l'impôt sur le revenu au titre des plus-values immobilières des particuliers, les régimes de taxes sur les terrains nus devenus constructibles, des droits de mutation à titre onéreux ou à titre gratuit. D'autre part, d'une fiscalité de produit, notamment avec l'impôt sur le revenu au titre des revenus fonciers.

Contrairement aux pays développés, où le rôle relatif de la fiscalité foncière dans le financement des collectivités territoriales tend à décliner, la fiscalité foncière urbaine devrait constituer une recette essentielle destinée à financer les collectivités territoriales des États africains plus particulièrement. Malgré les difficultés de mise en œuvre de la fiscalité foncière urbaine, elle présente des propriétés qui devraient en faire une source majeure de perception de recettes fiscales locales pour les pays d'Afrique subsaharienne, en général, mais surtout dans ceux dont la faible capacité budgétaire ne permet pas d'assurer des ressources locales stables par les transferts du centre[147].

---

[147] Certains pays à revenu intermédiaire comme le Maroc, devant les difficultés de mise en œuvre d'une fiscalité foncière urbaine, ont fait le choix de financer leurs collectivités décentralisées à partir d'autres ressources (BRUN CHAMBAS, MOURJI, 2006). Ainsi, une ressource majeure des communes et collectivités décentralisées du Maroc est-elle constituée par la rétrocession d'un tiers du produit global de la TVA, soit plus de deux points de PIB, ce qui est considérable relativement au niveau des RLP constaté dans les pays d'Afrique subsaharienne. Un tel choix de rétrocession de ressources centrales est très difficilement envisageable dans les pays au sud du Sahara en raison de l'extrême difficulté, surtout pour les pays les plus pauvres, à réussir la transition fiscale (BAUMGART et KEEN 2005). De plus, des difficultés pour promouvoir une efficacité suffisante des dépenses des collectivités locales sont prévisibles si on ne dispose pas d'un lien fort entre l'impôt et biens publics. Au niveau local, ce lien est établi surtout à travers la mobilisation RLP. Cité par G. CHAMBAS, J. F. BRUN et G. R. GRAZIOSI, « *la mobilisation de ressources propres locales en Afrique* », juin 2007, p. 03.

Les impôts fonciers sont constitués de constructions fixées au sol à demeure ainsi que toutes les installations commerciales ou industrielles qui y sont assimilées. Le paiement régulier des impôts fonciers crée une présomption de propriété. À l'inverse, le non-paiement de l'impôt peut être considéré comme une présomption de non-propriété par les autorités compétentes.

La taxe foncière urbaine est considérée comme l'impôt local par excellence. Sur la base du principe de la mobilité-immobilité s'est dégagée une règle usuelle déterminant la répartition des impôts entre les échelons de gouvernement. Selon cette règle : « *tout ce qui est mobile revient à l'État et tout ce qui est immobile revient aux collectivités* ». Elle cherche en particulier à éviter des effets de distorsions de la fiscalité locale, car si la fiscalité modifie la localisation des activités ou des richesses, il en résulterait, par conséquent, une perte collective de bien-être.

Impôt foncier : un impôt quasi «*forfaitaire*». En raison de la faible pression fiscale effective entraînée, la fiscalité foncière urbaine envisagée au Mali entraîne un faible impact sur la localisation des actifs fonciers. Il semble possible de considérer l'impôt foncier comme proche d'un impôt «*forfaitaire*» au sens de la théorie économique. En d'autres termes, ces impôts ne semblent pas susceptibles d'agir de manière importante ni sur l'offre (décision de bâtir des logements ou des bâtiments industriels et commerciaux), ni sur la demande, ni encore sur la localisation des actifs fonciers urbains[148].

La taxation des actifs peu mobiles facilite l'application des principes fondamentaux de la fiscalité « paie *qui profite et paie qui peut* », puisque la localisation sur le territoire d'une collectivité locale d'un actif foncier peut permettre de présumer la consommation de biens publics locaux et/ou une capacité contributive.

Impôt foncier peut être celui qui permet le développement : bien que coûteux, l'établissement d'un cadastre ou d'un registre foncier urbain favorise non seulement la mise en œuvre d'une composante essentielle de la fiscalité locale, mais contribue également à établir formellement les droits de propriétés sur les actifs fonciers urbains. La clarification de ces droits fonciers peut constituer la principale justification des opérations de cadastrage qui peut aussi favoriser la mise en œuvre de garanties bancaires

[148] G. CHAMBAS et al., *« Corruption et mobilisation des recettes publiques : une analyse économétrique sur les pays en développement »*, Communication au colloque AUPELF-UREF, Paris, septembre 2006.

ou autres. En réduisant ainsi les risques inhérents aux opérations de crédits, elle permet d'abaisser le coût de l'emprunt de manière significative et en facilite l'accès de manière considérable.

L'impôt foncier est un des rares impôts dont le produit potentiel semblerait à la mesure du défi du développement rapide des villes. L'expansion urbaine se traduit par la création d'actifs fonciers nouveaux qui déterminent certes l'évolution des biens collectifs locaux en infrastructures, sécurité, éducation, santé, etc. Mais aussi, parallèlement, un élargissement de la base taxable au titre de l'impôt foncier. Pour rendre « *soutenable* » le financement de services publics locaux découlant de la croissance urbaine, il ne semble donc pas possible de faire l'économie d'un recours à l'impôt foncier urbain. Encore faut-il contenir dans des limites raisonnables les coûts de collecte de cet impôt.

La fiscalité est considérée traditionnellement dans les pays développés comme un instrument important d'équité et de redistribution des revenus[149]. De ce fait, de nombreuses analyses ont été consacrées aux effets de la fiscalité sur la distribution des revenus. À l'origine, l'impôt sur le revenu est l'instrument naturel qui permet d'assurer une certaine redistribution. Or, en Afrique, cet impôt est peu développé. Pourtant, les inégalités de revenus sont considérables[150] et l'incidence de la pauvreté souvent très forte. Actuellement, l'impôt foncier est le seul impôt direct dont l'assiette peut aussi être en étroite relation avec la capacité contributive effective des contribuables. Faire en sorte que les contribuables maliens s'acquittent d'un impôt en relation avec leurs revenus ou leurs richesses effectives, y compris, pour la part, ceux ayant échappé aux autres impôts, constituerait une novation marquante en matière d'équité. Ce qui favoriserait sans doute le civisme fiscal. Pour l'instant, l'application des impôts fonciers demeure marginale et ne peut donc constituer un instrument significatif de redistribution.

Dans un pays comme le Mali où la citoyenneté fiscale se construit encore tant au niveau national que local, l'impôt foncier présente deux qualités importantes : il est direct et il concerne potentiellement une large

---

[149] J. MIRRLEES, "*An Exploration in the Theory of Optimal Income Taxation*", Review of Economic Studies, 38, 1971, 175-208 ; cf. T. PIKETTY, « *La redistribution fiscale face au chômage* », Revue française d'économie Année 1997 12-1 pp. 157-201 ; voir aussi F. BOURGUIGNON, Fiscalité et redistribution, Rapport, La Documentation française, Paris, 1998. Cité par G. CHAMBAS et al. précité.

[150] Voir K. DEINIGER et L. Squire, « *Measuring income inequality: A new Datat Base* », the world bank Economic Review, vol. 10, n°3, pp. 565-591.

partie de la population. Ces deux caractéristiques font de cet impôt un élément fondateur de la citoyenneté. À l'instar du droit de vote et de la représentation politique liée, l'impôt foncier induit une reconnaissance sociale du contribuable qui est incité à adopter un comportement responsable. Première étape vers la législation d'installations sans la sécurité juridique liée à un titre, le paiement de l'impôt foncier peut stabiliser les implantations et inciter les habitants à s'investir dans leur quartier. De plus, en acquittant l'impôt, les populations sont en droit de revendiquer des dépenses relatives à l'aménagement du territoire de la collectivité locale et d'exiger des élus de rendre compte de l'utilisation des fonds publics. Cette spécificité de l'impôt foncier paraît de nature à en faciliter l'acceptation. Cependant, un prélèvement élevé dans un contexte d'érosion importante du revenu réel pour de larges couches des populations urbaines (salariés du secteur public) serait d'autant plus mal accepté que les salariés supportent déjà une grande partie de l'impôt sur le revenu. Cette forte réticence des salariés vient s'ajouter à celle naturelle des propriétaires les plus importants.

L'impôt foncier permet également de déduire une relation étroite entre l'impôt local et l'offre de biens ou de services publics locaux. Il améliore ainsi l'efficacité des choix de consommation en présence de biens collectifs. Cet impôt constitue un facteur important qui détermine le niveau de services collectifs offerts dans la collectivité. Il permet donc de confronter les contribuables au coût des services qu'ils consomment. Il est à souligner que cette caractéristique n'est pas partagée par l'ensemble des ressources des collectivités territoriales. Ainsi, les transferts de l'État central (subventions) ont pour vocation essentielle la péréquation, mais ce ne sont point des prix et ne fonctionnent pas comme tels puisque le niveau des dotations est fixé souvent de façon exogène. De façon similaire, les taxes indirectes locales (taxes rétrocédées, taxes sur l'eau et l'électricité) constituent de médiocres signaux de prix, car elles sont incluses dans le prix du produit concerné, donc plus difficilement appréciables par le contribuable-consommateur[151].

Comme dans les autres pays d'Afrique subsaharienne, les contributions foncières traditionnelles sur les propriétés bâties et non bâties n'ont jamais fait l'objet d'une application de masse au Mali. L'essentiel du produit des impôts fonciers provient des versements des entreprises de taille moyenne ou grande. Les taxes foncières font l'objet d'un rejet général dans

---

[151] *Ibid.*, p. 14.

beaucoup de pays africains. Leur cumul avec l'impôt sur les revenus fonciers crée une confusion, car le contribuable est désorienté par cette superposition d'impôts.

En Afrique, l'acceptation de la taxe foncière est rendue difficile en premier lieu en raison de la faiblesse de la tradition dans ce domaine et aussi en raison de l'ambigüité de la nature des taxes foncières. De plus, l'offre de biens et de services publics par les collectivités territoriales apparaît souvent insuffisante pour légitimer un impôt foncier. Ce dernier est tellement très mal accepté que certains contribuables accoutumés à échapper à l'impôt persistent aussi bien dans un comportement de *« passager clandestin »* vis-à-vis aussi bien des collectivités territoriales qu'à l'égard de l'État central.

Le recouvrement d'un impôt foncier, s'il doit être d'application générale et donc étendu à des bâtiments modestes, implique des coûts de collecte élevés. L'impôt foncier nécessite un repérage des actifs fonciers aboutissant à un travail de collecte et de traitement d'informations important. De plus, dans les quartiers populaires, de fréquentes mises à jour deviennent nécessaires.

Tant au niveau mondial qu'africain, les impôts liés au foncier représentent une source de revenus pour les collectivités territoriales. L'existence des biens immobiliers prédestine ceux-ci à être une source des revenus locaux, car l'attribution ou le transfert d'un immeuble à une collectivité est évident et ne présente aucun risque de confusion.

Plusieurs raisons l'expliquent : l'impôt foncier peut être appliqué facilement, car les terrains et bâtiments sont immobiles ; ils constituent donc des biens facilement identifiables à recevoir, à enregistrer par les agents. Par conséquent, l'impôt est difficile à frauder[152]. De plus, les valeurs des terrains sont constantes, voire croissantes. Les immeubles

---

152 Selon le Glossaire : La fraude s'analyse juridiquement comme une tromperie ou une soustraction à la législation dans le but d'obtenir un avantage ou un consentement qui n'aurait pas été obtenu si les règles de loi avaient été respectées. Il existe différents types de fraudes : la fraude à la loi, la fraude fiscale ou encore la fraude aux droits des tiers. La fraude fiscale, à titre d'exemple, consiste à détourner les règles fiscales pour se soustraire à ses obligations de paiement de l'impôt.

représentent donc des rentrées d'argent stables, voire même croissantes, pour la commune[153].

L'impôt sur les revenus fonciers au Mali est défini par le Code Général des Impôts (CGI), en son article 14-22. La base de taxation est la valeur locative réelle[154], peu importe ce qui est écrit dans le contrat de bail ou de location. Donc, même en l'absence de contrat, les revenus probables/estimés sont taxés. Ce qui est inhabituel, c'est le fait que cet impôt soit prélevé même lorsque l'immeuble n'est pas mis en location. Dans ce cas, on fait une évaluation basée sur la valeur locative déterminée par comparaison. C'est une bonne idée pour éviter que des propriétaires des immeubles à vocation locative échappent au fisc[155]. En effet, la taxe foncière actuelle établie au Mali en 2011 par la Loi n° 034 est de fait un prélèvement sur l'impôt des revenus fonciers (IRF) ou s'assimile de façon équivalente à une taxe additionnelle de 25 % (soit au taux de 3 % au regard des 12 % de l'IRF) au profit des collectivités.

La taxe foncière qui revient aux collectivités territoriales résulte en fait du partage de l'impôt sur les revenus fonciers (IRF). En effet, la Direction Générale des Impôts (DGI) prélève la taxe foncière sur les revenus locatifs uniquement. Avant l'application de la loi portant création de la taxe foncière, l'IRF était fixé à 15 %. Ce taux a ensuite connu une réduction de 12 %, soit une différence nette de 3 % correspondant à celui de la foncière.

Les recettes de cette taxe collectées par la DGI sont particulièrement faibles. 195 M FCFA en 2014 au regard de l'expérience d'autres pays de la région.

Les performances entre les collectivités territoriales en termes de taxe foncière sont très inégales. Le district de Bamako est à l'origine de plus de 80 % des recettes de la taxe foncière en 2014 et affiche le niveau de recettes de la taxe foncière par tête le plus important. 65 FCFA par tête.

Cela s'explique par les faits : tout d'abord, la densité croissante de la population de Bamako, ensuite, les moyens d'infrastructure pourvoyeur

---

153 B. WEHRMANN, Les options de l'introduction d'impôts liés au foncier comme contribution de la décentralisation fiscale au Mali, pour la gestion du foncier communal, PACT, mars 2009, pp. 7-8.

154 J. M. LEGRAND, *Les enjeux de la fiscalité foncière*, ADEF, Economica, Paris, 1983, p. 128.

155 B. WEHRMANN, précité, p. 31.

des finances locales, encore, la viabilité économique de la capitale et, enfin, l'abondance et la variété des ressources de Bamako.

Graphique 2 : Recettes de la taxe foncière par région en 2014 (par tête)

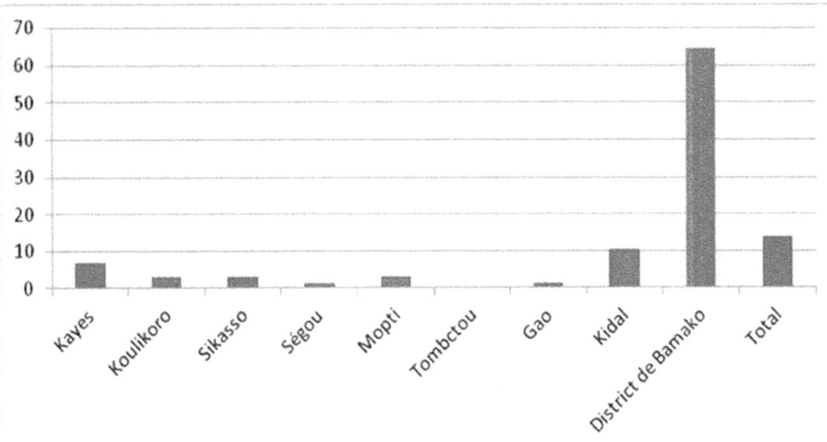

Source. DGI et calculs de la mission.

La taxe foncière qui revient aux collectivités territoriales résulte en fait du partage de l'impôt sur les revenus fonciers (IRF). En effet, suivant les entretiens que la mission du FMI a eus, la DGI prélève la taxe foncière sur les revenus locatifs uniquement. L'IRF était de 15 % avant l'introduction de loi portant la création de la taxe foncière. Ce taux a été réduit à 12 % ensuite et la différence, soit 3 %, correspondant au taux de la taxe foncière[156].

Le taux d'imposition sur les bâtiments en dur et en semi-dur est de 12 % contre 8 % pour les constructions en banco. Ce taux s'applique sur le revenu annuel des loyers avec une déduction de la taxe foncière fixée à 3 % pour les bâtiments en dur et en semi-dur, puis 2 % pour les concessions en banco en faveur des collectivités.

Quant à la taxe foncière, elle est récente au Mali. Elle a été créée en 2011 pour le développement des collectivités territoriales. Elle est annuelle et s'applique notamment sur les terrains ou immeubles déjà bâtis, les terrains acquis pendant plus de 3 ans, les terrains à usage commercial ou

---

156 TOURE (I), thèse, op. cit.

industriel à l'exception faite de ceux reconnus non productifs de revenus comme les propriétés de l'État ou des collectivités territoriales.

La déclaration de la taxe foncière est similaire à celle de l'impôt sur le revenu foncier. Si elle est perçue, 60 % du taux de recouvrement reviennent de droit aux communes, 25 % aux conseils de cercle alors que les conseils régionaux n'en bénéficieront que 15 %. Cela dénote une répartition globale des recettes encaissées entre les différentes entités issues de la décentralisation.

En plus de la taxe foncière est créée une autre taxe qui se rapproche du domaine foncier. C'est la taxe sur l'autorisation de construire ; elle est en même temps la seule taxe ou impôt qui, selon la loi n° 96-051 déterminant les ressources fiscales des communes[157], peut être instituée par la commune par voie de délibération du conseil communal. Cette taxe est intéressante, car elle fait des distinctions entre les constructions en matériaux non durables et celles en matériaux durables, puis entre les communes urbaines et les communes rurales. Ces classements et tarifs pourraient donner de bonnes orientations pour un impôt immobilier annuel sur les bâtiments[158].

Enfin, la redevance pour l'utilisation du domaine public de l'État est une sorte de loyer payé par les commerçants, surtout ceux qui exercent leurs activités sur les places des marchés. Elle représente une base financière nécessaire au développement des communes. Elle a été créée par la loi n° 96-058 du 16/10/1996, déterminant les ressources fiscales du district et des communes qui le composent. Cependant, le domaine de l'État appartient (encore) à l'État central[159]. Néanmoins, les redevances sont bien acceptées par l'État et par la population et devraient continuer d'être appliquées sans changement[160].

Au regard du Code domanial et foncier, du Code général des Impôts et de la loi d'orientation agricole, le cadastre malien peut être qualifié de

[157] Art. 8 de la loi n° 96-051 déterminant les ressources fiscales des communes.
[158] B. WEHRMANN, précité, mars 2009, p. 26.
[159] Bien que le Code Domanial et Foncier prévoie un domaine des collectivités, on constate que le transfert du domaine de l'État aux communes n'est pas effectif ou ne commence pour l'instant que très lentement. On a attribué les mairies et parfois quelques autres immeubles du domaine public aux communes. La raison officielle pour la non-réalisation du transfert de domaine est l'absence de délimitation physique du territoire communal. En attendant que cette délimitation soit faite, les communes peuvent néanmoins obtenir une délégation de gestion sur certaines parties du domaine de l'État.
[160] B. WEHRMANN, précité, p. 32.

polyvalent de par les missions qui lui sont confiées. Le cadastre a tout d'abord, une mission foncière, en ce sens qu'il permet l'identification, la délimitation, le bornage de toutes les propriétés, l'enregistrement des propriétaires et des titulaires des droits réels. Donc les terrains vacants ou sans maîtres sont immatriculés au nom de l'État. Elle est basée sur les données du livre foncier et ses documents annexes, donc impliquant une immatriculation généralisée dont les modalités devront être précisées pour satisfaire aux exigences de l'État. Ensuite, il a une mission fiscale qui permet une maîtrise des impôts liés au foncier. Il s'agit de la fiscalité immobilière qui est basée sur l'imposition de la valeur locative, de la valeur vénale d'une propriété et des plus-values de cession réalisées par les particuliers[161].

Au total, force est de constater que malgré tous ces textes qui font appel au cadastre dans notre pays, celui-ci n'est pas effectif dans toutes les communes urbaines, à plus forte raison dans les communes rurales.

Ce manque d'effectivité du cadastre[162] est un frein à l'application des différents impôts liés au foncier, c'est le cadastre qui permet de recenser, évaluer, procéder à l'imposition et au recouvrement des impôts et taxes. Le foncier peut engendrer une multitude de revenus qui sont susceptibles d'accorder favorablement aux collectivités territoriales une autonomie et une gestion des ressources financières locales.

Paragraphe 2 : Une dispersion des recettes fiscales entre les différents niveaux des collectivités territoriales

Au moment où la fiscalité de l'État a enregistré des progrès en termes d'assiettes, celle dite locale paraît en nette diversification et en éclatement de la matière imposable. En effet, l'hétérogénéité et la diversité des ressources fiscales posent notamment des problèmes en termes de gouvernance fiscale locale. Le périmètre de la fiscalité locale s'est étendu par la récupération d'un certain nombre d'impôts et taxes dont le système national fiscal s'est délesté en raison de leur caractère régressif et de leur impact négatif sur le plan économique et social dépassant l'avantage procuré en termes de recettes fiscales. Cela est pour le moins regrettable en ce sens que le pouvoir central, en se débarrassant de ces impôts et taxes pour les coller aux collectivités territoriales, décentralise, corrélativement,

---

[161] I. TOURE, thèse précitée.

[162] Le cadastre est un registre public où figurent les renseignements sur la surface et la valeur des propriétés foncières. C'est aussi l'administration fiscale en charge des documents relatifs aux propriétés foncières.

mais consciemment, l'inefficience, au plan territorial. On est tout à fait d'accord avec la doctrine marocaine, qui soulignait que la fiscalité locale est conçue, historiquement, comme un résidu de la fiscalité étatique[163].

De cet état de la question découle une démarcation très apparente entre l'État qui présente un ensemble restreint d'impôts et taxes à fort potentiel permettant de mobiliser les recettes sans aggraver la pression fiscale. Cette précision traduit une évolution caractérisée par des élasticités positives et durables, et par une fiscalité locale qui se disperse autour d'une pluralité d'impôts et de taxes juxtaposés aboutissant à un ensemble peu rentable et, généralement, inefficient.

Le problème de la précarité des ressources fiscales des collectivités territoriales est aggravé par le fait que ni la liquidation ni le recouvrement des taxes ne relèvent de la compétence desdites collectivités, mais de celles exercées par d'autres organes déconcentrés : ce qui les empêche de disposer librement des moyens d'amélioration de leurs ressources financières et d'influer, par conséquent, sur la cadence des réalisations.

La décentralisation cherche à accroître l'efficacité de l'offre de biens et services publics. Ainsi, il s'agit d'inciter un échelon de gouvernement susceptible de fournir certaines catégories de biens et services publics de manière plus adaptée aux besoins des citoyens. Les initiateurs des réformes de décentralisation visent aussi à limiter les abus d'un État souvent défaillant[164], voire prédateur, en introduisant une concurrence intergouvernementale et des contre-pouvoirs pour l'équilibre du système fiscal. La concurrence fiscale horizontale (entre gouvernements locaux), analysée initialement par TIEBOUT (1956), est un mécanisme qui permettrait notamment de discipliner les décideurs publics via « *le vote par les pieds* »[165]. À cette concurrence horizontale, s'ajoute celle appelée verticale (récemment de niveaux différents pour les mêmes ressources fiscales à des effets beaucoup plus ambigus sur l'efficacité du système fiscal dans son ensemble. D'une part, il peut apparaître un problème de tragédie des communes, qui aboutit à une surexploitation des ressources

---

[163] M. SBIHI, « *Volonté d'autonomie et obstacles financiers : les défis des collectivités territoriales* », Actes du colloque national, organisé les 24 et 25 mai 2013 à Oujda, sous le thème « *Autonomie financière territoriale face à la crise économique : Afrique, Amérique, Europe* ».

[164] La notion de « *défaillance* » est relative : la plupart des États centraux ne parviennent pas à une offre suffisamment efficace de biens publics.

[165] TIEBOUT, C., 1956, "A Pure Theory of Local Expenditures", *Journal of Political Economy*, 83: 325-345.

fiscales, et donc, à une imposition excessive. D'autre part, la concurrence verticale peut conduire à une faible mobilisation de ressources locales relativement à la mobilisation au niveau central[166].

La recherche d'une clé de répartition de la matière imposable et d'une assiette fiscale pertinente repose, en partie, sur les spécificités actuelles des trois niveaux de collectivités. La nature de la fiscalité sur les personnes, activités, autres taxes et impôts donne également une idée des propositions qui pourront être formulées aussi bien au niveau de la ressource fiscale, que de la simplification du cadre existant, voire de sa spécialisation éventuelle par niveau de collectivités. Les éléments ainsi recueillis posent également la question du mode actuel de recensement de la matière fiscale et plus largement celle du fonctionnement de l'ensemble de la chaine fiscale.

a) La région

Les prévisions de recettes des régions sont plus fines que celles des autres niveaux de collectivités. Cet élément reflète des capacités en termes de compétences plus importantes de ces collectivités. Les régions reçoivent 5 % du produit de la TDRL. Ainsi, les prévisions des régions sur la TDRL se basent davantage sur les réalisations de l'an passé et sur les estimations de recettes des budgets communaux. Cet élément explique le rapport prévision/réalisation de plus de 70 %[167].

b) Le cercle

Les écarts entre prévisions et réalisations sont imputables aux dysfonctionnements de la chaîne fiscale au niveau des communes qui sont responsables de la gestion fiscale (recensement fiscal, émission et recouvrement) de près de 70 % de leurs ressources fiscales prévisionnelles (TDRL, taxe sur le bétail, les armes à feu, vignettes…).

Les dysfonctionnements qui s'y manifestent sont donc d'autant plus gravement cumulatifs que 80 % des ressources de fonctionnement prévus au budget des cercles sont issus du produit des taxes et impôts pour lesquels le recensement fiscal, l'émission des rôles et le recouvrement sont largement dévolus de fait aux communes.

---

[166] G. CHAMBAS, J. F. BRUN et G. R. GRAZIOSI, *« la mobilisation de ressources propres locales en Afrique »*, juin 2007, p. 03.

[167] Programme de Développement Institutionnel (Mali), Etude sur la révision du système de fiscalité locale, CDI, août 2010, p. 25.

Selon les relations prévisions et réalisations, la perte de recettes fiscales au regard du rapport entre émissions/engagement et recouvrement s'élève à 1 581 914 000 francs CFA si l'on met en relation prévisions et réalisations. Des 1,5 milliard de francs CFA de perte de recettes fiscales, plus de 32 millions de francs CFA sont imputables à chaque cercle. Rapporté aux recettes moyennes de fonctionnement des cercles (recettes totales/par le nombre de cercles), ce montant se traduirait ainsi par un doublement de leurs ressources de fonctionnement. Si la moitié seulement de la TDRL prévue était recouvrée, cette augmentation aurait atteint de 50 % par rapport à leurs capacités actuelles. Une amélioration du mode de recouvrement de la TDRL est donc indispensable.

Un fonctionnement plus efficient de la chaîne fiscale poserait également en d'autres termes la question du maintien en l'état du partage qui s'opère entre communes/cercles/régions d'un certain nombre de taxes et d'impôts : le cas de la taxe sur les armes à feu dont le produit serait intégralement versé et conservé au niveau des communes (si seulement si cette taxe y était conservée). Cette perte de recettes serait tout à fait marginale (avec 0,7 % de leurs ressources de fonctionnement) et serait très largement compensée par les gains obtenus par l'amélioration de la chaîne fiscale liée à la TDRL. Le fait de partager autrement la fiscalité sur les personnes et sur les activités entre le cercle, la commune et la région serait également assez pertinent au regard de la contrepartie offerte en termes d'équipements et de services publics facilement identifiables par la population.

Cette mesure contribuerait également à simplifier la gestion de la fiscalité locale, actuellement très enchevêtrée.

c) La commune

L'analyse des finances des communes sera faite par strates de la population : cette approche s'est, en effet, révélée la plus pertinente pour cerner les spécificités et difficultés propres à ces collectivités et puis apprécier l'adéquation ou l'inadéquation de leur mode actuel de financement. L'assiette fiscale d'une commune de moins de 5 000 habitants n'est pas comparable à celle d'une capitale régionale. Sont également différents les charges de ces communes, la nature de leurs équipements, les enjeux de gestion urbaine, salubrité, sécurité, etc.

Le montant de TDRL/habitant décroit de manière systématique avec le nombre d'habitants. Représentant 420 francs CFA/hab. dans les villes de moins de 10 000 habitants, pendant qu'elle ne s'élève plus qu'à 33 francs CFA dans les villes de plus de 100 000 habitants.

À partir de 50 000 habitants, la TDRL ne représente plus qu'une part marginale des recettes fiscales (7 %). La faute est due au défaut de recouvrement de cet impôt ; la question de l'adéquation de cette ressource en milieu urbain s'en trouve naturellement posée.

Les communes de plus de 100 000 habitants sont celles qui disposent du plus faible montant de recettes de fonctionnement/habitant, soit 3 fois moins que la strate comprise entre celles de 50 000 et 100 000 habitants, soit les 2/3. C'est également inférieur au montant des recettes de fonctionnement par tête d'habitant qu'une commune de moins de 10 000 habitants doit disposer. Leurs ressources fiscales/habitant équivalent le tiers de celles des autres communes, toutes strates confondues. La situation financière de ces villes mérite un examen attentif. Le montant de TDRL/habitant montre que cette ressource qui leur serait essentielle n'est pas mobilisée. Plus étonnant est le décrochage qui s'opère au niveau des patentes et des licences. À ce niveau de la première importance, il convient de lutter contre la sous-fiscalisation du secteur informel et de réfléchir aux moyens nécessaires de limiter ce qu'un certain nombre d'interlocuteurs rencontrés ont qualifié de « *secteur faussement informel* »[168] ; phénomène qui tient au fait qu'un nombre important d'opérateurs économiques relèvent de la fiscalisation du secteur informel sans que les revenus générés par leurs activités ne le justifient.

Le district de Bamako se trouve dans une situation très éloignée de celle des autres collectivités toutes strates confondues : le montant des ressources fiscales par habitant y est 21 fois supérieures à celui des autres grandes villes (villes de plus de 100 000 habitants) et ses ressources de fonctionnement/habitant 14 fois supérieur. Ces écarts impressionnants s'expliquent par la concentration à Bamako des assiettes fiscales les plus

[168] Nous avons constaté que ce secteur n'est en fait jamais totalement exempt de charges fiscales, mais que l'inadaptation des systèmes fiscaux rend cette charge souvent régressive avec des performances en termes de recettes médiocres. Toutefois cette vision *« misérabiliste »* est en partie caricaturale, du fait de la forte hétérogénéité du secteur informel. En effet, la plupart des enquêtes montrent qu'une partie des revenus issus du travail informel est nettement supérieure au revenu moyen, et donc taxable. Toutes les enquêtes disponibles montrent que, dans le cas du secteur informel, près de 90 % du capital est d'origine familiale, alors que parallèlement le recours au financement bancaire est quasiment inexistant. Voir Jean-François Gautier et al., *« La fiscalisation du secteur informel : recherche impôt désespérément »*, Revue Tiers Monde, t. XLII, n° 168, octobre-décembre 2001, p. 2.

rentables et les plus élastiques ; cette pratique n'est cependant pas raisonnable, même si les charges d'une ville croissent proportionnellement avec sa taille et que Bamako regroupe plus de 10 % de la population totale du Mali. C'est ici la structure même de la fiscalité locale et l'absence de péréquation qui sont en jeu.

La situation des villes de plus de 100 000 habitants présente, en dépenses également, un certain nombre de signes caractéristiques qui confortent les éléments d'analyse donnés en recettes : ce sont les communes pour lesquelles le ratio dépenses de personnel/recettes de fonctionnement est le plus élevé (57 %) tandis que leurs dépenses totales d'entretien et de fonctionnement constituent les plus faibles (2 %). Encore la capacité d'autofinancement se révèle plus faible pour les communes. Elles présentent une situation insuffisante de dépenses de fonctionnement (illustrée par une somme insignifiante de 500 francs CFA/habitant) contre une moyenne nationale de 1644 francs CFA/habitant, soit moins du tiers. C'est donc la qualité des services publics qui s'en trouve affectée obligatoirement[169].

L'absence de données nationales sur les très petites communes est un dommage. Une analyse a donc été faite à partir d'un échantillon aléatoire de communes. Deux exemples significatifs en ont été retenus.

Ainsi, sur la base des données disponibles (2007), nous avons constaté la répartition suivante : entre elles, les communes se répartissent un taux de 86 % du produit des impôts et taxes, soit près de 12 milliards de francs CFA. Sur ce montant, Bamako seule reçoit 5,65 milliards de francs CFA, soit 47 %.

Les cercles bénéficient de 9 % du produit global des impôts et taxes locaux.

Les régions se partagent le reste, c'est-à-dire l'équivalent d'un peu moins de 5 % du produit des impôts et taxes locaux. Soit exactement pour 2007 une enveloppe globale d'environ 638 millions de francs CFA pour les huit (8) régions. Lesquelles apparaissent donc comme les « *naines* » de la décentralisation au Mali. Cet élément est d'importance majeure dans le contexte de la planification et du développement : il met en évidence le rôle moteur qui doit être le leur, mais aussi l'indisponibilité insistante qui fait obstacle à l'accroissement significatif des recettes régionales.

---

[169] *Ibid.*, p. 27.

Ce type de compétition entre gouvernements de niveaux différents pour les mêmes ressources fiscales a des effets beaucoup plus ambigus sur l'efficacité du système fiscal dans son ensemble. D'une part, il apparaît un problème de tragédie des communes, qui aboutit à une surexploitation des ressources fiscales, et donc à une imposition excessive. D'autre part naît la concurrence verticale qui conduirait à une faible mobilisation de ressources locales relativement à celle mise en action au niveau central.

La baisse de la part de l'impôt direct dans les recettes des collectivités territoriales et, par conséquent, l'augmentation de la proportion de la contribution de l'État rendent l'évolution des recettes beaucoup moins dynamiques. Parallèlement, les collectivités territoriales sont confrontées à la nécessité d'accroissement des services publics, et/ou de leur action publique et afin d'assurer pleinement leur mission. Globalement, elles se trouvent en face d'une mobilisation croissante de leurs moyens pour assumer des dépenses dont elles ne décident pas toujours le montant. Le système de fiscalité locale, construit depuis plus de deux décennies sur une base essentiellement territoriale, n'a pas pris en compte le déplacement géographique des ressources et surtout leur concentration sur des pôles à fort développement et à grande démographie tels que les régions du sud. De ce fait, son maintien en l'état reproduit voire accentue les inégalités territoriales que les nombreuses péréquations ne suffisent plus à corriger.

Il faut donc sortir de cette situation en luttant contre l'injustice de potentiel fiscal qui s'accentue entre les différents territoires de notre pays. L'une des manières les plus efficaces serait de mieux répartir les recettes fiscales nationales, fruit d'une imposition reflétant beaucoup plus la dynamique économique de notre pays.

Section 2 : Les autres impôts et taxes

La mobilisation et la gestion transparente des ressources financières font partie des questions majeures auxquelles les collectivités territoriales sont actuellement confrontées. En milieu rural, la population tire la plupart de ses revenus de l'agriculture, de l'élevage, de la pêche, de la chasse, etc. La capacité pour elle de s'acquitter des taxes et impôts repose essentiellement sur les ressources naturelles indiquées. Celles-ci peuvent aussi alimenter directement les fonds communaux par le biais, par exemple, des bénéfices tirés des marchés ruraux de bois, de la taxe sur la production de coton, des taxes liées aux marchés locaux de produits agricoles, des taxes sur les domaines ou l'affectation de concessions d'exploitation des ressources naturelles. Il est aussi possible que la commune demande une contribution pour l'utilisation des points d'eau, des couloirs de passage ou des pâturages, surtout quand elle a investi dans leur aménagement et entretien. Le défi est de mobiliser équitablement les ressources au niveau local sans affaiblir l'économie locale et la durabilité, en particulier quand il s'agit des ressources naturelles.

L'analyse approfondie de la situation des différentes activités socio-professionnelles et même économiques met en évidence une corrélation entre ces dernières et les ressources naturelles. Ce constat est plus visible dans des zones rurales où la population locale est fortement dépendante des ressources de son sous-sol. La terre est avant tout une identité qui permet à la population de faire des réalisations en exerçant des activités socio-économiques afin de maintenir sa survie...

Ainsi, à travers des activités socio-économiques, deux autres impôts s'identifient comme des impôts sur lesquels les entités décentralisées peuvent mobiliser et tirer un profit afin de faire des réalisations. On a les ressources forestières (paragraphe 1) et celles minières et agricoles (paragraphe 2).

Paragraphe 1 : La fiscalité liée à la ressource forestière

En République du Mali, le régime fiscal forestier n'est pas défini de façon rigoureuse. Le droit forestier prévoit, toutefois, dans ses grandes lignes, des obligations d'ordre fiscal. Aussi, en dehors des exceptions prévues pour les usagers, aucun droit d'exploitation ou de récolte des produits de la forêt ne peut être concédé à titre gratuit.

Cela va sans dire que tout exploitant est tenu au paiement de redevances et taxes représentant les droits de délivrance des permis suivants :

- Taxe de superficie (territoriale) et droit de transfert pour les chantiers ;
- Redevances pour permis d'exploration et permis de coupe de bois de feu et charbon.

Ou correspondant aux qualités de produits exploités :

- Taxe forfaitaire d'abattage par pied d'arbre pour les chantiers forestiers et le permis de coupe de bois d'œuvre ;
- Redevances pour permis de coupe de bois de service.

Cependant, les taxes relatives à l'exploitation forestière rentrent dans la catégorie des revenus agricoles et se trouvent donc provisoirement exonérées de l'impôt proportionnel. Mais, il faut dire qu'actuellement, les textes d'application relatifs aux dispositions du Code général des Impôts concernant les bénéfices agricoles n'ont pas encore été adoptés.

Les seules références qui sont en vigueur en matière de fiscalité forestière restent fondamentalement les textes de base suivants :

- Loi N° 95-003 du 18 janvier 1995 portant organisation de l'exploitation du transport et du commerce du bois ;
- Loi N° 95-004 du 18 janvier 1995 fixant les conditions de gestion des ressources forestières ;
- Loi N° 96-050 du 16 octobre 1996 portant principes de constitution et de gestion du domaine des collectivités territoriales ;
- Loi N° 96-051 du 16 octobre 1996 déterminant les ressources fiscales des communes ;
- Décret N° 97-053/P-RM fixant les taux de redevances de défrichement dans le domaine forestier de l'État et définissant la limite sud officielle de la zone sahélienne ;
- Décret N° 98-402/P-RM du 17 décembre 1998 fixant les taux, les modalités de recouvrement et de répartition des taxes perçues à l'occasion de l'exploitation du bois dans le domaine forestier de l'État.

À l'analyse de ces textes se dessinent trois types de fiscalité forestière :

- La fiscalité liée à l'exploitation du bois dans les domaines forestiers de l'État (décret 98-402) ;
- La fiscalité liée à l'exploitation du bois dans les domaines forestiers des collectivités territoriales (non définie) ;
- La fiscalité liée à l'exploitation du bois dans les domaines forestiers des particuliers (recouvrement par les services compétents des taxes et impôts prévus par le CGI).

Le droit d'usage est le droit par lequel des communautés rurales riveraines des forêts sont habilitées à exploiter du bois pour leurs besoins domestiques à condition que cela ne fasse pas l'objet d'une transaction commerciale. Le droit d'usage s'exerce pleinement par toutes les communautés rurales. En effet, en dehors des centres urbains (chefs-lieux de communes), les populations rurales ne sont soumises à aucune taxe. Il faut cependant relever quelques cas où le droit d'usage est transgressé dans la mesure où ces populations s'adonnent au commerce de bois dans le cadre de l'exercice de leurs droits d'usage. Le phénomène de paupérisation généralisée en est la principale cause.

À cette fin, toute exploitation de bois est subordonnée au paiement d'une taxe au niveau du service chargé de la conservation de la nature.

De plus, les taux de la taxe sont fixés en fonction des produits issus des forêts naturelles (espèces animales, végétales) et des plantations de l'État suivant l'origine et la nature des essences.

Toutefois, en ce qui concerne l'exploitation forestière des produits (espèces végétales) dans le domaine forestier des particuliers, l'imposition est établie au nom de l'exploitant, qu'il soit propriétaire ou simple détenteur du droit d'exploiter. Le régime d'imposition est soit le forfait (régime général), soit le bénéfice réel. Le taux de l'impôt s'élevant à 10 % du bénéfice.

Par ailleurs, les taux de taxes perçues à l'occasion de l'exploitation du bois dans le domaine forestier de l'État varient selon que les produits proviennent de la forêt naturelle ou des plantations de l'État et aussi en fonction de la nature des produits (bois-énergie, bois de service et bois d'œuvre).

De plus, le taux de la taxe varie selon la zone d'exploitation (incontrôlée, orientée ou contrôlée). Cette mesure procède du souci d'orienter l'exploitation du bois sur les zones contrôlées afin de s'assurer que les normes d'exploitation sont respectées (respect de la technique de coupe, respect du quota d'exploitation). Au niveau de la zone contrôlée, la variation du taux de la taxe fixée sur la production de bois d'œuvre est fonction du diamètre du bois. Plus le diamètre est gros, plus le taux est élevé. Cet état de fait se justifie par la notion de valeur marchande du bois.

La variation de la taxe du bois de service d'une zone d'exploitation donnée à une autre procède du même souci d'orienter l'exploitation sur les zones aménagées à l'effet d'un contrôle plus rigoureux des normes et des quotas d'exploitation. Les exploitants ont tendance à s'orienter vers les zones incontrôlées malgré le taux élevé de la taxe parce qu'ils échappent au contrôle forestier et s'en tirent à bon compte.

Généralement, dans le cadre de l'exploitation du bois dans le domaine forestier de l'État, les taux de taxes perçues à l'occasion du bois-énergie portent sur les produits issus de la forêt naturelle (essentiellement le bois de chauffe et le charbon de bois suivant l'origine) et sur les produits provenant des plantations de l'État (suivant la nature des essences). À cet effet, le bois de chauffe et le charbon de bois sont taxés en fonction du volume (par stère pour le bois de chauffe et par quintal pour le charbon de bois) et les taux de taxes varient suivant la nature des essences et en fonction des zones d'exploitation (incontrôlée, orientée, contrôlée).

Tableau 1 : Taxe d'exploitation du bois-énergie issu des formations naturelles

Nature des produits	Origine		
	Incontrôlée	**Orientée**	**Contrôlée**
Bois de chauffe	800 FCFA/stère	400 FCFA/stère	250 FCFA/stère
Charbon de bois	1 200 FCFA/quintal	800 FCFA/quintal	500 FCFA/quintal

Tableau 2 : Taxe d'exploitation du bois de chauffe issu des plantations de l'État

Nature des essences	Taux des taxes
Eucalyptus spp	1 500 FCFA/stère
Cassia spp	1 000 FCFA/stère
Neem	1 000 FCFA/stère
Gmelima arborea	1 000 FCFA/stère
Autres essences	800 FCFA/stère

Source : Décret N° 98-402/P-RM du 17 décembre 1998.

Concernant les recettes issues de la coupe du bois, les collectivités sont doublement lésées. Le service de la conservation de la nature qui recouvre cette taxe d'exploitation du bois ne précise pas au trésor, au moment du versement, la commune d'origine du bois. Le trésor ne dispose donc pas de clé de répartition de la taxe de bois entre les différentes collectivités. Ainsi, la perception de la taxe est généralement attribuée à la commune dans laquelle se situe le poste de contrôle forestier ; ce qui n'encourage pas la gestion durable de la forêt concernée. Cette situation est identique à celle de la répartition de l'impôt synthétique.

Ainsi, n'est pas appliquée la loi n° 00-044 du 7 juillet 2000 qui répartit la taxe entre la commune, le cercle et la région à hauteur respectivement de 50 %, 25 % et 25 %. Cependant, s'applique encore, le décret n° 98-402 du 17 décembre 1998, fixant les taux, les modalités de recouvrement et de répartition des taxes perçues à l'occasion de l'exploitation du bois dans le domaine forestier de l'État qui est encore appliqué. Ce décret est beaucoup plus avantageux pour les agents de la conservation de la nature en charge du recouvrement des taxes : ils ont des ristournes et des recettes pour couvrir les dépenses de fonctionnement de leur service, toutes choses dont la loi n° 00-044 du 7 juillet 2000 les prive. Cette considération n'est sûrement pas étrangère au retard que connaît l'application de cette loi[170].

Le décret n° 04-137/PRM du 27 avril 2004 fixant la répartition des recettes perçues à l'occasion de l'exploitation des domaines forestier et faunique, de l'État entre les fonds d'aménagements et de production des forêts et de la faune et les budgets des collectivités territoriales, dispose en son article 2 que : « *Les recettes perçues à l'occasion de l'exploitation du domaine forestier de l'État sont réparties comme suit :*

- *80 % pour les fonds d'aménagement et de protection des forêts ;*
- *20 % pour les budgets des collectivités territoriales* ».

On retrouve la même répartition pour l'exploitation du domaine faunique selon l'article 3.

Les ressources naturelles sont l'une des principales sources de revenus des pauvres. Le secteur forestier tient une place de choix dans l'économie nationale en contribuant au PIB à hauteur de 4,9 % de sa production forestière. Il fournit aussi 25 % des exportations (en karité, gomme arabique, etc.). Selon les statiques du service forestier, si l'on tient compte des autres produits dérivés (cueillette des fruits sauvages et récolte des essences pour la pharmacopée), la valeur estimative des produits du secteur forestier indépendamment du fourrage arboré serait de l'ordre de 70 milliards de francs CFA par an.

Le commerce des combustibles ligneux représente un chiffre d'affaires de 21 milliards de francs CFA/an. Cependant, la quantité réelle de bois commercialisé n'est pas encore connue compte tenu de l'insuffisance du contrôle. Il n'y a pas eu d'enquête précise en ce qui concerne la consommation de bois de service au Mali ; pourtant, on l'estime à plus de 90 000 tonnes aujourd'hui. Les feuilles de doum[171] et de rônier entrant

[170] N. BAKO-ARIFARI et al., *Financer la décentralisation rurale : Taxes et impôts à l'échelle locale au Bénin, Burkina Faso et Mali*, Série : Décentralisation et gouvernance locale, Bulletin 357, Institut Royal des Tropiques (KIT) – Amsterdam KIT Development, policy and practice, 2004, p. 80.

[171] Doum : mot arabe, palmier d'Egypte, al-düm et azgelm en berbère, est une espèce de palmier de la famille des arecaceae.

dans la vannerie représentent un chiffre d'affaires de 100 millions francs CFA/an enregistrés au compte des exportations. La gomme arabique ne représente que 2 % des exportations du secteur rural, génère aussi un montant de 100 millions de francs CFA alors que les amandes et le beurre de karité rapportent près de 1,1 milliard de francs CFA/an, soit 3,6 % du total des exportations nationales. Les recettes des produits vendus accroissent le revenu familial des femmes, des enfants et des personnes âgées qui sont les principaux agents des activités de cueillette.

Le secteur forestier au sens strict contribue à la création d'un grand nombre d'emplois. Mis à part les agents des services de l'État, le secteur procure l'emploi aux ONG, aux associations et autres groupements de producteurs ; il occupe un nombre très important de personnes. L'activité d'exploitation forestière occupe la quasi-totalité des bras valides des villages proches des villes (notamment les femmes et hommes durant la saison sèche). La production forestière génère de nombreux emplois à mi-temps en milieu rural et à temps plein en milieu urbain (bûcherons, menuisiers et ébénistes, marchands de bois, d'artisans et négociants d'objets d'art, convoyeurs, etc.). Le secteur de l'énergie domestique fournit à lui seul d'après un rapport de la Cellule Combustible Ligneux (C+CL) quelque 450 000 emplois permanents ou temporaires.

Le Mali n'envisage aucune disposition ni sur le commerce ni dans la taxation des produits forestiers transformés. Cela relève en fait de la compétence d'autres structures publiques.

En règle générale, le régime fiscal forestier s'appuie sur la parafiscalité[172] en tenant compte des impôts et taxes prévus par le code général des impôts. À cet effet, la parafiscalité des domaines forestiers de l'État comprend essentiellement les redevances perçues lors de l'exploitation du bois. Comme la taxe environnementale sur le bois.

Cette dernière est assimilable à la Taxe Environnementale sur le Bois (TEB) destinée à couvrir les coûts de développement et la mise en œuvre de la gestion durable des ressources forestières. Cette parafiscalité nationale, avec une rétribution sous forme de Taxe Locale sur Bois (TLB) imposée aux communes, est aussi destinée à financer les investissements

[172] La parafiscalité : on désignait un certain nombre de prélèvements obligatoires effectués sur les particuliers ou sur les entreprises, afin de financer un ensemble déterminé de prestations spécifiques. Mais la définition précise de l'ensemble de la parafiscalité a toujours été difficile. Cependant, on peut retenir que c'est l'ensemble des taxes et cotisations obligatoires distinctes des impôts et non comptabilisées au budget de l'État.

collectifs dans les villages. Elle est également rétribuée sous forme de Taxe de Politique Forestière (TPF) (vouée à l'incitation puis à l'orientation des acteurs de la filière dans le sens choisi et/ou à financer les actions de développement forestier). Elle est aussi utilisée à l'alimentation du fonds de promotion de ladite filière. Ce fonds est généralement reparti entre les professionnels, l'Assemblée Permanente des Chambres d'Agriculture du Mali (APCAM) et les Services de la Conservation de la Nature (SCN).

Cependant, le décret N° 98-402/P-RM du 17 décembre 1998 fixant les taux, les modalités de recouvrement et répartition des taxes perçues à l'occasion de l'exploitation du bois dans le domaine forestier de l'État, ne fait aucune mention spécifique sur la fiscalité relative à la mise en valeur de cette matière ligneuse à l'exploitation du bois dans les domaines forestiers des collectivités territoriales.

Les collectivités territoriales sont habilitées à appliquer une fiscalité dans leur domaine respectif selon l'article 25 de la loi n° 96-050 portant principe de constitution et de gestion du domaine des collectivités territoriales du 16 octobre 1996. À cet effet, les taux de redevances perçues dans le cadre de l'exploitation locale du bois sont fixés par un organe compétent de la collectivité territoriale après consultation de la chambre d'agriculture.

En définitive, la série d'impôts et taxes édictés par les textes fondamentaux en matière de fiscalité forestière est d'office applicable à l'activité et aux exploitants de la filière du bois-énergie. En se référant aux textes en vigueur en matière de ressources fiscales des communes, chaque organe exécutif doit délibérer sur les taux des taxes municipales.

Le recouvrement des taxes forestières se fait au niveau local au moment de la délivrance du titre d'exploitation à l'exploitant. Il se fait en espèce par les agents forestiers régisseurs des recettes au profit du trésor public. Les communautés locales interviennent dans le recouvrement des droits et le contrôle des niveaux de production à travers les structures rurales de gestion de bois. Ces structures comprennent des organisations villageoises agréées dans la gestion des marchés ruraux de bois.

Toutefois, il convient de souligner que le gouvernement malien intervient à différents niveaux de l'administration fiscale forestière. Ces interventions se manifestent à travers les réunions de concertation de tous les départements ministériels concernés par la question. Dans le cadre de la décentralisation, les collectivités territoriales décentralisées disposent désormais d'une certaine liberté à fixer les taxes et redevances forestières dans leur domaine forestier.

Au Mali, une loi a transféré au domaine privé des communes, toutes les ressources forestières qui appartenaient, jadis, au domaine privé de l'État. Mais cette loi reste inapplicable sans textes d'application. Aujourd'hui, les communes rurales du Mali ne peuvent bénéficier en aucune manière des recettes de la fiscalité forestière.

Paragraphe 2 : La fiscalité liée à la ressource minière et agricole

La loi N° 00-0044 du 7 juillet 2000 inclut dans les ressources fiscales des collectivités territoriales maliennes, les droits d'attribution des titres d'autorisation, d'exploitations artisanales de l'or ou d'ouverture de carrières artisanales, ainsi que les taxes perçues sur le bois à l'occasion de l'exploitation du domaine forestier de l'État.

Cette loi détermine les ressources fiscales des communes, des cercles et des régions du Mali :

- Droits et taxes perçues lors de l'attribution de titre d'autorisation d'exploitation artisanale de l'or ou d'ouverture de carrières artisanales ;
- Taxes perçues sur le bois à l'occasion de l'exploitation du domaine forestier de l'État[173].

La fiscalité minière s'explique par plusieurs composantes locales. La patente sur les entreprises minières qui est une taxe sur les investissements initiaux des sociétés minières représente plus de la moitié de la patente totale. Les redevances superficiaires sont établies dans les trois codes miniers (1991, 1999 et 2012). Les taux y afférents varient selon la nature des titres[174].

La redevance à l'exploration du terrain commence inclusivement de 1000 francs CFA/km² à 2000 francs CFA/km² dans le code minier de 2012 ; or, la somme payable à l'exploitation est rigoureusement fixée à 100 000 francs CFA/km² en fonction de la catégorie de minerais exploités. La Direction des domaines collecte les redevances superficiaires des titres d'exploitation qui constituent des droits réels assimilables à des titres

[173] Voir l'art. 5 de la loi n° 00-044 du 7 juillet 2000 qui répartit la taxe entre la commune, le cercle et la région.

[174] Il existe 562 titres actifs à la date de la visite de la mission selon la GIZ qui effectue un travail d'assistance technique sur le cadastre minier (cf : http://mali.revenuesystems.org).

fonciers, alors que la Direction des mines se charge de recouvrer celles relatives aux titres d'exploration des sites aurifères. Notons tout de même qu'une consolidation des redevances est en cours au niveau du Ministère malien des Mines.

Les activités d'exploitation de carrières et de mines artisanales sont assujetties à une fiscalité locale particulière comme la taxe additionnelle minière ou de carrière ou encore la taxe d'orpaillage. Ainsi, l'activité d'orpaillage est menée dans un contexte de grande précarité économique des zones rurales où elle a tendance à être considérée par les populations comme la principale source de revenus. Le travail d'orpaillage est organisé selon des règles qui font peu de place au droit de l'État qui demeure particulièrement appliqué ou est presque inexistant. Il est démontré que les règles d'exploitation locales faites de normes traditionnelles et d'arrangements entre acteurs ne sont pas de nature à favoriser une gestion et une exploitation rationnelles des ressources naturelles[175]. Leurs recettes sont négligeables et illustrent la difficulté de taxer correctement les mines artisanales[176] avec le système fiscal actuel.

Juridiquement, la mise en place des collectivités dotées de la personnalité morale et de l'autonomie financière devait s'accompagner du transfert réel de compétences et de ressources nécessaires à leur fonctionnement et à leur développement.

Pour ce qui est des compétences, l'État décidera d'un transfert graduel, en tenant compte, dira-t-on, de la capacité des collectivités de les assumer progressivement. Concernant les ressources financières, les transferts de certains impôts et taxes ont été notamment organisés.

Nous constatons que c'est dans le domaine de ressources naturelles que la situation est quasiment bloquée depuis le début de la mise en œuvre de la décentralisation. En 1996, les autorités ont adopté la loi n° 96-050 du 16 octobre 1996 portant principes de constitution et de gestion du domaine des collectivités territoriales. Ce texte rendait les organes des collectivités responsables de la gestion, de l'aménagement, de la conservation et de la sauvegarde de l'équilibre écologique de leur domaine. Les collectivités devraient ainsi élaborer un schéma d'aménagement pour les différents domaines, à savoir le domaine forestier, le domaine agricole, le domaine

---

175 A. KEITA, *« orpaillage et accès aux ressources naturelles et foncières au Mali »*, GERSDA, Les cahiers du CIRDIS, collection recherche, n° 2017-01, p. 6.

176 La quantité d'or produit artisanalement a été estimée à 5 tonnes pour 2014 au minimum.

pastoral, le domaine faunique, le domaine piscicole, le domaine minier, le domaine de l'habitat.

Malgré l'adoption de cette loi n° 96-050, le transfert des ressources naturelles n'est pas encore effectif, empêchant ainsi les collectivités de prendre des mesures pour leur gestion efficace. C'est donc dans le flou né du contexte d'inachèvement des processus et de superpositions d'acteurs et de sources de légitimités que l'orpaillage est exercé au Mali[177].

Formellement, la gestion de l'exploitation artisanale des substances minérales relève de la compétence des collectivités territoriales[178]. Son exercice est subordonné à la détention d'une autorisation délivrée par les autorités des collectivités territoriales. Cependant, quand elle prend la forme d'une exploitation mécanisée, l'autorisation est accordée par arrêté du Ministre chargé des Mines[179]. L'autorisation d'exploitation artisanale simple est délivrée pour une période de trois ans renouvelable pour des périodes de trois ans jusqu'à épuisement du gisement.

L'autorisation d'exploitation est octroyée contre une taxe de délivrance d'un montant qui varie de 2 500 francs CFA (environ 3,8 euros) à 10 000 francs CFA (14 euros)[180]. En réalité, peu d'autorités des collectivités délivrent des autorisations d'exploitation artisanale, dans la mesure où elles ne contrôlent pas les terres. Cette situation est devenue profitable aux exploitants qui, le plus souvent, n'éprouvent pas le besoin d'acquérir des documents ou permis pour exercer leurs activités.

Ainsi, nous avons remarqué que cette taxe est perceptible dans des localités où il y a des minerais. En effet, la commune rurale de Dialafra a perçu en 2018 la somme de 100 000 francs CFA de la taxe additionnelle sur l'exploitation minière et carrière ; de la même année, elle n'en a recouvré que 5 000 francs CFA de la taxe sur la carte d'orpaillage. Le premier montant ne représente que 0,2 % du budget de la commune (383 620 797 francs CFA) et le second est même insignifiant[181]. On trouve le même montant (100 000 francs CFA) de la taxe sur l'exploitation

---

[177] A. KEITA, précité, p. 11.

[178] Selon l'article 44 du code minier, *« l'exploitation artisanale ou traditionnelle des substances minérales est exercée par les détenteurs d'une autorisation artisanale. Elle est gérée par les collectivités territoriales. La forme, le contenu et les procédures d'attribution et de renouvellement de l'autorisation sont fixés par les autorités des collectivités territoriales suivant l'avis technique de l'administration chargée des Mines »*.

[179] Art. 46 du Code minier.

[180] Art. 107 du Décret n° 2012 -311/P-RM du 21 juin 2012.

[181] Budget additionnel de la commune rurale de Dialafra, section recette, 2018.

minière et carrière dans le budget additionnel de la commune urbaine de Kati, par contre aucune trace de la taxe sur la carte d'orpaillage[182].

Les causes de la défaillance des collectivités territoriales relèvent à la fois de la faiblesse de capacités d'intervention (aux plans humain, technique et financier) et de lacunes liées aux textes juridiques. Concernant les aspects juridiques, il faut souligner que la loi n° 96-050 sur le domaine des collectivités n'est pas applicable entièrement faute de transfert des domaines aux collectivités. Par ailleurs, le code des collectivités territoriales ignore complètement la régulation de l'orpaillage.

Les sociétés minières sont soumises au paiement de nombreux impôts et taxes énumérés par le code minier. Avec la mise en œuvre de la décentralisation, certains impôts et taxes recouvrés sur les territoires des collectivités territoriales leur ont été transférés. Il en est ainsi de la contribution des patentes qui est un impôt direct sur les activités industrielles, commerciales, etc. Conformément à la loi n° 00-044 du 17/07/2000 portant détermination des ressources fiscales des communes, des cercles et des régions, le montant de la contribution des patentes perçues sur les entreprises industrielles, donc minières, est réparti ainsi : 60 % pour la commune, 25 % pour le cercle et 15 % pour la région. Quant au montant de la taxe sur l'exploitation artisanale de l'or et des carrières, il est réparti de la façon suivante : 80 % pour la commune, 15 % pour le cercle et 5 % pour la région ; le montant de la vignette sur les véhicules à l'exception des engins lourds destinés exclusivement aux opérations minières est réparti selon le mode suivant : 60 % pour la commune, 25 % pour le cercle et 15 % pour la région.

Ainsi, les montants équivalant aux pourcentages sont versés au trésor public pour le compte des collectivités bénéficiaires. Il est difficile de dire ce qui est fait de cet argent dans la mesure où au nom des principes de l'unité budgétaire et de la non-affectation d'une recette à une dépense ; ces sommes ne sont pas affectées à une dépense précise et pourtant elles sont utilisées pour couvrir diverses dépenses de la commune.

Hormis le paiement des impôts et taxes cités ci-dessus, les collectivités ne participent pas à la répartition des revenus miniers[183].

---

182 Budget additionnel de la commune urbaine de Kati de 2016.

183 A. KEITA et al., *« Communautés locales et "manne aurifère" : les oubliées de la législation minière malienne »*, Groupe GERSDA, collection *« Legal tools for citizen empowerment »*, 2008, p. 38.

Quant à la fiscalité agricole, elle n'est pas très développée ; mis à part pour les terres agricoles, mais de façon assez vague. La loi n° 06-40/AN-RM de septembre 2006 portant loi d'orientation agricole précise que : « *L'État définit un régime fiscal applicable à la propriété foncière agricole et à l'usufruit des terres* »[184]. Cette loi prévoit également que ce régime fiscal agricole sera défini dans le cadre d'une loi sur le foncier agricole. Il n'est pas prévu d'impôt foncier pour des propriétés non agricoles. Le code domanial et foncier n'en fait pas mention.

Les autorités communales, parce qu'elles ne délivrent pas d'autorisation d'exploitation, ne perçoivent pas de taxes de délivrance. Aussi, elles s'organisent pour percevoir des taxes sur l'utilisation des appareils (comme les détecteurs de métaux) et sur les activités commerciales. En raison de la réticence des personnes concernées à payer parfois ces taxes, elles se font aider par les « *tomboloma* »[185] présents sur le site. Cette situation qui a engendré une véritable connivence entre les autorités communales et les « *tomboloma* », est à l'origine de détournement des montants perçus[186].

Par exemple, dans les zones où les exploitations agricoles sont constituées de nombreux champs épars et non contigus, il s'agit de déterminer si chaque champ constitue une entité fiscale distincte ou si l'ensemble des exploitations est une entité unique soumise à des fins d'imposition. La définition des avoirs doit être en accord avec d'autres aspects de l'impôt. Par exemple, s'il s'agit d'un impôt sur la propriété, un immeuble d'habitation occupé par des locataires pourra avoir une évaluation unique. Cela n'est pas possible si l'impôt est une taxe d'occupation, dans le cas d'espèce, il nécessite que chaque appartement soit soumis séparément à l'imposition. Le choix est généralement libre entre le propriétaire et l'occupant. Il peut y avoir des avantages fiscaux à assimiler l'occupant au contribuable, surtout lorsque les registres fonciers sont incomplets. L'occupant est, d'une part, bien plus facile à localiser et

---

[184] Art. 78 de la loi n° 06-40/AN-RM.

[185] Ils sont chargés d'assurer la police du site. Ils coordonnent l'ensemble des activités à travers principalement trois volets : le prélèvement des taxes sur les exploitants intervenant sur le site, l'application des mesures de sécurité sur le site en prévenant les conflits, les accidents et les vols, l'exercice de la justice en tranchant tous les litiges qui surviennent sur le site.

[186] Selon A. KEITA, la situation varie selon les localités. Si les autorités de la commune rurale de Narena affirment qu'elles ont de la peine à percevoir les taxes sur les sites d'orpaillage, celles de Minindian reconnaissent qu'elles arrivent à recouvrer entre 300 000 FCFA et 2 000 000 FCFA sur les différents sites de la commune.

à identifier et encore il peut y avoir une plus grande corrélation avec la capacité contributive. D'autre part, il est plus probable que l'occupant soit le consommateur des services fournis par la collectivité locale. Toutefois, sur le plan politique, il est plus facile de persuader l'opinion publique des mérites d'un impôt foncier lorsque le contribuable s'avère le propriétaire du bien.

Une importante mise en garde s'impose si un habitant est reconnu être à la fois contribuable et propriétaire d'un bien. La définition ne devrait pas être trop étroitement liée à l'enregistrement des titres de propriété, car, du fait des lacunes du système cadastral, certaines propriétés pourraient échapper à l'imposition. D'une part, lorsque l'enregistrement déclenche l'obligation de payer un impôt annuel sur la propriété, l'effet dissuasif sur l'enregistrement même devient important tandis que l'efficacité de l'investissement au niveau des systèmes d'enregistrement reste compromise. Dans les systèmes d'imposition foncière qui font du propriétaire le principal responsable, des formules juridiques connues permettent de contraindre l'occupant au paiement d'impôt en cas de doute, avec pour ce dernier la protection accordée par la loi de transmettre cette obligation au propriétaire foncier lorsque cela est possible. Dans les pays où les terres domaniales sont louées à des particuliers ou à des sociétés, il est fréquent que la charge de l'impôt soit confiée à la personne qui prend à bail les terres du secteur public.

Au Mali, la difficulté majeure que rencontre l'administration fiscale dans l'imposition du secteur agricole se situe au niveau de l'applicabilité des dispositions du Code général des Impôts régissant l'imposition des revenus des exploitants agricoles. En effet, l'impôt sur les bénéfices agricoles est appliqué seulement sur ceux réalisés dans l'exploitation ne relevant pas du cadre de l'agriculture traditionnelle[187]. Aux termes des dispositions de l'art. 101 du Code général des Impôts, un arrêté conjoint des ministres chargés des Finances, de l'Agriculture, de l'Elevage, de la Pêche, de l'Environnement et de l'Assainissement doit déterminer les critères d'une agriculture traditionnelle et ceux d'une agriculture moderne. Cet arrêté tarde à voir le jour. C'est cette situation qui justifie la non-application des dispositions régissant les bénéfices agricoles. L'agriculture, dans notre pays, est une activité au rendement très aléatoire. En fait, les professionnels de cette activité constituent la frange de la

---

[187] Voir l'art. 100 de la loi n° 06-067 du 29 décembre 2006 portant Code général des Impôts.

population la plus pauvre du pays. Les causes profondes de la faiblesse de ce rendement sont, entre autres, le niveau d'équipement qui reste encore rudimentaire pour la plupart des exploitants, les aléas climatiques, les bas prix au producteur, l'exode rural, etc.[188]

Ainsi, on a remarqué que la taxation locale des ressources naturelles (mines, forêt, pêche) relève de plusieurs ministères et de plusieurs codes sectoriels (code minier, forestier...). Une consolidation des différents prélèvements réalisés sur des activités exploitant les ressources naturelles est nécessaire afin de pouvoir les rationaliser.

Celle-ci est d'autant plus nécessaire que la fragmentation institutionnelle existant au Mali, avec l'existence en particulier d'un ministère en charge des Domaines distinct du Ministère des Finances, fragilise la maîtrise des différentes bases imposables[189].

La décentralisation implique la réorganisation de la fiscalité pour trouver des ressources financières nouvelles. En effet, pour assurer le fonctionnement de la collectivité et exécuter le plan de développement communal, des communes doivent mobiliser des ressources financières locales. Outre le fait qu'en théorie l'État devrait accompagner la décentralisation avec des ressources propres, les communes sont obligées de s'autofinancer. Or, en milieu rural, les activités à taxer sont celles liées aux ressources naturelles végétales.

Agriculture, élevage, coupe du bois, etc., sont déjà soumises à des impositions par le biais de différentes taxes pour le compte du budget national. La pression sur des ressources comme les réserves de biosphère peut être accentuée si les communes rurales n'ont pas d'autres sources de financement du développement local. L'imposition de diverses taxes aux populations rurales peut aussi aggraver les phénomènes de passagers clandestins dans l'exploitation de ces ressources.

Ainsi, la mobilisation et la gestion transparente des ressources financières font partie des questions majeures auxquelles les collectivités territoriales sont ou seront confrontées dans la décentralisation. Lorsqu'on sait que la capacité de payer les taxes et impôts de la population rurale repose sur les ressources naturelles, il est nécessaire que celles-ci soient gérées de manière durable. Tous les domaines d'activités rurales lucratives sont susceptibles d'alimenter d'une manière ou d'une autre les fonds

---

[188] Voir I. TOURE, thèse de doctorant précitée.
[189] Fonds monétaire international, juillet 2015, p. 37.

communaux. Le défi est alors de mobiliser équitablement les ressources au niveau local sans affaiblir l'économie locale et la durabilité, en particulier les ressources naturelles renouvelables.

La législation doit stipuler la fréquence avec laquelle les propriétés doivent être réévaluées pour que la cotisation d'impôt soit à jour. En général, le délai indiqué aux termes de la loi est d'environ cinq ans. Un intervalle supérieur présente des inconvénients considérables. Plus les réévaluations sont fréquentes, mieux la valeur fiscale reflète celle du marché et mieux elle est comprise par les contribuables. La technologie de l'information permet de procéder à des réévaluations annuelles. Il existe de bonnes raisons d'introduire le concept de réévaluation annuelle dans les révisions de l'impôt foncier lorsque la capacité technologique est suffisante pour pouvoir le faire sans trop de frais. Les réévaluations peuvent être difficiles à gérer sur le plan politique si elles donnent lieu à des changements importants au niveau de la valeur et des obligations fiscales. Comme des réévaluations plus rapprochées détermineront probablement des modifications de valeur moins importantes que des évaluations moins fréquentes, l'introduction d'un système de réévaluation annuelle peut réduire la nécessité de prendre des décisions politiques délicates.

Les impôts fonciers peuvent jouer un rôle important pour le développement durable des moyens d'existence des communautés en milieu rural. L'impôt sur la propriété foncière est transparent, économique à administrer, facile à recouvrer et bien compris par les contribuables. Il est viable d'un point de vue administratif en quasiment toute circonstance.

Il constitue une source de recettes de provenance locale particulièrement intéressante pour les pouvoirs locaux. Il permet aux collectivités territoriales de satisfaire à leurs propres besoins. Cela est important dans les pays où l'État central connaît des difficultés grandissantes à répondre aux nécessités rurales locales. Sans une solide infrastructure rurale, les moyens d'existence ruraux ne peuvent se développer. L'impôt sur la propriété foncière a un rôle important à jouer à cet égard. Gérés d'une façon efficace et transparente, les impôts fonciers ont la capacité de produire des recettes plus importantes et de réduire les possibilités de corruption.

CHAPITRE 2

LA FAIBLE CAPACITÉ DE RECOUVREMENT DES RESSOURCES FISCALES DES COLLECTIVITÉS TERRITORIALES

L'impôt est le fondement de toutes les civilisations. La recherche de l'origine des politiques et pratiques fiscales révèle l'histoire de la relation entre le gouvernant et le gouverné, l'État et le citoyen[190]. Le recouvrement de l'impôt est la dernière étape qui consiste à faire parvenir le montant dû de l'impôt de la poche du contribuable à la caisse de l'État ou de la collectivité territoriale. Le recouvrement revêt un caractère amiable en ce sens que le redevable du montant de l'impôt est invité par l'administration à travers un document comportant une échéance pour s'en acquitter. Tout impôt établi soit par le redevable lui-même, soit par l'administration des impôts fait l'objet d'enrôlement : l'opération de mise en rôle. D'après F. LEFEBVRE, « *le rôle est le titre officiel en vertu duquel le percepteur a le droit de réclamer le paiement de l'impôt et d'en poursuivre le recouvrement* »[191]. Le rôle est donc la liste des contribuables comprenant pour chacun d'eux le nom, la nature et le montant de l'impôt ainsi que le délai de paiement. Les rôles sont établis par les contrôleurs des impôts et rendus exécutoires par le visa du directeur.

On observe chez le contribuable malien et africain de façon générale, une hésitation accentuée par une contestation structurelle et systématique de l'impôt, qu'il soit local ou national. Cette contestation se traduit chez le citoyen par le refus de paiement volontiers de l'impôt et par l'emprunt de toutes les voies et les moyens de s'y soustraire ; elle explique significativement le faible niveau de mobilisation de ressources fiscales locales.

Nous tenterons dans ce chapitre d'étudier, dans un premier temps, les causes qui font que jusqu'ici les collectivités n'arrivent pas à recouvrer le maximum de leurs impôts et taxes locaux (section 1) et, dans un second

---

190 S. KHADIJA, « *Taxez-nous si vous le pouvez : pourquoi l'Afrique doit défendre la justice fiscale* », Réseau pour la justice fiscale-Afrique, 2012, p. 11.

191 F. LEFEBVRE, Mémento pratique fiscale, 1985, éd. Francis Lefebvre, Paris, 1989, p. 517.

temps, démontrer que la faiblesse des ressources est aussi due à une mainmise de l'État sur certaines ressources fiscales (section 2).

Section 1 : Les causes du non-recouvrement des ressources fiscales

Pour faire face aux compétences qui leur ont été transférées, les entités décentralisées doivent avoir une certaine autonomie, surtout financière. Car l'autonomie financière des institutions locales et leurs capacités d'autofinancement constituent ensemble un point important pour garantir l'accès des populations locales aux services essentiels. Or, il est parfois difficile pour les collectivités décentralisées de dégager des marges de manœuvre, de garantir le remboursement d'un emprunt ou encore moins d'en solliciter. Les impôts locaux sont, au-delà des redistributions étatiques ou des aides internationales dans le cadre de la coopération décentralisée, un pilier important de l'échafaudage financier de ces institutions. Cependant, dans bien des cas, les collectivités qui ont le plus besoin de ressources sont aussi celles qui ont le plus de mal à récolter des impôts. L'accès de la population aux infrastructures de base est dans ce sens lié à la capacité des institutions locales à générer des revenus fiscaux, mais l'importance de l'évasion fiscale met un frein aux possibilités de développement urbain et rural. Par conséquent, on ne saurait dans un tel contexte prétendre apporter des réponses par rapport aux exigences du développement local dans son sens le plus général, intégrant « *la création de richesse* » qui, pour nous, est l'aspect le plus important. Or, la création de richesse nécessite à la fois l'instauration d'un système fiscal crédible et une bonne orientation des politiques publiques locales propice à l'investissement. Pour répondre à ces impératives importantes à tout point de vue, la fiscalité locale doit en jouer un rôle primordial.

Mais, pour cela, il faut d'abord pouvoir recouvrer les ressources fiscales. Le recouvrement de l'impôt confère au trésor public ou à l'administration fiscale le droit de réclamer les sommes qui lui sont dues. Certains impôts doivent être payés spontanément au moment de la déclaration, telle la TVA. D'autres par contre sont appelés par le fisc qui dresse un avis d'imposition à l'endroit de tous les contribuables sur la base d'une liste appelée *« rôle de l'impôt »*. Il convient de noter que certains impôts sont retenus à la source comme en matière de traitement et salaires.

Le recouvrement des impôts et taxes propres aux collectivités territoriales a connu jusqu'ici un rendement médiocre. Ceci s'explique par la complexité ou les lacunes constatées dans la définition de l'assiette et des modes d'évaluation des impôts, la difficulté de mettre en place au niveau local une instrumentation adaptée pour connaître le potentiel fiscal, assurer et garantir l'émission des rôles et les modalités de recouvrement.

Le diagnostic des finances publiques locales du Mali montre un peu les difficultés dans le recouvrement et la mobilisation des recettes fiscales locales. Ces ressources qui ont un caractère permanent permettent à la collectivité de faire face à ses charges obligatoires. Les difficultés constatées dans le recouvrement sont de caractères multiformes. Mais nous nous intéresserons, dans cette section, d'abord à la complexité du système fiscal (paragraphe 1) et ensuite nous évoquerons les autres causes des difficultés (paragraphe 2).

Paragraphe 1 : Un système fiscal intrinsèquement complexe

À l'image de plusieurs États en Afrique, l'état de la législation malienne ne prévoit pas une grande diversité de ressources locales. Pour en être convaincu, il suffit de lire la liste des impôts prévus par les lois et on se rend compte du nombre excessif. Beaucoup d'impôts locaux ne sont pas appliqués ou plutôt produisent des recettes infimes. Leur multiplication, loin de garantir des recettes substantielles et stables, introduit, semble-t-il, un élément de complexité défavorable à la mobilisation de ressources locales.

La question est de savoir si les contribuables sont soumis ou pas à beaucoup d'impôts et taxes est une question propre aux collectivités territoriales africaines, et en particulier celles du Mali. Peu d'impôts entraînent une injustice fiscale du fait que certains contribuables ou revenus échappent à l'administration fiscale, et en outre, la charge fiscale est reportée sur les contribuables ou les revenus connus, d'où l'impression de la surimposition que les contribuables croient percevoir, avec le risque de l'incivisme fiscal. En revanche, trop d'impôts tue l'impôt et puis crée le risque de paralysie de l'économie, constate-t-on souvent. Il faut donc trouver le juste milieu.

Les collectivités territoriales disposent d'un important gisement de matières fiscales. Cependant, les services chargés de l'assiette et du recouvrement de l'impôt au bénéfice des entités décentralisées sont confrontés à d'énormes difficultés qui ne permettent pas de mobiliser les ressources financières nécessaires à son développement. Les recettes fiscales recouvrées sont alors insuffisantes par rapport à l'importance des dépenses à exécuter pour leurs développements. Il ne semble pas que les services chargés de recouvrer les impôts soient organisés et gérés dans le but d'apporter aux collectivités les recettes nécessaires pour le financement de leurs dépenses. Ce seul constat suffit pour comprendre les difficultés liées au recouvrement et, par conséquent, au paiement de la dette fiscale.

Le recouvrement est l'encaissement de la créance sur les contribuables ; c'est la phase comptable des opérations fiscales.

On peut ainsi remarquer un amassement des dispositifs et des taxes, ainsi que la variété des buts assignés à la fiscalité locale. Le résultat qui en est produit donne une structuration fiscale complexe, caractérisée par :

- Une multiplicité de taxes, une très grande diversité des bases et de leur mode de calcul, la diversité des codifications et des mécanismes d'assiette et de recouvrement impliquant des administrations et organismes très divers. En dehors des impôts locaux proprement dits (taxes ménages et taxes entreprises, soit 60 % des recettes fiscales des collectivités), il existe une mosaïque d'autres impôts et taxes, d'un rendement souvent faible, avec des assiettes différentes et des systèmes de dégrèvements et de compensation qui leur sont propres[192].
- Des règles complexes d'affectation des impôts et taxes par niveau de collectivités (voir paragraphe 1 de la section 1 du chapitre 1).
- Un système de péréquation peu lisible, des règles d'affectation complexes, manquant d'objectif clair en matière de réduction des inégalités (territoriales) et qui n'a pas fait l'objet d'une véritable évaluation.

Le résultat de cette complexité est un système composite et opaque, peu lisible par les autorités locales et les contribuables. Cette diversité des règles et des acteurs rend difficile la lecture du financement des collectivités territoriales et de la réalité de la pression fiscale exercée sur le contribuable[193].

La complexité renvoie également aux attentes multiples de la société vis-à-vis de l'action publique locale et par répercussion des autorités élues. Le souhait de répondre aux attentes de la population bute aussi sur l'hétérogénéité des aspirations selon le type de publics : les entreprises sont plus sensibles aux impératifs de compétitivité et d'attractivité, tandis que

---

[192] J. K. DESCHAMPS et D. GARDINAL, Pour une réforme globale de la fiscalité locale, J.O de la République française, avril 2018, p. 55.
[193] *Ibid.*

les ménages se focalisent plus sur la satisfaction de leurs besoins ; les élus tentant de répondre aux attentes de toute la population dans un cadre budgétaire contraignant.

Pour les citoyens, la notion de complexité fiscale est perceptible souvent au bout de la chaîne, quand ils se trouvent confrontés à des difficultés personnelles (fermeture de la cantine, dysfonctionnement du dispensaire, ramassage des ordures ménagères, etc.) et que se pose la question de l'identification des responsabilités. Or, l'émiettement des compétences des collectivités rend de plus en plus difficile l'établissement du lien entre la nature du service public rendu et la localisation des responsabilités.

Il y a eu évolution dans l'attitude du citoyen vis-à-vis des services publics de base qui lui sont proposés. On peut dire que jusqu'à une période récente, il se contentait et appréciait les différents services de la compétence des collectivités territoriales. Cela résulte de la situation (financière, économique, institutionnelle…) dans laquelle ces entités décentralisées ont le destin de leur localité. D'aucuns diront que c'était face à une défaillance de l'État central, ce qui a provoqué un sentiment de solidarité envers les autorités locales elles-mêmes dans la mise en œuvre des services publics de proximité. Mais la crise financière de 2008 a entériné ce sentiment dans la mesure où elle pousse l'État central, à plus forte raison les entités locales, à compter sur la mobilisation des ressources internes au profit de celles dites externes. Ce faisant, l'attitude du citoyen a changé, puisqu'il devient contributeur potentiel sur qui les autorités misent désormais pour avoir les ressources nécessaires à la mise en place des services publics de base. Alors, il devient regardant non seulement à la quantité, mais aussi à la qualité des services proposés.

Dans ces conditions, la réhabilitation du civisme fiscal passe forcément par le rétablissement d'un meilleur consentement à l'impôt, qui constitue l'une des bases de la démocratie[194]. L'art. 14 de la Déclaration des droits de l'homme et du citoyen du 26 août 1789 fait explicitement référence à l'impôt comme un phénomène citoyen en précisant que « *tous les citoyens ont le droit de constater, par eux-mêmes ou par leurs représentants, la nécessité de la contribution publique, de la consentir librement, d'en suivre l'emploi, et d'en déterminer la quotité, l'assiette, le recouvrement et la durée* ». Si cet article réaffirme le principe de nécessité de l'impôt, il fait également et explicitement référence à son usage et puis à la possibilité

[194] P. VALLETOUX, « *Fiscalité et finances publiques locales* », CESE, 2016.

pour le contribuable, de suivre son utilisation. On peut donc penser que l'acceptation de l'impôt passe par une réforme d'ampleur visant à rendre la fiscalité plus juste et plus lisible pour le citoyen.

Ce consentement est lui-même très dépendant du respect d'un certain nombre de principes de base, comme la transparence, la lisibilité, l'équité ou la conformité[195] :

a) Transparence : un impôt mal compris est un impôt mal accepté. Le consentement à l'impôt passe notamment par la communication d'informations évidentes sur le niveau, les activités (opération) et l'efficacité des services publics. Donc la transparence est un principe qui va de pair avec une plus grande lisibilité, c'est-à-dire la clairvoyance, la conviction ;

b) Équité[196] : l'existence de fortes disparités territoriales, mais aussi de disparités entre les individus du fait de l'absence de révision des valeurs locatives ou d'exemptions mal comprises, peut également entamer le sentiment de justice fiscal, d'autant plus que la plupart des impôts et taxes ne sont pas progressifs ;

c) Conformité : elle s'apprécie au regard des notions de service rendu et de «*juste retour*». Faute de percevoir l'existence de contreparties à l'imposition pour lui. Elle signifie, pour la collectivité, que l'adhésion du citoyen ne peut faire défaut. Or, cette relation de type clients/fournisseurs, compréhensible pour les services financés par une redevance acquittée par le bénéficiaire, tend malheureusement à s'imposer dans l'esprit des contribuables pour les services financés par l'impôt.

Du côté des entreprises, la complexité repose sur le fait que ces dernières sont à la fois bénéficiaires et prestataires des services publics, alors qu'elles consentent à cotiser à leur financement dans la mesure du raisonnable. Cet état de fait fixe les contours de la conciliation de plusieurs facteurs à multiples intérêts. Fondée historiquement sur des assiettes aisément localisables, elle s'est complexifiée au fil du temps. Le mouvement de décentralisation des années 90 a vu notamment un transfert d'impôts d'entreprises au profit des collectivités territoriales, avec comme

---

[195] I. CHATRY, Cheffe de projet, réformes territoriales et finances locales à l'OCDE, le 8 novembre 2017, OCDE, « *Multi-level governance reforms : overview of OECD country experiences* ». Cité par J. K. DESCHAMPS et D. GARDINAL, précité, p. 58.

[196] Un autre principe, il s'assimile à l'impartialité, l'intégrité, à l'honnêteté voir, incorruptibilité

conséquence la coexistence de régimes locaux des entreprises, des objectifs divers et parfois contradictoires (financement des services publics locaux, aménagement du territoire, etc.) qui n'est sans doute pas étrangère à cette complexification[197].

La fiscalité locale des entreprises est composée de quelques grands impôts et taxes (cotisation sur la valeur ajoutée des entreprises, taxe sur le foncier bâti, cotisation foncière des entreprises, taxes sur les surfaces commerciales...), mais aussi d'une multiplicité de petites taxes[198] d'un rendement souvent très faible, dont le coût de collecte peut s'avérer élevé par rapport à leur rendement.

À cela s'ajoute le morcellement des impôts et taxes, avec un système d'assiettes hétérogène, ainsi que de nombreuses exceptions et exonérations qui nécessitent que les entreprises adaptent leurs systèmes d'information en conséquence. Ce foisonnement génère non seulement des coûts mais s'avère également et particulièrement chronophage.

Enfin, la complexité pour les élus : elle résulte d'abord du fait qu'ils sont en permanence à l'interface d'injonctions contradictoires :

- D'abord, celles des habitants qui, particulièrement en temps de crise, voient souvent dans les services publics, l'un des derniers espaces capables de leur apporter des réponses concrètes aux problèmes qu'ils rencontrent ;
- Mais aussi celles des contribuables, qui expriment parfois des exigences croissantes en termes de quantité et de qualité de services publics ;
- Mais encore celles du cadre budgétaire qui contraint fortement leurs initiatives et s'ajoute au peu de prise qu'ils ont réellement sur la plupart des recettes et à la capacité d'emprunt réduite aux seuls investissements pour les collectivités territoriales ;
- Enfin, celles de l'administration souvent contrainte, faute de moyens, à les soutenir plus qu'à les éclairer.

Cet environnement donne souvent aux élus le sentiment de devoir affronter seuls des responsabilités lourdes, avec l'obligation de répondre

---

[197] J. K. DESCHAMPS et D. GARDINAL, Pour une réforme globale de la fiscalité locale, précité, p. 60.

[198] Taxe locale sur les enseignes et publicités extérieures, taxe d'aménagement, taxe sur le permis de construire ou taxe locale d'équipement, etc.

en permanence à des décisions dont ils ne sont pas toujours les responsables. Pire, cette complexité les amène quelquefois à devoir consacrer leur énergie à la gestion du présent au préjudice de la mise en œuvre des projets qu'ils ont portés, pour lesquels ils ont été élus et auxquels ils sont contraints de renoncer[199].

Depuis plus de deux décennies de décentralisation, nous constatons au Mali des indécisions (découpage territorial, répartition de compétences...) qui montrent le flou autour des objectifs assignés à cette organisation administrative, économique et territoriale. Raison pour laquelle nous partageons cette remarque de T. CARNENAC : « *Une grande part de la complexité renvoie au fait qu'on a assigné à la fiscalité locale trop de missions, non seulement budgétaires (financer les dépenses locales), mais aussi en matière de redistribution et d'aménagement du territoire* ».

Dans l'exercice de leurs fonctions, les élus locaux sont responsables devant leurs citoyens qui ont la possibilité de les sanctionner par le biais de leurs votes. Cette sanction (ou ce vote sanction) peut sembler d'ailleurs parfois aveugle, voire ingrate, tant le niveau de connaissance des administrés sur la répartition des compétences entre l'État et les différents niveaux de collectivités territoriales peut s'avérer lacunaire. Certains contribuables paient des impôts, sans pour autant faire nécessairement la distinction entre les impositions nationales et l'impôt local, mais attendent, quoiqu'il en soit, des contreparties en termes de services.

Pour répondre aux attentes des citoyens, les élus disposent de faibles marges de manœuvre tant sur le plan fiscal que sur le plan des compétences. Ils peuvent ainsi avoir le sentiment d'être jugés pour une gestion sur laquelle ils ont peu de prise. En effet, l'autonomie fiscale des collectivités, dont il faut noter qu'elle n'est pas inscrite dans la Constitution, est aujourd'hui quasiment nulle pour certaines d'entre elles et fortement réduite pour d'autres. Les collectivités territoriales sont ainsi encore très largement dépendantes des financements de l'État pour assurer la couverture de leurs dépenses par les recettes. La faible capacité des collectivités à lever les impôts peut ainsi conduire à les comparer à des « *colosses aux pieds d'argile* »[200]. Cela tient au fait que les collectivités territoriales au Mali n'ont pas été créées sur des fondements économiques, mais plutôt des fondements sociologiques et politiques. Sans une viabilité

---

[199] *Ibid.*

[200] J. K. DESCHAMPS et D. GARDINAL, Pour une réforme globale de la fiscalité locale, précité, p. 64.

économique réelle, il sera très difficile pour ces entités de maximiser le taux de recouvrement de leurs impôts et taxes.

De ce qui précède, on voit que les collectivités territoriales ont d'énormes problèmes pour le recouvrement de leurs ressources internes du fait de sa complexité. La complexité du système de la fiscalité locale joue également de façon néfaste sur les politiques publiques de développement mises en place ou susceptibles d'être envisagées par les autorités locales.

Toutefois, cette complexité n'est pas la seule cause de la faible capacité de recouvrement des ressources fiscales. C'est ainsi qu'il est nécessaire d'évoquer les autres causes dans le paragraphe suivant.

Paragraphe 2 : Les autres causes

Dans ce paragraphe, nous verrons entre autres le manque de ressources humaines de qualité, l'incivisme…

a) Les ressources humaines : en effet, les ressources humaines constituent dans une certaine mesure une problématique. Au niveau des différents échelons de collectivités, il y a l'existence du service de la division recettes chargé des questions fiscales. Toutefois, le constat est que dans les communes rurales, rares sont celles où ce service fonctionne, mieux, même dans les autres cas où il existe, le nombre d'agents dans ce service demeure très insuffisant et ne peut en aucun cas faire un travail visible. L'État tente de pallier ces insuffisances par la création des Agences de Développement Régionales (ADR) en vue de doter de bras techniques les collectivités, mais en fait ces structures ne peuvent à leur tour satisfaire toutes les collectivités territoriales, car son personnel est confronté à des problèmes d'effectifs. En outre, notons le manque de moyen matériel au personnel pour mener à bien leur travail.

b) L'incivisme : notion bien relative, le civisme fiscal interpelle surtout la conscience du contribuable. Il se traduit par le comportement correct des citoyens qui s'efforcent d'alimenter les finances publiques le mieux possible, d'une part, et de les grever le moins possible, d'autre part. À cette fin, ils acquittent leurs impôts comme il se doit et se gardent de porter atteinte au patrimoine public. Si le problème de l'incivisme existe partout, notons que dans le contexte malien, il se pose avec acuité, dans la mesure où la notion d'intérêt général, liée à l'impôt est très mal perçue. Un grand nombre de citoyens maliens se sentent rarement concernés par les problèmes financiers (fiscaux) et le fonctionnement de l'État. Or, c'est bien de la conscience que « *les citoyens ont de leur État qui conditionne leur sens civique et leur moral fiscal ainsi que leur comportement fondamental et intime à son égard et à l'égard de son budget* »[201].

Outre cet aspect psychologique, l'incivisme fiscal résulte aussi en grande partie, dans le contexte malien, de la croyance en la corruption, au gaspillage des revenus de l'État par le pouvoir public, à la faiblesse de l'État et au manque de conscience civique chez certains responsables politiques, administratifs et associatifs.

c) L'incompréhension de la notion de redevabilité de l'impôt :

On évoque souvent parmi les faiblesses des systèmes fiscaux des pays en voie de développement, comme le Mali, l'existence d'une énorme fraude fiscale, due essentiellement aux insuffisances des appareils fiscaux chargés de gérer l'administration et le recouvrement de l'impôt. Cette vérité n'est pas seulement caractéristique des seuls pays en voie de développement, elle caractérise aussi les systèmes fiscaux des pays développés mais, semble-t-il, à des degrés moindres. De même, cette vérité n'est pas à mettre uniquement « *sur le dos* » de l'administration fiscale, en tant que telle. Cette institution trouve sa raison dans le milieu environnant, autrement dit le milieu fiscal. Au Mali, ce milieu est très pauvre en culture fiscale. La quasi-totalité des contribuables ont une perception moins nette de la distinction entre l'impôt direct et l'impôt indirect.

Cette réalité s'explique davantage par le « *réflexe* » « *anti impôt* » évoqué ci-haut. Ce dernier s'accentue d'ailleurs, d'autant plus qu'il n'existe pas à présent une prise de conscience collective du devoir fiscal pour contrebalancer ce réflexe activé par la culture ancestrale, transmise de génération en génération, qui, au vu des pratiques anciennes, voyait dans l'impôt une façon de détourner la richesse de tous les habitants au profit de quelques-uns.

Nous ferons aussi remarquer que les méthodes extrémistes qui dominent le mode d'évaluation des revenus imposables et de recouvrement des impôts ruraux contribuent de manière indirecte à

---

[201] G. SCHOMOÏDERS, Psychologie des finances et de l'impôt, Paris, PUF, 1973, p. 13, cité par Dr. C. TOURE, « *Détermination des facteurs socioculturels de blocage au paiement des impôts et taxes au Mali : analyse socio-anthropologique* », novembre 2011, p. 13.

proliférer l'ignorance fiscale et, par voie de conséquence, à ne pas faciliter la collaboration des contribuables.

À ce propos, certains soulignent que la méconnaissance de l'importance et du rôle de l'impôt dans le financement du développement constitue une limite essentielle à la sensibilisation des contribuables au devoir fiscal. Beaucoup de nos compatriotes pensent souvent à juste titre, en raison du manque de communication autour du rôle de l'impôt, que ce dernier recouvré est avant tout destiné aux agents des impôts. On ignore que la contribution des entités décentralisées aussi bien des entités décentralisées que celle de l'État dans le financement des infrastructures de santé, des écoles et bien d'autres équipements est due à l'impôt, et qu'en payant son impôt, l'on contribue ainsi au financement du développement de sa commune, cercle ou région et même de l'État.

Ainsi, selon C. TOURE, *« le pessimisme que l'on ressent dès qu'il s'agit de se saisir de la fiscalité pour accomplir un grand dessein se justifie largement par des difficultés d'ordre politico-sociologiques dominées notamment par les facteurs intentionnels, tels que la corruption, et les facteurs non intentionnels comme l'incompétence. Ces obstacles, qui constituent actuellement les maux les plus révoltants de notre société, associés aux contraintes socio-économiques, minent et neutralisent toutes les formes de politiques fiscales. Leur traitement constitue un préalable à toute réforme de fond »*[202].

La décentralisation a souvent pour objectif la mobilisation de ressources publiques supplémentaires. Grâce à la plus grande proximité du gouvernement, l'accès à une meilleure information ou une plus grande transparence de l'utilisation des recettes collectées devrait favoriser le recouvrement de ressources locales propres au niveau des collectivités territoriales et donc renforcer le niveau des ressources publiques globales. Il est souvent plus facile au niveau local qu'au niveau central d'établir un lien entre la prestation de services publics locaux et des impôts locaux. La prise de conscience de ce lien par les populations devrait favoriser le développement du civisme fiscal et donc, l'acceptation des impôts locaux propres aux collectivités territoriales. Inversement, le lien entre prélèvement et offre de service public devrait inciter les responsables des collectivités territoriales à améliorer l'efficacité de leurs dépenses afin de s'inscrire dans un cercle vertueux certainement favorable à une élection

---

202 C. TOURE, *« Détermination des facteurs socioculturels de blocage au paiement des impôts et taxes au Mali : analyse socio-anthropologique »*, novembre 2011, p. 15.

des meilleurs gestionnaires qui ont su aussi susciter la mobilisation des ressources financières nécessaires à la réalisation de leurs objectifs. Le recouvrement des impôts locaux assure puis garantit également une certaine autonomie financière des collectivités décentralisées, qui leur permet de disposer de ressources plus stables que des transferts ou subventions de nature largement discrétionnaires. Cette plus grande stabilité des ressources contribue à une meilleure efficacité des dépenses locales. Enfin, une augmentation des ressources fiscales accroît la responsabilité des gouvernements locaux et réduit leurs comportements opportunistes, susceptibles de se produire lorsque les ressources de financement constituent des dons, des emprunts externes ou internes.

Un autre élément non moins important, mais qui joue aussi sur la faiblesse du recouvrement, est la pauvreté. Il s'agit là d'un facteur défavorable au recouvrement des impôts.

D'une manière générale, une forte inégalité et une situation de grande pauvreté éventuellement combinées avec d'autres facteurs (fragmentation ethnique, divisions religieuses…) tendent à entraîner une instabilité politique et l'apparition de régimes prédateurs où une partie importante de la population, généralement les plus pauvres, se trouve être exploitée par une minorité *« favorisée »*[203]. Outre son effet néfaste sur la croissance, l'instabilité politique et les violences qui peuvent y être associées sont autant de facteurs de refus *« de l'impôt »*[204]. Les inégalités et la paupérisation affectent le civisme fiscal, donc réduisent la capacité des collectivités à recouvrer les impôts et taxes.

Le Mali est un pays qui a une très forte inégalité géographique, économique, ethnique… avec un taux de pauvreté très élevé. Dans ce contexte, la majeure partie des contribuables voit la distribution des revenus comme injuste. L'impôt central, et par extension, celui local apparaissent alors illégitimes ; ce qui incite à la fraude et à l'évasion fiscale. Les contribuables cherchent d'autant plus à échapper à l'impôt que l'État est *« prédateur »*[205] et échoue dans sa mission à offrir des biens publics à

---

203 A. ALESINA et R. PEROTTI, *« The political Economy of Growth : A critical Survey of the recent Literature »*, world bank economic review, 8 (3), 1994, pp. 351-371.
204 D. ACEMOGLU et J. A. ROBINSON, *« A theory of political transitions »*, American economic review, 91 (4), 2001, pp. 938-963.
205 A. O. KRUEGER, Political Economy of Policy Reform in Developing Countries, MIT-Press. 1993.

tous. Selon Bayard, la fraude fiscale constituerait alors « *la seule réponse pertinente à l'arbitraire et à l'incurie des États* »[206].

La faiblesse extrême des revenus et un nombre élevé de pauvres constituent des obstacles au recouvrement fiscal (exonérations, coûts de prélèvement exorbitants…). D'abord, la pauvreté est synonyme d'un revenu proche du seuil de subsistance. Il en résulte une extrême difficulté à supporter une taxation, notamment directe. De manière plus générale, afin d'échapper à la pauvreté, ou au moins de survivre, les pauvres cherchent à s'engager dans des activités non « *enregistrées* »[207]. Malgré le développement de techniques fiscales de plus en plus adaptées au défi posé par ces activités informelles, une forte informalisation de l'économie induite par une grande pauvreté détériore la capacité de mobilisation des ressources publiques[208].

Les contribuables ne sont pas les seuls à souffrir d'un système devenu ubuesque. Les élus locaux, eux aussi, ont de plus en plus du mal à accepter ces nombreuses incohérences. Car, à la décharge des collectivités territoriales, il est vrai qu'elles assument des compétences beaucoup plus larges depuis la décentralisation, alors même que l'État leur a finalement transféré beaucoup plus de charges que de recettes versées en contrepartie, contrairement au principe initial d'un transfert au franc le franc. Il est vrai, encore, que l'État ne s'est jamais privé d'imposer aux collectivités territoriales des dépenses exorbitantes qui, pourtant, n'entraient pas dans leur champ de compétences. Les collectivités territoriales participent aux fruits de la croissance en recevant une partie de ces impôts modernes. *« Les impôts locaux doivent tenir compte des capacités contributives réelles des citoyens et des activités économiques, à l'aide d'impôts assis sur des bases économiques incontestables comme la valeur ajoutée, le revenu, la valeur vénale ».*

Section 2 : La mainmise de l'État sur certaines ressources fiscales

---

[206] J. F. BAYARD, L'État et l'Afrique. La politique du ventre, Fayard, Paris.

[207] F. SCHNEIDER, D. H. ENSTE, *« Shadow Economies : Size, causes and consequences »*, Journal of Economic Literature, vol. XXXVIII, 77-114.

[208] C. ARAUJO BONJEAN et G. CHAMBAS, Taxing the urban unrecorded economy in sub-saharan Africa, in Taxing the hard to tax. Lessons from theory and practice, J. ALM, J. MARTINEZ, eds, Elsevier, 2004.

Les relations financières entre l'État et les collectivités territoriales sont inégales du fait que l'État monopolise l'information fiscale, alors que les collectivités ne l'ont pas. Cette situation est le résultat du transfert de certains impôts aux entités locales qui ne maîtrise pas les informations financières. À l'image des autres pays francophones d'Afrique subsaharienne, au Mali, la chaîne fiscale reste encore l'affaire des services déconcentrés et centraux de l'État. Ainsi, les entités décentralisées deviennent des acteurs passifs des différentes étapes allant des travaux d'assiettes aux recouvrements des impôts et taxes, en passant par l'émission des rôles. Or, l'on sait que les services fiscaux de l'État sont surtout mobilisés pour faire rentrer les impôts d'État. Dans ces pays, l'application du principe de l'unicité de caisse pousse l'État à maîtriser de bout en bout l'information et l'instrumentation sur la fiscalité. Les collectivités territoriales ne détiennent ou n'ont que très rarement les outils et l'expertise et les outils nécessaires en cette matière.

La façon la plus directe de financer l'infrastructure et de soutenir la décentralisation consiste à transférer aux collectivités territoriales à la fois la responsabilité de fournir les services et la capacité de produire des recettes fiscales. Dans les pays en développement, les gouvernements centraux et locaux ont toutefois été nombreux à opposer une résistance à une telle approche. D'un côté, l'État central rechigne à abandonner le contrôle des principaux impôts nationaux, car cela signifie perdre la tutelle du volet recettes du budget national. De l'autre, la plupart des collectivités territoriales ne sont pas particulièrement désireuses d'assumer les principales responsabilités d'une administration fiscale et ne veulent pas lever des impôts locaux tout simplement parce qu'elles n'ont pas la capacité de les administrer. Toutefois, beaucoup peut être fait pour renforcer les capacités au niveau local et permettre ainsi aux pouvoirs locaux d'assurer l'évaluation et le recouvrement des impôts locaux sous la supervision réglementaire de l'État central.

Une des difficultés est aussi le fait que la partie administrative de la chaîne ne relève pas du ressort des élus locaux ; par exemple : pour ce qui concerne les opérations de recensement, d'émission, elles relèvent des services déconcentrés des impôts.

D'autres difficultés méritent d'être mises en exergue, il s'agit du risque de marginalisation de la fiscalité locale compte tenu de la faible déconcentration de certains services financiers (les services des impôts) et des objectifs fixés pour l'émission et la perception des impôts d'État.

Cette discordance, dite « *déséquilibre vertical* », rend les collectivités territoriales tributaires des transferts de l'État central. Cet état de fait va de mal en pis dans la mesure où l'État a dû mal à rétrocéder les impôts ou les ressources fiscales perçus au nom des collectivités territoriales (paragraphe 1). L'autonomie financière de nos entités décentralisées n'est que trop relative. En effet, le droit financier africain a repris pour l'essentiel le droit français qui ne reconnaît pas la compétence fiscale aux collectivités territoriales. Ainsi, les collectivités territoriales africaines n'ont donc pas le pouvoir de créer des impôts locaux et d'en déterminer l'assiette et les modalités de recouvrement. Dans la plupart des pays africains situés au sud du Sahara, la compétence fiscale est une prérogative étatique. Dans ce contexte, la compétence des collectivités territoriales dans ce domaine consiste à recourir à un impôt préalablement établi par le législateur[209]. Mais, le principe de la libre administration des collectivités territoriales implique l'existence des ressources et des dépenses locales. C'est pourquoi les collectivités territoriales disposent d'un pouvoir budgétaire[210]. Or, pour que l'autonomie financière soit réelle, il faut que celles-ci disposent de ressources suffisantes pour leur permettre d'avoir la mainmise sur toutes leurs opérations financières.

Créer une recette et puis en déterminer l'assiette échappent encore aux Collectivités territoriales (paragraphe 2). Une telle décision revient au pouvoir législatif.

Paragraphe 1 : Absence de rétrocession des impôts et taxes prélevés par l'État pour le compte des collectivités territoriales

La décentralisation sera sans doute plus efficace si l'autorité locale est capable de produire localement une partie relativement importante de ses recettes fiscales. Si le transfert des responsabilités de l'État central n'est pas assorti de la capacité de financer l'exercice de ces responsabilités, alors la décentralisation mise en œuvre risque d'être en grande partie fictive. Dans ce cas, les collectivités territoriales tendront à rester excessivement tributaires, pour leur financement, de la bonne volonté de l'État central. Étant donné que ce dernier fixe les règles et se réserve, normalement pour son propre usage, les impôts les plus rémunérateurs au détriment des collectivités territoriales, lesquelles n'ont en général pas accès aux recettes et aux sources de revenu fiscal qui les libèreraient véritablement de leur

[209] M. DIAGNE, La construction juridique de la décentralisation au Sénégal : Une application contrariée. p. 55.
[210] *Ibid.*

dépendance à l'égard des transferts. Pour les entités locales, sont essentiels les transferts verticaux, mais ces derniers ne devraient pas être utilisés dans le but de les empêcher d'atteindre une phase d'indépendance adéquate. Sans une source suffisante de recettes fiscales sous le contrôle du gouvernement local, il n'est pas possible d'atteindre un niveau satisfaisant d'autonomie fiscale.

Dans plusieurs pays, le caractère restreint des moyens humains et matériels des services fiscaux a conduit l'administration fiscale de ces États à se concentrer sur les contribuables présentant le plus fort rendement : les grandes entreprises survivent, au détriment de la fiscalité locale. Ce constat vaut également pour le Mali.

Le partage automatique des recettes fiscales nationales avec les collectivités territoriales est considéré comme une solution pour financer la décentralisation dans de nombreux pays. Cette approche permet aux autorités centrales de maintenir le contrôle des taux d'imposition et celui de l'administration de l'impôt, tout en assurant parallèlement aux instances locales la réception d'un volume plus important de recettes fiscales. Toutefois, le partage automatique des recettes ne fournit pas toujours une base stable pour le financement de la décentralisation et des projets d'infrastructures locaux. Lorsque l'État central conserve le pouvoir d'ajuster chaque année la part des impôts levés au niveau central, les collectivités territoriales restent dans une profonde incertitude quant à leurs recettes fiscales, de sorte qu'il leur est alors difficile de procéder à une budgétisation et à une planification anticipée des immobilisations.

Les relations de trésorerie entre l'État et collectivités territoriales découlent du principe d'unité de caisse. Elles s'organisent via le compte d'avances sur les impositions locales. L'État recouvre la fiscalité locale et avance sous forme de douzième l'impôt aux collectivités.

Les services des impôts s'occupent de leur émission, les recouvrent et les reversent aux communes. On note, cependant, un manque de volonté de la part des services financiers de l'État à jouer à la transparence. Cette situation est bien exprimée par J. BAGUENARD qui affirme que « *les collectivités locales n'ont pas accès à l'information en ce qui concerne les montants recouvrés sur leur territoire pour leur compte, par les services de l'État. Ils n'en savent que ce que les services du trésor général leur en disent et n'ont aucun moyen de vérification. Les versements eux-mêmes ne sont soumis à aucune périodicité prévisible* »[211]. L'administration locale n'a généralement aucun moyen de contrôle sur les services de l'État. Il lui est en effet impossible de vérifier l'évolution de la matière imposable. À la limite, elle peut tout au moins simplement constater la plus ou moins bonne qualité des taux de recouvrement. Or l'expérience prouve que le manque à gagner est beaucoup plus important par sous-estimation de cette matière imposable que par défaillance des recouvrements.

Les lois 96-060 et 061 du 4/11/1996 relative à la Loi de Finances qui constitue le texte central de la comptabilité publique et son Décret d'application 97-192/PRM du 9 juin 1997 portant principes fondamentaux de la Comptabilité publique fixant le régime financier de l'État, des collectivités territoriales et des établissements publics prévoit que les fonds des entités décentralisées sont des deniers publics et de ce fait, ils sont gardés au trésor public. Dans la même logique, la loi n° 2017-051 du 2 octobre 2017 portant Code des collectivités territoriales du Mali en son article 226 : « *Le principe de l'unité de trésorerie oblige tous les organismes publics dont les collectivités territoriales à déposer leurs fonds au Trésor public. Cette règle du dépôt obligatoire connaît toutefois certaines atténuations dans des cas déterminés par les dispositions de la présente loi relatives aux opérations de trésoreries* ». L'unicité de caisse a deux significations majeures :

- Il n'y a pas d'affectation des recettes aux dépenses ; l'ensemble des fonds disponibles d'une collectivité locale sert à assurer le paiement de l'ensemble des dépenses.
- La règle du dépôt des fonds au trésor, tous les fonds des collectivités territoriales sont déposés au trésor. Ce système de l'unicité de caisse est appliqué dans la majorité des pays d'Afrique noire francophone, notamment au Gabon, Côte d'Ivoire, Bénin, République Centrafricaine, Burkina, Mali, etc.[212]

L'unicité de caisse présente un avantage, qui consiste à pallier le déficit de personnel de recouvrement et puis à économiser, d'une part, les frais liés à cette opération et, d'autre part, il peut donner droit aux avances de

[211] État de la décentralisation en Afrique, Karthala-PDM, 2003, p. 47.

[212] J. P. KUATE, Contribution au renforcement des ressources financières des communes camerounaises, Mémoire DESS en Gestion financière municipale, CESAG, juin 2004, p. 39.

trésorerie. L'unicité de caisse ne pose pas de problème dans le contexte français, mais il est préjudiciable aux collectivités territoriales en Afrique.

Ainsi, les ressources des collectivités territoriales assurées par l'État, celui-ci est le seul à maîtriser le montant réel. De temps en temps, il peut les débloquer au profit de collectivités, mais pas la totalité, et celles-ci n'ont pas de base de revendication. C'est ainsi que les collectivités perdent une bonne partie de leurs ressources et cela est favorisé par le fait que les responsables des services financiers de l'État accordent en général très peu d'importance aux finances locales. Une autre raison est que les entités locales ne participent pas aux travaux de la détermination de la base d'imposition.

Durant les années de la crise économique, les entités décentralisées ont trop souffert de la rétention de leurs ressources au Trésor public par l'État en proie à des difficultés financières. D'abord, les produits des impôts locaux recouvrés par le Trésor n'étaient pas reversés aux collectivités territoriales. Ensuite, les recettes assurées par les collectivités elles-mêmes, lorsqu'elles étaient déposées au Trésor, étaient utilisées pour régler les dépenses étatiques.

Ces inconvénients, tirés de l'expérience malienne, montrent que l'unicité de caisse et le fait de la responsabilité de l'État dans la chaîne de recouvrement des recettes locales peuvent constituer un problème dans le contexte africain où les États éprouvent eux-mêmes des difficultés de trésorerie et ont tendance à s'occuper d'abord des problèmes de la nation.

Dans le système de l'unicité de caisse, c'est l'État à travers le Trésor public qui est seul gardien des deniers publics. On est en présence des rapports financiers inégalitaires au détriment des collectivités territoriales qui n'ont aucun moyen de pression sur les services du Trésor.

Cependant, dans les pays riches comme la France, c'est autre chose. Les relations financières entre l'État et les collectivités territoriales sont moins tumultueuses. Les opérations d'assiette et de recouvrement des impôts locaux sont assurées par les services financiers de l'État. Les collectivités territoriales réalisent leurs budgets de façon satisfaisante.

La problématique de mobilisation se trouve être la non-effectivité de la rétrocession de la quotité des recettes à caractère national, ressources aux collectivités territoriales dans les conditions prévues par la loi.

On peut définir la rétrocession comme « *un montant déterminé de recettes de l'État qui peut être rétrocédé directement au profit des collectivités territoriales ou (...) en vue de couvrir des charges incombant à ces bénéficiaires ou de compenser des exonérations, des réductions ou des plafonnements d'impôts établis au profit des collectivités territoriales. Ces prélèvements sur les recettes de l'État sont dans leur destination et leur montant, définis et évalués de façon précise et distincte* »[213].

La majeure partie des transferts financiers de l'État en faveur des collectivités territoriales est versée sous forme de « *prélèvements sur les recettes* ». D'un point de vue juridique, ces prélèvements ont pour principale caractéristique d'être en dehors du champ du budget général de l'État et, en cela, de déroger au principe d'universalité budgétaire. Affectant en droit les recettes de l'État, ils sont traités en première partie des lois de finances. D'un point de vue comptable, les prélèvements de recettes ne sont pas considérés de la même façon qu'une dépense, mais s'assimilent plutôt à une recette moindre : une partie des recettes de l'État est prélevée et directement rétrocédée à des tiers bénéficiaires sans être indiquée dans la rubrique des dépenses du budget. D'un point de vue budgétaire en revanche, ils sont inclus dans la norme de dépenses et peuvent donc être assimilés à des dépenses.

Les transferts sont apparus en France en 1969 pour fournir aux collectivités territoriales des ressources destinées à pallier la suppression d'impôts locaux. Les prélèvements sur les recettes n'ont été admis par le juge constitutionnel dans ces décisions n° 82 -154 DC du 29 décembre 1982 et n° 98-405 DC du 29 décembre 1998 que sous réserve du respect de certaines conditions. La rétrocession de recettes que constitue le prélèvement sur les recettes totales doit avoir pour objet d'assurer le financement des charges qui incombent à ses bénéficiaires, mais non de charges de l'État. Elle ne peut ainsi être utilisée que pour transférer aux collectivités territoriales des ressources en vue du financement général de leurs dépenses ou en compensation des exonérations, réductions ou plafonnements des impôts locaux. Une fois calculée, elle doit donc se traduire par des versements ayant un caractère global et automatique et ne saurait être le support de contributions allouées par l'État dans le cadre d'une politique qu'il conduit et dans un but déterminé.

En Afrique francophone, le montant des ressources allouées par l'État central aux collectivités territoriales est déterminé suivant deux procédures.

---

213 Définition tirée du dernier alinéa de l'article 6 de la LOLF de la France.

Une première approche consiste en un partage de certains impôts et taxes. Il s'agit alors de ressources rétrocédées. Le gouvernement central collecte les impôts et reverse une partie de ces recettes aux collectivités territoriales. La plupart des pays ont recours à cette technique en Afrique francophone. Les analyses des documents montrent plusieurs écueils. Tout d'abord, le pourcentage des recettes à rétrocéder doit être officiellement fixé et respecté. Ce n'est pas toujours le cas. En outre, les termes du partage sont très souvent défavorables aux collectivités territoriales. Enfin, la difficulté première de cette procédure concerne les règles de partage entre les collectivités territoriales elles-mêmes.

Ainsi, trois méthodes sont utilisées pour déterminer la distribution des transferts entre les collectivités territoriales. La première approche consiste à répartir les recettes collectées selon le lieu de perception. Un centime additionnel à l'impôt sur le revenu ou sur le bénéfice d'un contribuable résidant dans une collectivité locale est reversé en partie à la collectivité locale de résidence. Cette dernière n'est généralement pas en mesure d'exercer un contrôle sur la répartition du produit de l'impôt : le risque d'arbitraire n'est donc pas exclu. En outre apparaît le délicat problème des modalités de domiciliation du siège social de l'entreprise taxée. Cette modalité de répartition ne consiste pas à une péréquation susceptible de bénéficier à faible potentiel puisque les ressources sont affectées en fonction du potentiel de ressources fiscales.

Une deuxième option consiste à allouer les transferts selon une formule de distribution. Dans le cadre de ce travail, nous nous abstenons du développement de cette option.

Finalement, la répartition peut se faire de manière *ad hoc*. Cette solution, complètement discrétionnaire, permet au pouvoir central de conserver une grande flexibilité au détriment de la transparence. Source de grande incertitude pour les collectivités territoriales, cette méthode demeure assez répandue dans les faits.

Ainsi, en raison d'une situation fragile des finances publiques, les transferts intergouvernementaux sont souvent faibles et irréguliers. C'est la dernière caractéristique d'irrégularité des versements. Elle occasionne des difficultés de gestion et de planification pour les collectivités territoriales. Il faudrait que les montants des transferts soient connus avant la préparation du budget local[214].

Les transferts centraux ne sont généralement pas assis sur des règles pouvant garantir une prévision fiable. Par exemple, le montant des transferts est souvent déterminé de matière ad hoc. De surcroît, l'État ne respecte pas toujours ses engagements et il arrive que les collectivités territoriales ne reçoivent pas la part qui leur est due.

De nombreuses collectivités territoriales sont confrontées à une absence de capacités d'expertise et à une absence de maîtrise de l'information financière qui reste concentrée au sein des services financiers de l'État (Trésor et Impôts). Il résulte des entretiens réalisés que les collectivités s'estiment insuffisamment informées des sommes recouvrées et qu'elles «*prennent ce qu'on leur donne*». Il semble, en effet, que les titres de recettes et les états de recouvrement ne leur parviennent pas de manière systématique ou ne leur parviennent qu'avec retard et sur leur demande. Elles ne disposent, par ailleurs, d'aucun moyen de s'assurer que l'intégralité des sommes recouvrées leur est bien versée. Dans ces conditions, la tentation de l'autoconsommation des recettes recouvrées s'auto-alimente. Il est donc important que les états qui doivent parvenir régulièrement aux élus locaux soient établis et envoyés de manière systématique, sans que la collectivité ne soit obligée de les demander ou d'envoyer, ce qui a été constaté, l'un de ses agents au service des impôts pour obtenir l'état des recouvrements. D'une manière générale, l'amélioration de la transparence de la chaîne fiscale ne pourra se traduire que par une amélioration de sa performance. Il n'est pas normal également que des collectivités doivent attendre plusieurs mois pour obtenir l'état de leur situation financière.

On note un manque de communication important entre l'administration centrale et les collectivités territoriales. Ainsi, ces dernières ne connaissent pas toujours les montants qui leur sont dus au titre de la fiscalité partagée et des transferts, ce qui contraint la préparation de leur budget. Toutefois, ces décisions ne sont pas suffisamment communiquées et connues par les responsables des collectivités territoriales. Ces derniers n'ont connaissance que des reversements qui leur sont effectués, mais ignorent les recouvrements et les montants qui leur sont effectivement dus.

---

[214] C. VERGNE, *« Décentralisation Fiscale en Afrique Francophone : Note sur les Transferts Intergouvernementaux »*, Division Réforme du Secteur Public et Renforcement des Capacités (AFTPR), Région Afrique, septembre 2009, p. 9.

Par ailleurs, les informations relatives aux transferts des services financiers centraux de l'État doivent être communiquées aux entités locales pour l'établissement de leur budget au moins deux mois avant le vote de celui-ci, soit avant le 31 octobre. Or ces informations ne sont pas toujours communiquées en temps opportun et les collectivités territoriales ne peuvent donc pas disposer de toutes les données nécessaires à la préparation du budget primitif avant le début de l'exercice ou même avant le 31 mars, date limite légale pour son adoption.

Il convient, dans le même temps, de veiller au respect du principe de l'unicité de caisse et de s'assurer que les fonds sont bien centralisés dans les écritures du Trésor.

L'enjeu est multiple : une connaissance des produits effectivement recouvrés, sur ce point, des incitatifs supplémentaires pourraient être mis en place. En effet, au-delà de la question des droits de tirage de l'ANICT[215], il n'existe aucun enjeu pour les communes de se compliquer la tâche et de multiplier les coûts découlant de l'obligation de reversement des fonds par le régisseur au comptable.

Le pire de tout, c'est que le mécanisme d'autoconsommation sera découvert, mais sans qu'aucune sanction ne soit cependant prise.

Il convient d'accorder une importance au mode de recouvrement des impôts locaux. Cela se justifie par le fait que l'on se place dans la perspective qu'offrirait un recouvrement effectif des impôts et taxes locaux. Si cette question ne doit pas obérer le fait qu'il existe, par ailleurs, un problème manifeste d'assiette dans certaines communes, elle conditionne cependant le succès de toute réforme fiscale. Sans résolution des difficultés rencontrées dans la gestion de l'impôt, tout nouvel impôt, et a fortiori si celui-ci est d'une technicité fiscale importante, produira les mêmes effets.

Il existe une évidente contradiction entre les initiatives consistant à regrouper l'émission et le recouvrement des impôts et taxes sous la responsabilité d'un même centre de responsabilité. Ce regroupement se fait au nom d'une plus grande cohérence et d'une plus grande efficacité de la

[215] L'ANICT est un service public à caractère administratif. Il a été créé par la loi N° 00-042 du 7 juillet 2000. Née d'une volonté forte des autorités maliennes, elle constitue un instrument capital dans le dispositif de rapprochement de l'administration de ses administrés. Structure d'appui technique et financier aux collectivités territoriales du Mali.

chaîne fiscale et aussi en découle directement des résultats en matière de gestion des taxes et impôts locaux.

Le principe de l'unité de caisse, qui caractérise le Mali, consiste à centraliser le recouvrement et la circulation des fonds des collectivités au sein du réseau Trésor. Le contrôle des fonds publics par le Trésor public n'est pas à l'origine des difficultés majeures tant que les collectivités territoriales peuvent disposer de leurs fonds selon le volume et le délai souhaités afin de pouvoir exécuter leur budget et respecter leurs engagements vis-à-vis des fournisseurs et des prestataires de services locaux. Or, dans la pratique, trois obstacles peuvent entraver l'accessibilité des fonds locaux logés au Trésor, à savoir :

- Les délais d'écritures : des procédures comptables complexes peuvent retarder l'imputation des disponibilités des collectivités dans les comptes du Trésor. Ce délai peut également être allongé s'il faut attendre que la comptabilité de l'ensemble d'une unité territoriale (région, cercle) soit apurée pour que chaque collectivité de cette entité voie ses fonds libres imputés.
- Le manque de transparence : il peut arriver que la trésorerie générale effectue le recouvrement d'impôts directs (souvent dans le cas d'arriérés) d'un contribuable dont l'activité est établie dans une collectivité donnée. La procédure normale implique alors qu'une partie du montant liquidé soit réaffecté à ladite collectivité. Cependant, pour accélérer les procédures et minimiser les coûts de recouvrement, il est fréquent que l'État et le contribuable « *négocient* » une compensation qui tende à diminuer le montant effectivement payé par rapport au montant liquidé ; ce qui diminue d'autant la ressource rétrocédée à la collectivité. Dans la mesure où les collectivités territoriales ne sont ni associées aux négociations avec le contribuable ni informées du montant arrêté, recouvré et imputé, cette pratique peut être source de contestation et de confusion. Plus les conditions sont opaques, plus sont fréquentes les contestations des collectivités sur la position de leur solde au Trésor.
- Les tensions de trésorerie de l'État central : les difficultés, voire la crise, de liquidités de l'État sont la principale contrainte entravant l'accessibilité des fonds des collectivités. Cela se traduit par des délais dans le reversement des fonds appartenant aux collectivités. Comment se manifestent de telles tensions au niveau des

collectivités ? Un indicateur possible est le signe positif des soldes des collectivités sur le compte commun au Trésor. En effet, dans la majorité des cas, les collectivités rencontrent des difficultés à couvrir leurs dépenses de fonctionnement. Dès lors, un solde positif au Trésor représente plus des fonds bloqués qu'un souci de la part des collectivités de respecter un rythme de consommation des crédits réguliers.

L'analyse de la situation des finances publiques du Mali montre que la décentralisation se met en œuvre dans un contexte difficile. Toutefois, la situation macroéconomique n'explique pas, à elle seule, les limites des systèmes de transferts intergouvernementaux de l'État. On note trop souvent un manque de volonté politique qui se traduit par des transferts faibles et irréguliers. L'État garde pour lui-même l'essentiel des ressources publiques et tente de conserver un contrôle strict sur la part qu'il veut bien affecter aux collectivités territoriales. De surcroît, la manière dont le montant national des subventions est distribué entre collectivités territoriales. Il demeure discrétionnaire dans de nombreux pays francophones[216].

Paragraphe 2 : Le pouvoir limité des collectivités territoriales sur l'assiette et le taux

Aux termes de l'article 16 de la Directive n° 01/2011/CM/UEMOA portant régime financier des collectivités territoriales au sein de l'UEMOA, « *le conseil de collectivité territoriale, par sa délibération, fixe le taux des impôts et taxes locaux dans la limite du plafond déterminé par la loi* ». Cependant, à la réalité des faits, les élus n'ont aucune latitude pour déterminer le seuil des prélèvements fiscaux[217].

La décentralisation, pour être cohérente, implique qu'aux tâches dévolues aux collectivités territoriales correspondent des impôts locaux adéquats et dynamiques attribués en propre auxdites collectivités afin de leur permettre de financer leurs choix dépensiers. Mais, sous l'angle théorique, sont proposées plusieurs modalités de répartition des impôts entre niveaux de gouvernement de même que plusieurs critères de détermination d'un « *bon* » impôt local.

---

[216] *Ibid.*, p. 14.

[217] M. THIAW, La notion de « *ressources propres suffisantes* » en matière de fiscalité des collectivités territoriales : les cas du Bénin, de la Côte d'Ivoire et du Sénégal, thèse de doctorat, Université Cheick Anta Diop, 2020, p. 38.

La détermination de la pression fiscale n'appartient pas totalement aux collectivités territoriales. Les textes réglementaires fixent généralement les taux maxima des impôts et taxes locaux. Les conseils des collectivités sont tenus de voter les taux à appliquer dans leurs localités dans la fourchette réglementaire, ils ne peuvent pas aller au-delà. E. DOUAT pense qu'il s'agit d'« *une autonomie fiscale réelle, mais encadrée* »[218].

Les opérations d'assiette et de recouvrement des impôts locaux perçus sur rôles sont menées par la direction des impôts et du trésor. Le système présente des avantages certes, mais également des inconvénients. Comme l'assigné R. MUZELLEC à propos de la France, « *la détermination de l'assiette fiscale échappe totalement aux collectivités locales* »[219]. C'est un peu la même chose au Mali, en ce qui concerne les impôts perçus sur rôles.

Les taux maxima des impôts et taxes locaux sont bas. Certains conseils municipaux votent à l'intérieur de la fourchette établie des taux encore plus bas que le maximum, parce qu'ils estiment que leurs populations sont pauvres. Ce faisant, l'organe délibérant contribue à réduire davantage les prélèvements fiscaux au profit de la collectivité locale.

Par ailleurs, s'agissant des recettes du domaine et des services, le conseil a la liberté totale de fixer les taux qui lui conviennent, peut être avec pour seule limitation la loi du marché. Malgré cela, il vote souvent des taux bas, sans doute pour des raisons sociales. Mais il nous semble judicieux de fixer des taux raisonnables qui tiennent compte de l'entretien des équipements, des engins et de la nécessité pour la collectivité de pouvoir en tirer des recettes.

Les collectivités territoriales devraient être en mesure de collecter des recettes fiscales pour financer les coûts des services proposés, auprès des bénéficiaires de ces services. La relation entre les bénéficiaires et les contribuables est pertinente du point de vue des finances publiques : les services publics devraient être définis par le groupe bénéficiaire qui devrait également en couvrir les coûts. C'est-à-dire que le modèle fiscal idéal est basé sur une « *taxation proportionnelle aux avantages* » quant à la fonction de répartition. Les recettes de provenance locale qui sont dépensées localement au profit des contribuables locaux, illustrent clairement le lien direct de l'impôt avec les avantages tirés par l'ensemble de la

---

[218] E. DOUAT, A. GUENGANT, Leçons de finances locales, Economica Paris, 2002, p. 124.

[219] R. MUZELLEC et M. CONAN, « *Les finances locales* », Memento Dalloz, 6e édition, septembre 2011, 254 pages.

communauté. Cela signifie que les citoyens locaux devraient payer des impôts plus élevés s'ils souhaitent bénéficier de meilleurs services ou si le gouvernement local se montre inefficace. Cela donne de bonnes motivations aux citoyens locaux en période électorale. Un niveau de taxation élevé prive également les pouvoirs locaux de l'excuse du manque de fonds de la part de l'État central en cas de défaillance dans la délivrance de services locaux.

Le vocable employé pour définir les modalités de répartition des compétences fiscales entre niveaux de gouvernement est souvent variable d'un auteur à un autre[220]. Mais, à partir d'une lecture croisée de trois sources complémentaires sur la question, on peut retenir trois catégories de modalités.

L'impôt exclusif : dans cette modalité, un seul niveau de gouvernement exploite de façon exclusive l'assiette fiscale, maîtrise les taux d'imposition et perçoit l'intégralité du produit fiscal. Il faut signaler que cette modalité est également désignée sous l'appellation d'« *impôts propres* ».

1) L'impôt partagé : dans ce cas, plusieurs niveaux de gouvernement ont accès à la même assiette ou même base. Mais, cette modalité a des variantes internes :

- La première variante correspond à la souveraineté fiscale, c'est-à-dire que chaque niveau de gouvernement a le « ... *droit d'inventer des impôts, c'est-à-dire de définir les assiettes des impôts, le cercle des assujettis, le mode de calcul et le barème des taux (...), aussi qu'au droit de lever l'impôt ; en d'autres termes de l'encaisser et de gérer, en première instance tout au moins, le contentieux fiscal* »[221]. Cependant, la souveraineté peut être partielle ou limitée lorsqu'un niveau de gouvernement n'a que la maîtrise de certains critères de la pleine souveraineté fiscale. Par exemple, le « *shared*

---

[220] R. EBEL, S. YILMAZ, Le concept de décentralisation fiscal et survol mondial, Institut de la Banque Mondiale, symposium international sur le déséquilibre fiscal du 13-14 septembre 2001, Québec.
Cf. B. DAFFLON et T. MADIES, Décentralisation : quelques principes issus de la théorie du fédéralisme financier, Notes et documents n° 42, Paris : Agence Française de Développement, département de la recherche.
Voir également H. BLÖCHLIGER et D. KING, Less than you thought : the fiscal autonomy of sub-central gouvernments, OECD Economie studies, n° 43, 2006/2.

[221] B. DAFFLON, La nouvelle péréquation financière après le référendum du 28 novembre 2004, in Mazzoleni O. (éd.) Fédéralisme et décentralisation/Federalismo e decentramento, Casgrande Editore, Lugano et Milano, 2005, pp. 127-181.

tax base»[222] qui implique qu'une même assiette fiscale soit partagée conjointement par plusieurs niveaux de gouvernement dont chacun fixe librement le taux d'imposition qui s'inscrit dans la souveraineté partielle.

- La flexibilité fiscale constitue la deuxième variante. Elle a lieu lorsqu'un niveau de gouvernement ne peut décider que sur le coefficient d'impôt ; les autres variantes (base, déduction et barème) de l'équation fiscale restant identiques. Par exemple, le système des centimes additionnels peut être rangé dans cette modalité de la flexibilité fiscale.

- La troisième et dernière modalité correspond à la fiscalité obligatoire. Cette modalité a lieu lorsqu'un niveau inférieur de gouvernement ne peut opérer librement des choix fiscaux et qu'il est tenu de lever l'impôt conformément à des règles fixées par un échelon supérieur de gouvernement. Étant entendu en revanche que la totalité des produits de l'impôt est acquise au niveau inférieur de gouvernement.

2) Part aux recettes (ou revenue sharing) : dans cette modalité, l'assiette et les taux d'imposition sont déterminés par le niveau supérieur de gouvernement qui encaisse les recettes fiscales et dont une proportion fixe est allouée à l'échelon inférieur de gouvernement. Deux variantes de cette modalité peuvent être notées :

- La première variante renvoie au principe de dérivation. Autrement dit, le partage du produit fiscal se fait selon le critère d'origine dudit produit de telle sorte que le niveau inférieur de gouvernement ne reçoit que la totalité ou partie des impôts perçus dans sa juridiction.

- La seconde variante implique une méthode fondée sur une clé de répartition du produit fiscal. Ladite clé pouvant prendre en compte des variables démographiques (chiffre de population) ou inclure des éléments dont le but est de réduire les différences de potentiels fiscaux. Autrement dit, le but de cette dernière formule est de faire une péréquation des ressources.

Deux remarques sont à retenir sur ce point des modalités :

---

[222] « *Assiette fiscale partagée* ».

- ✓ Premièrement, il convient de noter que dans un système de gouvernement à plusieurs niveaux, la première modalité (impôt exclusif) ci-dessus évoquée est en fait plutôt rare. En revanche, ce qui l'est moins, c'est la modalité de l'impôt partagé. Or, cette dernière modalité peut être source d'effets externes négatifs sur l'autonomie fiscale des niveaux inférieurs de gouvernement. Ces externalités connues en théorie sous l'appellation d'externalités fiscales verticales surviennent lorsque la décision fiscale d'un échelon de gouvernement influe sur la contrainte budgétaire d'un autre échelon de gouvernement[223]. Ainsi que le notent ces deux auteurs, les externalités fiscales verticales peuvent survenir dans les trois cas suivants : premièrement, lorsque les impôts prélevés par un échelon de gouvernement donnent droit à un crédit d'impôt ou à une déduction fiscale pour un autre niveau de gouvernement. Deuxièmement, lorsque deux ou plusieurs niveaux de gouvernements accordent des exonérations fiscales. Le troisième et dernier cas a lieu lorsque plusieurs niveaux de gouvernement font des prélèvements sur une même base d'imposition. Ce dernier cas qui correspond à une superposition fiscale peut avoir des incidences négatives en termes de surexploitation de la base commune, mais aussi en termes d'iniquité fiscale résultant de la double imposition de certains contribuables. Des règles de coordination peuvent permettre de corriger les doubles impositions. Mais, lorsque lesdites règles sont décidées par le niveau supérieur de gouvernement, alors elles peuvent ne pas être neutres sur la souveraineté fiscale du niveau inférieur de gouvernement tout en mettant sous contrainte les décisions budgétaires de ce dernier.

- ✓ Le concept de souveraineté fiscale du niveau local de gouvernement, même à son plus haut degré, ne peut, en pratique, qu'être relatif. En effet, une des conséquences de la souveraineté est de mettre en concurrence les collectivités territoriales entre elles ; ce qui peut influencer à des degrés divers les décisions fiscales des unes et des autres. En d'autres termes, la concurrence

[223] B. DAFFLON et T. MADIES, Décentralisation : quelques principes issus de la théorie du fédéralisme financier, Notes et document n° 42, Paris : Agence Française de Développement (AFD), Département de la recherche, 2008.

fiscale est susceptible de réduire les souverainetés fiscales des différentes collectivités territoriales concurrentes[224].

La notion de souveraineté fiscale a déjà été explicitée. Mais, les deux arguments de ce bloc renvoient à deux aspects différents de la question. Ainsi, l'argument de la « *maîtrise de la souveraineté* » renvoie à la question de savoir si les gouvernements infranationaux peuvent décider librement sur l'assiette, sur le taux ou sur d'autres éléments de l'impôt (par exemple coefficient annuel). L'autre aspect, la « *marge de manœuvre financière* » décline l'angle économique des problèmes à résoudre. Concrètement, il s'agit de répondre à la question suivante : est-ce que le développement économique des niveaux de gouvernement fiscalement souverains permet d'agir de manière flexible sur les bases d'imposition ?

La norme fondamentale, en matière de fiscalité, repose sur l'article 70 de la Constitution du Mali du 25 février 1992. Ledit article stipule que « *la loi fixe les règles concernant (...) l'assiette, le taux et les modalités de recouvrement des impositions de toutes natures* ». En d'autres termes, étant donné que la loi, stricto sensu, est de la compétence exclusive du législateur national (Assemblée nationale) ; cette stipulation constitutionnelle permet d'inférer que la souveraineté fiscale est exclusivement une compétence du centre. Du reste, en application de cette stipulation constitutionnelle, tous les impôts locaux sont déterminés, tant du point de vue des règles d'assiette, des taux que des modalités de recouvrement, par le Code des impôts. De ce fait, l'État central contrôle toutes les variables de la formule fiscale à savoir, les bases ou assiettes, les barèmes, les dépenses fiscales, déductions et autres ajustements de même que le coefficient annuel d'équilibre du budget.

Au regard de ce qui précède, on peut en déduire que les régions et les communes qui ne contrôlent aucune variable de l'équation fiscale n'ont ni souveraineté ni flexibilité fiscale. Donc, la nature du pouvoir fiscal des collectivités territoriales est celle de l'absence de pouvoir, c'est-à-dire qu'elles sont soumises à un régime de fiscalité obligatoire, ce qui n'est pas en cohérence avec la modalité des *« impôts propres »*. Quid de la gestion administrative et de la perception des produits des impôts ?

---

[224] A. KY, Décentralisation au Burkina Faso : une approche en économie institutionnelle, Faculté des sciences économiques et sociales de l'Université de Fribourg (Suisse), 2010, p. 167.

De façon générale et sous l'angle de la théorie fiscale, la procédure de gestion administrative des impôts comporte trois étapes principales[225].

- Les opérations d'assiette qui consistent, d'une part, à déterminer les personnes (physiques et/ou morales) imposables de même que les matières imposables (richesses, activités, etc.) et, d'autre part, à évaluer les bases d'imposition, c'est-à-dire l'évaluation des quantités d'éléments matériels ou monétaires imposables.
- La liquidation qui consiste à calculer le montant de l'impôt. Il s'agit d'appliquer à la base d'imposition les taux ou barèmes correspondants sous réserve des ajustements (abattements, exonération, etc.).
- L'opération de recouvrement qui consiste à faire entrer le montant de l'impôt dans les caisses publiques.

Pour ce qui concerne les impôts attribués aux collectivités, le régime financier et comptable précise que les opérations de liquidation devront être effectuées par l'ordonnateur du budget à partir des bases fixées par la loi. Par exemple, au niveau communal, le Maire en tant qu'ordonnateur du budget est chargé de la liquidation de l'impôt communal. Par contre, l'évaluation des bases et le recouvrement sont assurés par les administrations locales du gouvernement central pour le compte de la commune. En outre, les produits des impôts collectés et toute la trésorerie des collectivités territoriales sont gérés, selon le principe de l'unité de caisse, par les comptables publics nommés par l'État central.[226]

Dans la pratique, il existe des variations importantes dans la proportion des ressources produites localement, ou sur lesquelles le gouvernement local a un véritable pouvoir décisionnel. Cette proportion est difficile à établir, car il faut pour cela évaluer l'importance et la nature des transferts gouvernementaux, ainsi que le degré d'autonomie réel des pouvoirs locaux dans l'établissement du niveau de ressources (fiscales et non fiscales) produites localement. Il est toutefois largement reconnu que l'autonomie des collectivités territoriales est encore faible dans les pays en développement par rapport aux pratiques enregistrées dans d'autres pays. L'avantage d'une augmentation des impôts locaux par rapport au

---

[225] F. M. SAWADOGO (F. M.), Précis de droit fiscal burkinabé, édition André Boland, Namur-Flawinne, Belgique.

[226] A. KY, thèse précitée, p. 210 ; mais aussi art. 221 de la loi N° 2017-051 du 2 octobre 2017 portant Code des collectivités territoriales.

renforcement des arrangements sur le partage des recettes fiscales est que le contrôle d'une « *taxation locale* » renforce la responsabilité à l'égard des citoyens. Cela se répercute d'une manière positive sur le comportement de la population et des collectivités territoriales[227].

Les possibilités de choix d'un bon impôt pour les collectivités territoriales sont limitées par rapport à celles qui s'offrent aux gouvernements centraux. Cela est dû au fait que les niveaux supérieurs de gouvernement sont plus vastes, qu'ils couvrent des juridictions comprenant des populations plus nombreuses et qu'ils ont une meilleure capacité d'administration de l'impôt.

D'après la classification de l'OCDE, l'ampleur de l'autonomie fiscale d'une collectivité locale devrait être mesurée sur la base de deux critères : la liberté de déterminer l'assiette fiscale et celle d'établir le taux d'imposition (l'assiette fiscale est la valeur collective des biens fonciers imposable, tandis que le taux d'imposition est le pourcentage de la valeur d'un bien foncier qui est versé sous forme de taxe). La classification ci-après des recettes fiscales propres et partagées a été élaborée par l'OCDE, en fonction du degré d'autonomie fiscale locale :

- La collectivité locale fixe le taux d'imposition ;
- La collectivité locale établit l'assiette fiscale ;
- La collectivité locale contrôle à la fois le taux d'imposition et l'assiette fiscale ;
- Ententes de partage fiscal ;
- La collectivité locale détermine la répartition des recettes fiscales.

Étant donné qu'en général, les impôts locaux représentent la principale source de recettes propres pour les collectivités territoriales, la capacité d'influer à la fois sur l'assiette fiscale, sur le taux d'imposition et sur les recettes produites devient alors une condition très importante. Une telle capacité permet aux pouvoirs locaux d'adapter la prestation de services à leurs conditions financières respectives.

Il s'agit dans la pratique d'éviter tout conflit d'intérêts. Les procédures d'établissement de l'assiette fiscale et du taux d'imposition devraient être menées séparément et d'une façon indépendante. L'établissement de

[227] K. SIMON et W. MCCLUSKEY, Etudes sur les régimes fonciers, http://www.fao.org/sd/LTdirect/ltstudies_fr.htm, consulté le 10/12/2018.

l'assiette fiscale est confié à des experts en évaluation qui pourront être appelés à en rendre compte par le biais d'une procédure d'appel. Établir le taux d'imposition est d'ordinaire la prérogative des responsables politiques élus. Une telle répartition des responsabilités devrait intervenir même si les deux procédures d'établissement de l'assiette fiscale et du taux d'imposition sont conduites au même niveau de gouvernement. Le conflit d'intérêts peut également être évité en faisant en sorte que les procédures relèvent de différents niveaux de gouvernement. Par exemple, lorsque les sources locales de recettes sont limitées, les collectivités territoriales pourraient être tentées d'élargir l'assiette fiscale pour accroître leur revenu, ou bien des personnalités locales influentes pourraient faire pression pour pouvoir bénéficier d'un allégement fiscal. Dans ces cas, les évaluations de l'État central pourraient fournir une autre évaluation plus objective de l'assiette fiscale.

Il existe une vaste documentation concernant les critères à suivre pour avoir de bons impôts locaux et il est possible d'évaluer chacune des sources possibles sur la base de ces critères, pour en mesurer l'efficacité. Bien qu'un tel exercice puisse être utile, il a cependant des limites dans une certaine mesure, car l'impôt local parfait n'existe pas. Certains impôts locaux sont toutefois considérés à l'échelon international comme étant particulièrement satisfaisants. Les taxes locales les plus communes sont les impôts fonciers, les impôts sur le revenu et les taxes sur les ventes[228].

En effet, l'analyse a montré que l'on est en présence d'une modalité d'« *impôts propres* », mais sans que les collectivités territoriales n'aient aucun pouvoir fiscal puisqu'elles évoluent sous un régime de fiscalité obligatoire. Toutefois, l'intégralité des produits des impôts est acquise auxdites collectivités territoriales même si elles n'assurent pas elles-mêmes la gestion. Un tel « *design* », quelque peu atypique, peut poser un certain nombre de problèmes.

---

[228] *Ibid.*

TITRE 2 : LE BIPARTISME DÉSÉQUILIBRÉ DES DÉPENSES LOCALES

L'insuffisance des ressources locales pour répondre aux demandes croissantes des citoyens, jointe à la faible autonomie pour fixer leur niveau de recettes, a fait dépendre de façon démesurée le financement local de la volonté politique de l'Administration centrale. Cela a entraîné de graves conséquences dans le domaine de la suffisance financière et de la responsabilité concernant les ressources courantes. Les dépenses des collectivités territoriales désignent les dépenses réalisées par les communes, les groupements de communes, les cercles et les régions.

Les diverses définitions des dépenses de fonctionnement et d'investissement ont un point commun : la durée de « *la contrepartie* » de la dépense, c'est-à-dire du bien ou du service qu'elle permet de financer et, par voie de conséquence, ses effets sur le patrimoine de la collectivité ou de l'organisme qui l'effectue.

Les dépenses de fonctionnement sont le plus souvent des dépenses répétitives correspondant à une consommation immédiate et sans incidence sur le patrimoine.

Les dépenses d'investissement procurent un bien durable qui entre dans le patrimoine, avec pour effet de le conserver, de le renouveler ou de l'accroître. Cette définition des dépenses d'investissement correspond à celle que le plan comptable général donne des « *immobilisations* », à savoir des éléments destinés à servir de façon durable à l'activité.

Ces dépenses s'inscrivent dans un cadre budgétaire et juridique :

- le cadre budgétaire : c'est la séparation, dans une optique patrimoniale inspirée par la comptabilité des entreprises, des dépenses de fonctionnement et des dépenses d'investissement ;
- le cadre juridique : c'est la séparation entre les dépenses facultatives et les dépenses obligatoires des collectivités.

Les charges sont des transactions qui diminuent la valeur nette. Les administrations publiques locales exercent deux fonctions économiques principales qui consistent à :

- fournir certains biens et services à la collectivité sur une base non marchande ;
- assurer la redistribution du revenu et de la richesse au moyen de transferts.

Pour l'essentiel, elles s'acquittent de ces missions en supportant des charges qui font l'objet d'une double classification dans le système des finances publiques : il s'agit d'une classification économique et d'une classification fonctionnelle.

La distinction entre les dépenses de fonctionnement et les dépenses d'investissement doit favoriser l'équilibre financier des collectivités territoriales. Cela se comprend par le fait que chaque section doit être équilibrée par rapport aux recettes de fonctionnement et d'investissement. Mais dans le cas des collectivités territoriales maliennes, le constat fait ressortir une structuration déséquilibrée entre les sections de dépenses. Ainsi, les recettes des collectivités territoriales sont plus orientées vers les dépenses de fonctionnement (chapitre 1). En plus, l'analyse financière de la gestion budgétaire des entités locales fait ressortir une faiblesse d'investissement desdites entités (chapitre 2).

CHAPITRE 1

L'ANALYSE DES RECETTES DE FONCTIONNEMENT DES CT

Mener une étude sur l'autonomie financière des collectivités territoriales n'est pas une entreprise aisée. En effet, même lorsqu'elle est inscrite dans les textes, la notion d'autonomie financière n'est pas clairement définie. R. HERTZOG souligne à ce propos que « *si l'autonomie financière constitue un objectif politique faisant consensus, elle devient insaisissable et pétrie de contradictions dès qu'on veut l'enfermer dans une définition juridique apte à produire des effets normatifs* »[229]. Elle peut néanmoins s'entendre, en première approximation, comme étant la situation d'une collectivité locale disposant d'un pouvoir propre de décision et de gestion de ses recettes et de ses dépenses, regroupées en un budget, nécessaire pour l'exercice de ses compétences[230].

En tant que responsable du bien-être de la population, les collectivités ont besoin des ressources financières pour enclencher le développement à la base. Les conditions sine qua non pour la réalisation de cette immense entreprise passent par une mobilisation de ces ressources si nécessaire. Par ailleurs, il faut noter que dès le début de la décentralisation au Mali, la mobilisation des ressources locales a été une des activités phares des entités décentralisées. Cette mobilisation apparaît comme un maillon essentiel du développement local et de l'amélioration des conditions de vie des populations. En réalité, la pérennité et la viabilité économiques des collectivités territoriales supposeraient avant tout une disponibilité de ces ressources financières.

Selon L'ALLIANCE, on peut définir « *la mobilisation des ressources comme un besoin vital. Sans se limiter uniquement à l'aspect de collecte des fonds, cette institution a développé les aspects couvrant la mobilisation*

---

[229] R. HERTZOG, « *L'ambiguë constitutionnalisation des finances locales* », Actualité juridique – droit administratif, mars 2003, p. 548.

[230] Voir V. DUSSART, *L'autonomie financière des pouvoirs publics constitutionnels*, Paris, Cnrs Editions, 2000, pp. 12 et 13.

des ressources en général et consacre le renforcement du partenariat »[231]. De leur côté, WILLIAM, JAMES et SUSAN « *ont abordé le sujet même en insistant sur la gestion financière dans les différentes affaires* »[232].

Les ressources des collectivités territoriales sont constituées, d'une part, des ressources fiscales et non fiscales et, d'autre part, des fonds provenant d'organismes autres que la collectivité elle-même. Toute collectivité est amenée à voter annuellement un ou plusieurs budgets. La préparation budgétaire est un processus rigoureux qui nécessite de prévoir le montant des différentes composantes de son budget. Un budget comporte une section d'investissement et une section de fonctionnement, toutes deux comprenant une partie recettes et une partie dépenses.

Cette section a pour objet de présenter la répartition des recettes de fonctionnement. Les recettes de fonctionnement correspondent à des recettes qui n'ont pas vocation à rester à l'actif de la collectivité, c'est-à-dire à des recettes « *courantes* » (*ex. : droits d'entrée dans les piscines*). Elles se distinguent des recettes d'investissement qui sont liées à des opérations qui ont vocation à rester durablement dans le patrimoine de la collectivité (*ex. : subvention de l'État pour la construction d'une piscine*).

La diversité de ses recettes les catégorise en deux : d'une part, les transferts de compétences de l'État s'accompagnent aussi de transferts de la prise en charge financière. Le montant de ce transfert est exclusivement réservé au fonctionnement de la compétence transférée, raison pour laquelle ses recettes sont celles conditionnées (section 1). Et d'autre part, au nom de l'autonomie administrative, les collectivités ont une obligation de prendre en charge le fonctionnement de leurs organes. Le financement à ce niveau est supporté par la fiscalité locale. La modicité de cette fiscalité fait que la quasi-totalité de son recouvrement est orientée vers le fonctionnement des collectivités territoriales (section 2).

Section 1 : Les recettes de fonctionnement conditionnées de l'État

---

[231] International HIV/AIDS Alliance, Collecte des fonds et mobilisation des ressources pour les programmes de Lutte contre le VIH/SIDA, Module de formation pour le renforcement des capacités des ONG/OBC, Royaume-Uni, Août 2004.

[232] G. N. WILLIAM, M. M. JAMES et M. M. SUAN, Understanding Business, McGraw-Hill, New York, 2002.

La continuité des services publics locaux dépend de la capacité de la localité à mobiliser durablement les ressources nécessaires pour couvrir les dépenses récurrentes de fonctionnement et de renouvellement des équipements. Simple dans sa formulation, l'autonomie financière constitue un complément essentiel à l'autonomie institutionnelle. Elle fait toutefois l'objet de divergences doctrinales[233] découlant du fait « *(qu') il est (...) très difficile de donner une définition unique d'un concept dont les applications sont les déterminants principaux* »[234] et d'une notion « *qui se mesure plus qu'elle ne se définit* »[235]. Il serait néanmoins possible de retenir que l'autonomie financière signifie, pour les collectivités territoriales, avoir des ressources propres[236] suffisantes pour rendre leurs actes effectifs et une liberté de choix dans la détermination de leurs dépenses.

L'examen de la situation des collectivités territoriales au Mali révèle que si celles-ci jouissent d'une véritable autonomie budgétaire, leur autonomie financière s'avère problématique, voire inexistante, car entravée par multiples facteurs. Les entraves s'entendent ici de tous les facteurs contraignants ayant un impact négatif sur le pouvoir de décision financière des autorités locales, soit qu'ils le limitent, soit qu'ils l'annihilent et, corollairement, sur leur niveau de ressources propres.

Le pouvoir central « *s'immisce* » dans la gestion des collectivités publiques en imposant des dépenses obligatoires aux collectivités et ainsi « *aiguille* » le budget de la collectivité territoriale. De plus, le principe d'autonomie financière des collectivités peut être considéré comme un

---

233 Pour M. BOUVIER, « *nombre de concepts des finances publiques sont aujourd'hui plus ou moins brouillés (...) en raison des transformations qui se sont produites dans ce champ depuis environ un quart de siècle. Ainsi, des termes qui allaient de soi ne veulent plus dire la même chose pour tous. C'est le cas notamment de la notion d'autonomie financière locale qui ne fait plus l'objet d'une définition unanime* ». Cf. RFFP, n° 81 -Mars 2003, p. 28.

234 V. DUSSART, « *L'autonomie financière des pouvoirs publics constitutionnels* », CNRS Editions, 2000, p. 12, qui précise qu'en réalité « *l'autonomie financière se nuance à l'extrême. Elle n'est pas un modèle de gestion, mais une situation empirique constatée pour chaque catégorie d'institutions. Cependant les règles de fonctionnement budgétaire et comptable ont toutes en commun de procéder de textes issus essentiellement du Parlement et du Gouvernement* », op. cit, p. 16.

235 *Ibid.*, p. 13.

236 La notion de « *ressources propres* », s'entend de ressources fiscales et non fiscales et fait intervenir deux critères : un critère matériel lié à l'existence d'un lien territorial entre la ressource et la collectivité locale, et un critère juridique lié à une maîtrise affirmée des autorités locales sur la création, le régime et le montant de la ressource.

principe que l'on peut qualifier de partiel, car on remarque l'absence d'un principe constitutionnel d'autonomie fiscale locale, en d'autres termes l'autonomie financière n'implique pas nécessairement un véritable pouvoir fiscal local.

La relation existant entre l'État et les collectivités territoriales est une relation dialectique. Loin de toute complexité, cette relation est conçue comme un lien fin d'où l'État octroie un ensemble de ses compétences au profit de ses collectivités[237].

L'indépendance financière des communes porte l'estampille de la philosophie anti-décentralisatrice initiée par les législateurs de 1960 et 1974. En effet, les finances publiques locales se caractérisent par un accroissement des charges auxquelles doivent faire face des communes aux ressources financières insuffisantes[238]. Ainsi, l'État en transférant les compétences transfère aussi les moyens financiers liés à la compétence transférée. Dans cette section, nous tenterons d'abord d'expliquer les raisons de la prise en charge de l'État d'une partie du fonctionnement en fournissant les recettes nécessaires (paragraphe 1). Ensuite, nous développerons les mécanismes lui permettant de transférer ces ressources de fonctionnement aux collectivités territoriales (paragraphe 2).

Paragraphe 1 : Les causes de la prise en charge de l'État

Les transferts opérés de l'État vers les collectivités territoriales à chaque étape de la décentralisation se trouvent au cœur des dépenses locales. En effet, les conditions de l'autonomie financière, que l'on peut décomposer, en suivant le professeur Oliva, en autonomie financière formelle (consacrée par les textes) et autonomie financière réelle (assurée par la pratique). Il identifie les transferts de compétences comme une limite à l'autonomie financière réelle[239]. Les transferts induisent pour les collectivités territoriales des dépenses souvent d'autant moins contrôlables qu'il s'agit de compétences obligatoirement exercées et non pas développées facultativement par les collectivités territoriales[240].

---

[237] S. BRACONNIER, « *Les contrôles de l'État sur les collectivités territoriales aujourd'hui* », p. 7.

[238] B. MOMO, précité, p. 89.

[239] Il s'agit de compétences obligatoirement exercées.

[240] B. FABRICE, « *Transferts de compétences, transferts de charges, transferts de patrimoines... Essai de bilan synthétique* », In : Droit et gestion des collectivités territoriales, Tome 31, 2011, L'enjeu de la dépense locale. pp. 63-73.

À l'analyse, il ressort que si la Constitution de 1992 et la loi du 23 janvier 2012 ont donné une liberté d'action aux collectivités territoriales, celle-ci ne s'est pas accompagnée d'une « *liberté de financement de l'action* [or] *concernant les moyens d'action à disposition des collectivités territoriales, la doctrine s'accorde à reconnaître qu'ils sont à la fois administratifs et financiers* »[241]. Nous signalons, dans la même logique, que RAYMOND qu'« *il ne peut y avoir exercice d'attributions effectives sans un minimum d'autonomie financière qui s'avère (...) indissociable de la libre administration* »[242].

La réussite de toute politique nécessite des moyens de toute nature. Ces moyens peuvent être humains, matériels, techniques ou financiers. Si l'ensemble de ces moyens ont été mis à la disposition des collectivités territoriales, certains ne sont pas effectifs. C'est pourquoi le développement est un combat quotidien pour ces dernières. Au Sénégal, le dispositif juridique est aménagé tel qu'il peut permettre un développement local. En effet, les textes sur la décentralisation donnent aux collectivités territoriales la possibilité de contacter des partenaires au développement, en sus des concours financiers provenant de l'État.

Cette possibilité est posée aux articles 22 et 96 de la loi n° 2023-004 du 13 mars 2023 portant Code des Collectivités territoriales du Mali, qui stipulent que : « ... *règle par ses délibérations les affaires du... notamment celles relatives au développement économique, social et culturel* », d'intérêt régional, du cercle et communal.

Les objectifs des systèmes de transferts peuvent être classés de la manière suivante[243] :

- *Corriger ou ajuster les déséquilibres verticaux* — combler le déficit budgétaire entre les affectations de dépenses et les affectations de recettes.

---

241 Les articles 97-98 du 25 février 1992 déterminent que « *les collectivités territoriales sont créées et s'administrent librement par des conseils élus dans les conditions fixées par la loi* ». Et la loi 93-008 déterminant la libre administration modifiée par la loi N° 2012-005 du 23 janvier 2012.

242 P. RAYMOND, « *L'autonomie financière des collectivités locales et le Conseil constitutionnel*, Revue Française des Finances Publiques, n° 81, Mars 2003, p. 44.

243 Cf. par exemple Performance Grant Agreement in Improving Local Gouvernment Service Delivery, Michael Shaeffer, INFUD, Hirokaiki Suzuki, SAFIN, Banque mondiale, 2000 ; et « *Intergovernmental Fiscal Transfers : Some Lessons from International Experiences* » par Richard M. Bird et Michael Smart, Université de Toronto, février 2001.

- Les transferts peuvent être utilisés dans le but de s'assurer que les administrations locales disposent de recettes suffisantes pour remplir des fonctions spécifiques (besoins de dépenses). Ils se font lorsque d'autres types de recettes (taxes, redevances des usagers, commissions, etc.) ne permettent pas produire des recettes suffisantes pour les administrations locales.
- *Dédommager* les administrations locales qui se conforment aux exigences de l'administration centrale ou exécutent des programmes publics au nom de l'administration centrale. Ce dédommagement peut être calculé annuellement en fonction de l'impact de la nouvelle législation/de la délégation des tâches et/ou être effectué sur la base d'ajustements périodiques du montant des subventions ;
- Corriger ou ajuster les *déséquilibres horizontaux*[244] — autrement dit, la péréquation. Les transferts peuvent être utilisés pour *« égaliser »* la situation des administrations locales en matière de prestations de services. Ce qui les rapproche d'une situation où elles ont toutes, potentiellement, à peu près les mêmes moyens pour fournir des services de base aux administrés. Des ressources supplémentaires sont transférées aux administrations locales qui ont une capacité contributive plus faible que la moyenne nationale ou des besoins de dépenses plus importants que la moyenne nationale ;
- Corriger ou ajuster les *externalités* avec la fourniture de biens publics. Les subventions peuvent être utilisées dans le but de dédommager les administrations locales pour les services qu'elles fournissent, et dont l'impact dépasse leur circonscription territoriale. Les subventions peuvent être attribuées pour s'assurer que des services d'éducation suffisants sont fournis et que l'environnement est suffisamment protégé. Les administrations locales se préoccupent en général surtout de leurs propres besoins, ignorant les conséquences que cela peut avoir sur d'autres administrations locales. Cela peut souvent conduire à une fourniture suboptimale de

---

[244] Voir : The Reform of Intergovernmental Fiscal Relations in Developing and emerging Market Economies, Anwar Shah, Banque mondiale, 1994 pour un examen de l'importance des mécanismes de péréquation entre les administrations locales, en particulier dans les pays en développement. Les mécanismes de péréquation permettent d'égaliser les profits fiscaux des différentes administrations locales (promouvoir l'équité) et de décourager les migrations induites par la fiscalité, de réduire les obstacles à la mobilité des facteurs et de favoriser ainsi l'efficience économique lorsque ces mécanismes sont conçus de façon appropriée.

certains services dans un pays. Par exemple, les services d'éducation fournis par une administration locale peuvent profiter à d'autres régions du pays (impact positif), ou la pollution de l'environnement peut affecter des régions au-delà des frontières des administrations locales (impact négatif) ;

- En relation étroite avec le troisième objectif, l'administration centrale peut aussi souhaiter coordonner les dépenses des administrations locales et les harmoniser avec ses objectifs propres et influer sur ces dépenses. Différentes formes de subventions peuvent être utilisées pour inciter les administrations locales à orienter leurs dépenses vers les domaines prioritaires nationaux. Il est important de souligner qu'un mécanisme de transfert doit dans toute la mesure du possible assurer l'autonomie et la flexibilité budgétaires au niveau des administrations locales et ne doit pas mener au contrôle microéconomique des priorités de dépenses des administrations locales ;
- *Assurer l'efficience* de la fiscalité, de la gestion financière et de l'utilisation des fonds des administrations locales. Il est important que les transferts ne créent pas d'incitation négative pour la fiscalité et la gestion des dépenses des administrations locales. Les subventions peuvent être utilisées pour inciter les administrations locales à être efficaces, par exemple en matière de capacité contributive, de gestion financière et de bonne gouvernance[245] ;
- Fournir à l'administration centrale une *marge de manœuvre* suffisante pour poursuivre une politique de stabilisation macroéconomique et influer sur le niveau général de l'activité dans le secteur des administrations locales. L'administration centrale peut souhaiter s'assurer que le niveau général de l'activité dans l'économie nationale puisse être ajusté, et la taille et la répartition des transferts budgétaires peuvent être un élément important dans ce cas. Un bon équilibre doit être établi entre cet objectif et celui qui consiste à s'assurer que les transferts sont prévisibles, stables et transparents au niveau des administrations locales, pour leur permettre de conduire les processus de planification et de budgétisation locales dans de bonnes conditions.

---

245 J. STEFFENSEN et H. F. LARSEN : « *Conceptual Basis For Performance Based Grant Systems and Selected International Experiences* », 2005 pour une vue d'ensemble des subventions basées sur les résultats.

L'agencement du mécanisme de transferts et la définition des critères d'attribution dépendent dans une large mesure de la principale cible et des priorités spécifiques de ces objectifs[246].

Le type des *fonctions* assignées aux administrations locales est particulièrement important. En général, ces fonctions peuvent être classées en trois catégories :

1. Les fonctions d'agence : les administrations locales effectuent les tâches et fournissent les services sans influer (ou en ayant peu d'influence) sur le niveau et la qualité des services — elles remplissent les fonctions en tant qu'agents au nom de l'administration centrale (ex. le versement de certains types de pensions ou des rémunérations des enseignements).

2. Les fonctions partielles d'agence : les administrations locales n'ont qu'une influence partielle sur le niveau et la qualité des services qu'elles fournissent. Par exemple, les écoles primaires où les administrations locales effectuent les tâches assignées. C'est ainsi les rémunérations des enseignants et de nombreux autres postes de dépenses sont financés et contrôlés par l'administration centrale sur la base de certaines normes et de certaines règles.

3. Les fonctions discrétionnaires : les administrations locales ont un pouvoir de contrôle important et la pleine responsabilité des services et du niveau et de la qualité de ces services (par exemple pour l'administration, ou encore certains soins de santé et les routes locales)[247].

Le tableau ci-après illustre les principes qui sous-tendent les relations entre le type de fonction et les mécanismes de transfert courants et les domaines généralement financés par les sources de recettes propres des administrations locales.

---

[246] Il y a toutefois de nombreux exemples de mécanismes de transferts qui ont créé des problèmes en réalisant certains des objectifs affichés et qui émettent des signaux contradictoires et produisent des effets contradictoires.

[247] J. STEFFENSEN, *Introduction aux Principes qui sous-tendent la conception des mécanismes de transferts budgétaires entre administrations,* Comparaison internationale des critères d'attribution des subventions, Novembre 2005, p. 9.

Tableau 3 : Relations entre le type de fonction et leur financement [248]

Type de fonction/financement	Financement par administrations locales	Financement par l'administration centrale via les subventions
Fonctions d'agence pures	(-) financement propre limité	+ subventions spécifiques pour encourager administrations locales à fournir les services, en particulier lorsqu'il faut respecter certaines normes minimums
Fonctions partielles d'agence	+/- partiellement financé sur les sources de recettes propres des administrations locales, telles que les taxes, les commissions et les redevances des usagers	+/- (en partie via des subventions, en particulier des subventions spécifiques *« affectées »*
« Services décentralisés propres ». Le niveau et la qualité des administrations locales sont laissés à l'entière appréciation des administrations locales	(+) financé par les sources de recettes propres des administrations locales, telles que les taxes, les commissions et les redevances des usagers	Financements supplémentaires via les subventions générales dans le but de corriger les déséquilibres horizontaux et de combler le déficit budgétaire (subventions inconditionnelles ou de péréquation)

[248] *Ibid.*

La plupart des principes généraux qui sous-tendent l'agencement des subventions de fonctionnement s'appliquent également aux subventions de développement (ou plus exactement aux subventions d'équipement). Pour les subventions de développement, des critères, ou plutôt des conditions supplémentaires, peuvent être appliqués tels que la nécessité pour les administrations locales d'élaborer des plans d'investissement et des plans d'entretien appropriés.

Les transferts de compétences et des moyens (humains et matériels) impliquent deux types de transferts de charges : le développement des dépenses liées aux compétences transférées et le développement des dépenses d'entretien des patrimoines transférés et des traitements versés aux personnels transférés.

Plusieurs points peuvent être soulignés en reprenant les typologies établies en matière de transferts de compétences, par M. Crosnier De Briant dans sa thèse[249]. Il distingue cinq types de transferts de compétences : législatifs ou réglementaires, obligatoires ou facultatifs, généraux ou particuliers, définitifs ou temporaires et complets ou partiels[250]. En ce qui concerne les transferts de charges, le deuxième type de transfert présente les conséquences des plus importantes : selon que les collectivités territoriales sont obligées ou bien libres de prendre en charge certaines compétences, elles auront une maîtrise nulle ou bien totale des charges afférentes. Bien évidemment, l'essentiel des transferts a été opéré selon un mode obligatoire, ce qui simplifie beaucoup les choses en matière d'identification des compétences mais aussi des charges.

L'étude des personnels et des patrimoines transférés permet de mettre en évidence deux situations aux conséquences bien différentes pour les dépenses locales. Soit le transfert de compétence implique par nature un transfert de moyens et la collectivité territoriale doit prendre en charge la gestion d'un patrimoine ou la rémunération d'un personnel sans avoir eu de maîtrise sur les conditions antérieures (plus ou moins bon entretien du patrimoine, règles d'évolution des traitements et structures des personnels concernés). Soit il s'agit pour elles de mettre en place une compétence

---

[249] C. De BRIANT, L'action commune en droit des collectivités territoriales : contribution à l'étude des compétences exercées en commun par l'État et les collectivités territoriales, Paris, L'Harmattan, coll. « *Logiques juridiques* », 2009, p. 557.

[250] C. De BRIANT, *« Typologie des transferts de compétences de l'État aux collectivités territoriales »*, in J-F. BRISSON (dir.), les transferts de compétences de l'État aux collectivités locales, Paris, L'Harmattan, coll. « *Droit des collectivités territoriales* », 2009, p. 269.

attribuée spécifiquement (compte tenu de la clause générale de compétence) : alors les collectivités territoriales sont libres de construire et de recruter.

Paragraphe 2 : Les mécanismes du transfert

La notion d'impôt n'est pas une chose récente dans la culture malienne. En effet, le Mali est une terre de vieilles civilisations. Plusieurs grands empires et royaumes ont peuplé le même territoire depuis le VIIe siècle[251].

Chaque entité fonctionnait grâce à un impôt perçu par les Rois ou les Empereurs. Selon les localités il était appelé « *DI SONGO = le prix du miel, ou N'NI SONGO = le prix de la vie* »[252]. Donc selon les contextes et les localités, l'impôt perçu servait à assurer la marche des institutions tout en préservant la vie et la quiétude des citoyens[253]. Tout comme l'impôt actuel dans sa conception moderne d'où la décentralisation s'impose comme une gouvernance indispensable à la société moderne, on retrouve déjà à cette époque certains principes fiscaux fondamentaux dont : l'unicité de caisse de l'État, le caractère obligatoire du prélèvement pour l'ensemble des contribuables, les exonérations ou exemptions, la périodicité, la particularisation des agents des services fiscaux, etc.

Au Mali, les impôts d'État transférés aux collectivités territoriales. Ces transferts se font par affectation sur le produit des dits impôts. Un décret détermine la clé de répartition des affectations. Les impôts et taxes, directs et indirects, qui résultent du produit des bases d'imposition par les montants fixés par des délibérations des conseils des collectivités[254].

Ces impôts et taxes locaux sont décomposés suivant la nature de leur assiette : personnes physiques, activité économique, activités extractives (mines), véhicules, et divers[255]. La Direction Générale des Impôts (DGI) collecte 40 % des recettes des collectivités territoriales. 93 % de ces recettes locales prélevées par la Direction Générale des Impôts

---

[251]Ministère de l'Économie et des Finances publiques au Mali, Étude sur l'environnement fiscal Au Mali, février 2013, p. 16.

[252] S. MONEMOU, Droit fiscal général en République de Guinée, 2014, L'Harmattan, p. 119.

[253] P. BROULIS, *L'impôt heureux, éd Favre, Lausanne, 2011, p. 128.*

[254] Les impôts locaux maliens sont régis par le Code Général des Impôts, le Code des Collectivités Territoriales et les lois n° 96-058 du 16 octobre 1996, n° 2011-034 et 36 du 15 juillet 2011.

[255] La loi n 2011-034 du 15 juillet 2011 institue la taxe foncière au Mali.

proviennent de la patente en 2014[256]. La patente professionnelle en constitue la majeure partie (82 %), la contribution de la patente sur les marchés et contrats administratifs (5,53 %), la patente dans la vignette synthétique (3 %) et dans la vignette Taxe sur les Transports Routiers (2,5 %) étant relativement faible[257]. La taxe de voirie représente (4,43 %) des impôts locaux collectés par la Direction Générale des Impôts en 2014, dont l'essentiel est collectée avec la patente professionnelle. En matière de recouvrement des impôts et taxes il existe une incohérence entre deux textes juridiques qui est en voie de résolution selon les autorités.

Le code des collectivités territoriales confère aux agents du Trésor le recouvrement des impôts et taxes, alors que selon la loi en vigueur, ce recouvrement incombe à la DGI. Cette divergence des textes juridiques peut expliquer en partie la faiblesse des recettes fiscales territoriales.[258]

Les ressources fiscales des communes, des cercles et des régions ont consacré le transfert aux collectivités territoriales de certains impôts et taxes par la loi 036 du 15 Juillet 2011[259]. Il s'agit : des contributions des patentes et licences ; de la taxe de développement régional et local ; et de la taxe sur le bétail.

L'appui budgétaire est un mécanisme de financement des infrastructures et des services sociaux expérimenté par la plupart des projets d'appui à la décentralisation et au développement local. L'appui budgétaire est un mécanisme de financement des infrastructures et des services sociaux expérimenté par la plupart des projets d'appui à la décentralisation et au développement local. Ils provenant de l'État pour le compte des collectivités territoriales sont nombreux et variés.

Dans ce paragraphe, nous étudierons les mécanismes classiques. Mieux, nous verrons que l'aspect lié aux fonctionnements. Les formes classiques d'intervention financière de l'État sont constituées à la fois par les dotations et subventions de fonctionnement. Afin de pallier aux

---

[256] G. ROTA GRAZIOSI, E. CALDEIRAV ET G. CHAMBAS, FMI, « *Fiscalité locale et décentralisation Mali* », juillet 2015, p26.

[257] Les recettes provenant des licences - déjà très faibles en 2011 (0,41 %) - sont quasi nulles depuis 2012 (0,03 % en 2012, 0,02 % en 2013, 0,07 % en 2014).

[258] Il convient de noter que les recettes de la taxe foncière collectées par la DGI n'apparaissent pas explicitement dans les comptes du Trésor.

[259] Au Mali, la loi n° 00 – 036 du 15 juillet 2011 détermine les ressources fiscales des communes, des cercles et des régions a consacré le transfert aux collectivités territoriales de certains impôts et taxes.

difficultés liées à l'exercice d'une compétence transférées, la logique voudrait que la compensation de nouvelles charges locales soit recherchée dans l'inventivité locale en matière de création des ressources par l'État. Le seul hiatus, c'est le revers des mécanismes de dotations (A) et de subventions (B).

A- la dotation générale de la décentralisation

Il est évident que le transfert de compétences engendre des implications financières certaines. Mais les modalités de dotation et de transfert de ressources présentent des inconvénients [260] :

Les mécanismes de dotation présentent plusieurs inconvénients que voici :

- Le premier est lié au mécanisme d'indexation ; en général, l'indexation intègre l'inflation et une partie de la croissance en volume de la richesse nationale. Or, le coup de la fonction transférée évolue souvent suivant les règles qui créent souvent un différentiel entre le coût réel et le montant de la dotation transférée ;
- Le second problème est que l'État transfère souvent une compétence dotée de moyens financiers ne correspondant pas à un niveau normal de qualité du service public.

La dotation générale de décentralisation (DGD) constitue l'une des principales mesures d'accompagnement du transfert des 20 domaines de compétence que l'État a transférés aux collectivités territoriales en ce qu'il permet la compensation des charges qui en résultent[261].

---

[260] C. De COURSON, *« Autonomie financière des collectivités locales : La voie étroite »*, in Commentaire, n° 100, Hiver 2002-2003, p. 885.

[261] Voir art. 8 du décret N° 2017-0511/P-RM du 12 juin 2017 fixant le détail des compétences transférées de l'État aux collectivités territoriales dans le domaine des sports ;
Art. 7 du décret N° 2017-0428/P-RM du 19 mai 2017 fixant le détail des compétences transférées de l'État aux collectivités territoriales en matière d'emploi et de formation professionnelle ;
Art. 7 du décret N° 2016-0951/P-RM du 20 décembre 2016 fixant le détail des compétences transférées de l'État aux collectivités territoriales en matière de culture ;
Art. 8 du décret N° 2016-0913/P-RM du 6 décembre 2016 fixant le détail des compétences transférées de l'État aux collectivités territoriales dans le domaine de la jeunesse ;
Art. 6 du décret N° 2015-0678/P-RM du 20 octobre 2015 abrogeant et remplaçant le décret N° 02-313/P-RM du 4 juin 2002 fixant le détail des compétences transférées de l'État aux collectivités territoriales en matière d'éducation ;

Nous constatons que les charges financières résultant pour chaque région, cercle ou commune, des transferts de compétences font l'objet d'une attribution par l'État de ressources d'un montant au moins équivalent aux dites charges. L'exercice des compétences transférées donne lieu à des charges financières au niveau des collectivités concernées. Aussi le législateur malien a posé comme principe que les transferts des compétences ne se feraient pas au détriment des collectivités territoriales et devraient donner lieu à une exacte compensation financière[262]. Le principe de l'équilibre veut donc établir une correspondance entre les nouvelles compétences locales et les moyens dont disposent les collectivités territoriales pour les exercer. Ce principe est traduit dans les dispositions législatives qui exigent que tout transfert de compétences soit accompagné d'un transfert concomitant de ressources et de moyens pour les exercer. L'article 24 al. 2 de la loi d'orientation de la décentralisation

---

Art. 7 du décret N° 2015-0543/P-RM du 6 août 2015 fixant le détail des compétences transférées de l'État aux collectivités territoriales en matière d'élevage et de pêche ;
Art. 6 du décret N° 2015-0506/P-RM du 27 juillet 2015 fixant le détail des compétences transférées de l'État aux collectivités territoriales dans le domaine de la protection et de la promotion de la femme, de l'enfant et de la famille ;
Art. 6 du décret N° 2015-0353/P-RM du 8 mai 2015 fixant le détail des compétences transférées de l'État aux collectivités territoriales dans le domaine du tourisme ;
Art. 7 du décret N° 2015-0352/P-RM du 8 mai 2015 fixant le détail des compétences transférées de l'État aux collectivités territoriales dans le domaine de l'artisanat ;
Art. 10 du décret N° 2014-0572/P-RM du 22 juillet 2014 fixant le détail des compétences transférées de l'État aux collectivités territoriales dans le domaine de l'assainissement et de lutte contre les pollutions et nuisances ;
Art. 7 du décret N° 2014-0791/P-RM du 14 octobre 2014 fixant le détail des compétences transférées de l'État aux collectivités territoriales dans le domaine du commerce ;
Art. 6 du décret N° 2012-082/P-RM du 8 février 2012 fixant le détail des compétences transférées de l'État aux collectivités territoriales en matière de développement social, de protection sociale et d'économie solidaire ;
Art. 4 du décret N° 02-314/P-RM du 4 juin 2002 fixant le détail des compétences transférées de l'État aux collectivités territoriales des niveaux commune et cercle en matière de santé ;
Art. 4 du décret N° 02-315/P-RM du 4 juin 2002 fixant le détail des compétences transférées de l'État aux collectivités territoriales en matière d'hydraulique rurale et urbaine ;
Art. 11 du décret N° 2017-0555/P-RM du 29 juillet 2017 fixant le détail des compétences transférées de l'État aux collectivités territoriales dans le domaine des mines ;
Art. 24 du décret N° 2018-0079/P-RM du 29 janvier 2018 fixant le détail des compétences transférées de l'État aux collectivités territoriales en matière de gestion des ressources forestières et fauniques ;

[262] M. FOFANA, La gouvernance financière locale au Mali, thèse, Université Gaston Berger, soutenue en janvier 2019, p. 62.

du Mali dispose, à cet effet, que « *toute charge nouvelle incombant aux collectivités territoriales décentralisées en raison de la modification par l'État, par voie réglementaire, des règles relatives à l'exercice des compétences transférées, doit être compensée par versement approprié à la dotation générale de la décentralisation prévue par l'article 23 ou par d'autres ressources fiscales suivant des modalités définies par la loi* ». L'alinéa 3 du même article précise que « *[...] dans les cas où l'insuffisance des ressources financières des collectivités territoriales risque de compromettre la réalisation des missions de service public, l'État peut intervenir par l'octroi des dotations spéciales aux collectivités concernées* ».

Cette compensation financière est prévue par le code des collectivités territoriales qui a institué « *la Dotation Générale de décentralisation qui repose sur le principe que tout transfert de compétences de l'État aux collectivités s'accompagne d'un transfert de ressources* »[263]. En d'autres termes la Dotation Générale de Décentralisation est destinée à compenser les charges induites par l'exercice des compétences transférées. Alors que, la dotation générale de décentralisation est loin de compenser les charges transférées des collectivités territoriales maliennes.

Cette dotation doit évoluer chaque année et son montant doit être inscrit dans la loi de finances. En revanche cette évolution est ténue en échec par une mauvaise synergie entre l'État et les collectivités territoriales. Il faut également noter que la Direction Générale de la Douane est une recette de fonctionnement. En France, elle considérée comme la différence entre le total des droits à compensation et le produit des impôts transférés. Si le produit des impôts est égal ou supérieur au montant des charges transférées, il n'y a pas lieu de versement de la Dotation Générale de Décentralisation.

La principale source de financement des collectivités territoriales du Mali demeure le budget de l'État, tandis que leurs ressources propres sont faibles eu égard au besoin de financement de leurs dépenses de fonctionnement et d'investissement. Le transfert des moyens techniques et humains est resté limité et l'appui que les services de l'État apportent aux collectivités territoriales est lui-même restreint par l'insuffisant degré de

263 L'article 5 du code général des collectivités territoriales portant les transferts de compétences et ressources des collectivités territoriales de 1993.

déconcentration de certains services (impôts, gouvernorat, préfecture et sous-préfecture)[264].

Le bilan des cellules d'appui est maigre à l'exception notable de la Santé et de l'Education qui, sous leur impulsion, ont consenti d'importants transferts de personnel, et des salaires afférents, de l'État vers les collectivités. Le représentant de l'État au niveau local assure une fonction d'appui-conseil et les services déconcentrés assurent un appui technique aux collectivités territoriales.

B- Les subventions de fonctionnement :

Les subventions peuvent être spécifiques ou conditionnelles. Une telle subvention ne peut être utilisée qu'à des fins déterminées (cas des subventions d'investissement de l'Agence Nationale d'Investissement des Collectivités Territoriales). Il y a aussi des subventions générales dont l'utilisation n'est liée à aucune condition, la collectivité bénéficiaire est libre dans l'utilisation. Or, tout transfert sans condition suscite les entraves dans les financements des collectivités territoriales

Les subventions peuvent également être réparties entre :

- Subventions de fonctionnement destinées par exemple à l'entretien des équipements (santé, éducation, hydraulique) ;
- **subvention d'équipement ou d'investissement** destinée par exemple à la réalisation d'infrastructures (construction des salles de classe, de centres de santé, etc.)

Nous nous focaliserons sur la première subvention (celle de fonctionnement). Les transferts doivent être stables, prévisibles et effectués en temps opportun. Les incitations appropriées permettront d'améliorer le fonctionnement administratif et la prestation des services, par exemple en récompensant les initiatives appropriées et en sanctionnant l'inefficacité. Les réformes devront être liées au système de transfert à travers d'autres réformes et initiatives, notamment le système de financement (fiscalité locale) et les activités de renforcement des capacités. Faire en sorte que le système de transfert dans son ensemble et les critères d'attribution restent aussi simples que possibles pour s'assurer qu'ils soient compris, soutenus et applicables au plan administratif et financier.

---

[264] B. TAICLET, M. L. BERBACH, M. SOW, « *Réussir la décentralisation financière au Mali* », FMI, février 2015, p. 17.

Enfin, les collectivités territoriales ont reçu des transferts de ressources pour les domaines transférés. En 2011, 103 milliards de FCFA ont été consacrés à l'éducation (salaires, entretien, cantine scolaire, etc.). Toutefois, force est de constater que seuls les domaines de l'éducation et de la santé sont, dans une certaine mesure, pris en compte dans les transferts des ressources aux collectivités territoriales maliennes.

Au Mali, la part des recettes des communes provenant des transferts est de 36 % pour l'ensemble des communes, variant de 68 % pour les communes de moins de 10 000 habitants, 43 % pour celle de 20 à 50 000 habitants et à 16 % pour Bamako. La part du financement des cercles (niveau intermédiaire) provenant des transferts est de 42 % et celle des régions est de 52 %[265].

En principe, les domaines transférés par l'État aux collectivités territoriales sont compensés par un transfert financier. De l'analyse des dispositions des textes de la décentralisation, il résulte que les charges nées du transfert de compétences sont couvertes par des ressources financières allouées par l'État aux collectivités territoriales. Aujourd'hui, l'État prend en charge les dépenses relatives aux salaires des agents mis à la disposition des communes.

Cependant, il ne faut pas perdre de vue que ce principe souffre de tempéraments. En effet, dans la pratique, il y a un fossé entre les dispositions législatives ou réglementaires et la réalité du terrain ; fossé qui serait explicable par l'inadéquation entre le coût des charges des compétences transférées et les ressources financières dégagées. C'est pourquoi bon nombre d'élus locaux se plaignent de la modicité des montants alloués. La part allouée à chacune des collectivités décentralisées ne leur permet pas de couvrir toutes les charges nées du transfert de compétences[266]. L'insuffisance est l'une des difficultés majeures dont souffrent les collectivités territoriales. C'est ce qui fait dire au professeur Demba SY que : « *C'est le problème le plus important. L'analyse des textes et les leçons de l'expérience font craindre dans la dotation des*

[265] M. FOFANA, thèse précitée, p. 69.

[266] En 2001, Kaolack a reçu une dotation de 400 millions dont 65 pour le fonctionnement du Conseil Régional et 80 pour les salaires et indemnités. Le reste est réparti entre les différents services pris en charge par le Conseil Régional. Face à ses difficultés financières, seuls 2 secteurs sur 9 sont pourvus ; éducation et santé.

ressources financières insuffisantes aux collectivités locales par l'État »[267].

En réalité, les facteurs qui sont à l'origine de la non-couverture intégrale des domaines transférés par les ressources allouées par l'État aux collectivités territoriales sont nombreux et variés.

Ainsi, la cause du décalage entre l'affirmation théorique du principe de compensation intégrale et la réalité vécue est à rechercher dans l'inexactitude de l'évaluation des charges transférées. En effet, certains auteurs français[268] ont rappelé la non-couverture des charges transférées par les ressources financières dégagées. Pour eux, cet état de fait est dû à l'inexactitude des modalités sur lesquelles les domaines transférés ont été évalués. Pire, selon certains élus locaux, *« au lieu de transférer des ressources financières suffisantes, l'État a transféré des difficultés aux collectivités territoriales »*[269].

De nombreuses lacunes sont notées, mais nous en donnerons simplement quelques-unes. L'affectation des dotations se déduit de deux (2) considérations : d'une part, leur fondement, c'est leur raison d'être qu'elles tiennent du principe de la compensation ; d'autre part, leurs modalités qui traduisent leur destination effective à des charges déterminées.

Ainsi, les objectifs initiaux du DGD se résumaient à :

- assurer la compensation des charges transférées ;

- servir d'allocation de fonctionnement aux collectivités ;

- Prendre en charge les dépenses de fonctionnement des services déconcentrés de l'État mis à la disposition des collectivités territoriales[270]. Si l'on a concédé à l'État d'avoir établi les dotations allouées aux CL sur la base des crédits qu'il prévoyait dans son propre budget, il faut aussi reconnaître qu'il a cherché, à tort ou à raison, à promouvoir l'utilisation par ces CL, des « *services déconcentrés de l'État* ». Cela se justifie, peut-être, par le fait que certaines CL, qui sont certes des entités ayant leur statut juridique propre et leur autonomie financière, ont eu un comportement

[267] Cf. colloque international sur la régionalisation, tenu à Dakar du 1er au 3 juillet 1998.
[268] Sud Quotidien no 2301 du 2 décembre 2001.
[269] Propos recueilli du Président du conseil régional de Mopti (5e région administrative du Mali), 22/08/2019.
[270] *« Programme d'appui à la décentralisation en milieu rural »*, Gouvernement du Sénégal/FENU, p. 18.

déviant vis-à-vis de l'utilisation des transferts. Ainsi, des détournements d'objectifs ont souvent été dénoncés dans divers rapports relatifs aux dotations concernant les domaines de compétences transférées.

La plupart des pays[271] ont une *combinaison de subventions conditionnelles (catégoriques) et inconditionnelles (non catégoriques)*.

Cela tient premièrement au fait qu'ils veulent établir un équilibre approprié (opérer un arbitrage). Deuxièmement, au fait que l'Administration centrale veut s'assurer que les administrations locales appliquent des normes minimales de service dans des secteurs clés tels que l'éducation et la santé. C'est une manière de s'assurer que les sauvegardes nécessaires sont en place lorsque par exemple les administrations locales sont confrontées à des problèmes de gestion (capacité de planification, de budgétisation et de gestion financière). Mais aussi de donner aux organismes de financement une certaine assurance que tous les fonds ne soient pas détournés pour financer les salaires. Les subventions conditionnelles/réservées permettent de répondre à ces objectifs. Elles octroient le pouvoir d'appréciation et l'autonomie nécessaires pour organiser les services en fonction des besoins locaux et des priorités locales. Il s'agit d'une stratégie pour d'assurer l'efficacité de l'allocation des ressources permettant aux administrations locales de rallier l'adhésion des populations locales et d'encourager la participation aux échelons locaux de gouvernance. Ces éléments sont autant d'objectifs importants de la décentralisation budgétaire.

Les subventions inconditionnelles qui laissent un pouvoir d'appréciation important aux administrations locales permettent de servir ces objectifs.

Section 2 : Les recettes fiscales orientées vers le fonctionnement

L'autonomie financière des collectivités territoriales est une composante juridique du principe constitutionnel de libre administration. L'autonomie financière des collectivités territoriales désigne la capacité de ces dernières à bénéficier de ressources propres. Cette autonomie constitue une déclinaison du principe de libre administration des collectivités dans les domaines budgétaire et fiscal.

---

[271] Des pays divers comme le Danemark, l'Ouganda et le Kenya par exemple.

Le principe d'équilibre part d'un postulat : avant décentralisation, l'État exerçait certaines compétences sinon toutes les compétences. Ces compétences étaient exercées grâce à des moyens financiers, techniques, matériels... Avec la décentralisation, ces compétences ne devraient être transférées aux collectivités territoriales qu'accompagnées de moyens antérieurement utilisés par l'État pour les exercer.

Les recettes fiscales font partie des moyens à la disposition des collectivités territoriales pour renflouer leurs caisses. Elles permettent d'alimenter les principales fonctions d'une collectivité efficace, dans la mesure où elles drainent les ressources nécessaires à la prestation de services essentiels. La fiscalité constitue un pilier essentiel du cadre réglementaire qui conditionne l'investissement, mais dans le cas des collectivités territoriales, la recette fiscale est orientée vers le fonctionnement. Cette situation crée un déséquilibre entre les dépenses effectuées par les collectivités territoriales.

Au Mali, le vote du budget des collectivités territoriales est précédé d'un débat public. Ce débat doit porter obligatoirement sur les points suivants : l'état de mise en œuvre du Programme de Développement, Économique, Social et Culturel (PDSEC) ; ensuite, le compte administratif de l'année écoulée ; encore, l'état de fonctionnement des organes et des services de la collectivité territoriale ; et enfin, le projet de budget[272].

Cependant, nous verrons successivement que les ressources fiscales dérisoires perçues par les collectivités territoriales ne permettent que de prendre en charge le fonctionnement (paragraphe 1). Souvent même, elles ont du mal supporté cette charge du fonctionnement, pour ces cas elles se font compléter par les ressources non fiscales (paragraphe 2).

Paragraphe 1 : Le financement du fonctionnement par les ressources fiscales

Les recettes fiscales sont une notion de comptabilité nationale ; ils désignent tous les versements effectués par des personnes physiques ou morales aux administrations publiques afin de financer leurs dépenses. On distingue :

- les impôts,
- les cotisations sociales,

[272] L'article 218 de la loi du 7 février 2012 indique que le projet de budget est préparé par l'ordonnateur et soumis au vote de l'organe délibérant de la collectivité.

- les taxes fiscales.

L'impôt constitue un des prélèvements obligatoires effectués par voie d'autorité par la puissance publique (l'État et les collectivités territoriales) sur les ressources des personnes vivant sur son territoire ou y possédant des intérêts. Sans contrepartie directe pour le contribuable, ce prélèvement est destiné à être affecté par l'intermédiaire des budgets publics aux services d'utilité générale.

En effet, l'impôt malgré les défauts du système fiscal actuel reste quand même le mode de financement le plus important des services publics et dans une certaine mesure le plus égalitaire. Mais, à côté de lui, on également le financement par la tarification qui n'est pour l'instant qu'accessoire et qui ne tient pas forcément compte des revenus de la personne ou de la composition du foyer.

Ainsi, dans le cadre de ce livre, nous avons mené une étude sur 17 collectivités territoriales au Mali. La répartition était : 2 régions ; 5 cercles et 10 communes. Le résultat nous a confirmé cette hypothèse. Les budgets locaux s'orientent plus vers le fonctionnement que sur l'investissement. En effet, on présente ici quelques exemples des budgets étudiés :

La commune rurale de Sokoura **:** Le budget de 2016 prévoit 35 094 920 francs CFA en ressource fiscale locale. Cependant, la part de l'État s'élève à 250 000 000 francs CFA pour une recette de fonctionnement totale de 292 015 660 francs CFA. Dans le même budget, la dépense du personnel est estimée à 201 654 215 francs CFA[273]. Les impôts d'État financent les services publics nationaux (pour ce qui ne relève pas de la compétence des collectivités territoriales), tandis que les impôts locaux financent en partie les services publics locaux.

Cercle de Goundam : avec un budget de 35 020 000 francs CFA, on constate que 35 000 000 francs CFA sont consacrés au fonctionnement tandis qu'il n'y a que 20 000 francs CFA pour l'investissement[274].

Les évolutions du système fiscal de ces dernières années mettent en péril le financement des politiques publiques et donc des services publics.

S'agissant des recettes fiscales, on ne recense pas moins de 21 impôts et taxes différents, parmi lesquels trois (patentes, taxe de développement

[273] Budget primitif de la commune rurale de Sokoura de 2016.

[274] Budget primitif du cercle de Goundam de 2015.

local et impôts sur les traitements et salaires) représentent 77,3 % du produit total recouvré en 2012, tandis que 12 autres représentent seulement 3,4 % de ce total.

Comme l'écrit Loïc PHILIP, « *l'autonomie budgétaire suppose que les dépenses obligatoires auxquelles les collectivités territoriales sont contraintes ne soient pas excessives* »[275]. En effet, si le budget d'une collectivité locale est constitué à 80 % de dépenses obligatoires, elle peut difficilement financer ses dépenses prioritaires. La notion de dépenses obligatoires est à l'évidence une entrave de la gouvernance financière locale. Pourtant, la législation qui régit le fonctionnement des collectivités territoriales leur impose dans certains cas le financement de dépenses déterminées. Il s'agit le plus souvent des dépenses se rapportant à l'exécution d'une loi ou à la mise en œuvre d'une charge rattachée à l'existence même de la collectivité concernée. Au Mali, les dépenses obligatoires des collectivités territoriales sont : les traitements et indemnités du personnel en fonction dans les services ; les frais de fonctionnement des services ; les primes des assurances obligatoires ; les cotisations aux organismes de sécurité sociale et de retraite du personnel en fonction dans les services ; les contributions aux organismes inter-collectivités territoriales ; les dépenses d'entretien du patrimoine ; les dépenses pour l'assainissement ; l'amortissement et les intérêts de la dette[276]. En résumé, les dépenses obligatoires relatives au fonctionnement.

Au Mali, en 2012, les dépenses de fonctionnement se composaient de : des dépenses de personnel sont de deux cent vingt-huit milliards de francs CFA (228 Mds CFA) pour l'État et soixante-dix-neuf milliards de francs CFA (79 Mds) pour les collectivités. Elles ont été préservées de même que les bourses (18 Mds) qui leur sont quasi assimilées. Il en a été de même des dépenses de communications et d'énergie (30 Mds FCFA),

---

[275] L. PHILIP, « *L'autonomie financière des collectivités territoriales* », Cahiers du Conseil constitutionnel, n° 12.

[276] Au Mali, l'article 229 du 7 février 2012 du code sur les collectivités territoriales constitue des dépenses obligatoires pour les collectivités territoriales. Au Sénégal, l'article 258 de la loi portant code des collectivités territoriales donne une liste excessivement longue des dépenses obligatoires. À cette liste, s'ajoute celle résultant de l'article 259 relative aux dépenses induites par les transferts de compétences de l'État aux collectivités territoriales.

incompressibles[277]. Les autres postes de fonctionnement, matériel, déplacements… ont été diminués de 30 % à 25 %[278].

Au Mali, les dépenses des collectivités territoriales sont majoritairement orientées vers le fonctionnement. Pour l'exercice 2012, le montant des dépenses de collectivités territoriales s'est élevé à environ 95 Mds F CFA (hors régions du Nord, pour lesquelles les données ne sont pas disponibles), soit 1,8 % du PIB[279]. Les dépenses exécutées par les collectivités territoriales sont majoritairement des dépenses de fonctionnement, parmi lesquelles les dépenses de personnel qui représentent, selon les régions, entre 60 et 80 % du total[280].

Dans le souci de permettre aux collectivités territoriales d'avoir une administration performante capable de gérer efficacement leurs affaires propres et répondre aux nombreuses attentes des citoyens, il a été mis en place une fonction publique des Collectivités Territoriales[281]. Au regard du nombre croissant des fonctionnaires des Collectivités Territoriales qui comptent à ce jour 49 775 agents dont 9 143 pour le cadre de l'administration générale, 35 030 pour celui de l'éducation et 5 602 pour la santé et le développement social. Cet effectif est appelé à croître sans cesse au regard des besoins qu'impose la gestion des compétences transférées à travers un décret présidentiel[282].

Par conséquent, la gestion financière de ces agents territoriaux pose également des problèmes sérieux, notamment, leur paiement, et leur mission du développement local. En effet, il est urgent et impératif que l'autorité centrale transfère simultanément les ressources financières nécessaires en même temps que les compétences administratives, car les ressources propres locales ne sont pas viables.

À côté de ces ressources fiscales, les taxes rémunératoires ou redevances sont aussi des ressources parafiscales qui peuvent aider les

---

277 Rapport, FMI, op. cit.

278 B. TAICLET et al., op. cit., cité par M. FOFANA, thèse récitée.

279 *Ibid.*

280 B. TAICLET, M.L. BERBACH, M. SOW, *« réussir la décentralisation financière au Mali »*, FMI, Février 2015, p.21.

281 La fonction publique des collectivités depuis sa création et l'adoption de la loi N° 95-022 du 20 mars 1995, modifié, portant statut de la Fonction Publique des Collectivités Territoriales, est rattachée à la Direction Générale des Collectivités Territoriales.

282 Le décret N° 02-313/P-RM du 4 juin 2002 fixant les détails des compétences transférées de l'État aux Collectivités Territoriales en matière d'éducation en relecture.

collectivités territoriales au Mali de maintenir le fonctionnement de leurs structures.

Paragraphe 2 : Les ressources non fiscales comme source de soutien au fonctionnement

Des différentes études sur le rendement de la fiscalité, il ressort que le niveau de recouvrement est très faible. Ce qui fait que les collectivités, surtout rurales, n'arrivent pas à fonctionner normalement. En effet, les ressources parafiscales sont des moyens financiers qui peuvent permettre aux collectivités d'avoir une manne pour leur fonctionnement.

Ainsi, nous étudierons le cas des taxes rémunératoires et les redevances.

Les taxes rémunératoires ou les redevances ne peuvent être instituées par les collectivités territoriales que dans les limites déterminées par la loi, que pour rétribuer un service rendu à l'avantage personnel et exclusif des usagers. Elles doivent faire l'objet d'une assemblée des collectivités territoriales[283].

L'institution d'une redevance relève de la compétence de l'organe délibérant. Lorsque le conseil de la collectivité décide d'en instituer, il fixe alors, conformément aux dispositions légales et réglementaires en vigueur, l'assiette, le taux ainsi que les modalités de son recouvrement.

Au Mali, à travers la loi du 15 juillet 2011, les collectivités territoriales peuvent en tirer des ressources qui varient certes selon son importance, mais également selon le mode d'exploitation et de gestion. Force est de reconnaître qu'elles ne connaissent toujours pas la valeur de leur patrimoine comme elles ne pratiquent pas toujours une gestion rationnelle de celui-ci.

Cependant, les collectivités territoriales maliennes bénéficient d'une capacité d'action plus effective, puisqu'elles ont la possibilité de fixer directement le taux des taxes (A) ou des redevances (B) perçues en contrepartie des services publics locaux.

A- Les taxes rémunératoires :

Dans certains cas, la différence entre impôt et redevance pour un service obligatoire est ténue. Une solution intermédiaire a parfois été introduite par

---

283 Ces taxes ou redevances font l'objet du sous-titre 71-7 de la nomenclature budgétaire et comptable des collectivités territoriales (art.11 de la loi) et du district de Bamako. Telles que visées par certaines dispositions de la loi n° 00-36 du 15 juillet 2011 déterminant les ressources locales au Mali.

la jurisprudence, avec les taxes rémunératoires. Cette qualification repose sur une distinction entre :

- Les taxes communales pures et simples, dont l'État n'est pas redevable en vertu du principe général de droit suivant lequel les biens du domaine public ou les biens du domaine privé affectés à un service d'utilité publique sont exempts d'impôts ;
- Les taxes communales rémunératoires (ou compensatoires ou de compensation) ; ces taxes rémunératoires ne peuvent être qualifiées de redevances ou de rétribution, faute d'une liberté du citoyen d'accepter ou non le service et la redevance y afférente[284] ou faute d'habilitation par la loi.

Ces mots « *taxe rémunératoire* » sont donc réservés aux seuls cas où la rétribution est perçue à titre d'impôt[285]. Cependant, ces taxes comportent un service spécial rendu ou procuré à certains redevables[286]. La taxe rémunératoire vise alors, non à subvenir aux besoins financiers généraux de la communauté, mais à compenser les frais d'un service particulier dont le contribuable a bénéficié, même s'il lui a été imposé[287]. En effet, la qualification de taxe rémunératoire implique qu'il y ait un rapport apparent et raisonnable entre la taxe et des travaux. On peut constater ce lien plus particulièrement entre les dépenses que ces travaux occasionnent et l'avantage qui en a découlé[288].

Ainsi, dans le cas de telles taxes accompagnées d'un service, et d'après certaines décisions judiciaires du moins, ces taxes sont quand même dues par l'État par qu'elles sont perçues aux fins de couvrir des dépenses qui profitent directement aux propriétés y compris celles de l'État et qu'elles remplissent donc les conditions de la redevance, et ce même si les sommes sont qualifiées d'impôts.

Est par exemple une telle taxe rémunératoire, la répartition des frais de curage des cours d'eau non navigables, qui n'est pas indépendante de toute idée d'un service particulier rendu aux redevables, de sorte que la part contributive des riverains et usagers dans les frais a un caractère rémunératoire et que les organismes publics en sont redevables également.

---

284 R. WILKIN, les taxes communales, Bruylant, 1943, p. 30 (auteur qui désapprouve justement cette solution).
285 E. K., note sous Cass., 2 février 1977, Pas., 1977, I, p. 601.
286 Cass., 12 mars 1877, Pas., I, p. 143. Cass., 1er avril 1946, Pas., 1946, I, p. 122.
287 R.P.D.B., taxes provinciales et communales, t. XIV, 1953, n° 38, p. 68.
288 C.E., arrêt Ville d'Alost n° 23 155 du 26 avril 1983.

C'est une taxe exigée pour assurer le fonctionnement ordinaire de services mis à la disposition de l'ensemble des habitants d'une commune, qu'ils jouissent ou non de services dont celle-ci veut se faire rémunérer[289].

B- Les redevances :

La gestion des services publics locaux fait l'objet d'une attention particulière de la part des élus. La réalisation de ces services qui, pour la plupart ne sont pas obligatoires, a un caractère impératif de fait pour les gestionnaires locaux qui ont la charge de répondre aux besoins de la population. Ces services sont multipliés sous la pression de l'évolution économique et sociale[290].

Si la Constitution du 25 février 1992 du Mali réserve au législateur le pouvoir de créer les recettes de nature fiscale (impositions de toutes natures), il n'entend pas cette exclusivité de compétence aux recettes de nature non fiscale. À cet égard, le Conseil d'État a clairement indiqué que *« ne sauraient être regardés comme réservés à la loi, l'institution ou l'aménagent de redevances demandées à des usagers en vue de couvrir les charges d'un service public déterminé par des collectivités territoriales, et que les usagers trouvent directement leur contrepartie dans les prestations fournies par le service »*[291]. Il reste à préciser les critères distinctifs d'une redevance, afin de savoir la recette que les collectivités territoriales peuvent librement instituer.

Les critères permettant de caractériser les redevances et de les distinguer d'autres types de prélèvements, notamment fiscaux, ont été dégagés par la jurisprudence administrative il y a une trentaine d'années et confirmés ensuite par la jurisprudence du Conseil constitutionnel. Ils sont au nombre de trois (3) :

- le premier est relatif à l'origine de la recette, elle est la contrepartie d'un service rendu ;
- le deuxième est relatif au redevable de la recette, il ne peut que s'agir l'usager du service ;

---

[289] V. SEPULCHRE, Mémento de la fiscalité locale et régionale, Wolters Klumer, 2018, p. 346.
[290] M. BOUVIER, op, cité, p. 113. Voir aussi R. HERTZOG, perçoit une évolution à cet égard depuis une dizaine d'années, in Rapport introductif à la table-ronde *« De nouvelles pratiques de gestion »*.
[291] *Ibid.*

- le troisième est relatif au montant de la recette, il repose sur un principe d'équivalence et de proportionnalité entre l'avantage retiré et la somme payée.

Des services publics locaux au Mali, l'état civil est l'illustration parfaite : certification des documents administratifs est de 100 FCFA à 3000 FCFA, la célébration des mariages est de 22 500 FCFA jours ouvrables et 27 500 FCFA jours fériés. La délivrance des permis de construire varie entre 10 000 à 15 000 FCFA selon les collectivités[292].

Force est de reconnaître que ces taxes ne sont régulières que dans quelques communes urbaines au Mali. En effet, dans les communes rurales, elles sont tellement dépourvues de moyens de développement et les analphabètes ne se sentent pas concernés par ces taxes, notamment le certificat de mariage et le permis de construire.

Le montant des ressources propres des collectivités bien qu'en légère augmentation est encore très faible. Depuis 2007, le produit des ressources propres des collectivités territoriales (en particulier les ressources non fiscales) a augmenté significativement, mais son montant reste peu élevé, et en tout état de cause très insuffisant pour faire face aux besoins de financement des dépenses de fonctionnement des collectivités territoriales[293]. Elles atteignaient en 2013, 110 Mds FCFA, soit 13 % des recettes fiscales nationales et 2,05 % du PIB. Cette croissance s'explique très largement par l'accroissement des transferts aux collectivités territoriales qui constituent environ 75 % des ressources locales globales en 2013. Avec 7 200 FCFA par tête, les ressources locales globales demeurent néanmoins limitées.

En ce qui concerne les recettes non fiscales (produits des services du domaine et ventes diverses), le constat est similaire. 13 catégories de produits ont représenté en 2012 plus de 80 % des recettes non fiscales recouvrées par les collectivités territoriales, tandis que 30 autres catégories représentaient respectivement 1 % ou moins du total des produits non fiscaux.

---

292 Entretien avec Monsieur MAMADOU SACKO, conseiller maire, du Point'G/ commune III de district de Bamako. Et le (CE, Ass., 21 nov.1958, Syndicat national des transporteurs aériens). Réalisé par MODIBO FOFANA dans le cadre de la thèse, La gouvernance financière des collectivités territoriales du Mali, Université Gaston Berger, Saint-Louis.

293 B. TAICLET, M. L. BERBACH, M. SOW, *« Réussir la décentralisation financière au Mali »*, FMI, février 2015, p. 18.

Relativement aux recettes fiscales et parafiscales, le niveau des ressources de la capitale Bamako (65 %) est décevant vu le niveau des infrastructures et les multiples ressources non exploitées. Cette statistique nous permet de dévoiler en même temps un problème de transparence et la mauvaise volonté de décideurs locaux. Par contre, à Ségou, à Mopti (90 %) et à Tombouctou (85 %), les ressources fiscales et parafiscales sont salutaires. À Kayes (89 %)[294], vu les ressources potentielles générées par le foncier, l'élevage et l'aide incalculable de la diaspora aux communes de Kayes, les données devraient être meilleures que celles de Ségou et Mopti). En revanche, les subventions et autres ressources révèlent des entraves énormes à signaler. Si les subventions des collectivités comme Kidal (100 %), Tombouctou (95 %), Mopti (96 %) et Koulikoro (82 %) montrent que ces collectivités ne sont pas viables, ainsi leurs autonomies sont compromises totalement dépendantes des subsides de l'État et partenaires financiers.

Si l'on part du fait que dans un système décentralisé l'origine des ressources servant au fonctionnement des collectivités territoriales importe moins que leur volume, l'on peut être tenté de penser que l'autonomie financière de ces entités peut être alimentée par des ressources essentiellement externes. Mais il s'agit là d'une perception erronée, car une autonomie financière réelle suppose que les finances locales proviennent essentiellement des ressources propres. Comme le souligne André ROUX, « *la quantité des ressources n'est pas un élément suffisant et la qualité des ressources, ainsi que leur origine, permettent de mieux qualifier le degré d'autonomie financière des collectivités* »[295]. Il en résulte que ces collectivités territoriales ne disposent pas d'une marge de manœuvre significative sur leurs dépenses qui correspondent pour l'essentiel à des dépenses de fonctionnement.

---

294 *Ibid.*

295 A. ROUX, « *L'autonomie financière des collectivités locales en Europe* «, Rapport introductif, Annuaire international de justice constitutionnelle, 2006, Paris, Economica-PUAM, p. 505.

CHAPITRE 2

LA FAIBLE CAPACITÉ D'INVESTISSEMENT DANS LE DÉVELOPPEMENT LOCAL

Des collectivités territoriales, nouvellement créées ou dotées de compétences renforcées, prennent en charge la gestion de certains biens publics et la perception de recette fiscale. La proximité géographique entre administrateurs et administrés, médiatisée par la tenue d'élections, doit contribuer à la transparence puis à la pertinence des choix de politiques publiques locales.

Il faut préciser que la décentralisation n'est pas synonyme de développement local puisque des collectivités ne disposant pas de compétences avérées le freineront plus qu'elles ne le stimuleront. On considère souvent celle-ci comme une chance pour le développement local si elle est menée correctement. La redistribution des compétences aux instances administratives locales doit permettre d'apporter aux besoins des populations des réponses plus efficaces. Cette volonté politique n'a pas toujours été présente dès le départ et n'a souvent pas duré, comme en témoignent aujourd'hui les difficultés des gouvernements à poursuivre les réformes de la décentralisation[296].

Tout d'abord, tous les acteurs soulignent que plus qu'un contenu, le développement local est une démarche, un processus dynamique alimenté par des attitudes et des comportements axés sur l'action plutôt qu'un ensemble de procédures prédéterminées. Le développement local est un « *mode ou mouvement social ?* », s'interrogeait le sociologue M. JOLIVET[297]. Quoi qu'il en soit, l'expression « *développement local* » s'est progressivement imposée pour caractériser une grande diversité d'expériences et d'actions au nord comme au sud, en milieu rural et dans les quartiers urbains. Elle fait aujourd'hui l'objet de multiples discours. « *Cette expression courante et redondante qui dans une première impression veut tout et ne rien dire, qui glisse des mains et s'écoule de*

---

[296] A. CHAMBE, « *Etude sur la notion de développement local* », actes de la journée de l'Association des professionnels du développement urbain et de coopération (AdP), in Les ressources du développement local, septembre 2004, p. 10.
[297] M. JOLIVET, « *Le développement local, mode ou mouvement social ?* », in Economie rurale, n° 166, 1985, pp. 10-16.

l'esprit dès qu'on cherche à la saisir. Comme en préserver les richesses et les potentialités inouïes, tout en évitant l'usure propre à toutes les politiques et procédures ? »[298].

La notion du service public local est ancienne[299]. Le service public local existe au niveau d'un territoire plus réduit que la nation, au niveau de la région, du cercle ou de la commune. Les réseaux sont de petite taille, la régulation et le contrôle s'exercent de manière différente[300].

Les services publics locaux sont également très nombreux. Certains sont obligatoires du fait de la loi que les collectivités territoriales doivent assurer. D'autres, en majorité, sont facultatifs, leur existence est soit autorisée par la loi si la collectivité souhaite les mettre en place, soit liée à un intérêt local qui conduit la collectivité à créer un service public particulier.

Les services publics locaux sont « *l'une des expressions les plus concrètement de l'autonomie des collectivités locales et un puissant moyen dont celles-ci disposent pour servir l'intérêt général* »[301].

Il existe deux conceptions fondamentales des services publics. D'une part, la conception organique qui assimile le service public à l'entité publique qui rend le service et qui fait sortir du service les secteurs ayant fait l'objet de privatisations de l'opérateur public. D'autre part, une conception fonctionnelle, qui met l'accent sur les objectifs, les finalités, les missions des services, et qui renvoie à des biens et services considérés comme essentiels. Nous nous focaliserons sur cette deuxième conception qui laisse entière la question du statut-public, mixte ou privé — de l'opérateur.

Ainsi, le terme de développement local, en fonction des acteurs impliqués, des fondements idéologiques et politiques et des contextes d'interventions recouvre des approches et des pratiques différentes. Au

---

[298] *Ibid.*

[299] X. BEZANÇON, « *Une approche historique des services publics locaux* », in Le service public local, PUG, 1998, pp. 23-75.

[300] K. T. NOUARA, « *Le service public local au service du développement durable* », in Marché et Organisation, sous le thème : Développement durable et responsabilité sociale des acteurs, L'Harmattan, n° 8, 2009, pp. 79-102.

[301] J. SAYAH, Quelques remarques sur les principes directeurs pour les services publics locaux en Europe, in le service public local, Presses Universitaires de Grenoble, Grenoble, 1998, pp. 121-132.

lieu d'éclaircir ce qu'est le développement local, la multiplicité des discours obscurcit son objet et son contenu[302].

Sans chercher à le définir de manière générale, on peut envisager le développement local dans un sens large, comme « *un processus par lequel les gens se donnent un ensemble d'institutions pour mettre en valeur, collectivement et individuellement, des ressources sur un territoire donné* »[303]. C'est-à-dire que c'est des stratégies concertées pour le développement intégré des territoires.

Ainsi, on peut le définir comme « *une méthode, une approche, mais qui peut être opérationnalisée avec des outils différents selon les contextes* »[304]. Pourtant, même considéré comme une « *pratique* », une « *méthode* », le développement local n'est pas une science exacte, mais apparaît comme un délicat équilibre à trouver.

La participation au financement des collectivités territoriales est une question de pouvoir de ces entités capables d'initier une solidarité citoyenne et une légitimité opérationnelle dans la délivrance de biens et de services publics locaux. Ces derniers ne peuvent s'instituer qu'à condition de disposer d'un minimum de ressources financières leur permettant d'être autonomes et d'asseoir leur légitimité sur des prises de décision et sur un fonctionnement mettant en jeu des choix qui sont de nature politique sur les équipements à réaliser et sur les modalités de leur gestion.

Ainsi, les ressources financières ont un véritable enjeu pour le développement local. Ces moyens influencent le développement local. L'inadaptation du cadre fiscal et financier provoque automatiquement un déséquilibre dans la mise en place et l'entretien des services publics de base. En effet, au Mali, tout ceci débouche sur le constat qu'il y a soit l'impuissance des CT à porter le développement économique (section 1) ou soit l'incapacité à porter le développement social (section 2).

Section 1 : La part budgétaire accordée au développement économique

Depuis plus de vingt ans, le monde connaît des mutations économiques et institutionnelles (globalisation, régionalisation, décentralisation)

---

[302] E. BARRAU, Développement local : renforcement des acteurs locaux et décentralisation, conception et mise en œuvre d'une démarche de développement local en Mauritanie, mémoire de DESS, Paris VIII, 2004-2005, p. 06.

[303] Groupe Initiative, rapport 2002.

[304] Document de synthèse d'un atelier national au Sénégal, 1998.

combinées à l'émergence du territoire comme un niveau pertinent de réflexion et d'action économiques. Ces mutations posent sous un jour nouveau les questions du développement socio-économique et de la gestion politico-administrative sur le plan local. Le territoire devient une « *variable centrale dans le renouvellement de la problématique du développement* »[305].

En dépit des initiatives locales de développement, l'insuffisance des ressources financières des collectivités territoriales constitue le principal blocage à la concrétisation des initiatives. La structuration déséquilibrée comme développée précédemment reste une réalité : les dépenses de fonctionnement représenteraient 90 % voire 95 % des dépenses totales et celles d'investissement s'élevant à moins de 10 % la plupart du temps. Ce fort déséquilibre amène à un échec certain des initiatives et projets de développement des collectivités.

Au Mali, comme ailleurs dans les pays en voie de développement, l'idée d'un développement « *par le bas* », « *par et pour les populations* » opposée à un développement « *par le haut* » qui, du ressort de l'État, nourrit une conception du développement local ayant une partie liée avec les mouvements de solidarité internationale de type ONG.

De nature résolument endogène, le développement local ne s'affranchit pas totalement du rôle des pouvoirs publics, et surtout des locaux. La fourniture de services efficaces, la coordination d'initiatives et de programmes d'appui variés, l'incitation financière et, plus largement, l'accompagnement et la facilitation des dynamiques productives localisées relèvent, selon NADVI et SCHMITZ d'une combinaison judicieuse d'actions publiques et privées[306]. L'environnement institutionnel et le cadre administratif dans lesquels s'opère cette combinaison constituent dès lors un enjeu des débats sur les ressorts de la performance productive locale qui interpelle les politiques de décentralisation à l'œuvre au Mali. Si la construction d'un territoire par les acteurs locaux ne se confond pas avec la création d'un espace politico-administratif à l'échelle locale, les

---

305 B. PECQUEUR, « *Le développement territorial : une nouvelle approche des processus de développement pour les économies du sud* », communication au colloque international sur « *La décentralisation au service du développement local* », Tizi Ouzou, 27-28 novembre 2004, pp. 27-47.

306 K. NADVI et H. SCHMITZ, Industrial Clusters in developing Countries, World development, vol. 27, n° 9, septembre, 1999, Special issue, Pergamon.

collectivités territoriales sont cependant amenées à jouer un rôle particulier dans la gouvernance territoriale[307].

Que ce soit en contribuant à la création d'emplois, en essayant d'attirer des entreprises sur leur territoire, en améliorant leur cadre de vie urbain ou, enfin, en transformant leur image, les collectivités territoriales ont choisi de s'engager dans le développement local[308].

À l'heure actuelle, le constat des différentes réalisations locales ne paraît pas, en dépit des avancées décentralisatrices, avoir débouché sur des résultats probants. Ceci du fait de l'insuffisance d'infrastructures de communications de la prise en charge de services publics locaux de base (Paragraphe 1), mais de l'insuffisance d'équipements de production (Paragraphe 2).

Paragraphe 1 : Les moyens financiers consacrés aux routes et voiries

Les mutations vécues par les collectivités territoriales maliennes au milieu des années 90 ont repensé la manière de gouverner les territoires. Dans un contexte de concurrence inter-territorial accrue, les élus locaux apparaissent de plus en plus comme des manageurs publics devant fixer des objectifs de développement de leur territoire dans un calendrier établi. Ce contexte concurrentiel les oblige à développer un marketing territorial afin « *d'améliorer la part de marché d'un territoire donné dans les flux nationaux et internationaux de différentes natures (commerce, investissement, tourisme, compétences)* »[309]. La stratégie alors développée pour atteindre ces objectifs doit tenir compte de différents paramètres (économiques, sociaux, environnementaux, fiscaux, légaux, etc.) endogènes ou exogènes au territoire. L'amélioration des conditions de vie de la population locale passe également par la définition d'une communication territoriale[310].

---

[307] A. PIVETEAU, « *Décentralisation et développement local au Sénégal : chronique d'un couple hypothétique* », Revue Tiers Monde, n° 181, 2005, pp. 71-93.

[308] A. DUBRESSON et Y. - A. FAURE, « *Décentralisation et développement local : un lien à penser* », Revue Tiers Monde, n° 181, 2005, pp. 7-20.

[309] F. HATEM, « *Le marketing territorial : principes, méthodes et pratiques* », Eyrolles, Paris.

[310] C. HAUTBOIS et M. DESBORDES, « *Le sport dans la stratégie de communication des collectivités territoriales : le cas de la Seine–Saint-Denis* », Politiques et management public, vol. 28/4, octobre-décembre, 2011, pp. 509-530.

La communication est un vecteur physique de la société de l'information, au bénéfice des utilisateurs, entreprises, corps institutionnels (éducation, administration, santé, environnement). Elle s'intéresse d'abord, sous l'angle des sciences économiques, à la question de l'allocation des ressources et de la coordination des agents économiques[311].

La dynamique territoriale d'attractivité résultant de la qualité des investissements dans les infrastructures renvoie aux stratégies axées sur la construction de capacités locales.

Les transports qui permettent de s'adapter à l'hétérogénéité de l'espace et à l'inégale distribution des ressources nécessaires à l'activité socio-économique tiennent une place essentielle dans l'économie et l'organisation sociale.

Le Mali accuse un retard énorme dans le développement du secteur de la communication comparé à certains pays de la sous-région. Le coût du téléphone est encore très élevé et la qualité des services de télécommunication est faible. C'est pourquoi, au regard de ces insuffisances, le gouvernement du Mali se propose d'assurer, dans le cadre de la stratégie de lutte contre la pauvreté, l'accès des populations aux services de communication par le désenclavement intérieur et extérieur du Mali. Le désenclavement devrait se réaliser à travers une politique de desserte de toutes les localités de 5 000 habitants et une intégration aux réseaux sous régional et international[312].

Les espaces économiques peuvent être construits par la combinaison optimale de divers facteurs : « *les infrastructures, l'abondance de la main-d'œuvre, les capacités de production, la technologie, le réseau commercial et les terrains industriels* »[313]. Cette construction implique que tous ces facteurs fonctionnent au mieux de leurs capacités, les infrastructures de transport agissant comme catalyseurs. Ces dernières sont considérées par la Banque Mondiale comme des « *indicateurs de participations aux*

---

[311] H. MIQUET, « *L'articulation des initiatives publiques locales et privées dans le déploiement des réseaux de communications électroniques ! Fondements et instruments juridiques* », Annuaire des collectivités locales, n° 34, 2014, pp. 647-655.

[312] D. DOUGNON, I. BOCOUM…, « *École et décentralisation : le cas du Mali* », Cahier de recherche de l'IIPE (Institut International de Planification de l'Éducation, UNESCO, 2008, p. 11.

[313] P. KRUGMAN, A.J. VENABLES, « *Globalization and the inequality of Nations* », Quarterly journal of economics, n° 110, 1995, pp. 137-150.

activités nationales, régionales et internationales »[314]. Elles constituent la mesure de l'efficacité économique qui conditionne la réussite du développement.

De nombreux travaux portant sur les théories de la croissance endogène (ROMER[315] ; LUCAS[316] ou BARRO[317]) ont montré le rôle catalyseur que peuvent jouer certaines activités dont celles liées aux infrastructures de transport sur la croissance économique. Ces externalités jouent un rôle dans le développement des territoires si elles sont positives. Comme le souligne HENNER[318], l'utilité sociale de ces infrastructures de transport est alors supérieure à l'utilité privée calculée par les acteurs du marché qu'elle soit mesurée en termes de coûts ou en termes d'utilité marginale de l'acheteur. Et Généreux[319] d'ajouter que l'utilité d'une route est d'autant plus forte qu'elle est associée à d'autres routes, et un système routier adapté au besoin de communication des entreprises accroît leur productivité. Ces infrastructures conduisent à des effets de diffusion de la croissance par le biais des échanges extérieurs et des investissements productifs en réduisant les coûts de transport entre territoires et les coûts de transaction entre agents éloignés. Selon Simon, les agents ont « *une rationalité limitée ou procédurale* »[320] en termes de capacité cognitive et d'informations disponibles. Lors d'un choix complexe, ils cherchent non pas à maximiser leur utilité, mais à trouver des solutions acceptables, c'est-à-dire un niveau de satisfaction dans une situation d'incertitude où « *toute transaction engendre des coûts à sa réalisation : coûts liés aux défaillances du marché, à la transmission d'informations, d'inputs, d'outputs, de savoir-faire ou de marchandises* »[321]. Ces coûts augmentent avec l'éloignement

---

[314] Banque Mondiale, Rapport sur le développement dans le monde, Banque Mondiale, Washington, 1996.

[315] P. ROMER, « *Increasing returns and long-run growth* », journal of political economy, vol. 94, 1986, pp. 102-1037.

[316] R. E LUCAS, « *On the mechanics of economic development* », journal of monetary economics, n°22, 1988, pp. 3-42.

[317] R. J. BARRO, « *Gouvernment spending in a sjmple model of endogenous growth* », Journal of political economy, n° 98, Octobre 1990.

[318] K. F. HENNER, « *Infrastructures et développement* », Mondes en développement, tome 28, 109, 2000, pp. 79-86.

[319] J. GENEREUX, Les vraies lois de l'économie, Economica, 2001, p. 356.

[320] H. SIMON, « *Rationality as process and as product of thought* », T. ELY Richard lecture, Carnegie, Million University, American association, n° 2, 1978.

[321] C. BAUMONT, « *Economie géographique et intégration régionale : quels enseignements pour les pays d'Europe centrale et orientale ?* », Document de travail n° 9811, Octobre 1998.

géographique des marchés où se déroulent les activités transactionnelles[322].

Les agglomérations urbaines sont des lieux d'intensification d'échanges, des espaces de création de richesses et de demande solvable. Les réseaux de commerce et de transport constituent un élément essentiel de l'articulation spatiale. L'urbanisation des villes maliennes qui prend des formes variées met en relation des centres économiques. Les localités les moins urbanisées sont les plus exposées aux difficultés d'approvisionnement. Ces infrastructures peuvent attirer aussi « *les activités intensives en connaissance concentrées sur des territoires riches en ressources cognitives spécialisées* »[323]. La construction de ces infrastructures fournit temporairement des emplois à de nombreux chômeurs et sans emploi. Les revenus distribués permettent de satisfaire une demande induite de biens de consommation dont le niveau et la structure peuvent jouer un rôle dans l'incitation des firmes à investir. Ce mécanisme crée, à son tour, des débouchés aux produits locaux. Ces emplois peuvent conduire à une croissance économique auto-entretenue, si les dépenses d'investissement sont réinjectées périodiquement pendant toute la durée du projet. Cette dotation infrastructurelle nécessaire est en mesure d'atténuer la pauvreté et les disparités[324].

Les réseaux routiers permettent de communiquer les différentes collectivités et créent en même temps la proximité ; cela à l'avantage de transformer en atouts le triple inconvénient de la distance, de la faible densité et de la division. L'existence d'infrastructures de transport peut contribuer à corriger cette panne d'évolution historique pour lancer la machine du développement local soutenable. Ces infrastructures peuvent jouer un rôle dans la croissance par la stimulation des capacités des acteurs à faire évoluer les esprits, les méthodes et les structures vers l'exploitation rationnelle.

Au regard de toutes ces théories, la décentralisation était imaginée comme une opportunité de mieux communiquer dans un pays vaste et fort diversifié comme le Mali aussi bien du point de vue géographique, économique, culturel et même social. Le processus de décentralisation en

---

322 H. M. ABDO, « *Rôle des infrastructures de transport dans la construction de l'espace ouest-africain* », p. 05.

323 M. BENLHACEN, « *Délocalisations-relocalisations : quelles implications économiques et managériales ?* », communication pour les journées d'études du CESEM-HEM, Casablanca, les 12-13 mars, 2011.

324 H. M. ABDO, *op. cit.*

marche depuis 1993 n'a pas été en mesure de mettre les territoires locaux étroits sur des trajectoires d'échanges pouvant impulser la dynamique du développement.

On constate, de façon générale, un transfert croissant des compétences du pouvoir central vers la périphérie, mais ce transfert ne s'accompagne pas toujours des ressources nécessaires ni de moyens de gestion financière suffisants. Ainsi, les art. 22 ; 95 et 163 du code des collectivités territoriales transfèrent ce pouvoir aux différentes entités décentralisées pour la réalisation des infrastructures routières et de communication. L'histoire de la Méditerranée nous enseigne que transport et logistique ont de tout temps constitué un outil de développement économique et un facteur de structuration et de cohésion des territoires. Reliant les territoires entre eux, s'organisant en «*plates-formes*» situées sur des nœuds stratégiques de réseaux denses, toujours plus segmentés et complexes, les infrastructures posent nécessairement la question du rôle avéré ou potentiel des collectivités territoriales dans la dynamique du «*plus, plus vite, plus loin*»[325].

Ainsi, cette politique permet de créer le rapprochement d'ordre économique. Cela a permis de mettre en réseau l'accès des zones de production vers celles urbaines qui sont par excellence des zones de consommation dont la liaison est très difficile. Cet état de fait est très handicapant pour le développement des zones dites de production reposant sur l'agriculture primaire (vivrière), pour cause de réseaux de communications. En dehors des communes rurales situées le long des principaux axes routiers, les autres sont dans une position d'enclavement quasi total, par manque de routes praticables en toutes saisons.

Ces constats amers constituent des facteurs qui influent négativement sur les efforts de développement local. En effet, les dispositions du code des collectivités territoriales confient la réalisation du développement économique local aux dites entités, qui passe par l'acquisition et l'entretien des moyens d'interconnexion entre les différentes collectivités. Cette communication inter-collectivité se fait par des réseaux routiers.

Pour réaliser l'ensemble des actions qui relèvent de leur compétence, les collectivités ont eu recours tant à des financements nationaux qu'à un ensemble de financements parallèles alloués par les partenaires financiers.

---

[325] A. PASTERNAK et J-P. PELLISSIER, « *Transport et logistique : enjeux territoriaux et rôle des autorités locales et régionales* », p. 01.

Il s'agit donc de mieux équiper les collectivités tant au niveau des outils de gestion que des capacités. Nous prenons l'exemple de Koutiala, commune et cercle[326] situé au centre du Mali, qui constitue un des terrains d'application du Programme de développement social urbain (PDSU). Initié par l'État malien et soutenu par la DDC, ce programme a pour but d'améliorer les conditions de vie dans les villes comme Koutiala et ses collectivités environnantes. Pour y parvenir, il fallait investir dans les infrastructures destinées à dynamiser l'économie locale.

Au départ, des études ont été menées pour déterminer les projets qui devaient répondre aux besoins fondamentaux des acteurs locaux et identifier les potentiels de développement économique de la commune et de son arrière-pays. Les études révélèrent des liens insuffisants entre la commune de Koutiala et les 36 collectivités du cercle, tant au niveau de l'aménagement territorial que des activités économiques[327].

Sur la base de ce constat, la DDC a appuyé plusieurs projets d'aménagements et de désenclavement afin de mieux relier la ville-mère de Koutiala et sa périphérie rurale. On peut citer de nombreux exemples comme la piste intercommunale M'Pessoba-Karangana Mallé-N'Tossoni longue de 17 km, la réalisation d'un réseau de drainage d'assainissement de plus de 8 km, la construction d'un complexe parc à bétail de 3 ha à N'Togonasso, des micro barrages dans les communes de Fakolo et Kapala, des équipements marchands à Koutiala, etc.

La mobilisation sociale et citoyenne qui a accompagné le processus de réalisation des infrastructures a permis d'organiser les associations d'usagers et de les former à la gestion et à l'entretien des ouvrages. Les collectivités territoriales porteuses de ces projets ont signé des conventions de délégation, de rentabilisation et de gestion des infrastructures avec les associations d'usagers. Par ailleurs, les 36 collectivités et la commune-mère de Koutiala ont formé un groupement communal pour mieux coordonner les actions de développement économique entre elles. Les

---

326 À l'image des cantons en Suisse, les cercles concentrent une multitude de communes et de villages en leur sein. La ville de Koutiala est le chef-lieu du cercle qui porte le même nom. Les cercles font partie du paysage administratif malien depuis 1999 et au total on en dénombre 49 dans tout le pays.

327 Confédération Suisse, la gestion publique locale en Afrique de l'ouest : partir de la base pour développer les pays, Direction du développement et de la coopération (DDC), Africa Brief, Division Afrique orientale et australe, octobre 2012.

agriculteurs et éleveurs se sont organisés en coopératives pour mieux défendre les intérêts du milieu rural.

Au final, ces projets ont permis de mieux relier la production rurale à la demande des ménages urbains, créant ainsi des emplois et des revenus pour les populations locales. Les activités socio-économiques ont significativement augmenté, tout comme la production et la productivité agricole, avec des effets positifs sur la sécurité alimentaire et l'économie locale[328].

Le transport se définit comme l'ensemble des moyens et des actions visant à déplacer quelque chose ou quelqu'un d'un lieu à un autre. C'est par nature une activité liée au territoire, à la dimension, à sa géographie, à son organisation physique, économique et institutionnelle[329]. Il assure la mobilité des personnes et des biens. Comme le souligne PLASSARD[330], la soif de mobilité, ce besoin d'aller toujours vers un ailleurs sans doute meilleur, que l'on retrouve dans toutes les sociétés, a poussé les hommes à imaginer sans cesse de nouveaux moyens de transport qui leur permettent d'aller plus vite et donc plus loin.

L'enclavement intérieur, la dégradation du réseau routier, la faiblesse des infrastructures de transport dans tous les domaines et secteurs sont des facteurs limitant les performances de l'économie des collectivités territoriales maliennes. En plus de leur intérêt économique, ces infrastructures permettront de renforcer l'unité nationale en reliant les différentes régions du pays les unes aux autres.

La densité routière réelle est actuellement de 1,33 km/100 km² contre une densité cible de 7,17 km/100 km². Cette densité est parmi les plus faibles du monde et de la sous-région (3,1 km/100 km² pour la CEDEAO et 4,7 km/100 km² pour le continent africain) mettant ainsi en exergue le degré d'enclavement du Mali en général[331]. Le réseau routier classé du Mali compte au total 89 024 km, dont 14,102 km de routes nationales (15,8 %) ; 7 052 km de routes régionales (8 %) ; 28 929 km de routes locales (32,5 %) et 38 941 km de routes communales (43,7 %). Il est détaillé par catégorie routière dans le tableau ci-après.

---

328 *Ibid.*

329 M. DIDIER, R. PRUD'HOMME, « *Infrastructures de transport, mobilité et croissance* », CAE, 2007.

330 F. PLASSARD, « *Transport et territoire, la documentation française* », 2003.

331 S. COULIBALY, « *Les dimensions sécurité routière dans les projets sectoriels des transports en Afrique : le cas du Mali* », communication.

Code	Désignation	Nombre de liaisons	Longueur (km)
RN	Routes Nationales	44	14 102
RR	Routes Régionales	40	7 052
RL	Routes Locales	836	28 929
RC	Routes Communales	3 701	38 941
TOTAL		4 621	89 024

Source CDMT 2005 (à actualiser une fois à Bamako)

À défaut d'avoir des données statistiques sur l'ensemble des routes des collectivités, nous prenons une fois de plus celles de Koutiala. Ainsi, le réseau routier de la localité de Koutiala comprend le réseau de routes classées et de routes non classées (qui désignent les voies qui ont été réalisées par la CMDT). Les routes et pistes existantes sur les différents supports cartographiques ont permis de délimiter une longueur totale de 4505 km. On obtient, effectivement, les données suivantes, pour l'hinterland : routes nationales : 356 km ; pistes entretenues : 429 km ; pistes saisonnières : 3720 km. Les principaux corridors routiers de l'hinterland de Koutiala sont : Bamako – Sikasso – Abidjan, route bitumée longue de 1225 km, dont 470 km au Mali (de Bamako à Sikasso)[332].

Le corridor est un passage couvert mettant en communication plusieurs villes, plusieurs États. Il les désenclave en leur donnant accès à la mer. En tant que pays continental, le Mali accorde une grande importance au corridor avec près de 81 % du trafic total international et 93 % du trafic total routier international, en 2000. Bamako – Kouri – Lomé (route bitumée longue de 1967 km, dont 612 km au Mali. Trois par contre, l'arrière-pays, vers l'Ouest (jusqu'au fleuve Bani) et vers l'Est et le Sud-Est (vers San et Yorosso), est desservi par un réseau routier constitué surtout de pistes saisonnières qui convergent vers les deux routes nationales déjà citées, au niveau de Koutiala. La superficie totale de l'hinterland de Koutiala est estimée à 9478,48 km. La densité routière y est de 47,53 km/100 km. Le réseau est donc très dense, par rapport à la moyenne du pays qui n'est que de 1,04 km/100 km. Cependant, cette bonne densité doit être relativisée quand on sait que près de 83 % de ces infrastructures routières sont des pistes saisonnières, c'est-à-dire des voies en très mauvais état en général, et surtout impraticables, en hivernage.

[332] A. BALLO, Infrastructures routières et économie des transports ?, Bamako, septembre, 2005.

C'est ainsi qu'on n'obtiendrait que 8,28 km/100 km, si l'on ne prenait en compte que des routes nationales ; et 3,79 km/100 km. En y ajoutant les pistes entretenues. Cette dernière valeur est très proche de la densité routière de la CEDEAO (3,1 km/100 km) et de celle du continent africain, en général (4,7 km/100 km). La carte ci-dessous montre ce maillage de l'espace de Koutiala et son hinterland. Les infrastructures routières de Koutiala et de son hinterland, le financement de l'entretien routier demeurent l'un des problèmes, les plus brulants dans l'hinterland, à cause de ses coûts très élevés, par rapport à l'enveloppe allouée par l'État.

Par exemple, pour un budget prévisionnel de 600 millions de francs CFA, 290 millions seulement ont été dégagés, pour l'année 2005, soit un taux de décaissement de 48 %. Les besoins pressant dans toutes les communes, en termes de construction, d'entretien et/ou de réhabilitation de routes, il se pose un problème réel d'arbitrage pour pouvoir faire face à cette situation. Cette situation est aggravée par le retrait de la CMDT (Compagnie Malienne pour le Développement des Textiles) de l'entretien des pistes dans l'hinterland. Dans ce contexte, l'intercommunalité devient une nécessité pour discriminer les priorités de développement, en matière d'infrastructures routières, priorités à mettre en concordance avec celles de la CETRU, chargée spécifiquement des travaux sur les voies prioritaires. Aussi, l'Agence nationale d'investissement des collectivités territoriales (ANICT) peut-elle aussi être perçue comme une alternative dans la réhabilitation et l'entretien des routes de l'hinterland de Koutiala[333].

En effet, créée par la loi n° 00-042 du 7 juillet 2000, l'ANICT est un établissement public national qui gère les subventions affectées à la réalisation des investissements communaux dont l'initiative revient à ces collectivités territoriales. Chaque investissement financé par l'ANICT est accompagné d'une contribution des communes qui sont les maîtres d'ouvrage.

1- Contribution des populations aux réalisations d'infrastructures rurales à Koutiala 6 855 800

2- Réhabilitation de pistes agricoles de Sanguela à Tiere 3 748 836

3- Réhabilitation Construction d'un pont à Nafanga 1 733 400

4- Réhabilitation de la piste Forosso – Koloni 2 537 538

5- Construction d'un pont à Basso 3 063 216

[333] *Ibid.*

6- Achèvement d'un pont 3 332 195

7- Construction d'un pont, 550 682

8- finition de poteaux 1 734 246

9- Construction d'un pont 2 073 361[334]

Source 1 : Service de l'Urbanisme de Koutiala

Aujourd'hui, c'est donc la participation des populations à leur propre développement qui constitue un atout majeur pour la gestion des infrastructures routières.

Cette participation est surtout mise à contribution pour la réhabilitation de tronçons de pistes. Ces derniers, sous l'effet du ruissellement, finissent par être impraticables, pouvant provoquer la rupture du trafic. Il peut s'agir aussi de la réparation d'un ouvrage d'art de fortune qui cède ou encore la construction de pistes rurales pour transporter le coton champ.

Les initiatives locales peuvent être appuyées par l'octroi de matériels et équipements collectifs. Dans la ville de Koutiala, la participation des populations a consisté en la construction de ponts (à Sogombougou) et à l'aménagement de caniveaux (à Koulikoro, Medina Coura et surtout un collecteur à Hamdallaye).

Paragraphe 2 : Les moyens financiers consacrés aux équipements de production

La décentralisation ne saurait s'ancrer durablement dans le vécu quotidien des populations d'une part sans un développement des tissus économiques locaux. D'autre part, le développement économique local suppose un environnement infrastructurel de bonne qualité. En effet, il est d'habitude que c'est l'investissement public qui attire l'investissement privé[335], la construction de l'environnement infrastructurel se heurte à un problème majeur qui est celui de la modicité des ressources locales[336].

---

[334] *Ibid.*

[335] F. P. YATTA, *« Partenariat pour le développement municipal »*, précité, p. 5.

[336] Malgré tous ces arrangements financiers entre l'État et les collectivités locales, le niveau de décentralisation fiscale reste très faible. En effet, l'instrumentation des ressources locales demeure toujours une contrainte majeure, car le système fiscal se caractérise par les difficultés de l'appareil fiscal ; les assiettes sont souvent difficiles à saisir, car les systèmes d'information sont rares et la capacité institutionnelle de l'administration fiscale est très faible du fait d'un niveau de formation et de motivation très bas. Résultat, les taux de recouvrements des ressources des collectivités locales restent

La réalisation de cette opération demande des moyens énormes aux collectivités territoriales. Les collectivités territoriales maliennes ont très peu de capacités d'investissement qui se réduisent pour l'essentiel à des équipements de proximité (marché, centre social, stades ou terrain municipal...) et à l'assistance sociale. Pour les rendre viables, il était préconisé de réunir un certain nombre de collectivités synonymes de coquilles vides, puisqu'incapables d'accomplir leurs missions.

Une fois les équipements identifiés, leur coût est à établir de manière raisonnable compte tenu des éléments dont les collectivités ont la maîtrise. Il n'est pas toujours évident de connaître précisément ce coût : il dépend de la nature des équipements, du phasage, des prestataires, de l'évolution des prix et des aléas économiques. Lorsqu'un équipement doit être réalisé pour répondre aux besoins des futurs habitants ou usagers des constructions à édifier dans plusieurs opérations successives devant faire l'objet de zones d'aménagement concerté ou de programmes d'aménagement d'ensemble, la répartition du coût de ces équipements entre différentes opérations peut être prévue dès la première, à l'initiative de l'autorité publique qui approuve l'opération[337].

Selon le CGCT, « *les collectivités territoriales concourent avec l'État à l'administration et à l'aménagement du territoire, au développement économique, social, sanitaire, culturel et scientifique ainsi qu'à la protection de l'environnement et à l'amélioration du cadre de vie* ».

La responsabilité des élus locaux en matière d'aménagement du territoire se double d'une obligation de planification des investissements. Ils ont à réaliser des plans locaux de développement, destinés à élaborer une politique locale de moyen terme et à en déduire une planification et une programmation des investissements publics. Ces plans locaux sont élaborés en concertation avec les ministères impliqués dans la décentralisation, leurs structures sous tutelles et différents partenaires techniques et financiers. La plupart d'entre eux manquent d'une vision

---

à des niveaux très faibles. Malgré les innovations connues ici et là pour renforcer la mobilisation du produit des impôts et taxes locaux, force est de reconnaître que globalement, les ressources propres des collectivités locales demeurent encore faibles.

[337] J-J. GOUVERNATORI, Légalité du financement des équipements publics, Collectivités/Finances locales/Droit public économique, publié le 15/01/2013.

dans l'espace et ne sont pas associés à une cartographie qui permette d'apporter la dimension territoriale[338].

Le grand problème jusqu'ici est le manque de ressources financières. Pour l'instant, l'État a cherché à pallier le manque de ressources des collectivités par la création de nombreux projets d'appui financés par les partenaires au développement. Ces projets couvrent divers domaines : formation des personnels, développement économique, amélioration de l'offre de services et d'équipements en zones urbaines et rurales. Malheureusement, ces appuis ne couvrent pas l'ensemble des collectivités concernées. De plus, chaque bailleur de fonds cible un certain nombre de collectivités en fonction de logiques qui lui sont propres. Au bout du compte, on assiste à un saupoudrage de projets mal intégrés et non coordonnés. L'exécution de ces projets est assurée soit par les structures étatiques soit par les ONG. Cette intervention des bailleurs de fonds étrangers dans les collectivités territoriales pourrait poser quelques problèmes si elle se prolonge dans le sens où elle renforcerait la dépendance vis-à-vis de l'extérieur, rendant difficile la construction d'un équilibre entre ressources intérieures et extérieures. Cependant, si elle n'est pas durable, elle empêcherait toute tentative d'élaboration de plans de développement à moyen terme. Dans tous les cas, elle peut constituer un biais pour le fonctionnement démocratique, car les acteurs locaux n'ayant que peu de maîtrise sur l'affectation des fonds. Celle-ci peut ne pas correspondre à leurs propres priorités. Selon les moyens investis (financiers, formations…), les projets peuvent faire évoluer à l'échelle locale les rapports de force en faveur de certains acteurs publics ou privés et modifier ainsi le sens du processus. Il arrive également que les projets créent des organisations spécifiques pour assurer leur opérationnalité. Cette création peut accroître les tensions et susciter de nouveaux enjeux de pouvoir (financier, social, d'accès aux ressources…) qui poussent ces acteurs à s'investir dans les nouvelles structures pour des intérêts en contradiction avec les objectifs du projet[339].

L'autonomie locale en matière de planification est réelle. L'élaboration des plans associe les opérateurs privés et la société civile. Grâce à une

---

[338] C. ALVERGNE, *« Quelles politiques territoriales pour inscrire l'Afrique dans la mondialisation ? »*, l'aménagement du territoire en Afrique subsaharienne, Avril-Juin 2007, pp. 203-216.

[339] M. SAMOURA, *« L'expérience guinéenne de décentralisation »*, in L'aménagement au défi de la décentralisation en Afrique de l'ouest, Presses Universitaires de Mirail, 2005, p. 107.

politique de transfert de compétences et de moyens budgétaires, les collectivités territoriales s'investissent dans l'offre des services de base aux populations. Ainsi, nous constatons que plus de 80 % des dépenses d'investissement public local sont prises en charge par l'État et les PTF.

Rétablir des niveaux convenables d'investissement public urbain, à la mesure des enjeux, mettant en œuvre des mécanismes de maîtrise d'ouvrage et de financements soutenables et durables constitue l'un des défis auxquels tous les partenaires sont confrontés. Pour remettre à l'échelle la dépense publique urbaine, il est nécessaire de mobiliser conjointement toutes les sources concevables :

- Contribution directe des usagers de la ville (ménages, entreprises), en monnaie, grâce aux diverses taxes et impôts locaux, mais sans doute aussi contribution en nature, sous forme de fourniture de main-d'œuvre ou de matériaux ;
- Contribution des usagers et bénéficiaires non-résidents de la ville. L'analyse des échanges entre le milieu urbain et le milieu rural effectuée dans les études ECOLOC confirme que les ménages et les entreprises de l'hinterland accordent beaucoup d'importance à leur ville chef-lieu et ont tout intérêt à ce que celle-ci reste attractive, dynamique et efficace. Le prélèvement de la ville sur l'hinterland peut prendre diverses formes, dont la plus « *indolore* » et la plus répandue reste la mobilisation par la ville de l'épargne rurale. À défaut de réinventer l'octroi, il faut sans doute que la ville puisse tirer des ressources des activités périurbaines et notamment des entreprises privées et publiques situées hors du territoire de la commune ;
- Dévolution aux associations d'usagers et au secteur privé de tous les domaines pour lesquels l'intervention du secteur public ne s'impose pas ou doit même être évitée. C'est évidemment le cas du logement, mais aussi de certaines dépenses d'aménagement de terrains à construire comme les équipements secondaires et tertiaires des lotissements. C'est évidemment le cas des « *utilités* » comme l'eau et l'énergie, mais ce peut être aussi le cas de la plupart des équipements publics marchands tels que les marchés et les gares routières[340].

---

[340] J. M. COUR, « *Le financement de l'urbanisation et le développement local* », in Ecoloc, Gérer l'économie localement en Afrique : Evaluation et prospective, pp. 5 et 6.

Il s'agit d'évaluer le degré d'implication des opérateurs locaux dans la réalisation des infrastructures et grands équipements publics locaux (tels que les ouvrages hydrauliques...). Effet, il convient de remarquer les effets induits de ces chantiers sur l'économie locale[341]. On évaluera les effets d'entraînement des dépenses d'investissement et d'exploitation des investissements publics sur l'économie locale. On procédera si possible à une étude de l'impact des grands projets, comme les barrages... sur l'économie. Longtemps, les chercheurs s'interrogeaient sur l'ordre de priorité rural ou urbain. Étant donné que les pauvres vivent dans les zones relativement peu peuplées et dépendent fortement de productions liées aux ressources naturelles, leurs besoins en infrastructures sont différents de ceux des pauvres urbains[342]. Les deux groupes ont un accès limité aux infrastructures publiques ainsi qu'aux services, mais les contraintes physiques d'accès au travail et aux marchés de produits sont plus élevées pour les ruraux pauvres[343].

Le manque de ressources des collectivités territoriales fait qu'elles recourent beaucoup plus aux besoins de subventions ou aux aides pour couvrir les coûts de réalisation, mais aussi pour supporter les coûts liés à un niveau minimum de consommation[344]. Ainsi, on peut dire que cette difficulté à mobiliser les ressources pour le financement des subventions ciblées est un réel défi pour un grand nombre d'entités décentralisées. La solution la plus réaliste est assez souvent la subvention croisée. L'impact

---

[341] Idem, p. 34.

[342] La diversification des sources de revenus est un élément clé des stratégies de réduction de la pauvreté rurale et qui dépend des infrastructures pour être efficace (voir Ellis 1998 pour une revue).
Dans une revue de la littérature identifiant une trappe à pauvreté similaire à celle observée dans des régions avec de fortes populations rurales, comme en Afrique, Booth (2004) dresse la liste de huit factures utilisées par tous les auteurs pour expliquer la pauvreté qui est principalement rurale dans ces régions. De pauvres terres et infrastructures de transport maritime en sont un, qui fait que le développement des marchés est particulièrement difficile. Fan et Chan-Kang (2004) fournissent des preuves impressionnantes sur les canaux à partir desquels les infrastructures contribuent à la réduction de la pauvreté et montrent comment ces différents canaux peuvent être exploités entre pays et à l'intérieur des pays.

[343] A. ESTACHE, *« Infrastructures et développement : une revue des débats récents et à venir »*, Revue d'économie du développement, De Boeck, n° 4, Décembre, 2007, pp. 05-53.

[344] Les organisations internationales et la plupart des pays définissent un niveau minimum de consommation pour l'eau et l'énergie. Les règles de méthode font que les ménages dans les pays en développement ne devraient pas dépenser plus de 5 pour cent de leur revenu en eau et en assainissement ou plus de 5-10 pour cent en énergie (en fonction des régions).

des infrastructures en milieu rural sur l'amélioration de la productivité agricole et la réduction de la pauvreté rurale bénéficie d'un large consensus.

Les exigences budgétaires et les options financières sont intimement liées. Il s'agit de deux aspects liés d'un même problème : le montant du budget pouvant être alloué aux dépenses d'infrastructures pour atteindre un certain niveau de croissance dépend de la capacité des usagers à couvrir le coût d'investissement ou de fonctionnement et de l'abordabilité. La capacité budgétaire est le problème principal pour le financement des besoins d'investissement infra-national[345].

La mobilisation de capitaux privés supplémentaires pour les services d'infrastructures dépend donc fortement de l'appui dont bénéficient ces entités. C'est une possibilité de passer d'un mode de financement central unique au niveau de l'État à un accès aux marchés financiers privés pour couvrir leurs besoins[346].

Ainsi, se justifient les dotations du fonds National d'Appui aux Collectivités Territoriales auxquelles les collectivités s'appuient pour la réalisation de tel projet. Notamment, à travers son guichet. La Dotation pour l'Inter-Collectivité (DIC) leur est aussi favorable pour la réalisation d'équipements structurants communs pour faire des économies d'échelle.

Aux termes du manuel des procédures applicables au FNACT, le volume de la subvention octroyée aux collectivités territoriales pour réaliser des investissements sous leur maîtrise d'ouvrage a permis la concrétisation de 8 766 équipements de 2001 à 2014 avec une somme de 198 635 941 233 francs CFA mobilisés à cet effet.

Bien que la proportion de pauvres dans la population totale du Mali ait régressé, l'ampleur de cette pauvreté reste forte en milieu rural. En effet, 73 % des pauvres vivent en milieu rural et tirent essentiellement leurs revenus d'une agriculture pluviale à faible productivité très fortement liée aux aléas climatiques. L'accroissement durable des revenus agricoles est, par conséquent, fondamental pour la réduction de la pauvreté au Mali.

Dans ce contexte, l'agriculture irriguée, plus particulièrement l'irrigation de proximité, de laquelle une part importante de la

---

345 A. ESTACHE, précité.

346 *Ibid.*

population[347] vit, joue un rôle central pour la réalisation des principaux objectifs de réduction de la pauvreté et pour la création d'emplois. Cette population cible, bien que quantitativement, clairement déterminée, n'exploite qu'une partie du potentiel de l'irrigation de proximité dont environ 900 000 ha ont été inventoriés[348].

Les évolutions de l'investissement public local reflètent largement celles des dépenses d'équipement des collectivités territoriales. Le volume de l'investissement public local dépend aussi pour une part statistiquement significative de leur « *épargne brute* », qui est le solde de leurs recettes et dépenses de fonctionnement. Sa croissance est également plus importante lorsque celle du PIB est elle-même plus élevée.

Les politiques qui ont été mises en place au début des années 1990 dans plusieurs pays en voie de développement, particulièrement dans les Pays les Moins Avancés (PMA) comme le Mali, et les résultats de plusieurs programmes/projets en voie d'exécution d'agence multi- et bilatérales apportent de manière claire trois types de preuves :

i) Des investissements soutenus en infrastructures constituent des facteurs essentiels pour la réduction de la pauvreté et la croissance économique. Cela est particulièrement vrai en Afrique subsaharienne, où la productivité des autres secteurs est invariablement affectée par la faiblesse des infrastructures et des services. Il y a une interaction entre le développement des infrastructures et la croissance économique. En plus, il apparaît de plus en plus évident que si les infrastructures apportent une contribution à la croissance économique, cette dernière en est de même également au développement et vice versa.

ii) L'impact des infrastructures physiques sur la croissance et des besoins locaux et sont conçus de manière à tenir compte des usagers pauvres (par exemple, par la création d'emplois, la réduction des coûts et des prix, l'intégration de l'éducation et du

---

[347] Une étude du Projet d'Inventaire des Ressources Terrestres (PIRT) permet de dresser le panorama général suivant : superficie totale du pays 124 millions d'hectares, dont 74,8 millions d'hectares de déserts ; 5,5 millions d'hectares de forêts ; 43,7 millions d'hectares (35 %) utilisables pour l'agriculture et l'élevage. Les terres aptes à l'irrigation, y compris la grande et la moyenne irrigation, sous réserve d'aménagement, ont été classées en neuf *« régions hydrauliques »* dont le potentiel est estimé à 2 200 000 ha. La part de la population agricole dans la population totale est de 84,8 % en 2007, soit 10 493 088 personnes.

[348] Inventaire réalisé dans le cadre du PASAOP, entre 2003 et 2005.

renforcement des capacités, l'établissement de subventions capables effectivement de cibler les pauvres, etc.).

L'accent est mis sur la gestion et l'entretien des ouvrages et des infrastructures, y compris le recouvrement des coûts afin de sécuriser les investissements et les rendre durables.

De manière générale, les lois de la décentralisation comportent des cadres réglementaires imprécis, vagues et contradictoires, avec des relations confuses entre les collectivités territoriales et les ministères techniques, qui continuent à appuyer l'emprise du gouvernement central sur les affaires locales et/ou à relativiser l'importance de l'appui/conseil et de l'allocation des ressources.

Les gouvernements locaux disposent de ressources humaines, financières et logistiques inadéquates et leur personnel manque généralement de capacités techniques et managériales essentielles. Tout cela peut avoir un impact négatif sur la qualité des services publics. Par rapport aux décisions les plus importantes en matière de développement local, les gouvernements locaux sont obligés de poursuivre ou continuer les relations verticales (subordonnées) avec les ministères et les départements sectoriels.

Les fonctions des collectivités territoriales en matière de fourniture d'infrastructures peuvent entrer en collision avec les rôles des organisations communautaires et de la société civile.

Malheureusement, le développement de l'irrigation se heurte à toute une série de contraintes d'ordre institutionnel, technique et économique, notamment :

- L'insuffisance de financement pour développer l'irrigation. Les institutions financières nationales n'assurent pratiquement aucun financement à long terme pour permettre le développement de l'irrigation privée. L'État est quasiment le seul à investir véritablement dans l'irrigation grâce à des fonds provenant essentiellement de partenaires techniques et financiers ;
- La mauvaise conception des systèmes irrigués, l'insuffisance d'entretien des infrastructures d'irrigation et la médiocrité de leur gestion conduisent souvent à terme à leur abandon ;
- L'accès limité aux marchés, aux crédits et aux prestations de services en milieu rural se traduit par de faibles rendements et des

recettes médiocres d'exploitation et induisant un entretien et un amortissement très réduits de l'infrastructure d'irrigation ;

- Le manque de cadre de concertation fonctionnel aux niveaux local et régional.

Les expériences avec les aménagements hydro-agricoles de proximité sont multiples et très diverses. Elles varient selon les zones d'intervention, le partenaire technique et financier, la maîtrise d'ouvrage[349].

L'analyse des approches utilisées fait ressortir des différences d'un partenaire technique et financier à l'autre, que ce soit en termes d'identification, de planification, d'ancrage institutionnel, de méthodes de mise en œuvre, de mise en valeur et d'implication des communautés.

- Plusieurs initiatives intercommunales ne sont pas formalisées, car l'identification des sites en général n'a pas été insérée dans les PDSEC[350] ;
- Le coût des aménagements « *clé en main* » est élevé tandis que l'appropriation de ces investissements par les populations cibles et les institutions locales est faible ;
- La qualité des travaux réalisés par les communautés est faible ;
- Les règles de participation des acteurs sont variables d'un projet à l'autre et ne sont pas clairement définies ;
- L'appui-conseil de proximité en amont et en aval de l'infrastructure hydro-agricole n'est pas systématique et il est de qualité variable ;
- Les aspects d'intégration de l'agriculture, l'élevage et de la pêche sont le plus souvent faiblement pris en compte ;
- La nécessité d'assurer des charges d'exploitation et d'amortissement est mal perçue ;

---

[349] Voir Glossaire.

[350] Plan de Développement Economique, Social et Culturel est un document stratégique des collectivités territoriales qui doit contenir des éléments comme : Contexte et approche méthodologique ; Présentation de la CT ; Synthèse des résultats du diagnostic ; Aspects spatiaux ; Stratégies de Développement ; Orientations de développement ; Objectifs du PDESC ; Programme d'actions ; Plan d'Investissement Pluriannuel (PIP) ; Plan d'Investissement Annuel (PIA) ; Financement du PDESC ; Cadre institutionnel de mise en œuvre ; Cadre/Formes de suivi-évaluation Cartes thématiques ; Autres annexes.

- Les capacités des communautés pour assurer les tâches d'entretien et de gestion des infrastructures sont faibles.

L'engagement des populations cibles vise à réaliser leur propre projet selon des critères d'éligibilité de base. Pour cela, elles font appel à l'aide de l'État pour réaliser leur projet à travers le Programme National d'Irrigation de Proximité (PNIP). Ceci implique que ces populations-cibles sont prêtes à prendre en charge une partie des réalisations/coûts sous forme d'investissement humain, de cofinancer et/ou de fournir en nature certains matériaux. Les collectivités territoriales, en tant que maîtres d'ouvrage, sont chargées de planifier et d'assurer la mise en œuvre des réalisations des infrastructures en conformité avec le PDSEC qui est le document fixant les objectifs communaux de développement.

Pour rappel, l'irrigation est un système utilisé au Mali depuis bien avant la colonisation, notamment avec l'Office du Niger[351].

Mais le concept d'irrigation de proximité est nouveau au Mali. Il va au-delà de la simple participation des populations-cibles et couvre, aussi, les aspects de durabilité, d'appropriation, d'investissement ainsi que de gestion des infrastructures. Il intègre la notion de réponse aux préoccupations réelles des populations cibles[352]. À cet effet, les populations-cibles participent à toutes les étapes de réalisation, depuis l'identification jusqu'à la mise en place des infrastructures et en assurent leurs exploitations et leurs entretiens de façon autonome et durable.

Sur la base de ces principes, l'irrigation de proximité est définie comme étant *« tout aménagement hydro-agricole identifié et réalisé avec l'implication des communautés locales, inscrit dans les plans locaux de développement et visant à créer des zones de production agricole rentables, exploitables et gérables de façon autonome et durable par les communautés »*[353].

[351] L'Office du Niger, en plein cœur du Mali, constitue l'Aménagement Hydro-Agricole le plus ancien et le plus vaste de toute l'Afrique sahélienne. Commencé au début des années trente sous l'impulsion de l'ingénieur Bélime, il avait été conçu à l'origine pour permettre l'irrigation d'un million d'hectares (800 000 ha de coton et 200 000 ha de riz). Mais en fait les superficies cultivées ne dépasseront jamais 50 000 hectares.

[352] Document du Programme National d'Irrigation de Proximité au Mali (PNIP), août 2010, p. 15.

[353] Cette définition a fait l'objet d'un consensus au cours de validation organisé par le Programme d'Appui au Sous-secteur de l'irrigation de Proximité (PASSIP) en juin 2008.

Une caractéristique des collectivités territoriales est leur faible capacité à l'investissement productif. Ainsi, l'État et ses partenaires vont appuyer, à travers le PNIP, les demandes de ces collectivités pour l'aménagement du potentiel hydro-agricole.

L'apport financier des collectivités territoriales dans le financement de ces projets est très faible voire même inexistant. L'appui budgétaire local (fonds inscrit directement dans le budget des collectivités territoriales : CR, CC et mairie) consiste en une mise à disposition des fonds au niveau de la commune ou de la région avec l'accord de l'État. Dans ce cas, la collectivité territoriale devient responsable des fonds reçus mis à sa disposition et en conséquence elle est auditée. Ces fonds, d'origines diverses, peuvent être des différentes provenances, y compris les jumelages avec d'autres collectivités.

Cette option a l'avantage de responsabiliser les acteurs à la base par leur implication dans la mise en œuvre du programme en faisant la planification, la programmation et le suivi technique et financier. Les collectivités territoriales joueront donc pleinement leur rôle de maîtrise d'ouvrage. La majorité des ressources financières provient de l'État et de ses partenaires.

On remarque, depuis quelque temps, comme le souligne P. YATTA, que les responsables et élus locaux travaillent avec les associations socioprofessionnelles à la construction et à la gestion des équipes locales. Le développement économique local exige donc un partenariat entre les acteurs de la décentralisation. En effet, la décentralisation ne doit pas induire une substitution du secteur privé par la puissance publique locale dans l'économie locale. Les autorités locales doivent, autant que faire se peut, mettre à contribution le secteur privé en définissant des cahiers de charges clairs et précis pour les équipements commerciaux. De l'autre, le secteur privé doit investir de plus en plus dans le développement économique local et particulièrement dans le financement et la gestion des équipements commerciaux[354].

Aussi bien les subventions de l'État, les partenariats public-privé, que les ressources mobilisées auprès des partenaires au développement ont pour objet le relèvement de la capacité de dépenser des collectivités territoriales. Les dépenses locales sont un facteur de développement économique local. Une collectivité territoriale qui prélève, dépense pour

---

[354] P. F. YATTA, précité.

améliorer la qualité de ses infrastructures publiques, développe son économie et prélève encore plus en retour. L'incapacité des collectivités territoriales à dépenser est à l'origine d'un cercle vicieux dans lequel la pauvreté du cadre de vie entraîne la stagnation, voire la régression relative de l'économie locale : moins une collectivité locale prélève et dépense, plus tout le monde finit par s'appauvrir[355].

Section 2 : L'incapacité budgétaire à porter le développement social

Le degré de pauvreté dans les collectivités s'observe à travers d'une part la faible quantité des équipements de fournitures des services sociaux de base par rapport à la demande, et d'autre part la qualité des prestations dans la fourniture des biens et des services. D'une manière générale, certaines collectivités en milieu rural et même en zone urbaine sont très faiblement dotées en infrastructures et équipements adéquats pour la fourniture des biens et des services. Certaines de ces infrastructures, héritées dans le cadre du transfert des moyens nécessaires à l'exercice des nouvelles compétences, sont vétustes. À ce manque aigu des locaux pour abriter les services, s'ajoute l'insuffisance, voire le manque d'équipements pour la bonne exécution des missions. Cette situation est aggravée par le nombre insuffisant et la qualité du personnel chargé de l'exécution des missions[356]. Le manque de motivation serait également la cause des problèmes de dysfonctionnement tels que l'absentéisme du personnel des lieux de travail et autres causes que nous ne traiterons pas dans le cadre de cette étude.

Malgré les efforts des autorités dans la quasi-totalité des secteurs du développement social, le pays fait partie du groupe des nations à faible développement humain avec les performances relativement mauvaises en alphabétisation, scolarisation des enfants (Paragraphe 1), taux de couverture sanitaire et accès aux services de santé (Paragraphe 2), PIB réel par habitant et indice de pauvreté.

---

[355] *Ibid.*

[356] A. DIEMER et C. MARQUAT, Regards croisés nord-sud sur le développement durable, édition Louvain-la-Neuve, De Boeck, 2015, p. 243.

Paragraphe 1 : L'insuffisance des moyens financiers accordés aux infrastructures de formation

Dans le secteur de la formation en général et de l'éducation en particulier, il faut noter que le Mali s'est engagé dans une vaste entreprise de refondation de son système éducatif à travers le programme décennal de développement de l'éducation (PRODEC) dont l'exécution a démarré depuis août 1998. Le nouveau contexte de décentralisation nécessitait un redimensionnement des pouvoirs centraux ainsi qu'un transfert des compétences et des ressources vers les structures régionales et locales de façon à donner davantage d'autonomie et de pouvoir de décision aux collectivités décentralisées.

L'éducation est définie comme la mise en œuvre des moyens propres à assurer la formation et le développement d'un être humain. Parmi ces moyens, nous citons les écoles en exemple que les CT doivent mettre à la disposition de leurs populations pour leur instruction et leur formation. Le décret N° 2015-0678/P-RM du 20 octobre 2015 du Mali, abrogeant et remplaçant le décret N° 02 - 313/P-RM du 4 juin 2002, fixe le détail des compétences transférées de l'État aux CT en matière d'éducation. Selon l'article 2 de ce décret, les CT exercent les compétences ci-après en matière d'éducation.

Selon ce même décret, les infrastructures existantes des écoles fondamentales publiques, des établissements d'enseignement secondaire général publics et des établissements d'enseignement technique et professionnel publics sont dévolues respectivement aux communes, cercles, régions et district de Bamako par décision du gouverneur de ressort territorial d'implantation. Les collectivités territoriales exercent leurs compétences spécifiques dans le respect des dispositions des textes qui régissent l'organisation, le fonctionnement et le contrôle des centres d'animation pédagogique (CAP), des académies d'enseignement (AE) et des inspections pédagogiques régionales de l'enseignement secondaire (IPRES). Les communes, les cercles, les régions et le district de Bamako dans l'exercice de leurs compétences spécifiques bénéficient de l'appui-conseil des services déconcentrés de l'éducation que sont les AE, les CAP et les IPRES. L'État met, à la disposition des communes, des cercles, des régions et du District de Bamako, les ressources financières nécessaires pour la mise en œuvre des compétences transférées aux CT[357].

[357] Articles 3, 4, 5, 6 du décret N° 2015-0678/P-RM du 20 octobre 2015 du Mali

Ce que nous retenons des stipulations ci-dessus est que l'éducation est effectivement un domaine transféré de l'État aux CT, mais qu'il existe une répartition spécifique des compétences pour chaque niveau de CT. Ainsi, l'enseignement préscolaire, tout le cycle fondamental et l'éducation non formelle relèvent des communes ; l'enseignement secondaire général, l'apprentissage et la formation professionnelle relèvent du cercle et commune du district de Bamako ; la région quant à elle, a à sa charge l'enseignement technique, professionnel, l'éducation spécialisée. Nous remarquons également que chacun des niveaux des CT a à sa charge la gestion du personnel qui est mis sa disposition par l'État. Les CT en principe peuvent gérer librement leurs infrastructures à condition que cette gestion se fasse dans le strict respect des stipulations de la loi dans le cadre de leurs compétences spécifiques sans empiètement à celles de l'État. C'est d'ailleurs pourquoi il est précisé qu'elles (les CT) ne peuvent ni concevoir, ni valider, ni introduire de modules spécifiques appartenant à la nomenclature nationale, c'est-à-dire de L'État. Il est aussi spécifié que l'État met à la disposition des CT les ressources dont elles ont besoin pour la réalisation de leur mission.

La gouvernance locale de l'éducation est devenue au cours des dernières décennies une des figures imposées des politiques scolaires dans les pays en développement. Elle est la plupart du temps présentée comme une « *impérieuse nécessité* », comme un allant de soi, relevant des mêmes types de mesures et de processus sociopolitiques d'un pays à l'autre, auxquels « *résisteraient* » des acteurs insuffisamment conscients des enjeux ou crispés sur des intérêts particuliers ou des modes de pensées obsolètes. Dans chacun des pays concernés, les réalités sont évidemment beaucoup plus complexes et diverses. Pour mieux comprendre et mieux élucider les enjeux liés à une telle politique, il est important de se rapporter à des dimensions et des contextes historiques, économiques, sociaux et culturels du pays[358].

Ainsi, depuis le début de la décentralisation au Mali, le secteur de l'éducation a été mis au cœur du processus afin de faciliter l'accessibilité de tous les enfants sur l'ensemble du territoire à l'éducation, qui est un droit constitutionnellement reconnu.

Dans la poursuite de sa nouvelle stratégie de développement basée sur la décentralisation et la déconcentration des services publics définie par la

358 I. S. TRAORE, École et décentralisation au Mali : des logiques d'approbation locales aux dynamiques de conquête de l'espace scolaire, Éditions l'Harmattan, 2011, p. 07.

loi d'orientation (loi-cadre N° 93-008), l'État a donc décidé de responsabiliser davantage les acteurs locaux dans la gestion de l'éducation au Mali.

La gouvernance locale de l'éducation au Mali est une profonde mutation en termes de partage des rôles et des responsabilités entre les multiples acteurs que sont l'État, les collectivités territoriales, les populations, les ONG, les familles... La « *gouvernance locale de l'école* » a pour objectif de responsabiliser les populations à la base par leur implication dans le processus de prise de décision concernant le développement de l'éducation. Il s'agira de s'approprier l'élaboration des plans de développement de l'éducation (projet de construction d'écoles, élaboration de cartes scolaires, recrutement d'élèves et d'enseignants...) avec l'appui des services déconcentrés et décentralisés de l'État[359].

En effet, les collectivités territoriales se voient confier des attributions en matière de planification scolaire, de construction et d'équipement des écoles, de gestion des établissements scolaires et des moyens financiers transférés par l'État. C'est pour dire que l'école étant désormais placée sous la tutelle des collectivités territoriales.

Ce paragraphe est inspiré des travaux des chercheurs qui ont fait un excellent travail dans le domaine de la décentralisation de l'école malienne[360]. Ainsi, « *Dans de nombreux pays, parmi les moins développés, l'implication des acteurs locaux dans la gestion des services publics, y compris ceux de l'éducation, n'a pas été le résultat d'un débat interne, même s'il y avait la conviction qu'une telle politique devait mener à des services de plus grande qualité. En général, il n'y a pas eu de pression venant des autorités locales ou des communautés pour demander un processus de prise de décision plus participatif. Plus exactement dans beaucoup de pays, deux forces se sont combinées pour demander l'implication des acteurs locaux dans la gestion des services publics (y*

---

[359] M. K. TRAORE, La gouvernance locale dans le secteur de l'éducation au Mali, thèse de doctorat, Université de Toulon, 2015, p. 85.

[360] M. K. TRAORE, « *La gouvernance locale comme stratégie de développement éducatif au Mali* », cahier de l'Association Tiers-Monde, n° 29-2014, pp. 269-278. Disponible sur www.erudite.univ-paris-est.fr

Voir aussi DOUGNON et al., « *École et décentralisation : cas du Mali* », Cahiers de IIPE/UNESCO, 2008, Paris.

Voir également I. S. TRAORE, École et décentralisation au Mali : des logiques d'appropriations locales aux dynamiques de conquête de l'espace scolaire, éditions l'Harmattan.

compris l'éducation) : tout d'abord, la pression externe des agences internationales de développement et des experts, puis l'opportunité politique interne dans des contextes nationaux où les autorités publiques sont incapables d'organiser ou de financer les services publics de base »[361].

Suite à cette interprétation du décret N° 2015-0678/P-RM du 20 octobre 2015, il conviendra pour nous de nous intéresser maintenant à la réalité du terrain. Il s'agira alors de confronter la version des textes à la pratique. Pour cela, nous pourrons nous inspirer d'un article rédigé par Idrissa Soïba Traoré sur « la régulation locale de l'école au Mali entre légitimité et légalité »[362]. Dans cet article, ce dernier tente d'apporter des éléments de réponse à la question de la justification de la décentralisation de l'éducation au Mali. Le terrain d'investigation de ces recherches a porté sur deux (02) communes que sont la commune urbaine V du district de Bamako et la commune rurale de Doumbila. L'auteur considère que la décentralisation de l'éducation est nourrie par des argumentaires à la fois politiques et administratifs. Elle (décentralisation de l'éducation) est, sur le plan national, la résultante d'un double échec des pouvoirs publics et la hargne des populations à ne plus compter sur l'État seul et à scolariser leur enfant. La gestion de l'école locale va ainsi mettre en scène de nombreux acteurs tels que les collectivités elles-mêmes, les APE (Association des Parents d'Elèves) et CGS Comité de Gestion Scolaire), les enseignants et l'État. Chacun de ces acteurs cités joue son rôle pour le fonctionnement de l'école locale.

L'analyse de la situation du financement du secteur de l'éducation par les entités locales donne raison aux détracteurs de la gouvernance locale de l'éducation. Pour ceux-ci, la délégation voire le transfert de pouvoirs et de compétences en matière de prestation de services éducatifs présente un risque énorme pour le développement de l'éducation au niveau local. La gestion de l'éducation localement peut provoquer une détérioration de la qualité ou même d'interrompre la fourniture du service, à partir du moment où on demande aux communautés (villages, villes, régions…) de financer l'éducation sur fonds propres. Toutes les communautés, notamment celles situées en zones rurales, ne disposent pas de ressources nécessaires pour

---

[361] LUGAZ et al., *« Ecole et décentralisation : Résultats d'une recherche en Afrique francophone de l'Ouest »*, document de l'Unesco. 2006 ; Cité par M. K. TRAORE, La gouvernance locale dans le secteur de l'éducation au Mali, thèse de doctorant, Université de Toulon, 2015, p. 101.

[362] I. S. TRAORE, La régulation locale de l'école au Mali entre légitimité et légalité, 2017

assurer une telle mission. Ainsi, la gouvernance locale au lieu de réduire les inégalités entre zones rurales et urbaines en matière d'éducation ne fait que les accentuer davantage[363].

Le manque de moyens accordés aux écoles a nécessairement débouché sur une responsabilisation financière des populations et des maîtres, eux-mêmes alors devenus « *le seul élément spécifique du système scolaire, le seul véritable investissement de l'institution auquel est confié l'essentiel de la charge éducative dans un contexte de dénuement avancé* »[364]. Ici comme ailleurs, l'institution scolaire a exigé du milieu local « *qu'il compense ses propres insuffisances* »[365].

Cependant, l'objectif d'une éducation pour tous que se sont fixé les autorités maliennes dans les années 90 requiert non seulement des investissements énormes en termes d'offre scolaire (construction de classes, formation d'enseignants, achat de matériel didactique, etc.), mais aussi et surtout une meilleure connaissance de la demande d'éducation. Ces réformes ont créé un déséquilibre dans le système éducatif malien entraînant du coup un sous-développement de l'enseignement fondamental par faute de moyens et de stratégies concrètes d'éducation. Pour résoudre ce déséquilibre et favoriser la scolarisation des enfants, de nouvelles réformes seront mises en œuvre dans le secteur de l'éducation, en mettant cette fois-ci l'accent sur l'implication et la participation des acteurs locaux. Cette politique s'inscrivait dans un cadre d'appui à un État qui ne parvenait plus à assurer son rôle régalien par faute de moyens et de ressources et face à une demande d'éducation croissante[366].

Il semble que l'État a transféré un secteur dont lui-même avait de sérieux problèmes financiers. La faillite de l'État dans ce secteur peut s'analyser de moult façons, mais pour ce qui nous concerne le plus, c'est l'aspect économique. Selon cet aspect, c'est toujours la règle de la demande et de l'offre. Ainsi, « *l'absence ou l'insuffisance d'un bien ou d'un service manifestement souhaitable comme l'éducation est due à une défaillance, soit de la demande, soit de l'offre* »[367]. Pour HILLMAN et

---

[363] M. K. TRAORE, thèse, précitée, p. 103.

[364] J-Y. MARTIN, « *Les stratégies éducatives en Afrique subsaharienne* » cité par E. GERARD, La tentation du savoir en Afrique : Politiques, mythes et stratégies d'éducation au Mali, édition Karthala-Orstom, Paris, p. 37.

[365] *Ibid.*

[366] M. K. TRAORE, thèse, précitée, p. 110.

[367] A. L. HILLMAN et E. JENKNER, « *L'éducation des enfants dans les pays pauvres* », dossiers économiques n° 33, Fonds Monétaire International, 2004, p. 10.

JENKNER, les causes de cette défaillance résident dans : d'abord, l'insuffisance des ressources de l'État pour assurer l'enseignement public ou l'incapacité administrative à faire parvenir des ressources aux écoles qui en ont besoin, d'un côté. Le manque d'écoles publiques dans les zones rurales, contrairement aux zones urbaines qui en disposent, d'un autre côté. Ensuite, la différence de qualité de l'enseignement entre les zones urbaines et rurales, combinée au financement (subvention) des privés au détriment de l'enseignement public. Enfin, la réduction des dépenses d'éducation au profit d'autres secteurs tels que la défense, le transport (infrastructure routière). Elle est liée aussi au manque de contrôle de l'État sur ses agents[368]. Face à cette incapacité étatique, les communautés s'organisent à offrir une minimale d'éducation à leurs enfants au prix d'infrastructures construites et d'enseignants recrutés. C'est ainsi qu'en 2000, le Mali a lancé son projet de gouvernance locale de l'éducation (la gestion de l'école en mode décentralisée) à travers un processus de décentralisation et de déconcentration des activités, des services de l'éducation et des transferts de compétences aux acteurs locaux. Dès lors, les entités décentralisées auront un rôle à la fois pédagogique, de gestion, d'informations et de communications, car elles doivent participer au recrutement des enseignants, à la prise en charge et à l'évaluation des activités scolaires, à la construction et l'équipement des infrastructures, à la mobilisation des ressources et à la sensibilisation des populations[369].

Juste pour rappel, les collectivités n'ont pas de services chargés de l'éducation en leur sein, malgré qu'elles aient la responsabilité de ce service. Cela amène les services déconcentrés de l'État à collaborer directement avec les directeurs d'écoles sur des questions qui incombent normalement des collectivités.

La prise en charge de l'éducation par les entités de bases expose tout l'engagement de ces acteurs dans la réussite de cette mission, notamment les investissements concernant la construction ou l'entretien d'école ou de centre de formation, le recrutement et le paiement des salaires des enseignants.

Mais cette volonté est émaillée par des contraintes de plusieurs sortes parmi lesquelles le problème financier. La prise en charge du service public de l'éducation par le niveau local est limitée, tout comme la plupart des activités des collectivités, par la mobilisation des moyens financiers

[368] M. K. TRAORE, thèse, précitée.
[369] *Ibid.*

par les autorités locales pour le financement des projets d'écoles, l'achat de matériels (fournitures scolaires, matériels pédagogiques…).

Selon M. Traoré Moussa, nombreuses sont surtout les communes rurales (moins de 10 000 habitants) qui ne sont pas viables sur le plan financier (voir le titre 1 de la première partie). Des communes qui peinent à assurer la prise en charge d'un noyau d'administration communale ne peuvent pas assurer le financement de l'école, ne serait-ce qu'une partie des projets de développement éducatifs, d'où le risque de non-prestation de services éducatifs (offre éducative) dans les communes respectives. En plus du problème financier, les communes sont confrontées aussi aux problèmes de ressources humaines, c'est-à-dire du personnel compétent pour assurer les mécanismes de coordination et de coopération pour une gestion efficace de l'école au niveau local. L'incapacité des collectivités à recruter du personnel additionnel si nécessaire pour la gestion de l'éducation au niveau local, l'absence de service chargé des questions d'éducation au niveau des communes, des cercles, des régions, sont autant de facteurs qui contraignent les entités locales dans la prestation de leurs missions en matière de gouvernance éducative comme stipule la théorie de la dépendance[370].

Le même constat se pose aux acteurs locaux tels que les Comités de Gestion Scolaire, qui accompagnent l'entretien et l'achat de matériels pédagogiques et didactiques pour les écoles. Ils sont limités dans leurs actions, à cause de l'insuffisance financière. Avec la gestion décentralisée, ce sont les écoles à travers les CGS qui doivent faire face à des problèmes de fournitures scolaires. Si certaines écoles bénéficient des fonds ADARS pour l'achat des livres et d'autres petits matériels, certains directeurs d'école, appuyés par les mêmes CGS refusent souvent la gestion participative de l'école avec les familles (à l'exception d'une cotisation annuelle de 500 FCFA que chaque élève doit verser pour le compte de la coopérative scolaire. Il faut noter que cette somme n'est pas régulièrement payée par toutes les familles. Le système fonctionne donc sur la générosité de certains : cotisations mensuelles personnelles des membres du CGS (500 FCFA par mois) ; dons des riches villageois ou des ressortissants ; organisation de fêtes ou de quêtes par ledit comité, etc. Un tel mode de financement ne peut pas assurer un développement éducatif durable à cause de la non-viabilité et la pérennité des ressources[371].

---

[370] *Ibid.*, p. 132.
[371] *Ibid.*

Cependant, il faut que les acteurs locaux, notamment les commune,s aient des ressources financières nécessaires pour assurer l'offre éducative (la construction et l'entretien des infrastructures scolaires, le recrutement des enseignants de qualité, la sensibilisation de la population locale). « *Le processus de gouvernance locale conduit à une prise en charge par les communautés de la construction des écoles, de la fourniture de matériels scolaires, le recrutement et la rémunération des enseignants. Pour un pays comme le Mali, une telle politique ne fait que renforcer les disparités entre les pauvres et les riches en matière de scolarisation des enfants. Demander aux pauvres de participer au financement de l'éducation, c'est leur demander de renoncer à la scolarisation de leurs enfants* »[372]. Du point de vue des Directeurs des Centres d'Animation Pédagogique (DCAP), « *d'autres facteurs défavorables comme la pauvreté des collectivités territoriales et l'analphabétisme des élus locaux rendent difficile la mobilisation des ressources pour le développement de l'éducation* »[373].

Nous appuyons l'idée que la gestion de l'éducation à la base vienne aider la défaillance étatique à la scolarisation pour tous. Elle vient à point nommé pour appuyer les populations dans les efforts, car bien avant cette politique, celles-ci au niveau local avaient développé un mécanisme pour la scolarisation des enfants à travers la création des écoles communautaires[374].

Ainsi, la capacité des collectivités à soutenir financièrement l'éducation varie d'une localité à une autre. Cependant, le tableau contrasté montre que certaines entités sont bien dotées, extrêmement motivées et fortement soudées ; elles financent et gèrent l'éducation toutes seules de manière durable, mais d'autres n'ont pas suffisamment de ressources pour contribuer autrement qu'à un niveau minime aux coûts de l'éducation ou sont incapables voire peu désireuses de travailler ensemble[375].

Pour la rémunération, l'enjeu principal sera de trouver un système de rémunération équitable entre les différents corps (statut) d'enseignants au niveau des écoles. Car, au niveau de l'enseignement fondamental, on constate une communauté enseignante très segmentée, caractérisée par une

---

372 Tel est l'argument de l'association des parents d'élèves (non-adhérents à la politique de la gouvernance locale de l'éducation. Enquête de M. K. TRAORE, précité.

373 *Ibid.*

374 M. K. TRAORE, 2013, disponible sur : www.erudite.univ-paris-est.fr/evenements/colloques-et-conferences/atm-2013-communications-full-papers/ ?

375 P. WATT, Community support for basic education in sub-saharan Africa, Washington D.C, Banque Mondiale, Africa region human development, Working paper series, 2001.

grande hétérogénéité des qualifications, des statuts, des niveaux de rémunération et des autorités de tutelle, qui engendre une grande diversité de situations et de compétence.

En effet, on trouve trois catégories : pour le compte de l'État, d'un côté, on a des enseignants fonctionnaires (dont le salaire moyen équivaut à 7,8 unités du PIB/habitant au niveau de l'École Fondamentale 1 et 7,9 au niveau de l'École Fondamentale 2). De l'autre, des enseignants contractuels de l'État (respectivement 5,8 et 5,7 unités de PIB/habitant).

De la part des collectivités, il s'agit des enseignants contractuels des collectivités territoriales financés par l'État sur des fonds PPTE (Pays Pauvres Très Endettés) (4,5 unités du PIB/habitant). Et d'autres financés sur fonds propres des collectivités.

La troisième catégorie concerne des enseignants des écoles communautaires (enseignants des écoles communautaires). Ils sont financés par l'État sur des fonds PPTE (0,8 fois de PIB/habitant). D'autres, financés sur fonds propres des communautés (parents d'élèves) dont le salaire moyen équivaut à 0,3 unité de PIB/habitant, avec plus de fois des dons en nature de la part des communautés.

Il résulte de cette hétérogénéité de statuts, de rémunérations, de modes de recrutement et de formation une altération de l'image de la profession enseignante[376]. L'une des réalités qu'il faut également relever dans la gestion de l'éducation locale concerne les difficultés auxquelles elles sont confrontées. L'une de ces difficultés touche à la question du transfert des ressources financières qui devrait accompagner le transfert des compétences, et cela se constate encore par le fait que le salaire des agents des CT émarge toujours du budget de l'État en Exemple. De même, il faut noter qu'aujourd'hui encore le programme des cours est encore fixé au plan National auquel les CT ne font qu'adhérer. Cela constitue aussi une limite à l'exercice de leur compétence dans le domaine.

Pour beaucoup d'auteurs, l'éducation est considérée comme un investissement en capital humain qui a un coût. Le coût de l'éducation est un facteur qui influence à la fois l'offre et la demande d'éducation des agents économiques. Par rapport à l'offre d'éducation, le coût est lié aux dépenses publiques d'éducation (dépenses courantes et les dépenses d'investissement et de financement) pour l'État. La maîtrise des coûts de l'éducation (offre et demande d'éducation) est un enjeu de la gouvernance

---

[376] CIEP études de cas Mali, décembre 2009.

locale de l'éducation auquel les acteurs doivent faire face. Ils peuvent s'appuyer sur la recherche de nouveau mode de financement qui vient alléger le fardeau de l'État et des ménages les plus pauvres. Ce qui ouvre une perspective pour une éducation primaire universelle à l'échelle nationale[377].

En effet, « *l'éducation est un facteur de croissance et la pauvreté pourrait être vaincue à long terme par effort éducatif. Les pays pauvres, particulièrement ceux d'Afrique subsaharienne, semblent enfermés dans un cercle vicieux : ne pouvoir investir dans l'éducation faute de moyens alors que cet investissement serait, à terme, la voie de création de moyens supplémentaires par la croissance. Dans ce contexte, le critère d'opportunité imposerait d'impulser le développement éducatif. Depuis, la détermination de l'Objectif d'Education Pour Tous (EPT), défini à Jomtien en 1990, mais surtout réaffirmé et décliné en stratégie en 2000 lors du Forum de Dakar* »[378]. Dès lors, le Mali a mis en œuvre de nouvelles stratégies de financement basées sur la participation et l'implication de tous les acteurs locaux dans le processus au niveau local. Avec l'implication des autorités locales dans la gestion et face à l'insuffisance des ressources de l'État, la question est de définir qui peut financer quoi en matière de développement éducatif. De là, on peut avoir 4 types de financement :

1- Le financement par les communautés

Avant l'avènement de la gouvernance locale de l'éducation au Mali, les populations au niveau local avaient pris des initiatives pour la scolarisation de leurs enfants en créant des écoles communautaires financées par les villageois. Par exemple, dans la région de Kayes (villages de Kersignané, de Kirané et de Lankanguemou…), des écoles et des salles de classes bien équipées pourvues de logements pour les enseignants ont été construites grâce au financement des ressortissants desdits villages vivant en France (les migrants). Ils assurent le financement des dépenses liées au fonctionnement des écoles, en prenant en charge le recrutement et le paiement d'une partie du salaire des enseignants. « *Dans la région de Ségou (village de Krobadougou), les villageois ont attribué un terrain de 9 hectares à l'école, construit deux salles de classe avec une toiture faite*

---

377 M. K. TRAORE, op. cit., p. 172.

378 J. BOURDON, « *Coût et financement de l'éducation primaire en Afrique subsaharienne* », collection CEPED : Défis du développement en Afrique subsaharienne, l'éducation en jeu ; éd. Marc Pilon UR 105 « *Savoir et développement* », 2006, pp. 123-145.

de tôles achetées par la caisse du village (alimentée par une partie de la vente de la récolte de coton). Les tables-bancs avaient été fabriquées par des menuisiers villageois pour réaliser un programme d'alphabétisation des adultes ; le tableau a été prêté par la mission protestante voisine ». Voilà un exemple parmi d'autres pour ce qui concerne la participation de la communauté à la scolarisation des enfants au Mali.

Les communautés doivent désormais participer activement au fonctionnement de l'école en vue de faciliter l'accès et le maintien des enfants dans le système scolaire. Il s'agit de contribuer au financement de certains coûts liés à la demande d'éducation (frais d'inscription, l'achat de fournitures scolaires, etc.) à travers les comités de gestion scolaire (CGS). En d'autres termes, les communautés doivent désormais mobiliser les ressources financières au niveau local pour le développement de l'éducation à travers des cotisations communautaires (participation financière des personnes de droit privé, en particulier les familles, les associations villageoises, celles des quartiers…). Dans la région de Kayes, un tel mode de financement de l'école existait déjà dans la plupart des villages bien avant la gouvernance locale. Dans les villages (ci-dessus mentionnés), les parents ne contribuent pas directement à la scolarisation de leurs enfants, ce sont leurs émigrants qui financent tout sans aucun apport de l'État central.

2- Le financement par les collectivités territoriales

Depuis la mise en œuvre du processus de gouvernance au Mali, dans certaines régions, des communes ont mis en place des mécanismes de mobilisation de fonds pour le financement des projets d'écoles au niveau local tel que la commune de Pélégana dans la région de Ségou qui a instauré une taxe sur la vente du foncier local. Cette taxe a permis de construire des salles de classe et de clôturer des écoles pour la sécurité des enfants et l'achat de matériels didactiques. Elle a contribué également à bâtir une école dans chaque village. D'autres communes, comme celle de Bayé dans la région de Mopti, a développé un partenariat avec des associations locales et ONG internationales pour la mise en œuvre des projets d'écoles. La réalisation de ce projet consiste à mettre en place des infrastructures scolaires dans les villages de Doulé, Dian, et Liblé dont les enfants étaient obligés de faire 7 km pour se rendre à l'école dans la commune voisine de Niamia. Ce partenariat a permis la construction de trois écoles primaires grâce à l'appui financier et matériel de la population locale[379], de l'association Benkadi et frères[380] et de l'association Amis Suisse Villages Dogon (ASVD)[381].

3- Le financement public

L'État central reste toujours l'acteur principal en matière de financement de l'éducation au Mali et doit œuvrer pour une meilleure allocation des ressources entre les différents acteurs bénéficiaires des transferts financiers de l'État en matière d'éducation. L'État à travers ses services déconcentrés et décentralisés assure le financement de l'éducation au niveau local et le salaire des enseignants est transféré aux collectivités chargées de la gestion du personnel enseignant en collaboration avec les centres d'animations pédagogiques et les académies d'enseignement (il s'agit des enseignants contractuels et les enseignants fonctionnaires des collectivités territoriales). En matière de financement public de l'éducation, la gouvernance locale ne signifie pas un effacement de l'État central, mais par contre, il doit assurer le financement de l'éducation et les fonds locaux viendront compléter les déficits de ressources. Donc, il s'agira ainsi au niveau national d'adopter un mécanisme public de financement en fonction des potentialités économiques et financières de certaines zones qui disposeront de ressources nécessaires pour le financement de l'éducation et d'autres, en raison des dotations naturelles (situation économique), ne sont pas en mesure de mobiliser les fonds au niveau local. Le but d'un tel mécanisme est de corriger les disparités entre les régions en matière de couverture scolaire. Ainsi, l'enjeu principal pour les acteurs publics est d'assurer le financement de l'éducation grâce à une redistribution équitable des ressources consacrées à l'éducation nationale,

---

379 L'apport financier de la population dans la réalisation de ce projet a été possible grâce à un prélèvement sur la vente des récoltes par la commune ; les jeunes des différents villages ont travaillé en bénévolat sur les différents chantiers.

380 L'Association Niamia Benkadi a été créée en 2000. Dès 1994, pourtant les villageois de cette zone ont su se regrouper pour répondre aux besoins de leurs enfants et les premières classes de primaire ont été ouvertes en 1995. L'Association communautaire chargée de la scolarisation qui a vu alors le jour continue à gérer les demandes, veille à ce que les enseignants soient heureux dans la commune. En effet, ceux-ci sont logés par la commune et ont reçu de la terre pour subvenir à leurs besoins. Cet esprit a permis de garder les maîtres qui souvent craignent le monde rural et l'isolement.

381 ASVD Document : projet de construction de trois écoles primaires : Doulé, Dian, Liblé/Commune rurale de Baye/pays dogon/Mali : consulté le 15/08/2018 à l'adresse : asvdogon.org.

mais aussi un contrôle permanent par rapport à une meilleure utilisation de ses ressources par les acteurs locaux[382].

Ainsi, sont mises en exergue les dotations du Fonds National d'Appui aux Collectivités, la Dotation d'Investissement (DIN) pour l'amélioration de l'accès des populations aux services sociaux de base (écoles, centres de santé, points d'eau, etc.), la réalisation d'équipements structurants (mairies, routes, marchés, aménagements).

Aux termes du manuel des procédures applicables au FNACT, le volume de la subvention octroyée aux collectivités territoriales, pour réaliser des investissements sous leur maîtrise d'ouvrage, a permis la réalisation de 6 766 projets sur un total de 22 371 de 2001 à 2014 avec une grande partition de 198 635 941 233 francs CFA mobilisés pour l'investissement à la même période.

Les collectivités territoriales du Mali affectent des ressources à l'éducation d'une manière assez diversifiée. Dans la région de Koulikoro, certaines communes affectent plus de la moitié de leur budget à l'éducation, tandis que d'autres n'en présentent que moins d'un pour cent (GSB-Mali 2012). Cette situation est due à la faiblesse des capacités des communes à mobiliser des ressources, dans le cadre de la prise en charge des compétences transférées. La loi est peu explicite sur cette question.

Les résultats ci-après découlent de l'analyse des allocations budgétaires de 2007 à 2012, par région et par commune :

La liste des catégories de dépenses se présente comme suit :

1. Catégorie n° 1 : personnel ;
2. Catégorie n° 2 : matériel didactique ;
3. Catégorie n° 3 : appui en matériel de l'enseignement fondamental ;
4. Catégorie n° 4 : entretien courant des écoles ;
5. Catégorie n° 5 : alimentation des cantines scolaires ;
6. Catégorie n° 6 : autres dépenses

Par ailleurs, la cotisation scolaire pour l'enseignement public fondamental est uniformisée sur l'étendue du territoire national et chiffrée à 1 500 F CFA. Le programme d'enseignement fondamental est

---

382 M. K. TRAORE, op. cit., p. 174.

uniformisé sur l'ensemble du territoire national, quel que soit le statut de l'établissement ; ce qui suscite des besoins identiques en matériel didactique.

4. Le financement privé

L'adoption d'une stratégie mixte ou plurielle de développement au niveau local suppose un recours au financement privé de l'éducation. Ainsi, dans un processus de gouvernance éducative, les acteurs locaux peuvent solliciter les ressources financières des sociétés et entreprises qui exercent dans leurs zones. L'intervention privée dans l'éducation peut s'opérer de différentes manières, à savoir les entreprises et sociétés privées qui prennent l'initiative de s'impliquer directement dans le développement de l'éducation au niveau local à travers le financement des projets d'écoles. Tel est le cas dans certaines régions (Kayes et Sikasso), où les sociétés d'exploitation de ressources naturelles ont construit des écoles, des salles de classe dans de nombreux villages, compte tenu des besoins des villageois. En plus de ces réalisations, on pourra désormais solliciter auprès de ces sociétés de la localité la prise en charge des frais de scolarité, et celle de certaines dépenses courantes (achat de matériels et de fourniture scolaire), même le paiement partiel du salaire des enseignants contractuels. Une autre manière d'impliquer ces acteurs privés dans le développement de l'éducation au niveau local est la mise en place d'un impôt local (taxe de développement éducatif) par les collectivités territoriales dont toutes les sociétés et entreprises exerçant sur leurs territoires seront assujetties à cet impôt qui va servir à financer les projets d'écoles, réduisant du coût le fardeau des ménages par rapport à la scolarisation des enfants. Une telle stratégie augmenterait certainement la fréquentation scolaire des enfants grâce à la baisse des coûts directs de scolarisation pour les ménages.

Si l'éducation de base constitue un moteur essentiel de la croissance, son développement est bridé par des contraintes délicates qui touchent tout autant des questions de disponibilité financière que de répartition des moyens. Cette appropriation a augmenté la demande, mais elle n'a pas été accompagnée de moyens suffisants, surtout pour faire face aux besoins en infrastructures. En milieu rural sont construites des écoles trop lointaines ou celles ne disposant pas encore de tous les cycles d'enseignement de base. On y trouve aussi des écoles seulement limitées à moins de 6 à 9 classes.

Cependant, dans les années 90, sous l'impulsion des mesures assouplissantes, les règles de création des écoles et de mesures financières (création du fonds d'appui à l'enseignement fondamental/FAEF) permettant le financement décentralisé d'infrastructures scolaires, le secteur éducatif communautaire a connu un essor rapide.

Paragraphe 2 : La part financière accordée à la santé, l'eau et l'assainissement

La politique de santé du Mali est fondée sur les stratégies des soins de santé primaires (SSP) définies lors de la Conférence d'Alma Ata [383](Union des Républiques Socialistes Soviétiques). La mise en œuvre des SSP a été renforcée par l'adoption en septembre 1987 de l'initiative de Bamako (IB), dont l'un des objectifs majeurs est de réduire la mortalité maternelle et infantile tout en rendant disponibles et accessibles géographiquement et financièrement des médicaments essentiels aux couches les plus défavorisées de la population. Les principes suivants ont été adoptés à cette fin : recouvrement des coûts, système de santé de district, santé communautaire et contractualisation de l'offre de services de santé avec les ASACO.

En 1990, la Déclaration de Politique sectorielle de santé et de population a amené le secteur de la santé à adopter une nouvelle stratégie visant l'extension de la couverture sanitaire de la santé par l'implantation de nouvelles structures de santé appelées Centres de Santé Communautaire (CSCOM). La gestion de ces structures est assurée par les communautés à travers les Associations de Santé Communautaires (ASACO).

Dans le cadre de la mise en œuvre de la politique nationale de la décentralisation, initiée elle aussi dans les années 1990, des dispositions institutionnelles ont été adoptées pour autoriser le transfert des compétences et des ressources de l'État dans le domaine de la santé vers les collectivités décentralisées (décret 02-314 du 04 juin 2002). Ainsi, les collectivités décentralisées sont largement impliquées dans la gestion des ressources humaines pour la santé[384].

Le système de santé du Mali est pyramidal et comporte trois niveaux, mais dans ce travail on s'intéresse au niveau périphérique ou niveau

---

[383] La conférence d'Alma Ata est organisée par l'OMS et l'UNICEF pour souligner la nécessité d'une action urgente de tous les gouvernements, de toutes les personnes du secteur de la santé et de la communauté internationale pour promouvoir la santé de tous les peuples du monde.

[384] Politique Nationale du développement des ressources humaines pour la santé, cellule de planification et de stratégie, Ministère de la Santé de la République du Mali, décembre 2009, p. 12.

opérationnel. Ce dernier joue le rôle de planification et d'exécution des opérations à travers le plan de développement socio-sanitaire de cercle (PDSSC). On rencontre à ce niveau les établissements sanitaires de premier contact constitués essentiellement par les centres de santé communautaires (CSCOM), les centres de santé de référence (CSREF)... L'offre de soins au sein de ces formations sanitaires se fait à travers le paquet minimum d'activités (PMA) pour les structures de premier contact.

Il s'agit dans cette section d'évaluer les moyens financiers consacrés par les collectivités décentralisées.

Avec la décentralisation, c'est toujours le transfert de compétences. Ce transfert se concrétise par la possibilité offerte aux collectivités d'entreprendre des investissements dans plusieurs domaines, y compris celui de la santé, grâce au budget alloué et aux recettes tirées de recouvrement de taxes et d'impôts divers. Les conseils municipaux deviennent alors des maîtres d'œuvre d'infrastructures socio-sanitaires pouvant couvrir les besoins de première ligne des populations. Alors le transfert de compétences prévoit entre autres de transférer les biens, les ressources financières...

Mais les collectivités, à cause de leur pauvreté, ne sont pas les seuls acteurs dans le financement du système de santé locale ; on y trouve aussi des ressources en provenance de l'État, des partenaires bilatéraux et multilatéraux, des ONG...

Cependant, le transfert budgétaire via le fonds d'appui aux collectivités territoriales (FNACT) est évalué à 15 944 886 en 2012 et à 19 071 164 en 2014[385].

Pour améliorer la viabilité des structures périphériques et l'accessibilité géographique, le pays est divisé en aires de santé selon des critères techniques spécifiques (784 aires de santé sont ainsi prévues dans le plan décennal de développement sanitaire 1998-2007). Chaque aire de santé doit être dotée d'un Centre de Santé Communautaire (CSCOM), en respectant les critères suivants :

- La viabilité économique conditionnée à un autofinancement des activités et exigeant donc un minimum de 5 000 habitants par aire

[385] Source Direction des Finances et du Matériel du Ministère de la Santé, enquête du 27 juin 2019.

et l'absence de toute offre de santé équivalente dans le même périmètre ;

- Une distance maximale de 15 km entre tout village adhérent de l'aire et le site du CSCOM ;
- Une adhésion d'au moins 10 % de la population à l'ASACO et l'acceptation du site de construction du CSCOM.

Conformément au décret N° 05/299 de 2005, fixant les conditions de création et les principes fondamentaux de fonctionnement des centres de santé communautaires, les CSCOM sont des structures privées à but non lucratif et sont gérés par des associations de santé communautaires (ASACO). La gestion rigoureuse par l'ASACO des fonds générés par le biais du système de recouvrement des coûts constitue un aspect important pour la disponibilité permanente des médicaments et la viabilité à long terme du CSCOM. En effet, un tel recouvrement permet au CSCOM de pouvoir fonctionner moyennant une subvention du ministère de la Santé.

L'État quitte son rôle de prestataire direct des services de santé de base. Un partenariat basé sur la contractualisation est donc érigé comme principe de la politique nationale de santé. Le transfert de ressources retenu dans le schéma d'opérationnalisation avancé en 2004 a connu un retard dans sa mise en œuvre. « *Sur le budget de l'État, les fonds liés aux compétences ne sont pas estimés et l'évaluation doit être faite par la direction administrative et financière du ministère de la Santé en collaboration avec le ministère des Finances. Quant au fonds des partenaires, une convention est signée par le ministère de la Santé avec l'ANICT pour le volet des investissements aux collectivités. Cette convention transfère la maîtrise d'ouvrage aux collectivités communes. C'est un début de transfert des fonds de l'État aux collectivités pour l'exécution des projets de santé. Il y a un début de transfert des fonds sectoriels du PRODESS vers les collectivités à travers une convention signée entre le ministère de la Santé et l'ANICT. Il s'agit notamment des fonds des Pays-Bas et de la Suède dont le montant annuel est fonction du nombre d'infrastructures de santé à réaliser. Concernant le choix des infrastructures et équipements qui seront financés, le ministère de la Santé fournira une liste avec le nombre et les sites des CSCOM à construire. Le ministère donnera aussi les paramètres techniques de la construction à l'ANICT. Cette liste sera établie sur la base du plan opérationnel du cercle basé sur les PDESC des communes conformément à la carte sanitaire. La commune assure la maîtrise d'ouvrage du projet et elle est responsable de la passation des marchés publics, sous l'égide de l'ANICT »*[386].

Pour mieux illustrer, nous étudierons deux cas permettant d'illustrer comment se matérialise la gouvernance locale de la santé à l'échelle communale. Elle porte sur la gestion des CSCOM, piliers de la décentralisation sanitaire, structures de santé périphériques, associatives et donc privées, gérées par des associations de santé communautaire.

La commune urbaine de Sikasso est dirigée par un conseil communal de 41 conseillers, le bureau communal est composé du maire et de ces 5 adjoints. À ce niveau, la TDRL recouvrée est inférieure à 2 % du montant attendu, ce qui montre le faible taux de mobilisation des ressources financières internes sans lesquelles le fonctionnement lui-même devient difficile. La commune urbaine abrite les services déconcentrés de l'État (régionaux et locaux). C'est une région phare sur le plan sanitaire et ses indicateurs influent de manière significative sur les indicateurs nationaux[387].

Sur le plan sanitaire, cette région compte le plus grand nombre de CSCOM. Le montant total effectivement reçu par la région pour la santé est d'un peu plus de 4 600 000 000 FCFA dont environ 3 461 503 000 FCFA pour la DRS (et presque 2 200 000 000 FCFA pour le fonctionnement).

Le cercle de Sikasso a bénéficié d'un montant d'environ 200 000 000 FCFA dont 18 % sont assurés par l'État, 8 % par le recouvrement des coûts, 1 % par les communautés, 4 % par les collectivités et le reste par les partenaires financiers.

Le cercle de Kadiolo a bénéficié d'un montant total de 120 000 000 FCFA dont 35 % assurés par l'État, 12 % par le recouvrement, 1,5 % par la communauté, 1,5 % par les collectivités et 50 % par les partenaires financiers.

Depuis le PRODESS, l'essentiel de l'allocation des ressources est décidé au niveau central, selon des modalités qui ne sont ni très logiques ni toujours expliquées au niveau opérationnel. Comme le souligne un responsable du service technique : « A*vec le PRODESS, je dis qu'on est*

---

386 T. HILHOURST, E. LODENSTEIN, *« Réaliser le transfert de compétence dans le domaine de la santé »*, Bulletin n°383.

387 Plan de développement économique et social et culturel 2008-2012 (PDESC) de la commune urbaine de Sikasso.

libre mais je m'avance un peu trop parce qu'en fait, il est vrai que les programmes, les stratégies viennent du niveau national même si on nous demande de choisir à l'intérieur. Et ce qui est déterminant, ce sont les ressources et les grandes orientations annuelles du ministère, c'est cela qui nous lie un peu. Autre chose qui nous lie, ce sont les moyens financiers et matériels. On fait attention à ce qu'on fait comme programmation, car si ce n'est pas conforme aux grandes orientations, ce ne sera pas financé au moment de l'arbitrage puisque le niveau national a le dernier mot. Donc, nous avons une faible marge de manœuvre »[388].

Le Financement des activités de santé est la première mission que les autres acteurs locaux tels les services techniques, ASACO, etc. attendent des collectivités, qui semblent prêtes à assumer ce rôle, d'autant plus facilement qu'il est source de pouvoir et de légitimité. Confrontées aux difficultés de collecte des impôts et taxes, les collectivités attendent le providentiel transfert des ressources de l'État, et notamment celui des fonds PRODESS pour pouvoir assumer pleinement cette mission.

Dans les faits, bien qu'elle soit faible et très certainement sous-estimée, on constate que l'implication financière des collectivités est bien réelle et très certainement sous-estimée. La principale contribution des collectivités, via les fonds ANICT, concerne le financement de nombreux centres de santé. Il leur a d'ailleurs été reproché un excès de zèle en la matière, certains CSCOM ayant été construits au-delà de ce que prévoit la carte sanitaire. Les élus ont également investi de manière assez désordonnée dans la construction de maternités villageoises ou postes avancés, sans lien institutionnel et technique avec les CSCOM de leur aire.

Ces dernières années, les réalisations (investissement ou fonctionnement) sur fonds des collectivités sont mentionnées expressément dans les bilans, ce qui permet d'établir une participation financière annuelle à l'échelle régionale. En 2014, elle représentait, selon les données disponibles, un peu moins de 10 % des contributions diverses. Les autorités sanitaires estiment néanmoins que ces données sont peu fiables dans la mesure où la collecte de l'information n'est pas systématique et plutôt laissée à l'appréciation des chefs de poste ou médecins-chefs.

On constate d'ailleurs que les réalisations financières par les collectivités sur fonds suisses apparaissent toujours au compte du

[388] Propos de M. DIALLO, responsable de ASACO de Sikasso (3e région du Mali), interviewé le 17 septembre 2018 par nous.

partenaire suisse et non pour les collectivités. De même, la subvention accordée aux collectivités pour la prise en charge du personnel recruté sur fonds PPTE a permis la prise en charge de 307 agents PPTE dans la région pour un montant de 281 524 884 FCFA dont 105 dans le cercle de Sikasso[389]. Mais elle n'est pas comptabilisée au nom des collectivités.

Pour leur part, les collectivités ne disposent d'aucune donnée permettant de mesurer leur implication financière réelle dans la santé, information susceptible pourtant de leur donner un certain poids politique. Actuellement, elles ont plutôt tendance à refuser toute nouvelle implication financière tant que le transfert de ressources n'est pas effectif. Elles espèrent ainsi faire pression sur l'État et obtenir satisfaction. Ainsi, un grand nombre de communes ont refusé de signer la convention ASACO/mairie qui fixe les responsabilités des mairies et le salaire des fonctionnaires des collectivités, mais qui ne prévoit pas le transfert de ressources. Elles ne participent plus au financement du dispositif de référence évacuation, reprochant aux CSREF une gestion peu transparente des fonds disponibles[390].

Les sollicitations de plus en plus grandes adressées aux autorités publiques, aux ONG traduisent la difficulté des CSCOM à fonctionner de façon autonome. Ainsi, la viabilité économique et sociale indispensable pour assurer leur mission est de plus en plus menacée. L'État apporte un appui considérable à la création des centres et continue d'apporter son soutien en certains endroits par la mise à la disposition de médecins, sages-femmes et infirmiers. Les enquêtes ont révélé que les centres de santé attendent encore beaucoup de l'État et d'autres partenaires. Ceux-ci demandent une assistance matérielle, humaine et financière. Cette attitude témoigne de l'inquiétude des ASACO, des prestataires et des populations bénéficiaires pour assurer l'avenir des centres de santé. Ce comportement est plus accentué en milieu rural qu'urbain.

Les CSCOM dans leur conception doivent être des unités autonomes. Au moment de leur création, l'État apporte 90 % des coûts de construction des bâtiments ; et pour les médicaments, il fait un apport de 1 à 2 millions de FCFA de dotation initiale en fonction de l'importance du CSCOM et pour l'équipement des CSCOM, la contribution est de 100 %. Le centre de

---

389 CROCEP 2008 : Présentation par la cellule de décentralisation du Ministère de la Santé du bilan du transfert de compétence dans la région de Sikasso.

390 L. TOURE, La gouvernance de la santé dans la région de Sikasso, in Programme *« l'État local, la gouvernance quotidienne et les réformes du service public »*, Miseli, financement DDC, p. 40.

santé peut bénéficier de subventions de la part des ONG et d'autres donateurs. Par exemple, les CSCOM de Magnambougou et de Sabaligougou (Bamako) ont bénéficié d'un appui matériel comprenant des motos et un lot de médicaments de la part d'ONG[391]. Selon les auteurs de cette étude, les donateurs sont très peu nombreux alors que les CSCOM sollicitent de plus en plus des appuis financiers, matériels et humains.

La vente des médicaments est la principale source de revenus des CSCOM. La distinction est bien marquée tant en milieu urbain que rural. Le revenu issu des autres activités est secondaire. Il a été observé que la vente des médicaments fluctue en fonction de la saison. Les ventes les plus importantes sont effectuées de juin à octobre, cet intervalle correspond à la période hivernale pendant laquelle sévit couramment le paludisme.

Au regard du volume et de la composition des ressources, la capacité de mobilisation des ressources financières des CSCOM est très faible. Cette situation est affectée par deux problèmes. D'abord, le non-respect en milieu rural du critère de 5000 personnes considérées comme population exigée dans une zone conçue pour l'implantation d'un CSCOM ; ensuite la seconde difficulté vient de la faible fréquentation des CSCOM, à savoir le taux prévisionnel de 40 % n'est pas atteint dans nombre de cas.

La rentabilité des CSCOM est perçue par le personnel médical comme une mission difficile sinon impossible. Pour eux, le fonctionnement correct des CSCOM ne peut pas se faire sans subvention en raison de la pauvreté de la population cible et du faible taux de fréquentation[392].

L'autonomie des CSCOM se pose de plus en plus en raison de la faiblesse des ressources internes et de celles provenant des donateurs. Une analyse de la rentabilité n'est pas chose aisée en raison de l'absence de documents comptables et financiers dans les CSCOM. Ceux pour lesquels des documents sont disponibles, comme à l'ASACOMA, les résultats d'exploitation déficitaires d'une année à l'autre ne rassurent pas sur la viabilité économique des centres.

La faiblesse du pouvoir d'achat ne garantit pas une fréquentation élevée des CSCOM par les populations pauvres. Par exemple, le coût de la prestation qui est le plus bas possible (variant entre 300 et 600 FCFA) et

[391] M. K. KONATE et al., Politique de santé communautaire et viabilité économique et sociale des centres de santé communautaires au Mali : étude de cas en milieu urbain et rural, document préliminaire préparé pour le projet RUIG/UNRISD *« Mondialisation, inégalité et santé »*, septembre 2003, p. 18.
[392] *Ibid*, p. 21.

les frais d'une ordonnance en DCI sont bien supérieurs à un dollar. Cette somme n'est pas toujours à la portée de la couche considérée comme pauvre, soit 69 % de la population.

Les discordances entre les aires de santé et les communes ont engendré des difficultés de gestion, de fonctionnement et de collaboration au niveau des CSCOM. Le problème majeur de gestion des ressources financières depuis la décentralisation demeure le manque d'appui financier des communes à leur fonctionnement. D'autres, non moins importants, sont le détournement des fonds, la mauvaise utilisation des ressources du CSCOM et le non-respect des procédures d'ordonnancement des dépenses.

Avec les fonds sectoriels du PRODESS, qui transite via l'ANICT, les CT sont appelées à se doter d'infrastructures sanitaires. Le premier volet du PRODESS concerne l'augmentation de la couverture sanitaire. Le ministère de la Santé a élaboré une carte sanitaire qui définit les aires de santé. Toutefois, avec la décentralisation, les communes sont responsables de la construction des nouveaux CSCOM et en construisent parfois sans respecter la carte sanitaire.

Selon la DNS, le nombre de CSCOM fonctionnels s'élevait à 826. Ce chiffre correspond à un taux de 53 % de la population vivant dans un rayon de 5 km d'un centre de santé, et 79 % dans un rayon de 15 km. Un effort particulier est fait en termes d'amélioration de la couverture sanitaire dans les zones de faible peuplement, soit dans le nord du pays[393].

Des investissements importants ont été réalisés dans le domaine de la santé. Par exemple, entre 2001 et 2007, et sur l'ensemble du Mali, les collectivités territoriales ont construit 269 nouvelles infrastructures, maternités, dispensaires, centres de soins dotés d'équipements sanitaires[394].

En ce qui concerne, l'eau et l'assainissement les recherchent ont abouti aux résultats suivants. Les autorités ultimement responsables des services d'eau et de leur financement sont pratiquement toujours les municipalités locales[395].

393 (MS/DNS, Annuaire SLIS 2008).

394 ANICT, réalisations dans le secteur de la santé, 2007, consultation sur le http://www.anict-mali.org/réalisation_santé.htm. Consulté le 27 septembre 2018.

395 J. H. PIERRE et A. STERCK, *Le financement des infrastructures* INRS Centre - Urbanisation Culture Société, Montréal, 1997, p. 2.

Historiquement, l'eau est l'un des premiers services assurés par les municipalités. Il n'est pas impensable de confier cette responsabilité à un autre palier de gouvernement (ex : les régions en Écosse ou même le gouvernement central en Irlande du Nord) mais, à une époque où, un peu partout, l'heure est à la décentralisation, on peut parier que cette situation demeurera la même longtemps encore[396].

L'eau est un élément essentiel pour la vie. Indispensable à la majorité des activités économiques, l'eau contribue significativement au développement d'un pays ou d'une région.

En matière d'eau potable et d'assainissement, cela s'est traduit par le transfert progressif de compétences aux collectivités territoriales sans pour autant que cette translation ne soit accompagnée de ressources humaines et financières nécessaires à ces nouvelles responsabilités.

L'une des clés pour le développement de ce secteur se situe dans l'accès au financement qui reste très inégal selon la taille des collectivités et leur situation géographique.

Généralement, les gouvernements supérieurs n'interviennent pratiquement pas dans les opérations et la gestion quotidienne[397]. Par contre, pour ce qui est du financement des opérations, il existe parfois des programmes qui canalisent vers les opérateurs locaux des argents recueillis au niveau national ou régional : c'est notamment le cas pour l'assainissement en France et en Belgique[398]. En revanche, les gouvernements supérieurs participent généralement au moins partiellement au financement des investissements, comme on le verra un peu plus loin.

Bien que ce soit très variable d'un contexte à l'autre, on pourrait risquer de poser comme règle générale, que les services d'eau s'autofinancent directement en grande partie : les consommateurs d'eau assument, à même le prix qu'ils paient, la majeure partie des coûts d'exploitation de l'aqueduc, une part moindre mais grande des coûts de l'assainissement, ainsi que, on le verra plus tard, une portion non négligeable des coûts de

---

396 Idem.

397 Mais ce n'est pas le cas en Irlande du Nord où le ministère de l'Environnement (de Londres) est depuis longtemps et encore aujourd'hui le seul acteur dans le domaine de l'eau.

398 Et il y a bien sûr des exceptions nombreuses où les gouvernements supérieurs viennent soutenir des opérateurs locaux qui doivent faire face à des difficultés particulières.

financement des investissements en infrastructures (davantage cependant pour l'aqueduc que pour l'assainissement).

La redevance est un autre type de prélèvement qui n'est ni un impôt, ni une taxe, ni un tarif puisqu'il n'est pas lié au volume consommé : il s'agit ni plus ni moins que d'un abonnement qui est exigible pour défrayer un service potentiellement rendu mais pour lequel le distributeur d'eau doit de toute façon encourir des frais afin d'assurer qu'il soit disponible le cas échéant. Il existe, par exemple dans le cas de gicleurs (pour la protection contre les incendies), des redevances annuelles, variables selon le diamètre du branchement d'entrée.

Plus généralement, la formule de l'abonnement est très largement répandue et elle accompagne la plupart des formules de tarification : on parle alors de « *tarif binôme* ».

Bref, le financement des investissements est souvent pris en charge pour l'essentiel par le budget d'opération du service d'eau, même si une portion parfois importante se retrouve encore dans le budget général de la municipalité, à quoi se rajoute des subventions provenant directement ou non des gouvernements supérieurs. C'est du moins ce qui se produit généralement en ce qui concerne les investissements réalisés dans les ouvrages externes (usines, réservoirs, etc.).

En Afrique subsaharienne, l'assainissement non collectif représente actuellement 100 % de l'accès en milieu rural et 80 % de l'accès en milieu urbain. Cette prédominance de l'assainissement non collectif devrait rester une tendance majeure dans les prochaines années, même si les très grandes villes vont progressivement développer leur politique d'assainissement collectif.

Du point de vue des autorités publiques, et tout particulièrement pour les autorités locales, l'assainissement non collectif est souvent la seule technologie abordable en termes d'investissement. Le réseau collectif n'est envisageable que pour certaines zones centrales des capitales régionales, très urbanisées, donc denses, où les volumes à évacuer et la capacité à payer sont suffisamment importants. Outre la faiblesse actuelle de l'offre d'assainissement collectif, les raisons qui conduisent les ménages à aménager des latrines et des puisards sont assez pragmatiques.

Tout service d'assainissement est une filière organisée en trois grands maillons qui sont le maillon amont, le maillon intermédiaire et le maillon aval. Ce découpage de la filière en maillons est loin d'être théorique. En réalité, il est le reflet des constats observés dans de nombreuses villes africaines par ce que chaque maillon mobilisé fait aussi appel à des acteurs, à des compétences et à des métiers qui lui sont propres. Il est important de souligner que chaque maillon a non seulement sa propre spécificité, mais qu'il fait aussi appel à des acteurs, compétences et métiers qui lui sont propres, chaque maillon mobilise des modalités de financement et des flux financiers relativement spécifiques. En clair, en voici les illustrations :

- Maillon amont : ce maillon regroupe toutes les préoccupations liées au recueil des déchets liquides produits par les habitants et leurs activités, qu'elles soient domestiques ou économiques. Les équipements correspondant à ce maillon sont les installations sanitaires autonomes ou raccordées à un réseau, qui peuvent être individuelles ou partagées.
- Maillon intermédiaire : ce maillon consiste en l'évacuation des résidus recueillis et non traités sur place : eaux usées ou boues de vidange.

L'évacuation des déchets liquides est assurée soit par un réseau d'égouts conventionnel, soit par des mini-égouts, soit par une flotte de véhicules mécanisés (les fameux « *camions vidangeurs* » qui proposent leurs services dans toutes les capitales régionales), soit manuellement.

- Maillon aval : il regroupe enfin les questions de dépotage et de traitement des produits de l'assainissement (eaux usées, boues de vidange), avec ou sans réutilisation/valorisation. Cette question est particulièrement sensible, car la plupart des villes souffrent d'une pénurie de ce type d'équipement et, lorsqu'il existe, il ne fonctionne que rarement. Les conséquences sont potentiellement désastreuses et se traduisent notamment par le dépotage sauvage et anarchique en périphérie des agglomérations. Ce maillon devrait donc mobiliser de manière conséquente l'attention et l'énergie des collectivités territoriales.

Du point de vue politique, financer l'assainissement permet à une collectivité territoriale de valoriser son image de responsable et de gestionnaire des services de base[399].

Les charges d'investissement sont liées à la réalisation des ouvrages (latrines, réseaux d'égout, ouvrages de traitement des déchets liquides) et

---

399 Programme Solidarité-Eau, Financer la filière assainissement en Afrique subsaharienne, guide méthodologique. Eau et assainissement pour tous, N° 6, p. 13.

à l'acquisition d'équipements (camions vidangeurs). Leur montant varie considérablement selon leur niveau de complexité technique. Ces investissements sont réalisés par les ménages eux-mêmes (latrines, etc.), par les opérateurs locaux (équipements de vidange), par l'autorité publique (creusement de caniveaux et collecteurs, sites de traitement, soutien à l'investissement des ménages).

Les collectivités doivent prendre en charge non seulement les coûts d'investissements, mais aussi prendre en compte ceux de fonctionnement. Mais actuellement, le secteur souffre énormément de l'incapacité d'investissement des collectivités territoriales. Dans sa grande majorité, ce sont les usagers et les opérateurs privés qui financent une grande partie de la filière assainissement.

Des transferts financiers réguliers peuvent être organisés du niveau central vers le niveau local, par exemple sous la forme d'une rétrocession de certaines rentrées fiscales, ou d'appuis budgétaires sectoriels ou non ciblés reçus par l'État et pour lesquels il a pris l'engagement, auprès des partenaires financiers, d'en rétrocéder une part aux collectivités territoriales.

Le budget de la collectivité territoriale est la première source de financement envisageable pour abonder un fonds de subvention numéraire. Peu importe le mode de prélèvement, la mobilisation de financements au niveau de la collectivité territoriale permet à cette dernière d'assumer son rôle de maître d'ouvrage du secteur, à l'échelle de son territoire.

De nombreux pays africains ont mis en place une redevance assainissement qui prélève un certain pourcentage sur la facture des consommateurs d'eau (qu'ils soient connectés à un dispositif d'assainissement ou non, et que cet assainissement soit collectif ou non). Suivant les pays, cette redevance est réinjectée dans la filière assainissement de plusieurs façons différentes : elle peut abonder un fonds destiné à l'investissement dans des infrastructures collectives (équipements sanitaires autonomes ou connexion à un réseau d'assainissement collectif) ; elle peut encore être reversée à l'opérateur assainissement pour lui permettre de couvrir ses charges de fonctionnement[400].

---

[400] A. J. OUEDRAOGO, ouvrage collectif publié en 2008 par le conseil des ministres africains de l'eau (AMCOW).

Ainsi, dans le quartier Hippodrome à Bamako, le coût d'investissement de l'assainissement a été pris en charge à 100 % par le don d'un bailleur de fonds. Mais les ménages raccordés ont dû verser de manière échelonnée sur un compte ouvert dans une institution de microfinance (IMF) l'équivalent de 60 % du coût d'investissement (soit 144 000 francs CFA). Ils ont su constituer un fonds de roulement dédié à de futurs projets d'assainissement dans le quartier (par exemple l'extension du réseau). Au terme de l'expérience, il s'est avéré que le taux de versement des ménages a été faible (40 % en six ans après le début du projet).

Toujours dans la même suite, le quartier de Banconi à Bamako, le financement a été mobilisé à partir d'un prêt accordé par un bailleur (Office de l'habitat du Mali), et remboursé (sans taux d'intérêt) par les ménages raccordés, sur la base de versements mensuels de 3 000 francs CFA). Au terme de cette initiative, le taux de remboursement par les ménages s'est avéré presque nul.

Dans un contexte de croissance démographique élevée et face à des besoins de développement considérables, la mobilisation des recettes intérieures a permis de financer les investissements dans l'éducation, la santé, la protection sociale et les infrastructures essentielles, tout en préservant la viabilité budgétaire. Elle est également devenue une priorité en raison de la diminution forte de l'aide extérieure. Au cours des 12 dernières années, les dons extérieurs ont chuté, passant de 3,5 % du PIB en 2005 à 1,6 % du PIB en 2017[401]. Ainsi, il va falloir améliorer le rythme actuel d'allocation des ressources aux secteurs sociaux.

[401] Fonds monétaire international, rapport n° 18/142, questions générales Mali, juin 2018, p. 15

DEUXIÈME PARTIE

DES VOIES NOUVELLES POUR LE FINANCEMENT DU DÉVELOPPEMENT LOCAL

TITRE 1 :

LES MÉCANISMES ENDOGÈNES D'AMÉLIORATION DE LA PARTICIPATION

Depuis l'expansion de la politique de décentralisation en 1999, les communes du Mali connaissent d'énormes difficultés dans la mobilisation des ressources qui leur sont attribuées par les textes de la République. Ainsi, le constat est que les problèmes des communes se situent à plusieurs niveaux : le faible niveau de recouvrement des impôts et taxes, le faible rendement des services administratifs de la collectivité, le manque de confiance entre élus et populations, la mauvaise gestion des ressources financières, l'absence d'initiatives de mobilisation de ressources potentielles et l'incapacité d'honorer leurs engagements pour accéder au fonds d'investissement des collectivités territoriales (ANICT).

Au regard de la complexité de la mobilisation des ressources financières, il est primordial que les différents acteurs développent des stratégies efficientes pour rendre la décentralisation surtout financière effective afin de promouvoir le développement local voire national.

L'argent étant le nerf de la guerre, il va de soi qu'une commune sans ressources financières ne peut être viable. Cependant, les moyens de l'État malien étant limités pour satisfaire les besoins de plus en plus croissants des populations, il est nécessaire pour les communes d'aller vers une mobilisation de ressources propres. Ainsi, les collectivités territoriales doivent améliorer leur système fiscal (chapitre 1) afin d'augmenter la part de ressources propres. En plus, elles peuvent développer les mécanismes de solidarité financière (chapitre 2).

CHAPITRE 1

L'AMÉLIORATION DU SYSTÈME FISCAL LOCAL

Le sujet est d'ordre politique, économique, social, territorial... Il est transversal, au point qu'il finit par concerner toute l'action publique portée par les collectivités territoriales. Les dispositions des lois et règlements de ces chantiers ont une incidence en matière de finances locales ; elles concernent les ressources fiscales propres, le concours financier de l'État aux collectivités ou la solidarité financière (dotations de péréquation). La refonte de la fiscalité locale doit être en cohérence avec les principes de la décentralisation avec ses chantiers et encourager, en particulier, l'autonomie fiscale et la libre administration des collectivités concernées. Le système de la fiscalité locale est aujourd'hui jugé très obsolète. L'État et les collectivités partagent un constat : leurs relations financières ont besoin d'être repensées, clarifiées et rendues plus transparentes. Pour pouvoir mener des politiques publiques ambitieuses, les élus communaux, les conseillers de cercles et ceux de régions ont besoin d'avoir un cadre d'action clair et stable, des ressources prévisibles leur permettant de se projeter et une certaine liberté pour s'adapter aux réalités du terrain.

La fiscalité locale présente un paysage hétéroclite constitué de taxes gérées par l'État au profit des communes et de taxes et redevances gérées par les communes. Elle est dominée par des impôts de nature foncière qui sont peu réactifs à l'activité économique. Son potentiel de mobilisation n'est pas optimisé, car sa base d'imposition est mal cernée, du fait de la complexité de l'assiette, des problèmes de recensement et d'identification des contribuables. La mobilisation des ressources est contrariée par les régimes de déclarations et des sanctions, la non-maîtrise des restes à recouvrer et une gestion défaillante de l'administration fiscale locale. La libre administration des collectivités territoriales est entravée par le manque d'autonomie fiscale des collectivités territoriales. Il est temps de passer nécessairement à la reconnaissance d'un pouvoir fiscal réel au profit des autorités locales (section 1). La ressource fiscale locale est très inégalement répartie sur le territoire. Le potentiel fiscal par habitant varie d'un à plus de cent entre les communes. Il y a lieu de revoir les conditions financières pour mieux enclencher le développement local (section 2).

L'enjeu majeur de la réforme consiste à se pencher sur les modalités d'une meilleure prise en compte de la perspective territoriale en matière de fiscalité locale, notamment à travers une meilleure appréciation de l'implication territoriale tant du mode de financement que de l'allocation des ressources des collectivités territoriales.

Section 1 : La reconnaissance d'un pouvoir financier aux CT

La réussite de toute politique de développement dépend en grande partie de la bonne mobilisation des ressources financières. En rappel, sans impôts, il n'y a pas d'État. Ainsi, les collectivités territoriales, pour pouvoir offrir des services satisfaisants aux populations, ont-elles besoin d'optimiser le recouvrement des ressources financières locales pour assurer leur autonomie financière, composante indissociable du principe de libre administration. Autrement dit, pour avoir la liberté de gestion, la collectivité territoriale doit disposer de ressources financières suffisantes pour un choix dans la détermination de ses dépenses. En effet, la décentralisation cesse d'être effective si la collectivité territoriale se trouve dans la situation d'un individu théoriquement majeur et capable, mais qui n'aurait pour vivre que les subsides de ses parents. En d'autres termes, il n'y a pas de décentralisation si l'État doit continuer à pourvoir à l'essentiel des ressources financières pour assurer le fonctionnement des structures des communes. Pourtant, l'importance de la décentralisation n'est plus à démontrer. En effet, elle est une école de la démocratie dont elle véhicule les valeurs de proximité et de participation des citoyens à la gestion des affaires publiques au niveau local. C'est sans doute ce que soutient le Doyen M. HAURIOU en affirmant que « *les institutions communales sont à la liberté ce que les écoles primaires sont à la science ; elles la mettent à la portée du peuple ; elles lui en font goûter l'usage paisible et l'habituent à s'en servir. Sans institutions communales, une nation peut se donner un gouvernement libre, mais elle n'a pas l'esprit de la liberté* »[402].

Le Mali, pays en développement, s'est engagé depuis plus d'une vingtaine d'années dans un processus de décentralisation qui s'est manifesté par des transferts considérables de compétences de l'État vers les collectivités et surtout par la disparition de la tutelle étatique sur ces mêmes collectivités territoriales. Au regard de ces évolutions sur le plan sociopolitique, estimant que les quelque dix années ne peuvent suffire pour

---

[402] M. HAURIOU, « *Etude sur la décentralisation* », in Répertoire de droit administratif, Paris éd. Dupond, 1892.

mesurer toute la portée, il convient de se demander pourquoi cette décentralisation « *quasi parfaite* » ne s'est pas traduite par des réformes en matière de finances et de fiscalités locales aux fins de réaliser l'autonomie financière.

Après analyse, il ressort des observations que la chaine fiscale doit être décentralisée (paragraphe 1) et doit être accompagnée de l'allégement de la tutelle étatique (paragraphe 2), et tout ceci dans le but de réaliser l'autonomie financière.

Paragraphe 1 : La décentralisation de la chaine fiscale

Une des pratiques les plus fréquentes et les plus dommageables d'une décentralisation incomplète est l'insuffisance des fonds attribués aux collectivités territoriales pour financer les compétences dévolues. Rares sont les pays où les Collectivités territoriales disposent de ressources locales autonomes suffisantes pour couvrir leurs besoins de dépenses. Le cas général est celui du déséquilibre entre les ressources locales autonomes et les dépenses récurrentes. Le transfert de compétences des gouvernements centraux vers les collectivités territoriales s'est rarement accompagné des ressources correspondantes. La majorité des constitutions garantissent pourtant un transfert de ressources équilibré *ex ante* mais qui n'est suivi d'aucune évaluation *ex post*. Et ce transfert prend en général la forme de dotations budgétaires soumises aux aléas de l'annualité budgétaire, et rarement assorties d'un véritable pouvoir de décision local. Et lorsqu'il peut réglementairement s'exercer, ce pouvoir de décision ne concerne qu'une infime partie des ressources totales des collectivités[403].

La décentralisation de la chaine fiscale est au cœur de tous les débats. En effet, une étude de faisabilité avait été initiée à cet effet. Sur le plan de la mobilisation et de la comptabilité des ressources fiscales et taxes assimilées locales, l'exemple des RPM (Recettes Perceptions Municipales) est positif et devrait inspirer cette décentralisation de la chaine fiscale. Il devrait en être de même pour l'assiette (recensement, liquidation) pour pouvoir prétendre à des collectivités territoriales fortes.

L'État ne peut décentraliser des ressources financières qu'il n'a pas. La crise financière aiguë que connaissent les États les met dans la quasi-impossibilité de transférer aux collectivités territoriales des ressources

[403] Commission finances locales et développement de CGLU, « *Les conditions de la mobilisation des ressources du financement local pour une urbanisation durable* », relevé de conclusions de la 1re phase de l'étude et lancement de la seconde phase, p. 17.

financières qu'ils ont eux-mêmes bien du mal à réunir, du fait du niveau général de pauvreté des populations. Mais l'Afrique est aussi la région du monde où le niveau de mise en commun des ressources au profit de l'action publique est le plus faible. Les prélèvements fiscaux et parafiscaux n'excèdent nulle part les 17 % du PIB, ils tournent, en règle générale, autour de 10 % dans la majorité des pays africains, alors qu'ils se situent à des niveaux avoisinant 20 à 25 % en Amérique latine, et 40 % à 50 dans les pays de l'OCDE. La prépondérance du secteur informel dans les économies africaines n'est sans doute pas étrangère à cette situation. Mais il faut aussi évoquer la faiblesse de la base fiscale qui fait que le poids de la fiscalité est partagé par un nombre relativement restreint de contribuables, qui eux, se considèrent comme surimposés : 10 % des contribuables sont à l'origine de 80 % des recettes fiscales. Ceci n'est pas en faveur d'une extension du civisme fiscal, alors que ces pays sont encore largement sous-fiscalisés.

On pourrait considérer qu'une collectivité territoriale dispose d'un plein et entier pouvoir de décision en matière de recettes : les créer librement, déterminer leur champ d'application et leur base, fixer leur montant et assurer elle-même leur recouvrement[404].Avec un tel pouvoir, la recette des collectivités territoriales maliennes serait, sans difficulté, qualifiée de véritable ressource propre locale.

Pour assurer une gestion de proximité, treize (13) domaines de compétence leur furent transférés : l'aménagement de l'espace, la protection de l'environnement, l'état civil, l'équipement marchand, l'équipement collectif, sport, culture, l'éducation, la santé, l'hydraulique, le commerce, la promotion féminine, la sécurité du développement social.

Par ailleurs, le législateur malien a doté les communes, cercles et régions de budgets propres, alimentés par des ressources principalement fiscales (Taxe de Développement Régional et Local, la contribution des patentes et licences, l'impôt sur les traitements et salaires...) afin de leur assurer une autonomie financière[405].

Cependant, en dépit de la rationalité et de la cohérence du dispositif institutionnel et des moyens juridiques mis à leur disposition, les collectivités territoriales tardent à prendre efficacement part à l'œuvre de

[404] F. LABIE, les finances locales, 2e éd., Paris, Dalloz, 1995, p10.

[405] La loi n° 96 - 058 du 16 octobre 1996 déterminant les ressources fiscales du district de Bamako et des communes qui le composent ; la loi n° 2011-36 du 15 juillet 2011 relative aux ressources fiscales des communes, des cercles et des régions.

développement économique national et à jouer un rôle significatif dans la réforme de l'État.

Au Mali, les assemblées locales ne disposent même pas de ce pouvoir fiscal dérivé[406]. Les élus n'ont aucune latitude pour déterminer le seuil des prélèvements fiscaux. Le district de Bamako (capitale) et les autres collectivités territoriales (région, cercle, et commune) peuvent être autorisés, exceptionnellement par la loi, à fixer le taux de nouvelles taxes et de nouveaux impôts prélevés sur une matière imposable au plan local.

Ainsi, les taux sont fixés chaque année par délibération du conseil du district en ce qui concerne les taxes du district, et par délibération du conseil communal en ce qui concerne les taxes des communes conformément aux dispositions législatives régissant les impôts et taxes locaux[407]. À ce niveau, les taux sont fixés ainsi : 60 % du montant intégral des contributions des patentes et licences ; 20 % du montant de la taxe du développement local ; 100 % le montant intégral de l'impôt sur les traitements et salaires des personnes payées sur le budget du district et ses démembrements[408].

En dehors du district de Bamako, les taux et les tarifs des taxes des autres collectivités (cercle et région) sont fixés par les délibérations du conseil communal et du cercle[409]. À ce stade, les taux sont fixés à concurrence de 60 % du montant intégral des contributions des patentes et licences ; de 80 % du montant de la taxe du développement local ; de 100 % du montant intégral de l'impôt sur les traitements et salaires des personnes payées sur le budget de commune et du cercle[410].

La structure des recettes budgétaires des pays africains reflète l'une des principales caractéristiques des pays en voie de développement : une forte prépondérance des droits de porte et de la fiscalité indirecte telle que la

---

[406]En effet, les dispositions de l'article 16 de la Directive n° 01/2011/CM/UEMOA portant régime financier des collectivités territoriales au sein de l'UEMOA aux termes desquelles *« le conseil de collectivité territoriale, par sa délibération, fixe le taux des impôts et taxes locaux dans la limite du plafond déterminé par la loi ».*

[407] Article 9 de la Loi n° 96 - 058 du 16 octobre 1996 détermine les ressources fiscales du district de Bamako et des communes qui le composent.

[408] Article 1 de La loi n° 96 - 058 du 16 octobre 1996 détermine les ressources fiscales du district de Bamako et des communes qui le composent.

[409] Article 4 de la loi n° 2011-36 du 15 juillet 2011 relative aux ressources fiscales des communes, des cercles et des régions.

[410] Article 11 de la loi n° 2011-36 du 15 juillet 2011 relative aux ressources fiscales des communes, des cercles et des régions.

taxe sur la valeur ajoutée (TVA) par rapport à la fiscalité basée sur l'activité économique intérieure et le patrimoine. Dans la plupart des pays africains, les recettes douanières (à l'importation et à l'exportation) représentent souvent 50 %, et parfois plus, de l'ensemble des recettes de l'État. Le fait que les recettes douanières soient typiquement des recettes d'État, cela rend assez difficile le dialogue sur leur partage avec des collectivités territoriales. Mais de l'autre côté, grâce à la dynamique de l'intégration régionale et du mouvement de la mondialisation, les droits de douane sont orientés vers la baisse. L'État hésite à partager ses ressources en diminution et ne dispose pas à ce jour d'une fiscalité de substitution garantissant une facilité de collecte et un rendement équivalent aux droits de porte. À court et moyen termes, on s'oriente donc vers une situation de tension encore plus importante des finances publiques. Cette situation n'est pas en faveur d'un partage des ressources avec les collectivités territoriales[411].

Par ailleurs, il faut remarquer que le pouvoir fiscal local ne saurait se limiter à la simple gestion des moyens financiers déterminés par l'État. La question de l'autonomie fiscale et financière des collectivités territoriales lève un certain nombre d'enjeux politiques majeurs. La question principale est celle de l'incidence du principe de libre administration reconnue par la constitution de 1992 (cf. article 98) sur la décentralisation financière.

Dans l'optique constitutionnelle, le pouvoir fiscal, c'est-à-dire le pouvoir de disposer d'une ressource financière dont la collectivité locale peut maîtriser le taux, n'est pas crucial pour juger de la force du principe de libre administration des collectivités territoriales. C'est quelque peu paradoxal lorsqu'on sait que la reconnaissance constitutionnelle du principe de libre administration est perçue comme un renforcement de celui-ci et qu'en même temps, ce principe ne trouve pas de répercussions fortes en matière de fiscalité locale.

En fait, l'un des enjeux majeurs pour l'avenir de la décentralisation se situe au niveau de la volonté de l'État d'accorder un pouvoir financier et fiscal total aux collectivités territoriales ou bien de se réapproprier ce pouvoir fiscal. Dans le premier cas, on parle de « *décentralisation fiscale* » tandis que dans le second, il s'agit d'une « *recentralisation fiscale* ». Bien que cette seconde configuration marque un net retour en arrière, certains

---

[411] WINDHOEK, « *La décentralisation fiscale en Afrique : Succès, Problèmes et Contraintes* », 18 mai 2000, p. 03.

observateurs en sont partisans et, en raison de leur scepticisme, pensent que les collectivités territoriales ne sont pas à la hauteur de cette tâche.

On ne peut poser la question de la décentralisation et de la politique publique locale sans faire intervenir la problématique de l'autonomie fiscale. Or, en matière politique et institutionnelle, qui dit autonomie, dit pouvoir. De ce fait, le principe ne s'appréhende que dans ce cadre du pouvoir fiscal. Contrairement à la logique minimaliste qui soumet l'autonomie fiscale et financière à une interprétation extensive du principe de libre administration, la véritable question de la refondation de l'action publique autour du rôle et de la place des collectivités territoriales envisage le principe de libre administration comme un pendant de l'émergence d'un pouvoir fiscal local.

La définition d'un champ fiscal propre aux collectivités territoriales se retrouve dans la plupart des lois de décentralisation. Dans les pays francophones d'Afrique, cette fiscalité propre s'appuie sur les quatre impôts locaux de base couramment appelés *« les 4 vieilles »* : - le foncier bâti, le foncier non bâti, la taxe d'habitation et la patente. À ces impôts locaux peuvent s'ajouter des taxes spécifiques liées au contexte du développement des différentes localités. Le Code général des Impôts et les lois concernant l'organisation financière définissent les principes généraux applicables en ces matières propres aux collectivités territoriales. La loi des finances votée par le parlement fixe chaque année les plafonds de ressources autorisés dans le cadre de la nomenclature des impôts locaux. Le recouvrement des impôts et taxes propres aux collectivités territoriales a jusqu'ici un rendement médiocre. Ceci s'explique par la complexité dans la définition de l'assiette et des modes d'évaluation des impôts. Aussi la difficulté de mettre en place au niveau local une instrumentation adaptée pour connaître le potentiel fiscal et assurer l'émission des rôles et le recouvrement. On peut évoquer la quasi-exclusion des collectivités territoriales de la chaîne fiscale. Dans les pays francophones d'Afrique, ce sont les services du ministère des Finances qui établissent l'assiette, émettent les rôles et assurent le recouvrement. Dans la plupart des cas, ces services de l'État n'ont pas de relations contractuelles avec les collectivités territoriales pour lesquelles ils sont censés travailler. Ces dernières n'ont guère de possibilité de réaction en cas d'insuffisance de performances de la part des services du ministère des Finances.

La réforme de la fiscalité locale s'inscrit dans le cadre des efforts déployés par les pouvoirs publics pour consolider et améliorer l'autonomie de gestion et de décision des collectivités territoriales. À vrai dire, les ressources fiscales doivent constituer l'essentiel du budget des collectivités. Plus la part de l'impôt est considérable, plus ces collectivités disposent d'une grande maîtrise de leurs choix de développement[412].

Tous les spécialistes du droit administratif et, plus particulièrement du droit de la décentralisation, sont unanimes à spécifier que l'accroissement des compétences des collectivités territoriales va de pair avec un renforcement de leur capacité financière et surtout fiscale. Il va de soi que cette capacité doit être réelle et d'une importance significative[413] au regard de la taille et de l'envergure des nouvelles compétences des collectivités. Toute politique de développement local ne prenant pas en considération cette équation exposera l'autonomie locale à la faillite. Les moyens financiers et juridiques se conditionnent étroitement[414].

Pour que la collectivité concernée puisse agir en son propre nom, il devra financer ses opérations de développement territorial par son propre budget. Cela nécessite que ladite collectivité ait des ressources propres suffisantes et qu'elle soit en mesure de les utiliser librement afin de réaliser ses projets.

Dans cette optique, il convient de dégager quelques principes fondamentaux de la décentralisation fiscale.

1- Principes fondamentaux de la fiscalité locale :

Dans sa logique, la fiscalité locale cherche à promouvoir l'efficacité dans la provision des services au niveau local. Elle prône un développement durable qui implique une gestion normale et rentable des ressources locales (et nationales), une croissance dynamique de l'économie, le tout basé sur un partenariat entre le secteur public, le secteur privé et la société civile. La décentralisation fiscale et financière peut donc promouvoir l'efficacité, l'innovation, le développement des ressources humaines, l'entreprenariat et le dynamisme local. Ce sont là les éléments clés d'une politique de réduction de pauvreté.

Une politique de décentralisation fiscale se conçoit dans un cadre juridique qui définit clairement les responsabilités dévolues au niveau

---

412 L. LANKAONI, *« régionalisation élargie : quel financement des initiatives économiques locales ? »*, in A. MECHERF *« les finances des collectivités locales dans les États du Maghreb »*, actes des VI journées Maghrébins de droit, organisées par le Réseau des juristes maghrébins (REJMA), tenues les 5 et 6 avril à Marrakech, pp. 77-78.

413 M. ROUSSET, J. GARAGNON, *Droit administratif marocain*, *op cit*, p. 1781.

414 M. El-YAAGOUBI, *« La régionalisation avancée dans les discours royaux »*, précité, p. 53.

local, régional ou national ainsi que les sources de revenus décentralisées. La décentralisation fiscale doit s'accompagner par des réformes institutionnelles et la mise à jour des lois.

Parmi les principes de base de la décentralisation fiscale se trouvent : l'adéquation des ressources et responsabilités, l'équité, la transparence, l'imputabilité, la motivation et la sanction[415].

L'application d'une telle politique se renforce à travers une approche participative impliquant toutes les couches socio-économiques locales dans le processus de prise de décision. Une politique de décentralisation fiscale se conçoit et s'applique aux fins de promouvoir l'équilibre dans le processus de développement des communautés pour l'exécution des responsabilités accrues qui leur sont attribuées, mais aussi la distribution équitable des ressources centralisées allouées aux communautés locales.

La pérennité du processus exige l'appropriation et la participation effective des populations. Pour ce faire, le comportement et l'attitude des autorités et des agents impliqués dans la décentralisation sont déterminants. Ainsi, la gestion des finances et de la fiscalité locale doit se faire dans la transparence totale. De plus, les décideurs ainsi que les agents d'exécution de la politique doivent être imputables devant les populations qu'ils servent. Des dispositions doivent être mises en place pour inciter l'excellence au travail chez les agents d'exécution. Mais en cas de nécessité (corruption, détournement des deniers publics, négligence, incompétence, etc.), les autorités appropriées doivent être prêtes à appliquer les sanctions prévues par la loi avec rigueur pour maintenir la crédibilité du processus de la décentralisation.

La décentralisation fiscale n'implique pas l'abandon des communautés locales par le gouvernement central. L'application d'une politique de décentralisation fiscale demande, dans le court terme, des mesures d'accompagnement dans les domaines de formation et de renforcement de capacités, et de subventions. Ceci dit, l'objectif à viser dans le long terme est de promouvoir l'autonomie fiscale et financière des communautés locales.

2- Les enjeux de la décentralisation fiscale

Dans un contexte de gouvernance, la décentralisation fiscale vise à promouvoir l'efficacité dans la gestion des affaires publiques dans les collectivités. En effet, face à la crise de confiance des populations vis-à-vis

---

[415] *Ibid.*

de l'État, elle met en évidence le lien entre les impôts et taxes et les services rendus. Dans le cadre de la gestion des affaires locales, les populations sont disposées à payer pour les services qui répondent à leurs préoccupations, surtout si elles participent à la prise de décision concernant la fourniture de services. Cette proximité entre élus et la population favorise la démocratie locale, mais aussi le contrôle citoyen de l'action publique et le civisme fiscal.

L'offre décentralisée de service public local apparaît aussi plus efficace qu'une offre centralisée. En cela, elle permet la prise en compte des disparités et les priorités locales de développement économique et social. Dans cette optique, l'enjeu instrumental de la décentralisation de la fiscalité concerne le renforcement des capacités d'intervention des collectivités territoriales à promouvoir leur propre développement et à cultiver la citoyenneté face à l'administration publique.

Dans la plupart des pays, l'État accepte de partager certains impôts avec les collectivités territoriales. La méthode généralement adoptée est l'ajout de centimes additionnels à l'impôt collecté aussi bien pour le compte des entités décentralisées que pour l'État. La définition de centimes additionnels obéit à des règles peu explicites. L'information sur les centimes additionnels collectés par l'État reste très opaque. Il n'y a pas de mécanismes sûrs pris en place permettant aux collectivités territoriales de prévoir ce qu'elles peuvent attendre de la fiscalité partagée avec l'État. La TVA est l'impôt qui offre le plus de promesses en termes de partage de ressources entre les collectivités territoriales et l'État. Les lois de finances précisent les modalités de partage de la TVA. Mais comme pour les centimes additionnels, les collectivités territoriales n'ont pas à disposition un système d'information leur permettant de savoir ce que l'État leur doit au titre du reversement de la TVA si bien qu'elles se contentent de ce que l'État leur offre. Là aussi aucune prévisibilité n'est possible.

Malgré les évolutions de ces dernières années, on ne peut pas affirmer que les collectivités territoriales maîtrisent totalement leurs politiques fiscales et financières. L'impôt local est, en réalité, du ressort de l'État au regard même de sa gestion. En effet, c'est l'État qui assure, à travers sa Direction Générale des Impôts et la DNTCP (Direction Nationale du Trésor et de la Comptabilité Publique), l'assiette et le recouvrement. Comment peut-on parler d'autonomie financière, alors que les collectivités n'assurent pas directement la charge et la responsabilité de la gestion de l'assiette et du recouvrement de l'impôt ? En outre, le système du *« compte d'avances »* du Trésor Public, bien qu'il présente des avantages pour les collectivités territoriales, soumet celles-ci à une forme de tutelle administrative et financière qui est tout à fait contraire au principe d'autonomie.

Il est à noter que le dialogue sur la répartition financière est biaisé parce que l'État dispose de l'information sur le montant du produit de la plupart des impôts, alors que celle des collectivités territoriales n'est qu'opaque, sombre et celles-ci ne sont pas au même niveau d'information. Cette situation s'explique par le fait que la décentralisation de certains impôts et taxes au niveau local n'est pas sous-tendue par une information transparente vers les collectivités concernées. Au Mali, comme dans la plupart des États africains, la chaine fiscale est concentrée entre les mains de l'État. De ce point de vue, les collectivités sont des acteurs passifs pour les différentes étapes allant des travaux d'assiette au recouvrement. La fiscalité locale est fort variée, mais une petite minorité seulement des impôts et taxes fournit l'essentiel des ressources fiscales locales.

Le niveau de recouvrement de la fiscalité propre s'est avéré assez bas pour deux raisons : d'une part, le manque de réalisme de la fiscalité elle-même ne favorise pas un meilleur rapport entre le niveau de fiscalisation et le niveau de richesse locale. D'autre part, le système d'évaluation basé sur les estimations des années antérieures entraîne la reconduction des erreurs d'appréciation d'une année sur les suivantes. Le rendement de la fiscalité locale reste donc en deçà des possibilités réelles.

Les ressources des collectivités territoriales sont caractérisées par leur faiblesse ; les impôts locaux sont divers, peu rentables et certains impôts et taxes ne sont pas recouvrés. Les études sur la fiscalité locale montrent que cette rentabilité faible est due à la prédominance des impôts directs qui ont une élasticité économique peu grande ; c'est-à-dire leur capacité plus ou moins limitée à augmenter de rendement ou à en diminuer en fonction de leur degré de dépendance aux fluctuations de l'activité économique. À cela s'ajoute le fait que la fiscalité locale est inégalement répartie, la capacité contributive du milieu rural étant largement en deçà de la norme en raison de l'absence d'activités économiques et de la pauvreté.

Une étude sur la fiscalité en milieu rural a démontré, entre autres, que l'absence de cadastre fiscal contribue à une sous-évaluation des recettes, les autres causes étant d'ordre matériel et relatives au coût mal maîtrisé des dépenses fiscales. En effet, les renonciations fiscales (abattements, exonérations ou réductions d'impôts) diminuent le potentiel fiscal local, quel que soit leur bien-fondé (incitation à l'investissement). En marge de ces difficultés, la décentralisation fiscale est butée à un défi, qui est celui de l'amélioration du niveau de mobilisation des ressources locales.

Les recettes fiscales locales sont constituées des impôts et taxes[416] régies par le Code Général des Impôts et par des lois particulières[417]. Ces recettes peuvent être collectées par l'administration locale ou par celle centrale et rétrocédée automatiquement aux collectivités territoriales.

L'examen de la kyrielle d'impôts et taxes aux collectivités territoriales peut faire croire que celles-ci disposent de ressources financières suffisantes. En réalité, il est constaté l'extrême faiblesse des ressources locales propres dans la plupart des pays d'Afrique subsaharienne. Trois axes d'analyse ont permis de mettre en évidence cette faiblesse :

- ❖ La part des ressources locales propres dans le PIB, car ne dépassant pas généralement 1 % du PIB. Dans les pays de l'UEMOA, elles représentent en moyenne 0,7 % du PIB (Burkina Faso : 0,6 % ; Côte d'Ivoire 1 % ; Sénégal 0,8 %)[418].
- ❖ Le ratio des recettes locales par rapport au budget de l'État[419], dans ce même espace, elles représentent en moyenne 4,38 %. Benin 3,34% ; Burkina Faso 3,81 % ; Côte d'Ivoire 4,79 % ; Mali 1,75% ; Niger 3,38% ; Sénégal 6,10 % ; Togo 2,44%).
- ❖ Le ratio des recettes fiscales locales par rapport aux recettes fiscales de l'État[420]. Toujours au sein de l'UEMOA, elles représentent en moyenne 2,82 % (Bénin 2,93% ; Burkina Faso 2,55 % ; Côte d'Ivoire 2,78 % ; Mali 1,31% ; Niger 3,38% ; Sénégal 3,71 % ; Togo 1,90%).

---

416 Si l'impôt est prélevé sans contrepartie, la taxe est un prélèvement lié à une prestation de service-utilisation d'un service ou d'un ouvrage public. Néanmoins, contrairement aux redevances, la contrepartie d'une taxe est secondaire puisqu'elle est exigible, même si le redevable ne fait aucune utilisation du service rendu et qu'il n'existe pas de proportionnalité entre la somme réclamée et le service rendu.

417 Pour le cas Mali : loi n° 96-058 du 16 octobre 1996 déterminant les ressources fiscales du district de Bamako et des communes qui le composent, loi n° 2011-36 du 15 juillet 2011 déterminant les ressources fiscales des communes, des cercles et des régions du Mali et loi n° 2011-034 du 15 juillet 2011 instituant la taxe foncière.

418 C. GERARD et al., *« La mobilisation de ressources propres locales en Afrique »*, juin 2017.

419 F. P. YATTA, *« Décentralisation financière : une vue d'ensemble de la problématique »*, mars 2008, p.21.

420 *Ibid.*

Les politiques d'ajustement structurel adoptées et mises en œuvre par la plupart des États africains se fixent comme objectifs de rationaliser la gestion des finances publiques. L'une des actions prioritaires conduites dans ce cadre est un meilleur contrôle des recettes et de la dépense publique grâce à la mise en place au niveau central des outils de pilotage de la programmation des investissements publics et des opérations financières de l'État. Cette centralisation de la programmation des investissements et des opérations financières est en porte-à-faux avec la multiplication des centres de décision en matière d'investissements et de dépenses publiques locales qu'implique la mise en œuvre des politiques de décentralisation. Cette multiplication des centres de décision en matière d'investissement (au niveau des exécutifs locaux) et des caisses annexes (que sont les postes de recettes des collectivités territoriales) apparaît comme une complication pour les responsables nationaux en charge de l'ajustement structurel. Pour eux, ce phénomène tend à augmenter sensiblement les risques de mauvaise gestion. Il n'est donc pas étonnant que jusqu'ici, contrairement au discours politique sur la décentralisation, les collectivités territoriales ne mettent en œuvre que 4 % des budgets publics et moins de 1 % des dépenses publiques d'investissement. Par ailleurs, à la suite de l'adoption des politiques d'ajustement structurel, plusieurs experts sont pour une globalisation de la fiscalité locale, avec l'institution de taxes locales uniques reliées aux impôts d'État (rapport Thiel). Si de telles recommandations étaient appliquées, cela risquerait d'accélérer la déresponsabilisation des élus locaux vis-à-vis de la fiscalité locale alors que la réussite des politiques de décentralisation dépend avant tout de l'efficacité des collectivités dans la mobilisation des ressources locales. Est en conséquence à l'ordre du jour le problème de l'ajustement institutionnel des recettes et des dépenses publiques en faveur des collectivités territoriales, pour rendre les politiques de décentralisation plus crédibles.

Un des objectifs assignés à la décentralisation est de favoriser une meilleure mobilisation de l'épargne locale. Le problème qui se pose est celui de l'appréciation du niveau d'effort à fournir. Compte tenu de la faible fiscalisation nationale et locale, on doit pouvoir viser la multiplication par deux ou trois des prélèvements sur l'économie locale et le patrimoine de la collectivité. Encore faut-il avoir une idée du potentiel offert par l'une comme par l'autre. La mise en œuvre d'une instrumentation à la disposition des collectivités territoriales pour apprécier le potentiel de la fiscalité locale et se fixer des objectifs réalistes de mobilisation doit figurer parmi les priorités d'action dans ce domaine. À l'étape actuelle de la décentralisation au Mali, c'est moins l'égalisation des conditions locales pour l'accès aux ressources que l'effort pour augmenter les ressources locales qu'il faut encourager. Les formules de partage de ressources entre l'État et les collectivités territoriales devraient donc inclure des incitations positives pour les collectivités territoriales les plus performantes en matière de mobilisation des ressources. Dans le même temps, une attention égale devrait être accordée à la qualité de la dépense locale. Les formules de décentralisation fiscale devraient en conséquence intégrer des bonus en faveur des collectivités ayant de bons ratios de gestion.

Selon Paul YATTA, tous les pays francophones connaissent une efficacité en matière de décentralisation fiscale. Pour lui, c'est une preuve de plus que, dans ces pays, l'environnement institutionnel est moins favorable à la décentralisation fiscale[421].

Mais cette décentralisation fiscale peut présenter aussi des conséquences. D'une part, la concurrence horizontale entre collectivités elles-mêmes peut les conduire à une course à la baisse de la fiscalité dommageable pour tous en termes de finances publiques.

Ainsi, au Mali, depuis que les tarifs des vignettes sur les motocyclettes ne relèvent plus de la compétence de l'État central et peuvent être déterminés par les communes, une compétition en faveur de la baisse des tarifs s'est engagée. La concurrence verticale devient également une menace, car elle peut entraîner une taxation excessive d'une même base fiscale par différents niveaux de gouvernement.

Ce phénomène observé notamment dans les pays fédéraux résulte d'une allocation ambigüe du pouvoir de taxation entre deux niveaux de gouvernements (central et local) et peut nuire *in fine* à l'activité économique.

La Direction Générale des Impôts (DGI) collecte 40 % des recettes des collectivités territoriales. On constate que 93 % de ces recettes locales prélevées par la DGI proviennent de la patente émise en 2014. À l'analyse, on remarque que la patente professionnelle en constitue la majeure partie (82 %), la contribution de la patente sur les marchés et contrats administratifs (5,53 %), la patente dans la vignette synthétique (3 %) et dans la vignette TTR (2,5 %) étant relativement faible[422].

---

[421] *Ibid.*, p. 252.

[422] Les recettes provenant des licences - déjà très faibles en 2011 (0,41 %) - sont quasi nulles depuis 2012 (0,03 % en 2012, 0,02 % en 2013, 0,07 % en 2014).

La taxe de voirie représente 4,43 % des impôts locaux collectés par la DGI en 2014, dont l'essentiel est collecté avec la patente professionnelle. En matière de recouvrement des impôts et taxes, il existe une incohérence entre deux textes juridiques qui sont en voie de résolution selon les autorités. Le Code des collectivités territoriales confère aux agents du Trésor le recouvrement des impôts et taxes, alors que selon la loi 036, ce recouvrement incombe à la DGI. Cette divergence des textes juridiques peut expliquer en partie la faiblesse des recettes fiscales locales[423].

La fiscalité locale assise sur l'activité des entreprises représentait 45 % de la fiscalité locale en 2013 et était composée de près de 86 % de la patente. Ce rôle prépondérant de la patente est commun dans la plupart des pays de la région. Cet impôt est considéré comme une autorisation d'exercer par l'ensemble des professionnels, quelle que soit la taille de leur activité. La patente de droit commun est appliquée à chaque établissement et se compose d'un droit fixe et d'un droit proportionnel.

Depuis la loi fiscale de 2014, la patente n'est plus collectée directement sur les entreprises réalisant un CA inférieur à 50 millions FCFA, mais indirectement par le paiement de l'impôt synthétique.

Cet impôt a été en effet considérablement simplifié en 2014 pour devenir une taxe sur le CA au taux de 3 % suivant les meilleures pratiques internationales[424]. Une part de 10,45 % des recettes de cet impôt est reversée au titre de la patente aux collectivités territoriales.

Cependant, certaines activités dont le CA n'excède pas le seuil de 50 millions FCFA, relèvent du régime réel et doivent donc acquitter une patente. Il s'agit des conseils fiscaux, des comptables et experts comptables agréés, des entreprises agréées au code des investissements et de certains professionnels[425].

Les recettes globales de la patente sont importantes pour les collectivités territoriales (40 % de leurs recettes fiscales propres), mais demeurent marginales en termes de PIB. 0,13 % du PIB en 2014.

Les recettes de patente se sont élevées à 7,731 Mds FCFA. Un taux de 82 % est apporté par la patente professionnelle, 5,5 % par la patente sur les

---

423 Il convient de noter que les recettes de la taxe foncière collectées par la DGI n'apparaissent pas explicitement dans les comptes du Trésor.

424 Voir Rota-Graziosi et al., 2014

425 Il s'agit par exemple des agences de gardiennage, des établissements d'enseignement privé, des géomètres.

marchés et contrats administratifs, 3 % par la patente incluse dans l'impôt synthétique et enfin, 2,5 % par la taxe sur les transporteurs routiers[426].

La fiscalité locale assise sur les personnes se compose principalement de l'impôt sur les traitements et salaires (ITS), de TDRL et de la taxe foncière. Les recettes de l'ITS (16 % des recettes locales fiscales en 2013) proviennent de l'imposition des salaires des fonctionnaires relevant des collectivités territoriales, en particulier du personnel de l'éducation nationale travaillant dans les établissements scolaires situés sur le territoire de la commune, du cercle ou de la région. Le taux et l'assiette de l'ITS établis par le CGI sont appliqués uniformément sur tout le territoire malien. En d'autres termes, les recettes locales de l'ITS ne correspondent pas à une surtaxe locale comme dans certains pays fédéraux, mais au partage d'un impôt géré de façon centrale.

La TDRL est un impôt forfaitaire par tête dû par les personnes de plus de 14 ans. Son taux est fixé par le CGI et varie de 875 FCFA dans la région de Tombouctou à 3000 FCFA pour le district de Bamako. Une collectivité territoriale a la capacité de modifier son taux respectif dans un encadrement de plus ou moins 25 %. La TDRL est complétée par la taxe de voirie qui concerne les familles et les entreprises assujetties à la patente. Le taux de cette taxe atteint le maximum fixé à 5 % de la patente ou 3 000 FCFA par famille dans le district de Bamako (2000 FCFA ailleurs).

Les recettes de la TDRL en 2013 représentaient 21 % des recettes fiscales locales. Elles sont particulièrement importantes en zones rurales alors que leur recouvrement comme celui de la taxe de voirie en milieu urbain (Bamako) est défaillant. Cette distinction s'explique notamment par l'association des chefs de village à la collecte de la TDRL. Elle représente l'un des seuls impôts payés directement dans certaines zones rurales et s'avère plus difficile à collecter dans les zones urbaines plus denses où le contribuable est protégé par un certain anonymat.

La fiscalité locale décrite au chapitre précédent est défaillante aussi bien en termes de recettes qu'en termes de redevabilité des collectivités territoriales. Les impôts et taxes concernés sont assis sur des assiettes particulièrement difficiles à appréhender. Leur rentabilité est particulièrement faible. C'est un constat largement partagé par les multiples études sur la question de la décentralisation au Mali et, plus largement, en Afrique de l'Ouest. Les taxes comme la patente ou la TDLR

[426] La taxe sur les transporteurs assise sur le nombre et les caractéristiques des véhicules a été supprimée et remplacée par le prélèvement de droit commun de 3 % sur le CA.

dont les recettes ne sont pas négligeables, sont de fait des taxes, soit particulièrement *« distortives »*. Elles augmentent le coût du capital investi comme la patente, soit au potentiellement des recettes très limitées voire en régression avec le développement urbain du Mali.

Nous proposons une stratégie de réforme qui vise à rationaliser les impôts et taxes locaux en assurant une meilleure redevabilité des collectivités territoriales et un renforcement de la capacité des gouvernements centraux et locaux à mobiliser davantage de ressources. Quatre éléments en sont privilégiés :

- L'instauration d'un impôt assis sur la propriété foncière en tenant compte des défaillances actuelles du cadastre et des impôts et taxes déjà existants ;
- Le partage de la TVA entre collectivités territoriales et gouvernement central pour assurer la stabilité de l'allocation des ressources aux niveaux locaux (les modalités de transfert sont discutées au chapitre suivant) ;
- Le renforcement de l'impôt synthétique qui par sa nature libératoire s'impose comme le moyen de prélèvement direct sur les activités des entreprises (ayant un CA inférieur à 50 millions FCFA) ;
- La suppression d'impôts et taxes locaux spécifiques au profit de redevances pour la prestation de services ou l'accès à certains biens publics locaux[427].

Ce qu'il faut soulever concrètement à travers le vœu de la réforme fiscale au Mali, c'est d'abord la création d'impôts et de taxes spécifiques à la région. Cette dernière ne compte d'abord que sur le fonds de dotation, fonds de concours. Ensuite, le renforcement de la fiscalité des communautés rurales ; enfin, la rétrocession aux collectivités territoriales du pouvoir « *d'assiette* » ou, dans une moindre mesure, leur implication dans l'établissement de celle-ci.

En effet, la mobilisation des ressources financières doit être rigoureuse. Cette rigueur doit viser à les maximaliser qu'elles soient fiscales, parafiscales ou qu'elles résultent d'une convention, d'un don ou d'une

---

[427] G. R. GRAZIOSI, E. CALDEIRA et G. CHAMBAS, *« Fiscalité locale et décentralisation au Mali »*, aide-mémoire, Fonds monétaire international, département des finances publiques, juillet 2015, p.41.

dotation. Cette remarque vise surtout une certaine catégorie de ressources financières comme les taxes qui, si elles étaient correctement recouvrées, pourraient beaucoup rapporter aux collectivités territoriales.

Paragraphe 2 : L'allégement de la tutelle étatique

L'encadrement des collectivités territoriales se matérialise également par le contrôle exercé sur elles. Il s'agit d'éviter que les autorités décentralisées n'édictent des actes préjudiciables à l'unité socle de tout État décentralisé. D'ailleurs, le professeur P. COMBEAU indique clairement que « *la notion même de décentralisation ne peut se concevoir sans un contrôle des collectivités territoriales par l'État* »[428].

Le concept de « *contrôle* » fait partie des termes dont le contenu demeure encore imprécis. En effet, rares sont les auteurs qui se sont évertués à lui donner un sens exact. I l est employé dans une acception large en fonction de l'orientation choisie. C'est dans ce sens qu'on oppose le contrôle hiérarchique au contrôle de tutelle. Le premier désigne l'exercice du pouvoir hiérarchique du supérieur sur le subordonné. Le second renvoie au contrôle de l'État sur les collectivités décentralisées.

Selon EISENMANN, « *le contrôle étant essentiellement une vérification de conformité d'objet à un modèle, à un type, à une norme* »[429], il permet de vérifier que l'action d'une entité, d'un organe ou le contenu d'une norme ne sont pas contraires à une autre norme de référence, un organe voire à une entité supérieure. Ainsi, la tutelle a été instituée pour s'assurer que les principes fondamentaux de l'État unitaire décentralisé ont consacré un contrôle de légalité des actes, qui apparaît comme un complément indispensable au principe de libre administration des collectivités décentralisées. Il vise ainsi à assurer que les entités locales dotées de l'autonomie ne l'exercent pas en contrariété avec l'ordre juridique national. Il doit maintenir une cohésion, une synchronie dans les actions mises en œuvre avec la politique générale de l'État[430] pour qu'il n'y ait pas de divergences fondamentales parce que, comme le disait HAURIOU, « *la décentralisation est une manière d'être de l'État* »[431].

---

[428] P. COMBEAU, Le contrôle de l'État sur les Collectivités Territoriales aujourd'hui, op. cit.

[429] C. EISENMANN, Centralisation et décentralisation, Paris, LGDJ, 1948, p. 167.

[430] C. MONEMBOU, « *Le pouvoir réglementaire des collectivités locales dans les États d'Afrique noire francophone (les cas du Cameroun, du Gabon et du Sénégal)* », p. 27.

[431] M. HAURIOU, « *Étude sur la décentralisation* », in répertoire de droit administratif, Paris éd. Dupond cité par B. FAURE, Le pouvoir réglementaire des Collectivités locales, *op cit*, p.14.

Très généralement, en Afrique et en particulier au Mali, les législateurs ont ainsi renforcé les marges de manœuvre du pouvoir réglementaire national sur le pouvoir réglementaire local, au point de faire dire à certains auteurs que la décentralisation était inachevée[432] et qu'on naviguait dès lors entre décentralisation et centralisation[433]. Au Mali, l'art. 278 du Code Général des Collectivités Territoriales de 2017 désigne le ministre de l'Administration territoriale et des Collectivités territoriales comme l'autorité administrative chargée d'accompagner ces entités intra-étatiques.

Deux hypothèses de contrôles de l'exercice de leurs compétences par les collectivités sont à distinguer : le contrôle exercé par l'État, obligatoire et nécessaire, en vertu de la Constitution et, à l'inverse, celui exercé par d'autres collectivités territoriales qui, nous l'avons vu, est par principe prohibé.

Très généralement, il y a l'opposition remarquable entre le local et le national. Donc, le dernier peut se heurter aux intérêts spécifiques du premier. D'où la nécessité d'un organe extérieur à celui-ci pour veiller à la sauvegarde des intérêts nationaux. Ainsi, le contrôle des pouvoirs d'agissements financiers des autorités décentralisées assure l'effectivité de la réglementation budgétaire et comptable nationale sur l'ensemble du territoire. Le second aspect est relatif au principe d'égalité par le biais de la protection des contribuables. Toutefois, les prérogatives financières dont jouissent les autorités locales peuvent être préjudiciables aux citoyens. Il en est ainsi lorsque les ressources sont utilisées à des fins qui ne cadrent pas avec l'autorisation initiale des autorités centrales : la propagande politique de la majorité au pouvoir, l'utilisation des ressources à des fins extérieures à la localité, les détournements des deniers publics locaux… Dans tous ces cas qui ne sont qu'indicatifs, le contrôle des finances locales permet de protéger les administrés, dans la mesure où ils sont les premiers pourvoyeurs de ressources, surtout pour la section fonctionnement, par le biais des impôts et des taxes.

[432] V. GARADEAU, La décentralisation au Gabon : une réforme inachevée, L'Harmattan, 2010, p. 245.

[433] H. K. NOUBISSI, la décentralisation et centralisation au Cameroun, la répartition des compétences entre l'État et Collectivités locales, Paris, L'Harmattan, 2013, p. 495.

L'implication des hautes autorités dans le processus de décentralisation démontre à suffisance la volonté des États d'Afrique noire francophone[434] de maîtriser cette politique publique et d'éviter tout exercice anarchique des compétences transférées. Les hautes autorités étatiques se doivent ainsi de s'assurer que les actions menées par lesdites collectivités sont en cohérence avec les politiques publiques étatiques, les compétences dans les matières économiques, sociales, sanitaires, éducatives et sportives leur étant transférées. Les autorités réglementaires centrales sont ainsi dans une posture de surveillance des actes posés par les organes délibérants et exécutifs des collectivités territoriales.

In fine, il faut relever que les autorités réglementaires centrales n'exercent qu'une infime part du contrôle des actes locaux, la partie importante étant confiée aux entités inférieures.

À ce niveau, il est opéré par le représentant de l'État, pierre angulaire dans la surveillance des collectivités territoriales. Le représentant de l'État exerce un double contrôle à la fois *a priori* et *a posteriori*. Le premier contrôle intervient avant l'exécution du budget et le second après l'exécution. Quant au contrôle administratif, dénommé contrôle de légalité, il constitue l'une des missions dévolues au représentant de l'État. Ce contrôle vise à encadrer juridiquement l'action publique locale en veillant à ce que les décisions administratives et budgétaires prises par les collectivités territoriales soient conformes à la règle de droit et compatibles avec les intérêts généraux de l'État.

S'agissant tout d'abord du contrôle *a priori*, il faut relever qu'il est exercé avant l'entrée en vigueur de l'acte administratif local. Le législateur malien a ainsi maintenu le principe de l'approbation préalable qui permet à l'autorité réglementaire nationale ou au représentant d'autoriser l'entrée en vigueur des actes des autorités locales. Au Mali, l'art. 281 de la loi N° 2012 – 007 du 7 février 2012 portant Code Général des Collectivités Territoriales dispose que « *les délibérations soumises à l'approbation ont force exécutoire dans un délai de trente (30 jours)* ». Le législateur sénégalais abonde dans le même sens. En regardant la liste des matières concernées, on peut se rendre compte qu'il s'agit de la raison d'être d'une collectivité. Le professeur M. FALL fait justement remarquer, s'agissant du code des collectivités locales de son pays, que cette persistance du

[434] Le Gabon (art. 244 de la loi organique n° 19/96 du juin 96 relative à la décentralisation) ; le Sénégal (art. 53 et 54, loi n° 96-06 du 22 fixant les règles relatives aux communes et aux régions mars 1996).

contrôle *a priori* concernant « *les actes essentiels pour ne pas dire vitaux [c'est pourquoi, il qu'on] doit amener à nuancer l'étendue de la liberté octroyée aux collectivités* »[435]. Il s'agit d'un véritable pouvoir de véto[436]. Le législateur malien fait de l'approbation préalable la condition *sine qua non* de toute coopération décentralisée, surtout avec l'extérieur du pays.

Il apparaît normal d'affirmer, à l'analyse des corpus législatifs, que ledit contrôle porte à la fois sur la forme et sur le fond, les actes en question étant des actes administratifs, bien que locaux. L'objectif du contrôle est finalement d'identifier « *les vices susceptibles d'affecter la législation des actes administratifs* »[437]. Le représentant de l'État apparaît comme une sorte de premier filtre de la légalité, avant l'action éventuelle du juge administratif, dès lors qu'il est appelé à rechercher tous les éléments, notamment l'intérêt pour agir, l'incompétence, le détournement de pouvoir, la violation des lois et règlements, les vices de forme et de procédure, susceptibles d'engager la nullité d'un acte administratif devant le juge administratif. Le contrôle *a priori* de la légalité des actes apparaît comme *« une épée de Damoclès »*[438] sur les collectivités susceptibles afin de paralyser dans une certaine mesure leur fonctionnement. Il peut même s'apparenter à un pouvoir d'annulation, dès lors que le refus de l'approbation est synonyme d'une annulation masquée de l'acte, celui-ci ne pouvant entrer en vigueur sans « *ce quitus de légalité* ». Ce d'autant plus qu'il est accompagné d'un contrôle *a posteriori*.

Le contrôle *a posteriori* permet au représentant de l'État de vérifier la légalité de l'acte après son entrée en vigueur. Il est le pendant « *du principe de l'exécution de plein droit des actes des autorités locales* ». Il peut se faire par le biais d'une obligation de transmission des actes au représentant de l'État. Le refus de toute transmission peut conduire à la suspension de l'acte, qu'il s'agisse des délibérations des assemblées locales ou des arrêtés des exécutifs locaux. C'est d'ailleurs dans cette logique qu'intervient la possibilité de demande d'une seconde lecture. La demande de seconde lecture peut aussi être implicitement considérée comme un pouvoir de

---

[435] I. M. FALL, *« Lle contrôle de légalité des actes des Collectivités Locales au Sénégal »*, Afrilex, n° 5, juin 2006, p. 86.
[436] I. DIALLO, Le droit des Collectivités Territoriales, p. 145.
[437] R. CHAPUS, Droit administratif général, 15e édition, tome 1, Montchrestien, 2001, p. 1019.
[438] Damoclès est une figure présentée dans une allégorie morale dite de *« l'épée de Damoclès »*. Cette expression est utilisée pour signifier qu'un danger constant peut nous frapper. Damoclès, un orfèvre, est le personnage-clé d'un épisode de la mythologie grecque.

réformation reconnu au représentant de l'État. En effet, elle vise à amener les autorités locales à revoir certains éléments illicites de l'acte pour pouvoir à terme bénéficier d'« *un certificat de conformité* » déclencheur de l'entrée en vigueur de l'acte. En réalité, l'autorité administrative en charge du contrôle a le choix entre demander une seconde lecture pour obtenir des autorités locales une « *réformation* » de l'acte et engager une action devant le juge administratif par le biais du déféré d'office. Même si « *dans la pratique, le déféré n'entraîne pas systématiquement l'annulation de l'acte incriminé, le juge étant naturellement souverain en la matière* »[439], il faut relever que « *la simple menace d'un déféré suffit souvent à conduire à son retrait par la collectivité* »[440]. Cette situation a été parfaitement dénoncée par Muzellec qui disait : « *On ne dénonçait guère que l'interprétation ou l'application outrancière du contrôle qui, comme on a pu l'écrire, préféraient, à l'instar des médecins de Molière, voir leurs malades mourir selon les règles que guérir hors des règles*[441].

Aujourd'hui, le constat est que la tutelle, telle qu'elle est exercée au Mali, est un obstacle au développement local ; elle contribuerait parfois plus à l'anéantissement d'un projet de développement qu'à sa réalisation. Elle crée un effet psychologique néfaste qui provoquerait la déresponsabilisation, la démotivation, voire le découragement des initiatives[442]. Désormais, les collectivités territoriales sont victimes de «*formalisme paralysant* », où la réalisation d'un programme est comparée à un « *véritable parcours du combattant* »[443] qui doit notamment sauter les haies successives[444] dressées par les représentants de l'État. Ainsi, dans l'arrêt département de la Moselle[445], le CE français a décidé que le dernier mot de la contestation d'une dépense obligatoire appartient totalement au pouvoir administratif. Pour le commissaire du gouvernement, « *c'est au seul représentant de l'État qu'incombe la décision d'inscription d'office à*

---

439 J-B. AUBY, R. NOGUELLOU, Droit des collectivités locales, Paris, P.U.F., , 4éd, 2008, p. 324.

440 J. KANKEU, « *L'autonomie des collectivités territoriales décentralisées : quelle autonomie* », Juridis périodique, n° 85, Janvier-Février-Mars 2011, p. 93.

441 Propos inspiré de l'article de R. MUZELLEC, « *De la pertinence des principes budgétaires et comptables applicables aux collectivités territoriales* », Politiques et management public, 1988, pp. 3-37.

442 M. WOLMANN, « *Les facteurs de réussite ou d'échec des politiques publiques* », Politiques et management public, 1985, N° 3, p. 81.

443 Le Doyen ZAMANSKY, Colloque de Caen, 1966, dactylo, p. 24.

444 H. ARNOUX, le Monde, 24 août 1977.

445 AJDA, 1987, p. 218.

laquelle il peut refuser de procéder »[446]. Tel est le cas de l'article 246 du CGCT de 2017, d'après lequel c'est une brèche importante qui est ainsi ouverte par la disparition d'une garantie pour les collectivités territoriales. En amont comme en aval, les collectivités se retrouvent « *à la merci du zèle intempestif des fonctionnaires préfectoraux* »[447]. Ceux qui redoutaient l'avènement d'un « *gouvernement des juges* » sont certainement rassurés.

L'évolution du contrôle budgétaire s'imposant aux collectivités s'est faite, à l'image de l'évolution du contrôle de légalité qui s'effectue en deux temps. Ainsi, au Mali avec le nouveau code général des collectivités territoriales de 2017, la règle la plus courante est celle de l'approbation de l'autorité de tutelle, préalablement à leur entrée en vigueur. Sont prévues plusieurs situations exceptionnelles, parmi lesquelles il faut signaler le cas du budget communal non voté en équilibre (faisant l'objet d'une seconde délibération puis, le cas échant, d'une intervention de l'autorité de tutelle).

Le principe de la tutelle exercé sur les collectivités territoriales est davantage issu du droit administratif (loi, règlement, jurisprudence administrative) que du droit constitutionnel. Le régime de la tutelle est proche de celui du contrôle hiérarchique, s'appliquant à l'intérieur de l'administration d'État. La différence peut se faire non pas sur les techniques du contrôle, mais sur l'étendue des domaines contrôlés[448]. En effet, l'agent soumis à un contrôle hiérarchique l'est pour l'ensemble de son activité, alors que ce n'est pas forcément le cas pour la collectivité décentralisée. Ici, la tutelle découle nécessairement d'un texte où la liberté des collectivités territoriales est la règle et l'intervention des autorités étatiques (centrales ou déconcentrées), l'exception[449].

Nous partons du cas français pour montrer des pistes de réflexion. En effet, le mouvement d'atténuation de la tutelle budgétaire a véritablement débuté avec les dispositions de la loi de 1970 sur la gestion municipale et

---

[446] *« Telle était l'opinion du commissaire du gouvernement »*, voir J.O AN 23.12, 1985, p. 5892. La réponse à la question 76686, ou JO AN du 5/08/1985, p. 3686, question 64024. Cité par R. MUZELLEC, *« De la pertinence des principes budgétaires et comptables applicables aux collectivités territoriales »*, Politiques et management public, 1988, pp. 3-37

[447] Expression de M. C. PONCELET, Rapport Sénat 19/12/1984, n° 177, P. 92. Cité par R. MUZELLEC, précité.

[448] Voir A. De LAUBADERE, Manuel de droit administratif, LGDJ, 10e éd. 1976, pp. 154-157.

[449] D'après J. BOULOUS, Décentralisation, déconcentration, in M. WALINE et R. ODENT, ss dir, Encyclopédié Dalloz Droit administratif, 1958, pp. 32-33.

les libertés communales[450]. Le principe qui est posé est celui de la suppression de l'approbation préalable en matière budgétaire, même si certaines exceptions sont maintenues. Étaient ainsi soumis à l'approbation les budgets dont le compte administratif du dernier exercice faisait apparaître un déficit. À cela, il y a aussi les délibérations des conseils municipaux portant par exemple sur certains emprunts ou engagements à long terme sur certaines garanties d'emprunts ou sur les taxes dont la quotité excédait un certain montant. Le mécanisme d'intervention de l'autorité de tutelle subsistait également dans le cas de l'adoption d'un budget en déséquilibre et de l'absence de correction par l'assemblée délibérante à la suite de la demande d'une nouvelle délibération[451].

L'esprit de cette proposition est d'améliorer les règles relatives à la responsabilité des élus locaux, en parallèle aux nouvelles libertés[452]. L'idée est l'établissement d'une « *tutelle a posteriori* » qui, pour certains, est néfaste et moins favorable aux collectivités territoriales que l'action de conseil, « *pragmatique et conciliante* » des autorités de tutelle[453].

En matière budgétaire, le principe doit être le caractère exécutoire de plein droit des délibérations 15 jours après leur dépôt à la préfecture ou sous-préfecture. Cela changera l'attitude des élus et agents locaux, principalement des petites communes, qui continuaient à attendre le « *visa* » de l'autorité de tutelle, garantissant la légalité de leurs actes[454].

Si l'on en écarte le simple toilettage, le ravaudage ou le dégraissage, l'alliance de la régularité et de l'efficacité de la logique du contrôle voire celle de l'action, peuvent se sceller par diverses voies. Préalablement, il convient de bien dissocier les objectifs qui peuvent être contradictoires

---

450 Loi n° 70-1297 du 31 décembre 1970 sur la gestion municipale et les libertés communales, J.O 1er janvier 1971, p. 3.

451 J-B. BOUET, L'administration décentralisée du territoire : choix et perspectives ouverts sous la cinquième République, thèse de doctorat en droit, Université d'Angers, 2006, p. 500.

452 Les comptes des collectivités territoriales et de leurs établissements publics seront jugés par une juridiction financière « peut-être la chambre des comptes ». Les élus locaux deviendront justiciables de cour de discipline budgétaire et financière et, à ce titre, passible e sanctions pouvant aller jusqu'à la révocation. Ce transfert équilibré de pouvoirs et de responsabilités constitue le gage d'une saine gestion au niveau local. (C. JOSSELIN, rapporteur pour avis, J.O débats A.N, séance du 27/07/1981, p. 314.

453 C. MILLION, J.O débats A.N, séance du 27/07/1981, pp. 341-342.

454 D'après M. REYDELLLET, Le nouveau contrôle des actes des collectivités locales ou la suppression de la tutelle, coll. Collectivités territoriales, Paris, Economica, 1985, pp. 17-18.

pour les diverses parties intéressées : État et collectivités territoriales. Le dispositif commun à toutes les collectivités territoriales pourrait, par exemple, être limité au strict contrôle de la régularité. Le contrôle de tutelle serait, le cas échéant, allégé mais les administrations centrales pourraient produire des informations fiables qui seraient des références utiles à l'heure des choix.

Section 2 : Les conditions financières d'un développement

L'analyse des contextes fiscaux et financiers des collectivités territoriales maliennes nous renseigne sur la diversité des ressources locales dont disposent ces dernières. On observe ainsi l'existence de ressources très diversifiées (voir la première partie) offrant des ressources financières relativement importantes. Ces différentes ressources illustrent bien la capacité du territoire à dégager une offre construite de biens ou de services spécifiques qui aboutiraient, à terme, à la construction de la rente territoriale[455].

Or, ce large potentiel de ressources diversifiées que recèlent les territoires des collectivités est largement sous-estimé. En dépit de quelques pratiques de mobilisation et d'exploitation de ces ressources, la construction de projets de développement local à partir des ressources territoriales existantes est timidement mise en avant par les collectivités. L'absence d'une vision d'action sur le local et de promotion de projets d'envergure enferme les territoires des entités décentralisées dans les réalisations de routine (petits projets : écoles, centres culturels, sportifs…) et accroît de plus en plus leur dépendance aux dotations de l'État. Il faut chercher une solution, aux problèmes réels de l'action locale du développement. Il se trouve : d'une part, qu'il y a une inadéquation entre les ressources et les compétences transférées de l'État vers les collectivités territoriales. La correction, c'est-à-dire l'adéquation entre les ressources et les responsabilités des entités locales. Autrement dit, l'accompagnement des transferts de compétences des transferts de ressources (paragraphe 2).

D'autre part, l'insuffisance ou la médiocrité dans le recouvrement des recettes fiscales font des collectivités des démembrements administratifs

[455] B. PECQUEUR, *« Qualité et développement territorial : l'hypothèse du panier de biens et de services territorialisés »*, *Économie rurale*, n° 261, 2001, pp. 37-49.

de l'État. Les entités décentralisées sont considérées dans le contexte malien comme le principal acteur du développement local, alors que les territoires locaux sont vus comme de simples supports d'activités économiques. Ainsi, créer une meilleure condition de recouvrement des recettes peut permettre aux collectivités d'être des véritables acteurs du développement local (paragraphe 1).

Paragraphe 1 : Meilleur recouvrement des recettes

La décentralisation est l'espoir d'un développement harmonieux des États africains, et plus particulièrement du Mali. Autant que les collectivités sont l'avenir du Mali pour le bien-être des citoyens. Mais, la plupart sont confrontées à un déficit d'infrastructures et d'équipements socioéconomiques de base.

Les recettes des collectivités décentralisées sont diversifiées. Selon le législateur malien ; on peut citer, entre les ressources fiscales (impôts d'État transférés aux collectivités territoriales, impôts et taxes locaux directs et indirects) ; les ressources découlant de produits selon leur nature (produits d'exploitation, produits financiers, revenus du domaine, redevances) ; les ressources budgétaires, constituées de dotations et subventions spéciales de l'État aux collectivités territoriales ; les ressources issues des emprunts autorisés, qui sont exclusivement destinés au financement des investissements ; d'autres ressources, notamment les subventions des partenaires extérieurs.

Pour saisir les enjeux liés à cette problématique, les entités décentralisées doivent se lancer dans une importance réforme de sa gouvernance et engager un important programme d'investissement.

Si l'on part du postulat qu'un système décentralisé est un système dont l'origine des ressources servant au fonctionnement des collectivités territoriales importe moins que leur volume, l'on peut être tenté de penser que l'autonomie financière de ces entités locales peut être alimentée par des ressources essentiellement externes. Mais il s'agit là d'une perception erronée, car une autonomie financière réelle suppose que les finances locales proviennent essentiellement des ressources propres. Il est judicieux, dans un contexte d'autonomie financière, que les ressources propres des entités décentralisées correspondent à une proportion importante de l'ensemble de leurs ressources.

Parmi les facteurs principaux qui expliquent la faiblesse des capacités financières des collectivités, c'est l'inefficacité de la chaine fiscale, notamment du recouvrement. Ce point tient aux faiblesses persistantes des entités locales en matière de capacités administratives et de ressources humaines[456].

L'objectif de la décentralisation est de mettre les ressources nécessaires à la disposition des collectivités infra-étatiques pour qu'elles puissent prendre en charge le développement local. Dans la même logique, le financement des investissements locaux suppose une mobilisation par les collectivités territoriales de leurs ressources propres[457]. Ces dernières sont composées de ressources fiscales et non fiscales. Les premières constituent la trame de fond du budget local en raison de sa diversité et de son volume, bien sûr à côté des dotations de l'Étattandis que les secondes, non maîtrisées, prennent une proportion non négligeable du budget local. Mais le financement de la décentralisation par la fiscalité locale en Afrique reste problématique. Pour F-P. YATTA, les problèmes de la fiscalité locale en Afrique découlent en général de l'incivisme fiscal, de la structure de la fiscalité défavorable aux collectivités territoriales, de la complexité du système fiscal et du centralisme fiscal de l'État[458]. Mais une étude de la Banque africaine du développement (BAD)[459] considère que la faiblesse des ressources locales propres résulte de l'inadaptation des systèmes de fiscalité locale et des difficultés liées à l'organisation administrative[460]. En marge de ces études et analyses, la faiblesse observée dans la mobilisation des ressources propres est imputable à trois causes : l'absence de maîtrise du potentiel fiscal mobilisable (A), les carences en matière d'émission des rôles (B) et l'insuffisance des recouvrements (C).

---

[456] Le rapport régional sur la décentralisation et la démocratie locale dans les pays de l'espace UEMOA, Avril 2011, P. 37

[457] G. CHAMBAS, J. F. BRUN, G. R. GRAZIOSI définissent les ressources locales propres comme l'ensemble des ressources fiscales, les taxes et redevances des collectivités locales dont la mobilisation ne dépend pas d'une décision discrétionnaire des autorités publiques centrales. À cet effet, lire *« La mobilisation de ressources propres locales en Afrique »*, juin 2007, p. 5, http://unpan1.un.org/intradoc/groups/public/dcuments/UN/UNPAN026803.pdf.

[458] F-P. YATTA, *« La gouvernance financière locale »*, p. 24. http//www.diplomatie.gouv.fr /fr / IMG/pdf/La_gouvernance_financiere_locale_-_François _Yatta_.pdf

[459] Banque africaine de Développement, *Evaluation du potentiel des recettes au Sénégal*, étude économique et sectorielle, département-pays, région Ouest 2, octobre 2010.

[460] L'étude explique les difficultés liées à l'organisation administrative par le fait que les municipalités ne sont pas associées aux tâches d'assiette et de recouvrement qui relèvent de la compétence de l'administration fiscale et de la DGCPT, alors que celles-ci disposent d'un avantage informationnel. En matière foncière, il y a les obstacles s'opposant à la mise à jour des informations cadastrales.

A- L'absence de maîtrise du potentiel fiscal mobilisable

Introduite en France à travers la loi n° 79-15 du 3 janvier 1979 créant la dotation globale de fonctionnement (DGF)[461], la notion de potentiel fiscal a pendant longtemps servi d'indicateur de ressources pour les collectivités territoriales françaises avant d'être remplacée par celle de potentiel financier pour les communes et les départements[462]. Selon les termes de référence des études menées, il s'agit d'analyser la situation socio-économique des communes pour dégager les données de base (en identifiant les besoins de développement des différentes catégories socio-professionnelles) ; de réaliser un diagnostic institutionnel et organisationnel de la commune afin de mesurer le niveau de gouvernance locale et de satisfaction des populations ; d'identifier et d'analyser le potentiel fiscal à partir des activités taxables et des autres opportunités et enfin de proposer des stratégies d'exploitation et de valorisation de ces potentiels pour mobiliser le maximum de ressources financières[463].

Le taux de prélèvement varie dans un même pays en fonction du niveau de développement économique. Ainsi, plus le niveau de développement d'un pays est élevé, plus sa capacité à prélever des recettes est forte. Il en est de même au niveau local.

La détermination du potentiel fait l'objet d'un calcul. Par exemple, en France, le Code Général des Collectivités Territoriales en fait état. À cet égard, l'art. L2334-4 prévoit que le potentiel fiscal d'une commune est déterminé par application aux bases communales des quatre taxes directes locales du taux moyen national d'imposition de chacune de ces taxes. Pour la taxe foncière sur les propriétés bâties (TFB), la taxe foncière sur la propriété non bâtie (TFNB), la taxe d'habitation et la cotisation foncière des entreprises (CFE), les bases retenues sont les bases brutes de la dernière année dont les résultats sont connus servant à l'assiette des impositions communales[464].

---

461 A. GUENGANT, *« le potentiel fiscal mesure-t-il correctement la richesse fiscale des communes »*, Annuaire des collectivités locales, n° 11, 1991, pp. 5-21.

462 Annexe 9 : les concours financiers de l'État aux collectivités locales, *Revue française des finances publiques en 2008*, France p. 350.

463 S. FLIZOT, Etude sur la révision du système de fiscalité locale, étude réalisée pour le compte du CDI du Mali dans le cadre du programme du développement institutionnel, Août 2010. p. 43.

464 B. FAYE, La réforme du système financier des collectivités locales sénégalaises, thèse de doctorat de droit public soutenu en septembre 2017 à l'université Jean Moulin de Lyon, p. 79.

Selon I. MBAYE, l'évaluation du potentiel comporte 3 étapes :

- - le recensement exhaustif de tous les équipements physiques ; l'application des tarifs autorisés ;
- la correction des montants trouvés auxquels on ajoute les restes à recouvrer par application du taux de recouvrement déterminé sur une certaine période (3 ans).[465]

Cette description remarquable de ces étapes d'évaluation le rend utile préalablement à la détermination de l'assiette, mais dans la pratique les opérations d'assiette sont réalisées sans une bonne connaissance du potentiel fiscal. Plusieurs explications peuvent être données à cette situation. Entre autres :

- le manque de personnel en quantité et en qualité ;
- l'absence de cadastre fiscal au niveau local qui limite fortement la connaissance par les collectivités de leur potentiel fiscal,

Selon les conclusions du projet SAFIC[466] appliqué en Guinée :

- un potentiel fiscal significatif existe pour quelques collectivités alors que de nombreuses autres en sont dépourvues ;
- une extrême faiblesse du niveau de mobilisation de leur potentiel fiscal est constatée par les communes qui en disposent ;
- un nombre important de collectivités sans ressources propres doivent cependant exercer d'importantes missions alors que les transferts financiers de l'État sont faibles ou inexistants ;

Les résultats issus de l'application du programme de SAFIC en Guinée s'appliquent largement à la situation qui existe au Mali. Pour autant, il

---

[465] I. MBAYE, *« Mécanismes de financement : les ressources propres des collectivités locales »*, actes de Kaolack et Fatick, Journées de la coopération décentralisée et de la planification régionale, 2e édition, 14-20 mai 2004, p. 104.

[466] Le Fonds d'Equipement des Nations Unies (FENU) a développé dans plusieurs pays de la sous-région une expérience pilote dénommée Système d'Analyse Financière et Institutionnelle des Collectivités Locales (SAFIC). Le SAFIC a vocation à saisir les problématiques liées à la gestion et à la gouvernance locales, notamment le fonctionnement organisationnel des collectivités, leur financement et la dimension économique de leur développement. Il repose sur des diagnostics (organisationnel, financier et économique) qui doivent déboucher sur l'élaboration de plans d'actions communales de redressement institutionnel, économique et financier des collectivités. Ce programme concerne au Mali 130 communes.

existe une sous-évaluation caractérisée de l'assiette d'un certain nombre d'impôts et de taxes.

En zone rurale, par exemple, les difficultés du recensement se heurtent à la sous-évaluation du bétail qui est quasi systématique. Or, le bétail reste en zone rurale, la forme de capitalisation et d'épargne le plus utilisée. C'est donc un moyen qui permet d'apprécier la capacité contributive de son propriétaire. À la différence des autres ressources (pâturages, l'eau), le bétail connaît un mode d'appropriation privée. Dans une famille, le troupeau est souvent constitué d'animaux pouvant appartenir individuellement à chaque membre : homme, femme, enfant. Le résultat en est que le bétail appartenant aux femmes et aux enfants n'est souvent pas déclaré.

Exemple : l'exemple de la taxe sur le bétail[467]

Le bétail constitue une assiette fiscale significative dans le contexte du Mali. On estime que le cheptel s'élève à 11 000 000 de bovins et 36 000 000 d'ovins/caprins (source : le chiffre de la Direction nationale des industries et productions animales DNPIA, 2016).

Le barème fixé par l'article 158 du CGI donne le tarif de cette taxe :

- 250 francs CFA par bovin ;
- 50 francs CFA par mouton et chèvre.

Rapportés au taux de la taxe sur les bétails, ces chiffres représentent donc une assiette fiscale théoriquement mobilisable d'une valeur de 2 750 000 000 francs CFA pour les bovins et 1 800 000 000 francs CFA pour les moutons et chèvres, soit un total de 4 550 000 000 francs CFA.

Ne sont pas ici comptabilisés, faute de données, la taxe sur les chevaux, ânes et chameaux (pour information, le tarif fixé par ce même article est de 800 francs CFA par cheval et de 300 francs CFA par chameau).

La question est donc de savoir si le Mali dispose des moyens de recensement de cet impôt et s'il dispose aussi des capacités de recouvrement nécessaires. En effet, on sait que la taxe sur le bétail est dans le contexte existant un impôt qu'on ne parviendra jamais à recouvrer correctement. C'est la nature même de l'impôt local qui doit changer afin

467 Tableau inspiré de l'Etude sur la révision du système de fiscalité locale, précitée, p. 44.

que celui-ci réponde aux exigences minimales permettant de connaître la matière imposable et permettant ensuite de la recouvrer.

La mobilisation des ressources locales relève d'un enjeu de développement économique. Ainsi, la capacité de mobilisation d'une collectivité dépend grandement de la maîtrise de son potentiel fiscal. Il est important de souligner ce lien d'interdépendance entre mobilisation des ressources et potentiel fiscal. Cependant, c'est un lien qui paraît peu fonctionnel au Mali, dans la mesure où les collectivités ignorent presque totalement leur propre potentiel fiscal. Cette situation leur semble favorable par le fait que le droit positif local n'impose aux collectivités territoriales aucune obligation de déterminer leurs ressources propres à partir du potentiel fiscal. En l'état actuel, le dispositif légal n'en prévoit aucun mode de calcul. Ce vide rend non seulement hasardeuse et imprécise la détermination de l'assiette fiscale, mais explique toute la difficulté à mettre en place un système performant de mobilisation des ressources propres locales. D'où la faiblesse des budgets locaux[468].

B- Les carences en matière d'émission des rôles

L'essentiel des taxes et impôts locaux gérés au niveau local repose sur la nécessité d'un recensement réel de la matière imposable. Jusqu'à la décentralisation, le chef d'arrondissement, c'est-à-dire le sous-préfet, était en charge du recensement fiscal et tenait à jour l'inventaire de la matière imposable (bétail, armes à feu, outils de pêches...). Avec la décentralisation, des registres moins bien tenus ont été remis aux collectivités territoriales.

S'agissant de la TDRL, l'identification de la matière imposable repose sur la compétence du maire. Les services de l'État n'y interviennent pas à ce niveau. Une fois les rôles établis, le préfet authentifie l'émission des rôles et le comptable du Trésor est alors habilité à procéder au recouvrement.

Le rôle des chefs de village est déterminant dans la gestion de la TDRL quant à l'identification des personnes imposables et aux opérations de recouvrement. Il explique en partie l'écart important de recouvrement de cet impôt entre les communes urbaines et celles rurales. Rapporté à la population ou aux ressources de fonctionnement, le recouvrement de la TDRL en ville s'est révélé insignifiant. Les villes vivent donc largement sur le produit des impôts transférés, la patente notamment.

---

[468] B. FAYE, *op. cit.*, p. 80.

Dans un certain nombre de communes, l'élaboration des rôles, si elle a lieu, est simplement formelle. Cet élément s'explique par les enjeux tenant à la réalisation de l'un des indicateurs du PARAD. Dans ces conditions, il n'est pas sûr que celui-ci apporte les résultats attendus en termes d'amélioration de la mobilisation des ressources fiscales. Les difficultés des communes à procéder au recensement effectif de leur matière imposable au-delà même de l'absence de simplicité de la TDRL (exonérations nombreuses), ou d'autres motifs, les conduisent facilement à reconduire les rôles d'année en année. Seule la mention de l'année est modifiée, le reste étant repris à l'identique. Cet élément est particulièrement manifeste que les montants sont reconduits sur des périodes de 7 à 8 ans[469].

La connaissance des bases imposables par la collectivité est donc un préalable à tout renforcement de la mobilisation des ressources fiscales. Dans certains pays, l'adressage a été l'occasion pour les communes de constituer une base de données économiques susceptibles d'être soumises à l'impôt (patente notamment). Au Mali, l'adressage n'a que très peu permis d'atteindre les objectifs fiscaux fixés. Des initiatives intéressantes sont souvent menées dans ce domaine. Il conviendrait également de vérifier par recoupement les différentes sources provenant des données économiques des collectivités territoriales et des fichiers des entreprises retenues par l'administration fiscale pour déployer les activités imposables (TVA, impôt synthétique).

Or, on observe sur ce point une absence de coordination des actions des collectivités territoriales et des services déconcentrés de l'État. Il paraitrait surprenant à la collectivité locale d'associer les services des divers impôts, du domaine ou du Trésor, aux opérations de recensement des contribuables. Or, ces questions permettraient un accroissement des rentrées fiscales potentielles par une amélioration de la connaissance des assiettes et des contribuables. Tout se passe ainsi comme si chacun gérait tout seul les impôts dont il a la charge. Or, cet exercice permettrait de toute évidence l'identification des contribuables astreints à la patente qui est, comme on le sait, un impôt d'État qui a été transféré aux collectivités et dont, depuis janvier 2010, l'ensemble des opérations d'assiette et de recouvrement incombe à la DGI. L'association d'agents de cette administration fiscale aurait été pour le moins pertinente[470].

---

[469] L'Etude sur la révision du système de fiscalité locale, précitée, p. 45.
[470] *Ibid.*

C- L'insuffisance des recouvrements

Au Mali, l'impôt instauré depuis la période précoloniale revêtait pour les populations une consonance négative *(ni sangô :* prix de la vie, ou *di sanga :* prix de l'hydromel). Il symbolisait l'allégeance forcée à un pouvoir étranger. La décentralisation parviendra-t-elle à transformer les mauvais payeurs d'hier en bons contribuables de demain ? D'une part, il existe un problème de poids concernant le manque de statistiques sur la matière imposable et les biens de la commune qui doivent être identifiés par rapport à ceux de l'État[471]. La loi partage le recouvrement des ressources locales entre, d'une part, les services financiers de l'État (Trésor et DNI) et, d'autre part, la collectivité elle-même. Mais le premier est en charge de la collecte de la grande majorité de ces ressources. Dans les deux situations, le recouvrement fait appel à des techniques qui conditionnent souvent les taux de rendements réalisés.

Ainsi, les moyens de recouvrement utilisés par le Trésor sont multiples, car ils sont liés à la nature même de l'impôt. En effet, le recouvrement des impôts locaux peut se faire selon trois procédés, c'est-à-dire par voie de rôle, par retenue à la source ou par anticipation.

La première technique fait appel à un avertissement ou avis d'imposition qui est donné au contribuable. Cet acte contient la nature de l'impôt, le montant à payer et la date limite de paiement. C'est la phase amiable où le contribuable s'acquitte librement (de son plein gré) du paiement de l'impôt. Le cas échéant, la contrainte que la loi fait peser sur la tête de celui-ci s'éteint du coup. Mais, la situation est différente si le contribuable refuse de payer la somme due. Alors, dans ce cas, la loi prévoit des poursuites à l'endroit du « *contribuable récalcitrant* » à travers la phase contentieuse[472]. Dans ce dernier cas, un acte de contrainte de même valeur juridique que les actes d'huissiers, sera adressé au contribuable. Il dispose d'un délai de huit (8) jours pour s'acquitter de l'impôt dû. Passé ce délai, une saisie conservatoire suivie d'un inventaire des biens à saisir peut être effectuée. Si malgré cette saisie, « *le délinquant* » persiste toujours dans son refus de payer, le service du Trésor peut procéder à la vente aux enchères des biens meubles à concurrence de la somme exigible. Pour les biens immeubles, la technique de la saisie-

---

[471] B. KASSIBO, « *La décentralisation au Mali : état des lieux* », Bulletin de l'APAD, numéro 14, 1997, p.12.

[472] Cf. *Acte uniforme portant organisation des procédures simplifiées de recouvrement et des voies d'exécution adoptée le 10 avril 1998,* Journal Officiel OHADA N° 6 du 1er juillet 1998.

vente d'un immobilier peut être appliquée suivant une procédure particulière prévue par la loi. Cette dernière est rarement utilisée en raison de la complexité de leur mise en œuvre.

La deuxième technique concerne la retenue à la source, c'est un mode de recouvrement de l'impôt, consistant à faire prélever son montant par un tiers payeur, le plus souvent l'employeur ou le banquier, au moment du versement au contribuable des revenus sur lesquels porte l'impôt. C'est une forme de saisie-arrêt[473].

Ce procédé, même s'il garantit un recouvrement efficace de l'impôt, reste limité à une seule catégorie d'impôt. C'est aussi le cas pour la troisième technique, c'est-à-dire le recouvrement par anticipation qui concerne seulement la patente. Il permet d'encaisser des recettes d'impôts sans émission de rôles préalables, et ceci sur la base des informations que possède le service des impôts.

Quant aux taxes locales, la perception est faite par le service du Trésor sur la base des rôles qui sont établis par le service des impôts où des recettes sont émises par les collectivités territoriales. L'opération est matérialisée par une descente sur le terrain des agents du Trésor renforcés des agents de la collectivité locale et un agent des forces de l'ordre au cours de laquelle, il sera procédé à la perception de l'impôt dû. Cependant, il peut arriver que durant cette phase le service du Trésor découvre de nouveaux contribuables imposables au titre des taxes locales. Dans ce cas, il procède à leur imposition et recouvrement[474].

Si ce mode de recouvrement garantit une certaine efficacité, il faut dire que celle-ci est limitée dans la réalité pour plusieurs raisons.

D'abord, l'absence de personnel et de moyens logistiques suffisants[475] réduit fortement la capacité de mouvement du Trésor et du coup ne lui permet pas de recouvrer tous les contribuables imposables.

---

[473] En droit, la saisie-arrêt est considérée comme une opposition arrêtant, au profit du créancier, dans les mains d'un tiers la somme ou les effets (objets) appartenant à son débiteur.

[474] B. FAYE, *op. cit.*, p. 82.

[475] Généralement, le bureau de recouvrement dans les trésors comporte rarement plus de 2 agents. Parfois, un seul véhicule est disponible. C'est pourquoi, pour effectuer des recouvrements au profit des collectivités locales, le Trésor demande à ces dernières de mettre à sa disposition du personnel d'appui et des moyens logistiques ou à défaut de lui consentir un appui en carburant si le service dispose d'un véhicule.

Ensuite, certains contribuables arrivent, à cause de leur activité informelle ou par l'incivisme fiscal, à échapper à la vigilance du service du Trésor pour ne pas payer l'impôt. La non-maîtrise du potentiel fiscal par la collectivité locale et les méthodes de recouvrement souvent informelles utilisées par le Trésor ne sont pas étrangères à cet état de fait.

Les raisons ci-dessus montrent toutes les difficultés dont les collectivités maliennes souffrent dans leur quotidien, à la quête de leurs propres ressources fiscales. Elles leur privent une manne financière non négligeable qui constitue un manque à gagner difficilement remplaçable sans courir le risque de perdre le contrôle de sa politique initiale.

En somme, on peut dire que les mécanismes de recouvrement mis en œuvre par les acteurs du recouvrement ne permettent pas de prétendre à une mobilisation satisfaisante des ressources propres locales. Ces techniques posent dans la pratique un souci d'efficacité et d'efficience (cherté des coûts de recouvrement) provocant de faibles rendements en deçà des réelles potentialités. C'est ce qui a fait dire à C. DIOP que « *le recouvrement des impôts et taxes propres a jusqu'ici un rendement médiocre. Ceci s'explique par la complexité dans la définition de l'assiette et des modes d'évaluation des impôts, la difficulté de mettre en place au niveau local d'une instrumentation adaptée pour connaître le potentiel fiscal et assurer l'émission des rôles et le recouvrement et la quasi-exclusion des collectivités locales de la chaine fiscale* »[476]. Pour M. DIAGNE « *le niveau peu performant des recouvrements relève de la complexité et de la lourdeur des procédures du recensement et du recouvrement* »[477]. À cet effet, il s'avère nécessaire de réformer ces techniques de recouvrement afin de permettre aux collectivités territoriales d'assurer une mobilisation plus performante de leurs ressources propres, gage de moyens plus importants dans le financement du développement local.

---

[476] C. DIOP, « *Situation des finances des collectivités locales en Afrique/caractéristiques des ressources en Afrique : État des lieux* », élément du module d'intervention sur la « *Situation des finances des collectivités locales en Afrique et état des lieux des pratiques des collectivités locales en matière de mobilisation des ressources* », Centre international des autorités/acteurs locaux (CIFAL), Ouagadougou, du 08 au 12 juin 2009 à Douala, p. 1.
[477] M. DIAGNE, « *La décentralisation politique, fiscale et administrative au Sénégal et son impact dans la performance des collectivités locales* », communication lors d'un atelier organisé par l'innovation environnement développement (IED Afrique) et le forum d'action pour la gouvernance locale en Afrique francophone (FLAGLAF), du 18 au 19 octobre 2011 à Saly (Sénégal), p. 11.

Une meilleure mobilisation des ressources passe par une coopération entre les services des collectivités territoriales avec les services déconcentrés de l'État, cela peut permettre de maximiser les ressources. Cette collaboration consiste en la mise à disposition d'agents communaux, rémunérés par la municipalité, afin d'assister les services du Trésor public dans leurs missions de recouvrement. Jusqu'ici, le recouvrement se faisait au niveau des différents postes comptables du Trésor. En décentralisant le recouvrement des impôts locaux au niveau de cette équipe mixte, les autorités centrales vont permettre un meilleur suivi du recouvrement et une amélioration des recettes collectées. La Direction des Impôts transmet annuellement l'ensemble des émissions de rôles à l'équipe mixte qui, après traitement, procède au recouvrement.

Paragraphe 2 : L'adéquation entre les ressources et la responsabilité transférées

Ainsi, partout dans le monde, les autorités locales assurent de plus en plus de responsabilités dans la prestation des services publics, dans la mise en œuvre des politiques sociales, dans la gestion de l'environnement et le développement local. Elles assument entre deux tiers et la moitié des investissements publics dans la plupart des pays de l'OCDE comme dans certains pays émergents – Chine, Afrique du Sud, Brésil.

Or, si les responsabilités des autorités locales s'accroissent, le partage des moyens pour assumer ces responsabilités est souvent nettement insatisfaisant, notamment dans les pays en développement. Ce fait est aggravé, dans la plupart des régions, par la faible autonomie reconnue aux autorités locales dans la gestion de leurs ressources.

Ces écarts entre responsabilités et partage de moyens conditionnent tout particulièrement la réalisation des Objectifs du Millénaire pour le développement. En effet, c'est en Afrique subsaharienne et dans les pays moins avancés d'Asie, où les moyens des collectivités territoriales sont les plus faibles, que la réalisation des Objectifs du Millénaire accumule le plus de retard[478].

En principe, la décentralisation peut responsabiliser les administrations et permettre ainsi une meilleure adéquation entre les ressources et les

---

[478] B. DELABOE, Préface de « *Le financement des collectivités locales : les défis du 21e siècle* », 2e rapport mondial de cités et gouvernements locaux unis sur la décentralisation et la démocratie locale, GOLD II 2010, édition Bruyant, p. 11.

préférences. Elle peut aussi introduire une concurrence entre collectivités territoriales et améliorer ainsi l'efficience du secteur public.

En dépit de ses avantages apparents, le processus de transfert des compétences aux collectivités territoriales a été inégal au cours des deux dernières décennies ainsi que les relations entre les autorités centrales et locales. La répartition des compétences entre les autorités centrales et les collectivités territoriales, pour assurer l'offre et le financement des services publics, est donc souvent complexe et l'analyse de l'expérience des pays dans ce domaine ne permet guère de formuler des conclusions générales quant aux pratiques les plus appropriées.

Parce qu'elles sont plus proches des citoyens, les collectivités territoriales sont en principe mieux à même de répondre à leur demande de services et de cibler ceux-ci sur les groupes appropriés. Cependant, elles peuvent avoir des difficultés à améliorer l'efficience de la répartition des ressources et l'efficacité par rapport aux coûts.

Un risque apparaît également lorsque des responsabilités en matière de dépenses et de financement se chevauchent. C'est souvent le cas pour les soins de santé, les programmes du marché du travail et l'aide sociale, si bien qu'un niveau donné d'administration peut essayer de réduire au minimum les coûts correspondants, aux dépens d'un autre niveau d'administration.

Compte tenu des questions qui sont apparues dans le cadre des travaux récents de l'OCDE, une liste récapitulative de critères a été établie, sous la forme de questions, pour évaluer l'efficacité des relations financières entre les différents niveaux d'administration. On peut énumérer quelques problématiques : y a-t-il des domaines où les responsabilités en matière de dépenses se chevauchent ? Dans quelle mesure ce chevauchement incite à transférer la charge financière à un autre niveau d'administration et nuit à la qualité ou à l'efficacité des services publics ? Quels sont les instruments utilisés pour éviter ce type de comportement ?[479]

Les principes de financement jouent un rôle déterminant dans le comportement des collectivités territoriales en matière de dépenses, mais leur conception entraîne des problèmes et des choix difficiles. On soulignera tout particulièrement que l'adéquation des recettes propres aux responsabilités en matière de dépenses est souhaitable pour permettre aux

---

479 I. JOUMARD et P. M. KONGSRUD, *« Les relations financières entre l'État et les collectivités locales »*, Revue économique de l'OCDE 2003/1 (no36), p. 169-254.

collectivités territoriales d'adapter l'offre de biens publics aux préférences des habitants. Un plus large recours aux redevances et charges payées par les usagers pourrait promouvoir l'efficience. Mais, il risque aussi de poser des problèmes d'équité, car les collectivités territoriales sont souvent responsables de l'offre des services publics à caractère redistributif (soins de santé et enseignement non tertiaire, en particulier).

En particulier, il est essentiel de définir avec précision les responsabilités en matière de dépenses aux différents niveaux d'administration et de disposer de données comparables sur le niveau d'imposition dans les différentes collectivités. De plus, il faudra peut-être réexaminer le recours aux transferts discrétionnaires entre collectivités publiques et la conception des mécanismes de partage des recettes fiscales[480].

Le système des transferts a de nombreux rôles à jouer, même si sa conception est d'une importance primordiale si l'on veut éviter un conflit entre divers objectifs. D'après certaines études nationales, l'impact de ces transferts sur l'efficience, la discipline budgétaire et l'équité dépend dans une large mesure de leur nature. Les dotations affectées ont été largement utilisées pour réduire au minimum le risque d'une structure sociodémographique des dépenses dans des domaines caractérisés par des externalités importantes ou pour assurer des normes minimales en ce qui concerne certains services. Cependant, des taux de participation financière supérieurs aux niveaux qui permettent de tenir compte des externalités se sont souvent traduits par des dépenses excessives, s'accompagnant d'un manque d'efficacité par rapport aux coûts. Face à ces problèmes, on a vu se développer les dotations globales, qui permettent une plus grande autonomie à l'échelon local et devraient en principe engendrer une plus grande efficacité par rapport aux coûts. Des mécanismes de péréquation financière, souvent inhérents aux systèmes de transferts, permettent de favoriser l'efficience économique en évitant que les disparités régionales ne se perpétuent pour créer les conditions d'une concurrence budgétaire loyale et efficace.

Le pouvoir effectif des collectivités territoriales de gérer les programmes qui sont placés sous leur responsabilité est souvent très limité, les autorités centrales jouant un rôle de plus en plus important dans la fixation de normes ou dans la mise en œuvre de diverses politiques sectorielles à l'échelon des collectivités territoriales. Le secteur de

---

480 *Ibid.*

l'éducation en donne une illustration. Les collectivités territoriales sont chargées d'assurer l'enseignement non tertiaire dans un nombre de plus en plus grand de pays. Or, bien souvent, ce sont les autorités centrales qui définissent les programmes scolaires, forment les enseignants ou fixent les salaires (Italie, Mexique et Norvège). Dans de nombreux pays, également, les soins de santé font l'objet de normes. Les modalités des transferts entre niveaux d'administration peuvent influer le comportement des collectivités territoriales en matière de dépenses, mais on manque malheureusement d'informations comparables au niveau international sur le montant total de ces transferts et sur leur répartition entre dotations globales et dotations affectées.

Ce creusement du *« déficit budgétaire »* semble en contradiction avec l'idée classique qui veut que la décentralisation budgétaire porte ses fruits, lorsque le coût des biens publics locaux est supporté à l'échelon local, ne serait-ce qu'à la marge. Cependant, ce phénomène reflète peut-être une tension inévitable entre la prolifération des besoins de dépenses à l'échelon local et la rareté des instruments fiscaux susceptibles d'être utilisés à cet échelon. Cette tension a été renforcée par plusieurs facteurs qui vont sans doute continuer d'influer sur les relations budgétaires entre les différents niveaux de l'administration. L'un d'entre eux tient au fait que les collectivités territoriales peuvent parfois être plus soucieuses d'assumer de nouvelles responsabilités en matière de dépenses qu'en matière d'imposition, ne souhaitant pas supporter le coût politique d'une augmentation des impôts.

Plusieurs arguments en faveur d'une décentralisation financière ont été avancés dans diverses études, à l'appui du principe selon lequel les biens publics doivent être fournis et financés au niveau d'administration le plus bas ayant la capacité d'atteindre les objectifs souhaités.

Étant donné que les responsables locaux peuvent être facilement identifiés par les électeurs et les contribuables, ils agiront en principe de façon plus responsable, en particulier si les coûts des services publics sont supportés localement. Le fait d'être plus proche des habitants peut toutefois inciter à des décisions favorisant certaines catégories ou groupes de personnes, parfois au détriment de l'intérêt public[481]. Lorsque les habitants de certaines collectivités publiques n'ont pas les moyens de contrôler les autorités par des mécanismes internes d'équilibre des pouvoirs, il risque d'en résulter des pratiques de corruption, encore que le

[481] Tanzi, 1995

degré de décentralisation et le niveau de corruption parmi les agents de la fonction publique ne sont pas directement liés. La décentralisation permet l'expérimentation dans la gestion des responsabilités publiques[482].

L'absence de relation étroite entre les services rendus et les coûts à l'échelon local peut faire obstacle à une optimisation de l'offre des biens et services publics. Ce problème peut souvent se poser dans le cas des infrastructures et services publics urbains, dont bénéficient les résidents des banlieues utilisant les services et systèmes de transport urbains. Les centres commerciaux et les équipements de loisir situés dans le centre des villes mais utilisés par les résidents des banlieues apportent des ressources financières aux collectivités urbaines. Mais ces ressources sont sans doute insuffisantes pour compenser les coûts de construction et d'entretien des services et infrastructures au centre des villes[483].

Le transfert de la responsabilité des programmes de protection sociale aux collectivités territoriales peut avoir des avantages mais comporte aussi des risques. La mise en œuvre de ces programmes à l'échelon local permet d'expérimenter et d'innover, d'obtenir ainsi des informations utiles et de favoriser l'efficacité de l'action publique au niveau national[484].

Cependant, la prestation et le financement des services sociaux à l'échelon local peuvent entraîner des différences encore plus importantes de niveau de vie pour les personnes qui ont besoin d'une aide, ce qui soulève des problèmes d'équité horizontale. Le fait de confier la responsabilité du financement de ces programmes aux collectivités territoriales peut déstabiliser les finances locales, en particulier lorsque les personnes défavorisées sont concentrées dans le centre des villes ou dans les zones rurales.

Dans la Loi des finances 2017[485], les ressources transférées aux Collectivités territoriales se chiffrent à 261,8 milliards de francs CFA

---

482 E. O. WALLACE, « *An essay on fiscal federalism* », *Journal of Economic Literature*, Vol. 37, No. 3, 1999, pp. 1120-1149

483 Peu d'études ont tenté de quantifier ces effets. Cependant, Haughwout (1998) a constaté que les infrastructures urbaines entraînent une hausse des prix des logements dans les banlieues, tandis que Solé Ollé et Viladecans Marsal (2002) estiment que l'augmentation des dépenses de fonctionnement et d'investissement dans le centre des villes espagnoles a eu des effets positifs sur la croissance de la production à long terme dans les banlieues.

484 E. O. WALLACE, précité.

485 Au terme de la Déclaration de politique générale (DPG), adoptée par l'Assemblée nationale le 15 juin 2017, le Premier Ministre, ABDOULAYE IDRISSA MAIGA, a affiché la volonté sans équivoque du Gouvernement à soutenir et amplifier la stratégie de

contre 213,3 milliards de francs CFA en 2016, représentant 18,3 % des recettes budgétaires. Ainsi, la stratégie repose sur un rythme de transfert de : 24,7 % en fin 2017, soit 8 % d'augmentation entre 2016 et 2017 ; et 30 % en fin 2018, soit 5,3 % d'augmentation entre 2017 et 2018[486].

La décentralisation fiscale réorganise les rôles et les responsabilités entre les divers niveaux d'autorité dans le but de transférer certains pouvoirs décisionnels en matière fiscale des autorités centrales vers des autorités infranationales. Les règles de décentralisation fiscale s'appliquent à quatre domaines : (i) attribution des compétences en matière de dépenses ; (ii) attribution des compétences en matière de revenus ; (iii) transferts intergouvernementaux, et (iv) emprunts infranationaux. L'autonomie en matière de dépenses signifie bien plus que simplement octroyer les responsabilités de la fourniture des services aux autorités locales : aux yeux des citoyens, le degré de cette autonomie reflète la pertinence des autorités locales en matière de fourniture de services. L'autonomie en matière de revenus et les systèmes de transfert définissent le niveau de financement à disposition des autorités locales pour délivrer ces services. La redevabilité fiscale vise la transparence dans la gestion des fonds publics. Elle exige que les autorités gèrent leurs finances avec prudence et qu'elles se portent garantes de l'intégrité de leurs rapports financiers et non-financiers, du contrôle, de la préparation des budgets et de leurs systèmes de performance. Elle requiert également des rapports détaillés sur l'affectation des dépenses par les autorités locales. Pour améliorer la redevabilité fiscale, les prestataires veilleront à appliquer une solide capacité locale pour la préparation des budgets et la gestion des fonds publics. Ils doivent respecter les normes de contrôle pour les transferts de revenus intergouvernementaux (c.-à-d. des rapports d'audit nets, le dépôt de comptes rendus financiers). À ses pratiques s'ajoutent la publication des sommes reportées et la mise en place des systèmes d'audit publics et transparents, comprenant des résultats d'audit à disposition de la population. Ils élaboreront des règles claires pour les emprunts locaux (y compris des règles en cas de défaut de paiement) et un accès public aux informations concernant les emprunts. Pour finir, les prestataires édicteront des règles clairement définies relatives aux contraintes budgétaires des autorités locales. Les bénéficiaires, quant à eux, veilleront,

---

transfert des ressources aux collectivités territoriales pour la réalisation de l'objectif de 30 % des ressources transférées en 2018.

[486] Loi n°2016 - 056 du 21 décembre 2016 relative aux finances de l'État et des collectivités territoriales au Mali.

en matière de redevabilité fiscale, à la mise à disposition publique des informations financières par l'autorité locale (y compris les budgets et les rapports financiers annuels). Ils s'impliquent fortement via une pratique participative, lors de l'établissement des budgets et à la planification, établissement des budgets et affectation des ressources. Ils font une analyse indépendante des budgets et programmes participatifs de suivi des dépenses publiques pour vérifier l'exécution du budget et les fuites de fonds.

La redevabilité politique est le processus par lequel les citoyens rendent les élus redevables de leur fonctionnement et de leur performance. Cela peut, par exemple, avoir lieu directement par le biais d'élections. La supervision de l'exécutif local par les élus locaux, des activités permettant d'augmenter la prise de conscience par rapport aux performances politiques des autorités locales, ou l'implication directe des citoyens dans les prises de position politiques au-delà des élections, sont autant d'autres moyens pour améliorer la redevabilité politique.

L'imprécision de la répartition des compétences en matière de dépenses entre les différents niveaux d'administration peut aboutir à une utilisation inefficiente des ressources.

CHAPITRE 2

LES MÉCANISMES DE SOLIDARITÉ FINANCIÈRE

Les externalités liées à la fiscalité et à la prestation de services publics à l'échelon local et les disparités très marquées de capacité budgétaire entre les collectivités territoriales, s'ajoutant à l'objectif de normes minimales de qualité des services publics dans l'ensemble du pays, ont conduit dans un grand nombre de cas à faire largement appel à des transferts entre niveaux d'administration. La conception des transferts entre niveaux d'administration est très variable d'un pays à l'autre. On peut néanmoins distinguer deux grandes catégories qui ont un impact différent sur l'autonomie et l'incitation budgétaires des collectivités territoriales. Certains préconisent les dotations affectées, en ce qu'elles peuvent contribuer à internaliser les retombées territoriales. En revanche, en incitant fortement à dépenser dans certains domaines, elles peuvent entraîner des dépenses excessives. Les dotations globales laissent le soin aux collectivités territoriales d'organiser la prestation locale des services publics de la façon qu'elles jugent la plus efficace. Elles sont souvent considérées comme convenant le mieux à une péréquation, bien que les dotations affectées présentent souvent un aspect redistributif.

Les valeurs inégales des bases fiscales conduisent à des inégalités de capacités de financement propres. Ainsi, les systèmes de péréquation ont été mis en place pour pallier cette inégalité. D'une part, nous avons la péréquation entre l'État et les collectivités territoriales (section 1) et, d'autre part, une péréquation inter-collectivités (section 2) est l'expression financière de la solidarité indispensable à la cohésion des territoires et de la société.

Section 1 : La péréquation entre l'État et les collectivités territoriales

« *Elle est incompréhensible, car complexe et fluctuante pour beaucoup, elle est l'objet de bien des critiques et de toutes les convoitises. Mais elle reste largement méconnue* »[487]. Telle est la conclusion de G. Gilbert suite

[487] G. GUY (dir.), « *La péréquation financière entre les collectivités locales* », *Actes du colloque international « A la recherche de la péréquation »*, Limoges, 12-13 octobre 1995, Paris, PUF, 1996, quatrième page de couverture.

à un des rares colloques sur la péréquation entre collectivités territoriales, en 1995. Quinze ans plus tard, elle est tout aussi incompréhensible, critiquée et convoitée, mais elle est indéniablement plus connue.

La péréquation acquiert sa « *notoriété* » en quelques années alors que ses origines latines remontent à l'Empire romain. Appliquée à l'époque aux personnes physiques (contribuables fonciers), la notion est reprise en un sens identique par les révolutionnaires français pour rétablir les inégalités devant l'impôt[488]. La péréquation est guidée par l'objectif d'égalité fiscale tant prônée par les philosophes des Lumières[489] et les doctrines de la fin du dix-septième siècle et du dix-huitième siècle[490] puis formulée dans la Déclaration des Droits de l'Homme et du Citoyen[491]. Outre l'instauration de la péréquation entre individus, la Révolution est le théâtre des prémices d'une péréquation entre collectivités territoriales, bien que le terme ne soit pas encore associé à ceux-ci. Ce n'est qu'après l'échec et la renonciation, entre 1890 et 1914[492], qu'on s'est intéressé à une péréquation en faveur des contribuables fonciers que la péréquation inter-collectivités émerge au début du siècle qui marquera sa reconnaissance politique et juridique. Sous l'influence germanique, où l'essor d'une répartition plus juste entre entités locales s'effectue dès le début du

---

[488] En l'occurrence, la contribution foncière.

[489] J-J. ROUSSEAU, Discours sur l'économie politique, Paris, J. VRIN, 2002, p. 224 ; voir également MONTESQUIEU, C-L. de SECONDAT (baron de la brède et de), De l'Esprit des lois, Paris, Flammarion, 2008, p. 1184 ; cf. VOLTAIRE, L'homme aux quarante écus, Paris, Slatkine, 1968, p. 136.

[490] C. FELIX, Histoire de l'économie politique, Les Précurseurs de l'Économie politique : Boisguilbert, Vauban, Quesnay, Turgot, Dix conférences faites à la Société industrielle de Reims, pendant l'hiver de 1867-1868, Reims, voir aussi M. GERARD, 1869, p. 249 ; MIRABEAU, V. RIQUETI (marquis de), Théorie de l'impôt, Aalen, Scienta Verloq, 1972, p. 312 ; cf. F. QUESNAY, La physiocratie, vol 2., Paris, INED, 1958, 1005 p. ; Également M. TOUZERY, La réforme de la taille tarifée ou L'impôt sur le revenu, Thèse de doct. : Histoire, Université de Paris, 1991, p. 618.

[491] Déclaration universelle des droits de l'homme et de citoyen DHDHC) du 26 août de 1789 en son article 1er : *« Tous les Hommes naissent et demeurent libres et égaux en droit »* et article 13 : *« Pour l'entretien de la force publique, et pour les dépenses d'administration, une contribution commune est indispensable ; elle doit être également répartie entre les citoyens, en raison de leurs facultés »*.

[492] La péréquation cadastrale de la Révolution est pratiquée jusqu'à la loi du 8 août 1890 qui partage l'impôt foncier en deux contributions : la contribution foncière des propriétés bâties et la contribution foncière des propriétés non bâties et puis transforme la première contribution en impôt de quotité. La méthode de la répartition est abandonnée pour la seconde, avec la loi du 29 mars 1914, qui marque la fin de la péréquation de l'impôt foncier.

vingtième siècle, les fonds de l'hexagone se transforment en un instrument au service de l'égalité réelle et de la solidarité entre territoires dans la seconde partie du siècle.

Sous l'effet de la décentralisation, la péréquation apparaît comme une contrepartie indispensable à la limitation des effets induits par le développement de l'autonomie locale. La péréquation représente aujourd'hui un enjeu local fort dont les réformes impactent l'ensemble des budgets publics, que ce soit celui de l'État, de l'Union européenne, des régions, des cercles, des groupements de communes ou des communes. Ce faisant, il s'agit d'une notion aux contours flous dont l'étendue est souvent mésestimée. De fait, sa place dans les finances publiques françaises est régulièrement tronquée et la péréquation est devenue une notion au contenu « *variable* »[493].

La doctrine moderne utilise fréquemment les adjectifs « *péréquateur* » ou « *péréquatrice* ». Les nombreux rapports, articles ou ouvrages de G. GILBERT et A. GUENGANT en témoignent[494], tout comme l'ouvrage de Jacques Blanc sur *Les péréquations dans les finances locales*[495].

La protection des collectivités territoriales financièrement plus faibles appelle la mise en place de procédures de péréquation financière ou des mesures équivalentes destinées à corriger les effets de la répartition inégale des sources potentielles de financement ainsi que des charges qui leur incombent. De telles procédures ou mesures ne doivent pas réduire la liberté d'option des collectivités territoriales dans leur propre domaine de responsabilité[496].

La péréquation est le pendant indispensable de l'accroissement des compétences locales et de l'autonomie accordée aux collectivités territoriales, notamment sur le plan fiscal. La finalité de la péréquation est d'atténuer les disparités de ressources et charges entre les collectivités territoriales par une redistribution des ressources en fonction d'indicateurs

---

493 C. DARBOUSSET, Recherches sur la notion de péréquation en droit public, Thèse de doctorat, Université de la Rochelle, 2011, p. 19.

494 G. GILBERT et A. GUENGANT, « *Évaluation de la performance péréquatrice des concours financiers de l'État aux communes* », Économie et statistique, n° 373, Paris, 2004, pp. 81 à 108.

495 L'auteur développe par exemple l'existence de mécanismes « *aux effets péréquateurs latents* » (V. J. BLANC, Les péréquations dans les finances locales, Paris, Collection Systèmes, LGDJ, 1996, p. 135).

496 B. VANESSA, « La péréquation, principe constitutionnel », Revue française de droit constitutionnel, 2010, n° 81, pp. 3-19.

physiques et financiers. Les inégalités de répartition des bases sont telles que, sauf à laisser certaines collectivités hors de toute possibilité de développement local, la péréquation accompagne impérativement l'accroissement des compétences locales. On peut dénombrer deux types de péréquation : celle verticale et celle horizontale[497].

La péréquation verticale consiste pour l'État à répartir équitablement les dotations qu'il verse aux collectivités territoriales. La répartition des dotations de péréquation fait intervenir des critères de ressources et de charges qui sont mis en œuvre soit au travers d'un système de parts, soit par le biais d'un indice synthétique.

Par contre, il existe des mécanismes de péréquation dite « *horizontale* », qui consistent à prélever une fraction des ressources fiscales de certaines collectivités pour la reverser à des collectivités moins favorisées.

Cette distinction revêt toutefois un caractère quelque peu artificiel puisqu'une partie de la péréquation verticale est financée en interne. Cette terminologie sera cependant reprise ici par commodité[498]. Toutefois, nous mettrons l'accent sur la péréquation verticale. Dans une décision du 17 juillet 2003, le Conseil constitutionnel français a précisé que « *cette disposition a pour but de concilier le principe de liberté*[499] *avec celui d'égalité*[500] *par l'instauration de mécanismes de péréquation financière* ».

A. KOUEVI analyse les inégalités financières comme des fondements de la solidarité financière. Pour lui, « *les causes des inégalités entre collectivités locales sont nombreuses [...] elles sont surtout de natures diverses [...], leur correction est indispensable et les remèdes proposés sont aussi divers qu'empiriques* »[501], pouvant porter sur les recettes fiscales (paragraphe 1) que sur le revenu du domaine (paragraphe 2).

---

497 Collectivités-locales.gouv.fr, le portail de l'État au service des collectivités, consulté le 25/08/2018.

498 A. BAERTAUD et al., « *La péréquation entre collectivités locales* », annexe 10, DGCL, p. 118.

499 Les collectivités territoriales s'administrent librement par les conseils élus dans les conditions prévues par la loi, en vertu de l'article 98 de la constitution malienne du 25 février 1992.

500 Principe d'égalité des contribuables devant les charges publiques.

501 A. KOUEVI, « *La problématique générale de la solidarité financière territoriale, Actes du colloque : La solidarité en droit public* », Université de Franche-Comté, 21-22 avril 1999, Paris, L'Harmattan, 2005, pp. 97 à 135.

Paragraphe 1 : Péréquation portant sur les recettes fiscales

Les principales caractéristiques des systèmes de péréquation financière peuvent être évaluées en utilisant quelques variables clés[502]. Parmi celles-ci, on peut mentionner, d'abord, l'importance des transferts par rapport au PIB, les dépenses publiques, les transferts entre les niveaux d'administration ou la population. Ensuite, le type de disparités et d'inégalités auquel ces systèmes s'efforcent de remédier, c'est-à-dire les différences de recettes publiques ou de coûts. Enfin, la question de savoir dans quelle mesure la péréquation financière s'inscrit dans le cadre plus large du fédéralisme financier, par exemple dans le cadre de dispositif de partage d'impôt[503]. Ce mécanisme transfère explicitement des ressources par tête plus importantes aux administrations infranationales dont la capacité de prélèvement fiscal est inférieure à la moyenne, ou aussi à celles dont le coût de la fourniture de services publics est supérieur à la moyenne.

L'importance de la péréquation varie considérablement selon les pays, ce qui s'explique à la fois par les différences de degré d'autonomie des administrations infranationales sur le plan fiscal et vis-à-vis de l'importance politique qui est donnée à l'égalité d'accès aux services publics. La plupart des transferts de péréquation sont plafonnés, c'est-à-dire que leur montant total est déterminé soit institutionnellement (par exemple, une part déterminée des recettes fiscales totales), soit par une décision budgétaire préalable de l'administration centrale.

L'État a le devoir d'assurer une péréquation entre les collectivités territoriales pour corriger les déséquilibres qui peuvent se développer du fait des dotations différenciées entre les collectivités en termes de potentialités naturelles, économiques ou humaines. Deux approches sont considérées :

1- la prise en compte du niveau de développement des collectivités territoriales dans la répartition des subventions. Le critère pouvant être le montant de ressources par habitant des collectivités territoriales, le niveau d'équipement des collectivités territoriales, etc., la mise en place d'un fonds de péréquation issu d'une des ressources importantes des communes riches, fonds qui

---

502 B. DAFFLON et F. VAILLANCOURT, *« problems of equalisation in federal systems »*, dans Blindenbacher and Koller (eds.), Federalism in a changing word, Montreal University Press, 2002.

503 H. BLÖCHLIGER et C. CHARBIT, *« Péréquation financière »*, Revue économique de l'OCDE, N° 44, 2008, pp. 283-309.

sera ensuite transféré de façon distributive aux communes se situant en deçà d'un seuil de ressources par habitant ou de niveau d'équipement.

2- La prise en compte d'indicateurs de la péréquation dans les subventions peut se faire de plusieurs matières. Parfois, les collectivités territoriales peuvent avoir d'autant plus de subventions qu'elles sont petites en taille de population : ce sont des petites collectivités qui sont privilégiées. Dans d'autres cas, c'est le niveau de ressources par habitant qui est inversement proportionnel à la subvention versée ; cela veut dire que plus la collectivité locale est *« riche »*, moins elle bénéficie de subvention. Dans certains pays, ne sont éligibles que les collectivités dont le niveau des ressources est inférieur à un seuil donné. Il s'agit par-là d'aider les collectivités les plus pauvres. D'autres privilégient le niveau d'équipement de la collectivité qui se trouve ainsi déterminant pour le niveau de subvention. C'est une autre façon de mettre en œuvre une politique de réduction des disparités d'équipement entre les collectivités territoriales. Enfin, il existe des pays dans lesquels, l'éloignement de la capitale ou du chef-lieu (région, cercle, préfectures et sous-préfectures, communales) est un élément important. C'est le cas des pays à grande superficie, comme le Mali, où la distance à la capitale est symptomatique du sentiment d'abandon et de sous-équipement de ces collectivités territoriales. En outre, généralement, plus la distance de la capitale est importante, plus les facteurs de production coûtent cher. Dans la pratique, le coût d'un équipement construit dans ces zones éloignées est proportionnel à la distance à la capitale[504].

Le fonds permettant de financer la péréquation est aussi diversement traité. Il est difficile en effet, dans un même fonds, d'aider les plus pauvres et aussi d'aider les performances. Si la péréquation doit être un mécanisme essentiel des subventions de l'État, cela pourrait cependant donner des messages obscurs et contradictoires aux collectivités territoriales. En effet, la redistribution de revenu entre les collectivités en réduit les incitations des collectivités territoriales à mettre en œuvre des stratégies de

[504] F-P. YATTA, La décentralisation fiscale en Afrique : enjeux et perspectives, précité, p. 172.

mobilisation de ressources locales ; c'est ce qu'on appelle *« le piège de la pauvreté »*[505].

Dans bon nombre de pays, le montant des subventions aux collectivités territoriales est déterminé de manière ad hoc. Par exemple, le montant est abondé chaque année par l'État malien et les partenaires au développement de ce pays, sans pour autant que ce montant puisse être prévisible d'une manière ou d'une autre. Au Mali, les transferts de la subvention sont destinés à compenser les dépenses mises à la charge des collectivités dans les domaines de l'éducation, de la santé, de l'hydraulique. Ainsi, soit la totalité, soit une partie du montant de subvention sert à rembourser des coûts des services délégués[506].

Dans plusieurs pays, la distribution des subventions aux collectivités territoriales est faite selon une formule ; cette formule prenant en compte un ou plusieurs critères objectifs. Le Mali a opté pour le critère de l'espace et de la population concomitamment. Ce critère est très pertinent dans un pays aussi spacieux comme le Mali. Mais au final, on peut dire que la manière dont le montant national de subvention aux collectivités est distribué n'est pas prévisible. Généralement, ce sont des considérations politiques nationales ou même locales qui guident ce partage. Ainsi, le montant alloué à une collectivité locale dépend du carnet d'adresses et de la capacité de lobbying des élus locaux. Souvent, les considérations politiques ne sont pas les seules causes de cette imprévisibilité des subventions aux collectivités territoriales. On relève aussi un cas courant qui est celui des d'appuis à l'équipement ou l'investissement des collectivités, pour lesquels les sommes allouées dépendent des projets soumis (ce qui ne peut être prévisible) et sont ensuite approuvées (ce qui l'est encore moins), dans un pays où il n'existe que très rarement des capacités au niveau local[507].

L'une des modalités courantes d'appuyer l'incitation, c'est de récompenser les performances en matière de mobilisation des ressources locales. Ainsi, plus le niveau des ressources s'améliore, plus la subvention devient élevée. L'amélioration de la perception des impôts locaux est un des critères d'allocation de la subvention. Le système de subvention peut aussi avoir comme objectif d'inciter les collectivités territoriales à investir plus. C'est ainsi que dans certains pays, plus le niveau d'équipement

[505] *Ibid.*
[506] *Ibid.*, p. 167.
[507] *Ibid.*, p. 168.

s'améliore, plus la subvention est importante (investissement). D'autres pays récompensent l'amélioration de la qualité de la gestion locale. Plus elle s'améliore, c'est-à-dire plus les processus décisionnels deviennent participatifs, plus la subvention est élevée. C'est le cas du Mali où certaines subventions de l'ANICT ou du Fonds d'Equipement des Nations Unies (FENU) prennent en compte la réalité d'une concertation/consultation/participation des populations aux choix des investissements à réaliser.

Selon A. GUENGANT, l'équité territoriale cherche à « *proportionner l'offre des services publics à l'effort fiscal* ». Dans le développement de sa théorie, l'auteur précise que l'équité vise d'une part, à favoriser l'égalité des usagers et des contribuables devant la dépense publique et l'impôt et, d'autre part, à préserver l'autonomie de décision des autorités locales. En effet, si l'égalité est conçue séparément pour l'impôt et la dépense, la péréquation est incompatible avec l'autonomie.

Le potentiel financier par habitant incarne l'indicateur de richesse de l'ensemble intercommunal et de la commune isolée. Il se détermine de la sorte : le PFI/Hab représente ainsi le paradigme référent permettant de mesurer les écarts de richesse entre les ensembles intercommunaux de catégories différentes et les communes isolées. Dès lors que cet indicateur évalue l'ensemble des ressources d'une collectivité, la cohérence du dispositif veut que soient englobées la quasi-totalité des revenus fiscaux (Potentiel fiscal) ainsi que les recettes dites forfaitaires attribuées, de manière stable et pérenne par l'État, aux collectivités territoriales[508].

Faute d'avoir une constitutionnalisation de la péréquation comme dans d'autres pays, le législateur peut avoir justement compétence pour en définir les modalités. En effet, l'article 98 de la constitution malienne de 1992 donne l'encadrement de la libre administration des collectivités au législateur. Cependant, la mise en mal de cette libre administration par l'indisponibilité ou l'incapacité financière locale qui oblige l'État à venir en soutien aux collectivités peut aussi être encadrée par celui à qui la constitution confie l'encadrement de l'administration « *le législateur* ». Ainsi, en France, le Conseil constitutionnel est intervenu pour fixer le cadre de la péréquation législative. Notamment, dans la décision n° 91-291

---

[508] M-J. GENEVIEVE et al., *« Le fonds de péréquation des ressources communales et intercommunales (E.P.I.C) : vraie solution ou vrai problème ? »*, disponible sur www.esprit-critique.com/fiscalité/le-fonds-de-péréquation-des-ressorces, consulté le 26/08/18.

DC[509], le Conseil indique que « *le prélèvement sur les ressources fiscales d'une collectivité territoriale dans le but d'accroître les ressources fiscales d'une autre collectivité territoriale doit être défini avec précision quant à son objet et sa portée et qu'il ne saurait avoir conséquence d'entraver la libre administration des collectivités concernées* ». Ainsi, la loi peut fixer le taux applicable, compte tenu du potentiel fiscal des collectivités concernées, et la finalité du prélèvement, qui commande l'utilisation de son produit[510].

Notre proposition est largement inspirée du système allemand de la péréquation fiscale. En effet, l'article 107 alinéa 2 de la loi fondamentale[511] instaure un cadre précis de la compensation péréquatrice du législateur. Un « *devoir de péréquation* » s'impose au législateur lorsque les capacités financières des Länder sont déséquilibrées[512]. La cour constitutionnelle allemande estime, certes, que le législateur dispose d'un champ d'appréciation large pour la mise en œuvre de cette obligation[513]. Celui-ci doit ainsi suivre trois étapes explicitées dans une décision du 24 juin 1986.

La répartition des recettes fiscales allemandes s'appuie sur un système mixte qui conjugue impôts propres (*Trennsystem*)[514] et impôts partagés entre les différents niveaux de pouvoir (*Verbundsystem*)[515].

---

509 CC, n° 91-291 DC du 6 mai 1991, Loi instituant une dotation urbaine et un fonds de solidarité des communes de la région d'Île-de-France, réformant la dotation globale de fonctionnement des communes et des départements et modifiant le code des communes.

510 B. VANESSA, précité.

511 L'article 107 alinéa 2 de la Loi fondamentale de la République fédérale de l'Allemagne dispose : « *La loi doit assurer une compensation appropriée des inégalités de capacité financière entre les Länder, en tenant compte de la capacité et des besoins financiers des communes (ou groupements de communes). La loi doit définir les conditions d'existence des droits à péréquation des Länder bénéficiaires et des obligations de péréquation des Länder prestataires ainsi que les critères de détermination des versements de péréquation. Elle peut également disposer que la Fédération, sur ses ressources propres, accorde aux Länder à faible capacité financière des dotations destinées à les aider à couvrir leurs besoins financiers généraux (dotations complémentaires)* ».

512 Voir H. JARASS, B. PEIROTH, *Grundgesetz für die Bundesrepublik Deutschland*, Munich, C. H. Beck, 2004, 7e éd., p. 1202. B. VANESSA, précité.

513 *BVerfGE*, 72, 330 (396). Cité par B. VANESSA, précité.

514 Article 106, alinéas 1 et 2 de la même Loi fondamentale. Pour plus de précisions, v. L. GUIHERY, Fédéralisme fiscal et redistribution : fondements et enseignements du fédéralisme allemand, Thèse de doctorat. : Sciences économiques, Université Lumière Lyon II, 1997, p. 464.

515 Article 106, alinéa 3, Loi fondamentale.

Les principaux impôts, qui représentent plus des deux tiers du total des impôts perçus en Allemagne, prennent la forme d'impôts partagés entre l'État fédéral et les autres niveaux de collectivités. L'impôt sur le revenu (*Einkommensteuer*)[516] et la TVA (*Umsatzsteuer*) sont partagés entre l'État fédéral, les Länder et les communes, tandis que l'impôt sur les sociétés (*Körperschaftsteuer*) ne concerne que l'État fédéral et les Länder[517]. Les répartitions de l'impôt sur les sociétés et de l'impôt sur le revenu sont dirigées par le concept de la localisation et se font, par principe, au prorata du produit collecté dans les différentes collectivités concernées[518]. L'article 107 de la Loi fondamentale allemande dispose ensuite des corrections de ces répartitions. Il est effectué un partage du produit global selon une clef de répartition propre à chaque impôt. Contrairement à la pratique des impôts propres additionnels où chaque niveau de collectivités territoriales applique son propre taux d'imposition à une même assiette fiscale, le « *levier fiscal local* » n'existe pas dans le partage de ces impôts.

Les répartitions des recettes intègrent des mécanismes de redistribution au niveau des Länder et des communes[519]. La péréquation interrégionale constituant l'un des édifices les plus achevés de la solidarité fiscale, nous nous sommes concentrés sur celui-ci. L. GUIHERY[520] distingue trois niveaux de péréquation, instaurés par la grande réforme de 1969 au profit des Lander. Ils expriment la force « *coopérative* »[521] et « *solidaire* »[522] que revêt le fédéralisme allemand.

Le premier niveau concerne la péréquation « *primaire* » s'effectuant par le partage de la TVA. Le second niveau prend la forme d'une péréquation horizontale à partir du potentiel fiscal des Länder sans intervention du

---

[516] L'impôt sur le revenu se subdivise en pratique en impôt sur les salaires (*Lohnsteuer*) et en impôt sur les intérêts (*Zinsabschlag*).

[517] Il est à noter que l'impôt sur le revenu, l'impôt sur les sociétés et la TVA constituent les trois sources de recettes les plus importantes du budget de l'État.

[518] Pour l'impôt sur les sociétés, il s'agit du lieu d'implantation de l'établissement ; et pour l'impôt sur le revenu, il est question du lieu de la résidence principale.

[519] La péréquation communale est désignée par le terme *Gemeindefinanzausgleich* qui se traduit par *« péréquation financière locale ».*

[520] L. GUIHERY, *« Fédéralisme fiscal en Allemagne : quelle réforme de la péréquation financière allemande ? »*, Economie Publique, n°8-2001/2, pp. 1 à 34.

[521] P. B. SPAHN, Le maintien de l'équilibre fiscal dans une fédération : L'Allemagne, Francfort, août 2001, p. 21, consultée le 19 novembre 2010 sur : http://www.desequilibrefiscal.gouv.qc.ca/fr/pdf/spahn.pdf.

[522] L. GUIHERY, Fédéralisme fiscal et redistribution : fondements et enseignements du fédéralisme allemand, Thèse de doctorat en Sciences économiques, Université Lumière Lyon II, 1997, p. 464.

Bund [Der Länderfinanzausgleich im engeren Sinne - péréquation financière au sens strict]. Le dernier, moins déterminant et plus spécifique, s'assimile à des subventions particulières du *Bund aux Länder* (*Ergänzungszuweisungen des Bundes - subventions* non affectées du Bund - péréquation financière verticale).

Ainsi, le législateur peut intervenir de par une loi pour fixer les critères abstraits de répartition des ressources financières. La première étape de la péréquation va consister en la répartition du produit des impôts. Les recettes des collectivités proviennent d'impôts communs partagés entre les différents niveaux de collectivités (État, régions, cercles et communes). Il s'agit ici de choisir parmi les impôts les plus rentables pour l'État et de les partager avec les entités décentralisées.

La seconde étape est l'établissement des critères concrets de la répartition et de la péréquation. Cette deuxième étape est celle de la péréquation au sens strict et est fixée par une loi de péréquation.

La troisième étape est celle des dotations complémentaires de l'État. Elles sont accordées par l'État à des collectivités territoriales particulièrement faibles économiquement, comme par exemple celles du nord du Mali et certaines du sud. Les dotations incluent en partie le résultat de la péréquation, le reste représentant une allocution pour les besoins spéciaux. Elles ne doivent être attribuées qu'en dernier recours, aux collectivités dont la situation financière est catastrophique mais qui démontrent qu'elles ont mis en œuvre les moyens pour remédier à la crise[523].

On aurait pu croire que le fédéralisme impliquait inévitablement une autonomie financière large et une péréquation limitée. Mais la forme de l'État n'est pas déterminante. Au contraire, c'est la solidarité qui prime sur l'autonomie, alors même que l'État n'est pas unitaire.

L'objectif le plus couramment affiché de toutes formes de péréquation financière au niveau local est, on le sait, de favoriser une harmonisation de l'espace, une redistribution des richesses et par là même une réduction des inégalités. Il est indispensable que l'État assure une égalité de chances à des territoires dont les caractéristiques sont très disparates. La péréquation des ressources fiscales représente d'une certaine manière un contrepoids à la compétitivité entre les collectivités et aussi un facteur de régulation du

523 M. FROMONT, « *Jurisprudence constitutionnelle de la République fédérale d'Allemagne (2006)* », *RDP*, 2007, p. 1663.

système local. Il s'agit de rapprocher les situations en termes de capacité de dépenser, en tenant compte des différences de ressources mais également de charges, et de faire concorder le niveau de services rendus avec l'effort fiscal demandé aux contribuables.

Il n'est pas inutile de rappeler qu'au-delà de la réduction des inégalités entre collectivités territoriales, c'est bien la satisfaction des besoins des citoyens qui est recherchée. De même, pour les collectivités les plus défavorisées, il s'agit de compenser les différences de niveau de revenus.

Par ailleurs, exerçant un rôle de contrepoint à la compétition entre les collectivités, la péréquation des ressources fiscales permet de satisfaire à un impératif de rééquilibrage, ou encore d'équité entre collectivités territoriales dont la raison fondamentale d'exister est le mieux-être des citoyens, ainsi que l'organisation d'une certaine solidarité entre eux.

La nécessité d'un tel dispositif se justifie pleinement d'un premier point de vue en raison des compétences transférées aux collectivités territoriales, mais aussi parce que se trouve affirmée par les textes l'autonomie financière de ces collectivités. Il est patent, en effet, que l'accentuation de l'autonomie financière locale ne peut que provoquer la compétition, une accentuation des différences, des inégalités de situations les unes par rapport aux autres[524]. Plus encore, dès lors qu'il convient de tirer les conséquences de la reconnaissance d'une autonomie financière locale ancrée dans l'autonomie fiscale.

Il est certes indispensable de prendre en compte les inégalités qui existent entre territoires, comme il est légitime de vouloir égaliser les situations. Toutefois, s'en tenir là, c'est se borner à penser la péréquation à travers une conception strictement comptable des finances publiques, celle qui lui a été attribuée dès le XVe siècle (du latin juridique *peroequatio*, du verbe *paraoequarer*, c'est-à-dire « *égaliser* »)[525].

Elle correspond à une conception statique de la société, et ignore que la péréquation est un facteur de régulation, d'harmonisation du système local ainsi qu'un outil qui permet la réorganisation des circuits de financement et la restructuration du réseau financier local.

---

[524] M. BOUVIER, *« Repenser la solidarité financière entre collectivités locales : les nouveaux enjeux de la péréquation en France »*, Revue française d'administration publique, n° 121-122, 2007, pp. 75-78.
[525] *Ibid.*

Elle laisse également de côté le fait que la péréquation devrait s'inscrire dans une logique de responsabilisation inhérente à tout processus de décentralisation, au sein duquel l'autonomie financière tient une place centrale.

Il convient de considérer que la péréquation doit permettre aux collectivités les plus défavorisées, non de s'installer dans l'assistanat, mais d'avoir la capacité d'offrir à terme par leurs propres moyens des services à leurs administrés et d'agir par elles-mêmes sur les origines des inégalités.

On observera encore que la bonne régulation du système local nécessite une harmonisation des situations qui ne peut se produire sans un développement économique susceptible de générer de nouvelles sources de richesses. Si l'institution de péréquations financières est certes indispensable, elle ne peut se concevoir que lorsqu'elle est associée à des mesures favorisant le développement économique, et par conséquent l'investissement. À défaut, le risque est grand de voir s'instaurer une sorte de nivellement par le bas, lequel trouverait vite ses limites en devenant insupportable pour les financeurs, c'est-à-dire, d'un côté, les collectivités territoriales les plus riches et, de l'autre, l'État[526].

Paragraphe 2 : Péréquation portant sur le revenu du domaine

Les politiques foncières étatistes et centralisées étaient peu opérantes et ne permettaient pas de répondre équitablement à la demande de terrains. Au Mali, comme un peu partout dans la sous-région, on remarque une réticence de l'État à transférer au niveau local ses responsabilités en matière de gestion foncière. Les municipalités ne disposent que très rarement d'un patrimoine foncier. Leurs ressources sont insuffisantes et ne leur permettent pas de mettre en œuvre une véritable politique d'aménagement foncier.

Ainsi, les collectivités territoriales ne peuvent fonder pleinement leur légitimité que si elles ont un pouvoir domanial et foncier. Il est donc nécessaire de revoir la question de la domanialité pour la clarifier et l'adapter aux nouvelles exigences de la décentralisation.

La notion de cadastre est toujours liée à la possession du sol et à ses modalités d'occupation. Dès l'origine des sociétés, la possession de la terre a constitué l'une des bases de la richesse individuelle. Les collectivités ont pensé très tôt à comment faire le prélèvement sur cette forme de richesse facile à déceler et à atteindre. C'est le point de départ de la contribution

---

[526] *Ibid.*

foncière. Pour faire correctement ce travail, il faut connaître l'étendue, la nature et la valeur des biens ; d'où la nécessité d'établir un état descriptif et évaluatif des sols. La description des possessions de chaque individu et la connaissance de leurs limites permettent de déterminer la contribution foncière. En dehors de toute considération fiscale, l'administration a toujours manifesté sa volonté de circonscrire l'espace sur lequel elle exerce sa souveraineté, d'où la nécessité de la cadastrer. À l'origine, le cadastre avait un but fiscal ; aujourd'hui, il diffère selon les pays.

Les recettes de la taxe foncière étaient de cent quatre-vingt-quinze millions (195 M) de FCFA ; la patente sur les entreprises minières qui est une taxe sur les investissements initiaux des sociétés minières représente plus de la moitié totale, soit 3,4 Mds FCFA et les produits du domaine constituent la plus large de la patente, la part des recettes non fiscales. En 2013, la contribution des produits du domaine aux ressources locales non fiscales est de 47 % contre 10 % pour les ressources tirées pour exploitation et prestations de services[527].

En ce qui concerne la propriété agricole au Mali, où l'agriculture familiale emploie près de 70 % de la main-d'œuvre active, elle est loin d'absorber les fragiles secteurs industriels et les services concentrés principalement dans la capitale. Pour la réussite de ce projet, la volonté politique de nos élus et les efforts de notre administration seront déterminants : le monde rural et les agriculteurs familiaux ont besoin de politiques, de législations et de services appropriés pour lever les facteurs de blocage et renforcer les dynamiques positives de modernisation et de développement[528].

Les ressources naturelles sont l'une des principales sources de revenus des pauvres. Le secteur forestier tient une place de choix dans l'économie nationale et contribue au PIB pour 4,9 % (production forestière). Il fournit aussi 25 % des exportations (karité, gomme arabique, etc.), si l'on tient compte des autres produits dérivés (cueillette des fruits sauvages et récolte des essences pour la pharmacopée). La valeur estimative des produits du

---

[527] FMI, juillet 2015, précité, les redevances de marchés et droits de stationnement représentent 12 % de la majeure partie des produits de domaine. Au Mali, les droits de places sur les marchés représentent 9 % des recettes non fiscales, pp. 36-49.

[528] L'Association des Organisations Professionnelles Paysannes (AOPP), *« La question foncière au Mali, propositions paysannes »*, Du 28-31 Mai 2001 à Ségou, MDR/CPS, p. 3.

secteur forestier indépendamment du fourrage arboré de l'ordre de 70 milliards de FCFA par an[529].

Une répartition correcte de ce prélèvement suppose de connaître l'étendue, la nature et la valeur des biens ; d'où la nécessité d'établir un état descriptif et évaluatif des sols. Mais, le décret d'application tarde à être pris par les autorités compétentes. Nous avons pu analyser le projet de décret, dans lequel on a constaté que ledit fonds sera constitué des ressources fournies aussi bien par l'État que par les miniers. Selon l'art.2, *« le fonds est alimenté par les ressources suivantes :*

- *Vingt pour cent (20 %) des redevances proportionnelles collectées par l'État et liées à la valeur des produits extraits et/ou vendus ;*
- *Zéro virgule vingt-cinq pour cent (0,25 %) du chiffre d'affaires hors taxes réalisé au cours du mois et/ou de la valeur des produits extraits au cours des mois par les titulaires des titres miniers d'exploitation de mines et les bénéficiaires d'autorisation d'exploitation industrielle des substances carrières ».*

C'est dans cette logique que, sur recommandation communautaire relative à la répartition des ressources issues de l'exploitation des mines, le gouvernement a pris une ordonnance[530] pour dégager une manne financière afin de financer le développement local.

J. ATTALI estimait qu'il n'y a pas de démocratie sans droit de propriété, sans règles claires. Il n'y a pas de démocratie sans cadastre et sans mode d'application. Le cadastre est un critère de la démocratie et la propriété est un élément essentiel de la démocratie[531].

« *Tous les biens sont meubles ou immeubles* », dit l'article 516 du Code civil français. Mais « *Resmobilis res vilis* », c'est-à-dire *« les choses mobiles sont des choses sans valeur »,* précise un adage romain. Cet adage a traversé des siècles, mais n'a pas, à proprement dire, subi le poids de son âge, malgré tout ce qu'on peut spéculer là-dessus.

Plus concrètement, l'adage romain met en exergue l'importance et la primauté de la terre et des biens fonciers sur les meubles. La pensée africaine, en cette matière, n'est pas assez différente de celle romaine. En

---

[529] Selon les statistiques du service forestier au Mali, voir I. TOURE, *op-cit*, p. 222.
[530] Ordonnance N° 2019-022/P-RM DU 27 septembre 2019 portant code minier en République du Mali.
[531] Interview, revue géomètre de juin 2002.

effet, la question foncière a toujours occupé une place de choix dans les pays africains, ces pays où la majorité de la population est rurale[532].

La fiscalité destinée aux collectivités territoriales, de manière à rechercher le rendement optimal permis par la réorganisation de la gestion domaniale et foncière dans le cadre de la décentralisation, tout en tenant compte de la péréquation éventuellement nécessaire entre les différentes collectivités territoriales[533].

De façon générale, la fiscalité foncière qui est une fiscalité directe, est régie par des règles qui mettent en relation trois partenaires :

- l'État qui assure l'établissement et le recouvrement des impôts directs locaux et prend à sa charge certains dégrèvements (diminution ou dispense des charges fiscales) ;
- les collectivités territoriales (régions, cercles, communes) qui sont, de façon générale, les bénéficiaires des impôts locaux tels que la taxe d'habitation, la taxe foncière sur les propriétés bâties et non bâties, les taxes professionnelles et certaines taxes annexes ;
- les organismes consulaires (chambre de commerce et d'industrie, chambre d'agriculture, chambre des métiers) qui bénéficient de taxes locales additionnelles.

L'analyse des dispositifs de péréquation met ainsi en évidence l'efficacité limitée des mécanismes destinés à réduire les inégalités entre collectivités, leur grande complexité, et la poursuite d'objectifs contradictoires. Une utilisation judicieuse de ceux-ci pourrait avoir un effet réel en termes d'aménagement du territoire, en raison de l'effet de levier qui caractérise les actions dans ce domaine. Les mécanismes de péréquation ne sont qu'un palliatif à la mise en œuvre de réformes structurelles, seules à même de corriger les causes des inégalités. Selon A. GUENGANT, « *la redistribution doit prolonger la réforme des impôts locaux, et non tenter de corriger les dysfonctionnements induits par des structures de taxation inadaptées aux objectifs d'un aménagement du territoire* »[534].

---

[532] Z. M. CAMARA, « *Problématique de la mise en place du cadastre au Mali* », 2010, p. 04.

[533] D. L. ALAIN, Aménagement foncier urbain et gouvernance locale en Afrique subsaharienne, enjeux et opportunités après la conférence habitat II, rapport du colloque régional des professionnels africains, Ouagadougou, Burkina Faso, 20-23 avril 1999, p.74.

[534] A. GUENGANT, « *Egalité des collectivités territoriales et péréquation* », Actes du XIe colloque de l'ASRDLF : « *Convergence et disparités régionales au sein de l'espace*

La répartition très inégale du potentiel fiscal sur l'ensemble du territoire et l'éparpillement communal qui caractérisent le Mali, plaident en faveur de la promotion de la coopération intercommunale. Selon G. GILBERT et A. GUENGANT, « *l'enjeu majeur de la réforme de la fiscalité locale réside dans sa dimension territoriale* »[535].

Comme le démontre J. F. GASTON dans ses travaux intitulés *Du culte du Dieu Terme et de la limitation de la propriété chez les romains ; De la péréquation de l'impôt foncier*[536], les Révolutionnaires français reprennent le concept de péréquation cadastrale romaine, toujours en vue d'assurer une égalité formelle. Lorsque l'assemblée constituante, en 1791, institue la contribution foncière, aucun cadastre général n'existe. À partir de la fin du XVIIe siècle, tous les pays européens essaient de réformer leurs systèmes fiscaux en y introduisant des cadastres, sans grande réussite pour la plupart, à l'instar de la France[537].

C'est dans ces conditions qu'à la Révolution, l'Assemblée constituante fait des contributions mobilière et foncière, les piliers de son nouveau système fiscal[538]. Elles rapportent à la presque totalité des recettes fiscales[539].

L'évaluation des revenus des immeubles de la France sert de point de fixation au montant global de la contribution foncière, car elle est conçue comme un impôt de répartition, un impôt dont on détermine le montant total avant de fixer son assiette et ses taux. Cette conception s'oppose à la démarche de l'impôt de quotité, dont on fixe en premier lieu, l'assiette et

---

européen : les politiques régionales à l'épreuve des faits », Bruxelles, 1, 2 et 3 septembre 2004, p. 16.

[535] A. GUENGANT et G. GILBERT, « *Evaluation du dispositif de péréquation financière entre les communes, les départements et les régions* », Territoires 2020, 2e trimestre 2004, n°10, Paris Territoires 2020, pp. 19-28.

[536] F-G. JEAN, Du culte du Dieu Terme et de la limitation de la propriété chez les Romains ; De la péréquation de l'impôt foncier, Jourde, Université de Droit, 1886.

[537] M. TOUZERY, De l'estime au cadastre en Europe : l'époque moderne, Comité pour l'histoire économique et financière de la France, Paris, 2007, p. 625.

[538] M. MINORET, La contribution mobilière et foncière pendant la Révolution, Thèse de doctorat. : Droit public, Paris Librairie A. Rousseau, , 1900, 720 p. et G. ARDANT, Histoire de l'impôt, tome 2, Paris, Fayard, 1972.

[539] Aux côtés de ces deux contributions existent deux autres impôts qui connaissent des fortunes diverses pendant la Révolution : la patente, créée le 2 mars1791 et acquittée essentiellement par les commerçants, car elle atteint les bénéfices du commerce et de l'industrie, et la contribution des portes et fenêtres, créée le 4 frimaire an VII qui repose sur le nombre des ouvertures des maisons censées indiquer les revenus de leurs occupants.

les taux[540]. La répartition de l'impôt foncier, plus connue sous l'appellation de *« péréquation de l'impôt foncier »*, n'est en réalité, pendant plus de cent ans, qu'une laborieuse tentative de *« justice fiscale »* dont les effets creusent les inégalités, en raison du caractère quelque peu éternel de la répartition provisoire instituée par la loi du 1er décembre 1790. Il s'ensuit un vaste débat sur la péréquation dont on trouve écho dans les dictionnaires de finances publiques, les travaux parlementaires et les encyclopédies de l'époque.

Revoir la fiscalité destinée aux collectivités territoriales de manière à rechercher le rendement optimal. Cette action permettra la réorganisation de la gestion domaniale et foncière dans le cadre de la décentralisation, tout en tenant compte de la péréquation éventuellement nécessaire entre les différentes collectivités territoriales.

Les critères de prélèvements et de redistribution au titre de la péréquation vont donc devoir s'articuler entre différentes conceptions et contraintes. Le choix entre potentiel fiscal et potentiel financier n'est pas anodin ; il traduit une certaine appréciation de la richesse des collectivités. Le potentiel fiscal sert généralement de critère de péréquation, dans la mesure où il constitue une photo quantitative de la richesse *potentielle* des collectivités en termes de fiscalité et d'imposition, à un moment donné. Il vient différencier les collectivités d'un même niveau à partir de leurs bases, indépendamment des exonérations décidées. La décision de la collectivité en matière de taux est neutre, ce qui traduit une vision plus économique que politique.

Quant au potentiel financier, il comprend le potentiel fiscal et des dotations supplémentaires qui viennent alimenter les ressources d'une collectivité. Cette profondeur en fait une traduction moins orientée vers la capacité que sur la réalité de la richesse. Le périmètre de ce potentiel fait débat : plus il est approfondi, plus il correspond à des versements liés à la situation économique et financière de la collectivité. S'il traduit une réalité plus précise et objective de la situation, le potentiel financier d'une collectivité est donc peu consensuel en tant que référentiel de péréquation, tandis que le potentiel fiscal est plus neutre dans sa conception, bien qu'il corresponde à une appréciation *a minima* de la richesse potentielle d'un territoire[541].

---

[540] L'assiette et les taux déterminent par la suite le montant prélevé.
[541] A. GUENGANT, Le potentiel fiscal mesure-t-il correctement la richesse fiscale des communes ?, Annuaire des collectivités locales, 1991, tome 11, pp. 5–21.

La ressource fiscale locale est très inégalement répartie sur le territoire. Le potentiel fiscal par habitant varie d'un à plus de cent entre les communes. Les valeurs inégales des bases fiscales conduisent à des inégalités de capacités de financement propres. La péréquation est l'expression financière de la solidarité qui est indispensable à la cohésion des territoires et de la société[542].

Il est important de noter la recherche de nouvelles ressources spécifiques susceptibles d'être attribuées aux collectivités, assises sur la consommation d'énergie sur le territoire de la collectivité territoriale. Cette ressource pourrait prendre la forme d'une taxe sur les produits pétroliers ou sur l'électricité qui viendrait, le cas échéant, en déduction de la TVA perçue actuellement au profit de l'État.

Une étude devra être conduite pour déterminer l'assiette imposable, les taux applicables ainsi que les modalités de recouvrement sous les angles de la régularité juridique et de la faisabilité technique. Aussi, cette étude s'attachera à :

- Procéder à la suppression de diverses compensations pour allégements fiscaux inscrites actuellement en dépenses de l'État au profit des collectivités territoriales (dotation de compensation de la taxe professionnelle, dotation de compensation de la taxe d'habitation ou du foncier non bâti).

Cette mesure qui assure la neutralité fiscale et budgétaire de la création des nouveaux impôts locaux, devra être appliquée en respectant le principe d'équivalence globale selon lequel pour chaque catégorie de collectivité, le montant de la ressource fiscale de remplacement doit être globalement égal au montant de la compensation versée par l'État.

- assurer la *« différenciation »* des impôts locaux par des mesures complémentaires : recentrer les taxes de proximité vers les communes en leur transférant une part des bases de taxe d'habitation et de taxes foncières des cercles et des régions.

L'administration communale n'est pas préparée à exercer pleinement ses prérogatives et n'est suffisamment outillée en termes d'expertise, d'encadrement et de moyens humains et matériels pour gérer l'assiette

542 L. JAIDI, *« La réforme de la fiscalité locale : Un ajustement technique ou un changement de paradigme ? »*, mai 2008, consulté sur le site www.leseco.ma/toutes-les-chroniques/66055-la-reforme-de-la-fiscalité-locale le 29/08/18.

relative aux taxes et redevances. Une multiplicité d'acteurs intervient dans la gestion de la fiscalité locale (les collectivités territoriales, la DGI et la TGR) en tant qu'acteurs principaux dans le processus fiscal local. Les attributions de ces entités, le mode d'organisation et de gestion des dispositifs fiscaux se traduisent sur le plan opérationnel par les limites de la gestion intégrée.

Ces transferts ont pour buts, soit de résoudre la discordance entre tâches et ressources transférées au niveau local, soit de repartir des moyens financiers dans un système fiscal unifié, soit enfin de combler une impasse budgétaire du niveau local. Pour atteindre ces buts, les transferts d'équilibre vertical doivent être globaux et forfaitaires. Donc, les montants doivent être à libre disposition de la collectivité récipiendaire et être prédéterminés et garantis.

Les systèmes des apports financiers de l'État aux budgets locaux répondent à trois grands objectifs :

Tout d'abord, il s'agit d'assurer aux collectivités territoriales les moyens financiers nécessaires à l'accomplissement de leurs tâches, soit, en d'autres termes, de corriger les déséquilibres fiscaux verticaux, qui apparaissent lorsqu'un ou plusieurs échelons des collectivités territoriales constatent que la levée des taxes autorisées, à des taux « *raisonnables* », ne leur apporte pas suffisamment d'argent pour fournir les services qui leur incombent à des niveaux également « *raisonnables* ».

Il s'agit, en deuxième lieu, de corriger les déséquilibres horizontaux. Un déséquilibre fiscal horizontal survient lorsque deux collectivités territoriales qui cherchent à établir les services de niveaux équivalents constatent qu'elles auraient besoin à cet effet de taux d'imposition différents.

Troisièmement, il s'agit d'orienter l'action des collectivités territoriales, en vue notamment d'assurer que la fourniture de services publics locaux soit conforme à certains standards, ou d'intervenir dans le cadre des politiques d'aménagement et de développement, en favorisant certains investissements.

La politique de péréquation cherche ainsi à concilier la libre administration et la réduction des inégalités. La référence à la balance « service rendu-effort fiscal » préserve l'autonomie de décision des collectivités en maintenant la possibilité de choisir un effort fiscal plus ou moins élevé en contrepartie d'un niveau également du service rendu, ou une normalisation de la dépense serait incompatible avec un fonctionnement budgétaire décentralisé du secteur public local.

Section 2 : La péréquation inter-collectivités

Les ressources et les charges des collectivités territoriales sont inégalement réparties du fait de la diversité démographique, géographique, économique et sociale des territoires sur lesquels s'exercent leurs compétences. En outre, les « *valeurs cadastrales* » sur lesquelles sont prélevés les impôts fonciers locaux n'ont plus qu'un lointain rapport avec les valeurs vénales réelles. En conséquence, les contribuables des collectivités font face à des charges particulièrement élevées alors que leurs ressources sont faibles et peuvent être soumises à des taux de taxation élevés.

Deux types de péréquation sont distingués : la « *péréquation verticale* » qui consiste, pour l'État, à moduler ses dotations aux collectivités territoriales pour avantager celles qui ont de faibles ressources propres et/ou de fortes charges puis la « *péréquation horizontale* » qui consiste à attribuer des ressources supplémentaires à ces collectivités défavorisées en prélevant une partie des ressources des collectivités dont la situation est plus favorable[543].

Les montants des prélèvements sur les collectivités les plus *« riches »* et des versements aux plus *« pauvres »* dépendent des principaux indicateurs de ressources et de charges, mais aussi d'indicateurs spécifiques à chaque dispositif. En outre, alors qu'il s'agit de *« favoriser l'égalité entre les collectivités territoriales »*, il n'existe aucun instrument reconnu et pérenne de mesure des inégalités, avant et après l'intervention des mécanismes de péréquation, entre les collectivités.

De très nombreux indicateurs sont utilisés et se sont ajoutés au fil des réformes, sans qu'une approche synthétique en soit tirée : potentiel fiscal ou financier par habitant, ressources fiscales par habitant ou par kilomètre carré, revenu ou PIB par habitant ; pour ce qui est des ressources ; nombre d'habitants, superficie, proportion de logements sociaux ou de résidences secondaires pour ce qui est des charges ; indices synthétiques de ressources et charges combinant les précédents indicateurs dans des proportions variables.

---

[543] FIPECO, Les fiches de l'encyclopédie VII, les Finances Locales, le 15/07/2019.

Des seuils d'éligibilité, ou d'inéligibilité sont fixés en appliquant des coefficients sans justification claire aux valeurs moyennes de ces indicateurs et indices synthétiques au niveau départemental, régional ou national.

La péréquation entre les collectivités territoriales est analogue à la redistribution des revenus entre les ménages, assimilable à la solidarité (paragraphe 1). Celle-ci s'appuie sur une définition précise du « *niveau de vie* » de chaque ménage, qui correspond à son revenu disponible divisé par un « *nombre d'unités de consommation* » reflétant sa taille, et sur des indicateurs de dispersion des niveaux de vie (rapports entre les niveaux de vie moyens de certains déciles, indicateur synthétique dit de Gini, taux de pauvreté)[544].

La péréquation est le pendant indispensable de l'accroissement des compétences locales et de l'autonomie accordée aux collectivités territoriales, notamment sur le plan fiscal[545]. Ainsi, elle peut être un moyen d'orientation des fonds vers l'investissement afin d'améliorer les services proposés par les collectivités territoriales (paragraphe 2).

Paragraphe 1 : La solidarité entre les collectivités, un moyen de soutenir le développement

Il est donc crucial de s'intéresser aux problématiques de croissance et de développement des territoires, en tenant compte de leur complexité, car ils constituent la brique et le ciment du pacte social et de la bonne gouvernance de la Nation.

Mais la diversité des territoires ne s'arrête pas là ; il faut prendre en considération l'extrême variété des situations et des contextes. C'est par exemple le cas d'un pays aussi étendu que le Mali, avec son histoire et la diversité de son paysage. Il est clair, par exemple, que certaines régions et certaines communes, voire des zones de plus petite taille, sont davantage développées ou riches que d'autres, et que les écarts de revenus peuvent s'avérer importants. De même, les ressources des territoires sont de nature très différentes[546], qu'il s'agisse d'activités agricoles ou industrielles traditionnelles, d'extraction, d'innovation et de connaissance, ou tournées

---

[544] *Ibid.*

[545] Les finances locales 2 : les composantes du budget local, La Gazette, Fiche n°11, la péréquation horizontale, publié le 10/11/2010.

[546] H. GUMUCHIAN et B. PECQUEUR., La ressource territoriale, Economica, 2007, 254 pages.

vers l'économie de services ou résidentielle[547]. Dans le même état d'esprit, la diversité géographique conduit à des esprits des lieux très particuliers et différenciés avec, par exemple, les caractéristiques propres des zones littorales ou des zones de montagne (qui bénéficient même de lois particulières), ou encore la distinction entre villes, zones rurales et un périurbain en pleine croissance.

La construction territoriale est un processus de développement représentant un modèle complémentaire aux modèles de développement existants, du fait de sa capacité à faire émerger de nouvelles ressources et de nouveaux processus d'activation de ces ressources par les acteurs.

Bien souvent, les inégalités de richesse fiscale résultent de l'histoire ou de phénomènes indépendants des choix effectués par les collectivités territoriales. *A contrario*, certaines disparités sont la conséquence de choix locaux. L'enjeu de la péréquation consiste ainsi à soutenir les collectivités structurellement défavorisées tout en conservant l'incitation des collectivités à mener des politiques de développement local dynamiques.

Cette diversité appelle des traitements différenciés, parce qu'elle est facteur d'inégalités de natures diverses, en termes de revenus, d'infrastructures ou de facilités ou de difficultés d'accès aux services.

On s'accorde généralement à reconnaître que l'élaboration des mécanismes de transferts budgétaires[548] entre administrations est l'une des tâches les plus difficiles dans le domaine des finances publiques. La manière particulière dont un mécanisme de transfert est conçu, repose souvent sur un ensemble complexe de choix politiques, de principes économiques, de raisons historiques et de facteurs liés au contexte national (notamment la taille et la structure du réseau des administrations locales).

Xavier Desjardins et Philippe Estèbe montrent, dans leur article, comment, depuis les années 1960, la décentralisation est apparue, en France, comme l'une des voies majeures pour atteindre un « *bon* » gouvernement des gens et des choses. Le transfert de compétences de l'État aux collectivités territoriales avait pour objet de contribuer à un approfondissement de la démocratie, d'entraîner un accroissement de la prospérité et d'aboutir à un renouveau des cultures minoritaires. Depuis, la réforme de l'action publique territoriale a visé, par retouches successives

---

547 I. DAVEZIES, « *L'économie locale "résidentielle"* », Géographie, Économie, société, 2009/1, vol. 11, pp. 47 à 53.

548 Les termes « *transferts* » et « *subventions* » sont interchangeables.

et quasi permanentes, à faire réaliser ces promesses initiales, au prix parfois de réaménagements importants. Aujourd'hui, la décentralisation n'apparaît plus comme le support principal de l'émancipation sociale, et l'on peut se demander si le projet de réconciliation nationale est toujours valable[549].

Du coup se pose la question du financement des territoires ou, pour être plus précis, du financement de leur fonctionnement quotidien, de leur équipement et de leur croissance. En effet, il est tout à fait essentiel d'assurer la continuité du service de l'État et de favoriser l'entretien et l'extension des infrastructures, mais également d'identifier les bons moteurs de développement, de réaliser des choix stratégiques ; qui donnent du contenu aux décisions de spécialisation. La justification politique de base concerne la nécessité d'agir pour réduire les disparités économiques concernant la justice sociale, la redistribution de la richesse des régions les plus riches vers les plus pauvres et la juste répartition des avantages et des inconvénients découlant de l'intégration, à partir des principes de *« solidarité »* et d'*« équité »*. De ce point de vue, elle peut être comprise comme une forme de tolérance politique des niveaux de disparités économiques et sociales existants et attendus[550].

Pour les enjeux budgétaires et financiers des collectivités territoriales, Claire Delpech et Françoise Navarre se sont centrées sur les intercommunalités. En effet, les volumes budgétaires en jeu correspondant aux institutions régionales, départementales, aux communes ou à leurs intercommunalités ne sont pas du même ordre. Au sein des dépenses des collectivités (territoriales) et de leurs groupements à fiscalité propre (soit près de 200 Md€ en 2016), l'essentiel (54 %) provient, comme le précisent les auteures, des collectivités du bloc local. De ce fait, la part relative des départements (36 %) et surtout celle des régions (15 %) sont moindres. C'est pourquoi, et sans sous-estimer l'importance des politiques publiques conduites par les régions et les départements, elles ont choisi de mettre la lumière sur les communes et leurs intercommunalités, qui portent des enjeux financiers prépondérants, au moins en termes de volumes. L'article évoque en particulier les enjeux des relations financières entre l'État et les collectivités.

---

[549] A. TORRE. et I. LAUTIER., *« Le financement des territoires »*, dans la Revue d'économie financière 2018/4, n°132, pp. 09 à 20.

[550] TORRE. A et BOURDIN. S, *« Les financements européens de développement régional : l'Union européenne en quête de cohésion »*, in Financement des territoires, Revue d'économie financière, n°132, 4e trimestre 2018, p. 42.

Toujours sur le plan du bloc communal, Matthieu Leprince et Matthieu POURRIEUX insistent sur l'importance de la péréquation, une dimension essentielle des politiques de solidarité entre collectivités en France. La péréquation financière peut apparaître difficilement lisible et son efficacité est parfois contestée. En réponse à ces critiques, ces auteurs mettent l'accent sur ce résultat économétrique, selon lequel l'élasticité des dépenses locales issues des dotations péréquatrices est moindre que celle des dépenses issues des dotations compensatrices. Ce résultat signifie que les dépenses communales seraient moins sensibles aux dotations de péréquation qu'aux autres dotations (à vocation *« compensatrice »* ou *« forfaitaire »*). De ce fait, la maîtrise des dépenses locales, objectif majeur de régulation des finances publiques depuis une dizaine d'années, ne serait pas incompatible avec l'objectif constitutionnel de renforcer l'effort de péréquation au bénéfice des collectivités défavorisées[551].

On peut dire que cette péréquation a permis d'ajuster les *déséquilibres horizontaux*[552], ou la péréquation. Les transferts peuvent être utilisés pour *« égaliser »* la situation des administrations locales en matière de prestations de services et les rapprocher d'une situation, où elles ont toutes, du moins potentiellement, à peu près les mêmes moyens pour fournir des services de base aux administrés. Des ressources supplémentaires sont transférées aux administrations locales qui ont une capacité contributive plus faible que la moyenne nationale ou des besoins de dépenses plus importants que la moyenne nationale.

Pour mettre en place ce type de péréquation, on peut partir d'un certain nombre de critères que nous énumérons juste quelques-uns :

- *Le coût de la prestation des services*. Le coût d'une même quantité de services peut varier d'une administration locale à l'autre pour des raisons autres que le facteur démographique, par exemple à cause de

551 TORRE. À et LAUTIER I., *« Le financement des territoires »*, dans la Revue d'économie financière 2018/4, n°132, pp. 9 à 20, précité

552 Voir : The Reform of Intergovernmental Fiscal Relations in Developing and emerging Market Economies, Anwar Shah, Banque mondiale, 1994 pour un examen de l'importance des mécanismes de péréquation entre les administrations locales, en particulier dans les pays en développement. Les mécanismes de péréquation permettent d'égaliser les profits fiscaux des différentes administrations locales (promouvoir l'équité) et de décourager les migrations induites par la fiscalité, de réduire les obstacles à la mobilité des facteurs et de favoriser ainsi l'efficience économique lorsque ces mécanismes sont conçus de façon appropriée.

l'éloignement, des difficultés d'accès[553] et où l'offre de main-d'œuvre est relativement faible. On observe aussi des différences dans les coûts salariaux et les coûts de diverses marchandises, etc. L'impact de ces différents facteurs doit être mesuré/estimé, si possible avec la construction d'un indice des coûts traduisant ces différences entre les divers biens et services produits ou fournis par chaque administration locale[554]. Le Népal par exemple a construit un indice des coûts rudimentaire, qui est appliqué pour le système des subventions générales, et la superficie du territoire est prise en compte dans de nombreux pays, tels que l'Ouganda et la Tanzanie)[555].

- *La diversité dans les niveaux de services demandés* : certaines régions ou certaines catégories d'administrations locales peuvent avoir besoin de services d'un niveau plus élevé ou de services supplémentaires, tels que l'éclairage des rues ou le traitement des déchets solides. L'opposé peut également être vrai. C'est le cas par exemple des régions où l'incidence de la pauvreté est forte, et qui doivent dépenser davantage pour l'adduction d'eau, les soins de santé et d'autres services. Il est parfois possible d'utiliser des variables indicatives pour ces éléments[556].

- *Le niveau de développement considéré comme point de départ* : souvent, la répartition des équipements d'infrastructure varie grandement entre les régions prospères et les régions pauvres des administrations locales. Ce fait peut conduire les autorités à souhaiter égaliser le niveau des services en comptant le nombre des écoles, les robinets d'eau, etc., et fournir des financements supplémentaires aux administrations locales dont les services sont insuffisants dans certains domaines. Si l'objectif qui sous-tend une telle initiative peut être noble et compréhensible, la procédure qui consiste à lier la taille d'une subvention à la *densité* des équipements d'infrastructure est considérée comme une *« mauvaise »* pratique pour l'agencement des

---

[553] Les administrations locales géographiquement plus étendues devront dépenser davantage pour les transports et l'infrastructure et elles auront moins de possibilités de réaliser des économies d'échelle ou de regrouper les services, en raison par exemple de la faible densité de la population. Le coût des services peut être plus élevé dans certaines régions où la demande de biens est forte (les régions urbaines.

[554] Ces critères sont généralement appliqués à un stade assez avancé.

[555] Le Yémen utilise le critère dans un sens opposé, puisque la densité de la population entre en ligne de compte dans le système d'attribution des subventions.

[556] La Norvège en offre un exemple puisqu'elle aide certaines régions écartées du nord du pays, et le Danemark fournit une aide spéciale aux îles.

mécanismes de transfert. Elle crée une contre-incitation à améliorer l'organisation des services puisque les améliorations apportées seront sanctionnées par une baisse des subventions les années suivantes. Il est par conséquent préférable de choisir des indicateurs tels que ceux qui sont cités plus haut et/ou de combiner ces indicateurs avec des indicateurs représentatifs de la pauvreté, du nombre des pauvres (indice numérique de la pauvreté), tels que l'indice du développement humain et les statistiques des revenus/de la consommation[557].

La péréquation a néanmoins bien pour effet de réduire les inégalités pour tous les niveaux de collectivité, mais les effets péréquateurs de la part forfaitaire de la DGF sont plus importants que ceux de sa part spécifiquement destinée à la péréquation. Ce résultat traduit surtout le montant réduit et un mauvais ciblage des dispositifs qui constituent cette part dite péréquatrice. Enfin, la péréquation horizontale reste d'une ampleur limitée.

Enfin, comme pour la redistribution entre les ménages, la réduction des inégalités entre les collectivités territoriales peut être source d'inefficacités en diminuant les incitations à l'effort. En effet, le potentiel fiscal d'une collectivité résulte pour une part de sa capacité à attirer des ménages et des entreprises sur son territoire en leur fournissant des services de bonne qualité à un prix (taux d'imposition) raisonnable. Si l'accroissement du potentiel fiscal résultant d'une amélioration des services rendus est trop fortement compensé par une perte de ressources au titre de la péréquation, l'incitation à améliorer les services rendus peut être trop réduite. À l'inverse, les collectivités bénéficiant de la péréquation peuvent être incitées à offrir des services moins utiles et plus coûteux.

Paragraphe 2 : L'orientation des fonds sur l'investissement

Les collectivités territoriales, dans une majorité de pays, jouent un rôle clé dans le développement et l'amélioration du niveau de vie de la population. De nombreux États considèrent aujourd'hui les collectivités territoriales comme des partenaires essentiels pour développer des politiques publiques, assurer des services sociaux plus efficaces et plus équitables et bâtir des infrastructures nécessaires pour le développement économique et une meilleure qualité de vie. Au moins deux raisons expliquent l'importance potentielle du financement des collectivités

---

[557] J. STEFFENSEN, Introduction aux principes qui sous-tendent la conception des mécanismes de transferts budgétaires entre administrations, Comparaison internationale des critères d'attribution des subventions, Novembre 2005, p. 22.

territoriales. La première est que les collectivités territoriales sont bien placées pour améliorer la gestion des ressources publiques pouvant répondre aux demandes citoyennes. La seconde est le rôle qu'elles peuvent jouer face aux défis mondiaux contemporains qui touchent, à des degrés divers, la plupart des pays.

Le financement de la gouvernance locale dépend majoritairement de la contribution des autres acteurs externes. Le financement de la décentralisation au Mali, par exemple, repose essentiellement sur la contribution des partenaires techniques et financiers (PTF). Entre 2001 à nos jours, cela représente 90 % du total des financements réalisés dans le seul cadre de l'ANICT (sans prendre en compte les appuis sectoriels et les autres projets programmes qui appuient la décentralisation).

Tableau III : Participation des bailleurs de fonds dans l'abondement des différentes dotations

Budget partenaire / Exercice budgétaire	Dotation Appui technique	Dotation Investissement	Dotation d'Appui au fonctionnement
2009[558]	1.653.496.077	22.417.756 153	-
2010[559]	-	19.240.720.946	-
2011[560]	376.938.798	14.965.129.839	-

Le programme FinAfricaCities, cofinancé par l'AFD, et Cities Alliance conduisent actuellement une réflexion sur la question du financement des investissements des villes subsahariennes. Ces dernières devront accueillir environ 340 millions d'habitants supplémentaires dans les vingt prochaines années. Les investissements nécessaires pour les opérations d'aménagement correspondantes seraient d'environ 45 Mds $ US par an. Or les collectivités territoriales devront augmenter leur part relative dans le financement des investissements locaux pour deux raisons. Premièrement, les budgets des États seront mobilisés pour les dépenses

558 Décision N° 09-0036/DG-DG-ANICT du 26 juillet 2009 portant ouverture des Droit de tirage, 2009 sur le FNACT.
559 Décision N° 10-0028/DG-ANICT du 20 mai 2010 portant ouverture des droits de tirage sur le FNACT.
560 Décision N° 11-0012/DG-ANICT du 25 mars 2011 portant ouverture des droits de tirage sur le FNACT.

régaliennes également croissantes. Deuxièmement, tout indique que l'aide publique au développement ne pourra s'engager beaucoup plus qu'aujourd'hui.

Le besoin croissant d'investissements implique un changement d'échelle drastique dans les volumes de financements. Au final, ce sont les modalités de financement de l'urbanisation comme les systèmes de financement qui sont à revoir. Les mutations en cours des économies africaines laissent penser que le moment est propice à une évolution progressive vers des solutions endogènes. La solution endogène par excellence réside dans le financement en monnaie locale alimenté par des ressources issues de la collecte de l'épargne locale. La collecte est effectuée via les établissements financiers et banques du continent d'une part, et les marchés des capitaux locaux d'autre part. La création d'établissements spécifiques pour les collectivités territoriales au niveau panafricain ou à celui des régions ne paraît ni nécessaire ni opportune au vu du nombre de banques de développement présentes sur le continent. En revanche, l'efficacité des systèmes supposera le développement de structures de type fonds d'investissement local comme ceux apparus récemment en Chine, en Inde et en Asie du Sud-Est[561].

Pourtant, il est évident que les énormes besoins d'infrastructures et d'équipements des collectivités territoriales africaines ont mis en évidence cette préoccupation d'investissement. Nous pensons que le moment est venu d'orienter les fonds vers l'investissement afin de créer des ressources endogènes.

La plupart des infrastructures sont de la responsabilité des collectivités territoriales. Les infrastructures locales publiques comprennent principalement la voirie et les routes, le réseau d'assainissement et les installations de traitement des eaux usées. C'est principalement dans ces domaines que les besoins en investissement se font le plus sentir. Au niveau de l'État central, le déficit d'investissement est également important. Certains auteurs ont fait valoir que l'infrastructure est dans un tel état de délabrement parce que le financement municipal des infrastructures l'est aussi[562]. La plupart des raisons sont les suivantes : les

---

561 P. THIERRY, FinAfricaCities et Cities Alliance cité par François Paul YATTA, in le financement des collectivités locales : les défis du 21e siècle, 2e rapport mondial de cités et gouvernement locaux unis sur la décentralisation et la démocratie locale, GOLD II, 2010, édition Bruyant, p. 62.

562 HARRY M. KITCHEN, A State of Desrepair : How to fix the Financing of Municipal Infrastructure in Canada, C.D. Howe Institut (Toronto, 2006).

politiciens, à cause des réélections, préfèrent soutenir les projets à court terme plutôt que des projets impliquant des investissements à long terme ; les pratiques comptables ne tiennent pas compte des frais de remplacement des actifs immobilisés, ce qui entraîne un choc budgétaire lorsqu'il est temps de les remplacer ; enfin, l'inadéquation des redevances d'utilisation et des taxes locales encourage la surconsommation des services locaux et une demande accrue d'infrastructures[563]. Une juste tarification entraînerait une utilisation plus efficace des infrastructures et une plus grande efficacité dans l'investissement, réduisant ainsi la nécessité de chercher des ressources supplémentaires.

Les redevances des usagers sont généralement le meilleur moyen de financer les services publics locaux lorsque c'est possible. Mais la tarification des services n'est possible qu'au cas où les usagers qui ne paient pas peuvent être exclus de leur consommation et lorsque seulement un coût marginal peut être associé à chaque nouvel utilisateur. Ces caractéristiques suggèrent que les redevances des usagers s'appliquent mieux lorsque les services assurés par les collectivités territoriales s'apparentent aux services et biens fournis par le secteur privé.

Le financement des prestations de service par les redevances des usagers offre un certain nombre d'avantages financiers ou économiques pour les collectivités territoriales. Tout d'abord, les droits prévus permettent l'autofinancement (au moins partiellement) des services et évitent d'imposer des taxes supplémentaires. Deuxièmement, l'efficacité économique s'améliore si les redevances correspondent au coût marginal de production et de distribution des services. Ces redevances permettent aux collectivités territoriales de calculer la quantité appropriée de services à fournir (le montant que les usagers veulent acheter en fonction du coût de la prestation) et de s'assurer que ceux qui attachent le plus de valeur aux services peuvent les obtenir.

Troisièmement, seuls les bénéficiaires des services paient pour leur prestation et les non-consommateurs ne sont pas facturés. Les prix justes pour certains services (comme l'eau et l'électricité) sont un bon exemple de ces trois avantages[564].

Les prélèvements exceptionnels sont un bon moyen de financement des investissements dans les pays où ils sont utilisés. Toutes ces sources de

---

[563] *Ibid.*

[564] WILLIAM. F. FOX et E. SLACK, le financement des collectivités locales aux USA et Canada, in le financement des collectivités locales : les défis du 21e siècle, précité, p. 94.

financement peuvent être extrêmement productives et sont particulièrement pertinentes pour les collectivités territoriales et les gouvernements de niveau intermédiaire.

Le financement par de nouvelles taxes foncières, les taxes sur les plus-values des propriétés immobilières (valorisation) et les partenariats public-privé peuvent également apporter aux collectivités territoriales le financement dont elles ont besoin pour leurs investissements. Ces mécanismes requièrent toutefois certaines capacités et conditions et ne peuvent pas être considérés comme une solution de facilité pour éviter l'emprunt.

Dans de nombreux cas, il sera souhaitable d'élargir les sources de revenus locaux traditionnelles et de trouver une répartition plus adaptée des ressources entre l'État et les collectivités territoriales, d'une part, et entre administrations infranationales, d'autre part, tandis que naissent de nouvelles collectivités territoriales et de nouveaux niveaux d'administration territoriale. Les besoins croissants en investissement impliquent un accès élargi des collectivités territoriales.

Pour évaluer les effets réels des mesures prises par l'État, il convient de rappeler que les collectivités doivent présenter des budgets en équilibre et ne peuvent voter de *« déficit »* ni en section de fonctionnement ni en section d'investissement, à la différence de l'État. Leur stratégie se résume au choix entre l'augmentation de la fiscalité locale, la diminution de leurs dépenses de fonctionnement et/ou d'intervention sociale, le recours à l'emprunt et/ou la baisse de leurs dépenses d'investissement. En cette période, malgré la timide reprise constatée après six années de crise, leur marge de manœuvre reste limitée. Dans un contexte de recul de la ressource globale, le risque de baisse de l'investissement s'en trouve accentué[565].

L'apport exceptionnel de recettes d'investissement peut constituer un effet d'aubaine permettant, malgré une faible croissance de l'investissement, de limiter la progression de l'endettement local. Dans un tel contexte, permettre une petite progression du niveau d'investissement constitue un résultat plus que satisfaisant.

En outre, la décision d'inciter les collectivités à investir grâce à l'accélération des remboursements du Fonds d'investissement des

[565] D. RIDEROT, Encourager l'investissement public des collectivités territoriales, juillet, 2015, p. 11.

collectivités territoriales via l'ANICT entre en contradiction avec le maintien du total des concours financiers de l'État soumis à une norme d'évolution. Un effort soutenable sur les dépenses de fonctionnement devra être poursuivi, en profitant notamment de la mutualisation des compétences que permet l'essor de l'intercommunalité. Cet effort sur le fonctionnement serait toutefois en partie limité par une hausse de l'investissement qui se traduirait, dans les années suivant le fait générateur, par l'augmentation des charges d'intérêt et des frais de fonctionnement associés à l'équipement s'il vient s'ajouter à l'offre existante[566]. Ainsi en va-t-il de la meilleure rationalisation de l'organisation territoriale française, notamment en ce qui concerne les compétences et financements croisés. Ainsi en va-t-il aussi de l'amélioration de la programmation des projets ou de la valorisation des actifs existants grâce à une véritable politique de gestion du patrimoine immobilier et des infrastructures. Ainsi en va-t-il enfin de la non-exclusion de la piste des PPP.

Il est essentiel de définir une orientation stratégique et de programmer la réalisation des investissements à l'échelon local. Ce qui implique aussi de pouvoir évaluer les travaux de rénovation ou de transformation à réaliser sur un patrimoine dont on connaît l'état.

En amont, il convient de prendre quelques mesures nécessaires :

- mettre en place un inventaire permanent du patrimoine complet des actifs d'une collectivité locale ;
- encourager la mise en place d'une programmation pluriannuelle d'entretien et d'investissement pour les collectivités qui ne s'en sont pas dotées ;
- encourager la mise en place très rapide de plateformes permettant aux collectivités territoriales de mettre en commun un volume suffisant de projets d'investissement de même nature et de même qualité pour être en capacité de demander la garantie ;
- orienter les investisseurs privés vers des projets non économiquement rentables sur le court terme, mais écologiquement et socialement rentables sur le long terme ;
- définir une orientation stratégique et programmer des investissements à l'échelon local

566 L'avis du CESE de juillet 2012 mentionnait que *« 100 euros d'endettement impliquent un surcroît de dépense récurrente de 15 euros »* par an, p. 28.

- faire un ciblage des investissements pour les secteurs économiques créateurs d'activité et d'emplois dans les zones les plus fragiles de nos territoires en zones rurales ou dans les quartiers urbains les plus défavorisés.

Les investissements publics sont un élément déterminant de la dynamique économique et sociale de notre pays. La vitalité des territoires passe par l'installation et le maintien d'entreprises de services et artisanales et de commerces de proximité ainsi que par les aménagements indispensables à la mobilité. Bien entendu, la contrainte reste la forte diminution des possibilités financières des collectivités territoriales et de l'État. Toutefois, la mise en place d'une politique cohérente en matière d'investissement, sur l'ensemble du territoire, est tout à fait essentielle.

Les territoires ruraux sont aussi des espaces de projets et d'innovation. Au-delà d'encourager une alliance pertinente des secteurs privés et publics pour maintenir des services aux populations rurales, l'État et les collectivités territoriales doivent accompagner leurs besoins en ingénierie et en investissements et les soutenir financièrement dans la déclinaison des politiques régionales et européennes d'aménagement du territoire. Les préconisations en faveur d'une meilleure connaissance du patrimoine local et d'une amélioration de la programmation vont tout à fait dans le bon sens. Tous les dispositifs qui peuvent apporter une plus grande visibilité des investissements doivent être encouragés.

L'activité économique des territoires, leur attractivité pour les populations et les entreprises peuvent ainsi se trouver fragilisées à moyen terme par une insuffisance d'investissements publics locaux. Ainsi, l'orientation de l'investissement public local exige de rechercher de nouveaux leviers de financement des collectivités.

Comme le confirme une étude statistique récente des services du FMI, dans des économies comme les nôtres, où le potentiel de production est sous-utilisé, développer l'investissement public est un moyen efficace de stimuler la création d'emplois et d'accélérer ainsi la création de richesses, ce qui a finalement pour effet de réduire la dette publique en proportion du PIB.

Encourager l'investissement public dans les collectivités territoriales : plus qu'un sujet d'actualité, n'y a-t-il pas là un véritable défi au moment où l'argent public se fait rare et où la dette de l'État atteint des sommets jamais égalés ? L'actualité de la Grèce nous le rappelle d'ailleurs cruellement. Les collectivités territoriales assurent une part essentielle des investissements publics.

Elles ont une responsabilité croissante dans la préparation d'un ensemble d'infrastructures et d'équipement qui facilitent et favorisent l'adaptation des habitants et des citoyens au mode développement à venir.

Encourager l'investissement, c'est bien sûr en huiler la mécanique et les rouages pour le faciliter. C'est aussi un état d'esprit à travailler pour le concevoir, car tout le monde sait bien que, sans les fonds qui le permettent, les encouragements ne suffisent pas. Cet état de fait influence l'orientation de la recherche, dont les effets ne peuvent aller jusqu'à pallier ce manque qui est largement aujourd'hui la difficulté majeure.

TITRE 2 :

LES NOUVELLES VOIES DE FINANCEMENT DU DÉVELOPPEMENT

La décentralisation au Mali est confrontée à des problèmes de diverses natures. Ces problèmes concernent l'absence ou l'insuffisance de personnels qualifiés et de l'insuffisance financière entraînant des déficits chroniques. Ainsi, l'autonomie financière qui est le principe qui sous-tend la décentralisation se trouve plus que jamais menacée, puisque les collectivités territoriales sont dépendantes de l'État et des partenaires au développement. Et il urge aujourd'hui de poser le problème et d'y trouver des solutions appropriées.

Mais au Mali toutes les politiques vouées à la réduction des disparités et les injustices entre les régions n'ont pas été gérées par l'État central, entraînant sporadiquement des rébellions. Cependant, là où le bât blesse, c'est que la *« pauvreté »* des régions n'est nullement due à l'absence de ressources naturelles ou financières, mais à la mauvaise gouvernance de l'État. Le problème est considéré comme politique et revient à l'absence de pouvoir régional capable d'impulser un développement économique de ces régions.

Au Mali, le problème financier a toujours été un écueil évident sur la voie de l'émancipation et de l'autonomie des collectivités territoriales, surtout des communes. Toutefois, une grande autonomie financière des régions risque d'aller à l'encontre de la reconstruction de l'État ainsi que d'être en porte à faux avec le courant de solidarité inter-régional qui se dessine à l'échelle mondiale.

Dès lors, nous estimons qu'il est nécessaire de souhaiter et d'établir un partenariat public privé afin de permettre une amélioration et d'augmenter la capacité de financement et d'investissement des entités décentralisées au Mali (chapitre 1). Cette opération doit se conjuguer avec la stimulation et une consolidation des autres sources de revenus financiers des collectivités territoriales (chapitre 2).

Chapitre 1

Partenariat public-privé

Partenariat public-privé n'est pas une idée neuve dans le champ de l'action locale. L'historien en relève les origines dès l'Ancien Régime et le droit administratif classique lui consacre une large place (avec notamment les théories jurisprudentielles de la concession de service public ou de la création de services locaux dans les domaines réservés à l'initiative privée). De fait, et contrairement à l'État souverain, les collectivités territoriales, chichement dotées en prérogatives de puissance publique, ont eu très tôt tendance à recourir à des procédés d'aide, d'incitation et de collaboration pour remplir leurs fonctions[567].

L'attitude restrictive du pouvoir central n'a pas empêché les collectivités territoriales de développer considérablement leurs interventions économiques et sociales pour accompagner l'expansion durant la période dite des *« Trente Glorieuses »*[568], puis enrayer la dépression lorsque la crise fut venue. Mais elle s'est traduite par une allocation mesurée des moyens juridiques et financiers permettant d'assumer la fonction de développement local assignée aux collectivités territoriales.

En définitive, ce contexte s'est révélé favorable au développement du partenariat public-privé au niveau local, au-delà de l'évolution générale des comportements administratifs. Largement dépourvues de puissants

---

[567] J-C. DOUENCE, *« Le droit de l'action économique locale à l'épreuve du partenariat »*, in Revue d'économie financière, hors-série, 1995, partenariat public-privé et développement territorial, pp. 239-256.
http://www.persee.fr/doc/ecofi_0987-3368_1995_hos_5_1_3238

[568] Période historique comprise entre 1946 et 1975 pendant laquelle la France et la plupart des économies occidentales connurent une croissance exceptionnelle et régulière et à l'issue de laquelle elles sont entrées dans l'ère de la société de consommation.
Titre de l'étude publiée en 1979 par l'économiste Jean Fourastié, l'expression fut choisie en référence aux *« Trois Glorieuses »* de la révolution de 1830 et à la *« révolution invisible »*, sous-titre de l'ouvrage, dont la France fut le théâtre au cours de ces années. La plupart des pays de l'Occident ainsi que de l'Asie, (le Japon par exemple), ont également été marqués par cette phase d'expansion connue – en Allemagne et en Italie notamment – sous le nom de *« miracle économique »* ou, plus généralement, d'*« âge d'or »* de la croissance.

moyens de contrainte, les collectivités territoriales se sont rabattues sur des procédures négociées et incitatives pour réaliser leurs objectifs de développement. À cause de la relative faiblesse de leurs moyens financiers, elles ont largement fait appel, par voie contractuelle, aux ressources du secteur privé.

Le droit positif connaît, depuis quelques années, de profonds bouleversements qui conjuguent la décentralisation et le renouveau du libéralisme. La liberté accrue des collectivités territoriales ne s'exprime pas en termes de pouvoirs supplémentaires, mais plutôt de fonctions nouvelles à remplir au service de la société locale en relation avec tous les intéressés[569].

Ainsi, dans ce chapitre, nous analyserons le partenariat public-privé comme source de financement (section 1) et comme outil de rationalisation du budget des collectivités territoriales (section 2).

Section 1 : PPP comme une stratégie de financement

On désigne comme un partenariat public-privé (PPP), toute forme d'association du secteur public et du secteur privé, destinée à mettre en œuvre tout ou partie d'un service d'intérêt général. Le principe de base est une relation de coopération *« gagnant/gagnant »* entre le secteur public et le secteur privé à but lucratif, pour la fourniture de services publics, en assurant une bonne répartition des rôles et une gestion efficace des risques[570]. La diversité de définitions des PPP est aussi foisonnante que le nombre de publications qui s'y intéressent et des capacités d'inventivité de formes de partenariats en fonction des contextes. Nous retenons avec Giauque que l'on peut parler d'approche PPP, lorsqu'il y a « *une coopération entre acteurs publics, acteurs privés et, éventuellement acteurs associatifs, au sein de laquelle les différents acteurs peuvent réaliser leurs propres objectifs, tout en travaillant de manière commune sur la base de synergies potentielles,*

[569] *Ibid.*

[570] J-P. SALAMBERE, *« Le recours au partenariat public privé (PPP) par une collectivité locale : le cas de la gare routière de Koudougou au Burkina Faso »*, Revue internationale de politique de développement, 2019.

en partageant responsabilités, chances et risques, sur la base d'un contrat de coopération formalisé »[571].

Le PPP est une forme d'association des secteurs public et privé dans le but de mettre en œuvre un service public. Dans ce type de relation qui définit un contrat à long terme, le prestataire privé est chargé de fournir les investissements nécessaires au service. Ainsi, le recouvrement provenant des usagers ou d'une collectivité publique, contribue à la couverture de l'amortissement des investissements[572].

Le PPP cadre avec l'exigence de transparence et de responsabilité en termes de gestion. Le PPP montre ainsi la voie et connaît une renommée considérable dans les pays développés tout comme dans les pays en développement. Ce succès est attribuable non seulement à la réduction des investissements publics, mais également à une nouvelle conception de la gestion publique qui vise désormais à tirer profit des capacités de financement et d'innovation du secteur privé.

Dans cette section, nous évoquerons les conditions juridiques d'un partenariat entre le public et privé (paragraphe 1). Dans cette condition, les collectivités décentralisées peuvent profiter de ces financements pour se doter des infrastructures nécessaires au développement (paragraphe 2).

Paragraphe 1 : Les conditions juridiques du partenariat public-privé

Si on accepte une définition large de la formule des partenariats public-privé (PPP), on constate rapidement qu'ils ne constituent, dans le monde municipal, ni une révolution ni même une véritable nouveauté : ce n'est pas d'hier que des travaux ponctuels et même l'opération en continu d'un service sont confiés à des entreprises privées. Ce qui est toutefois un peu différent avec les PPP, selon la formule en vogue actuellement par rapport aux formes plus anciennes de collaboration entre le public et le privé, c'est une plus grande implication qu'auparavant du partenaire privé, notamment dans le

[571] D. GIAUQUE, « *Les difficultés de gestion des partenariats public-privé en Europe pour une lecture "Institutionnelle"* », Revue française d'administration publique 130 (2), janvier, 2009, pp. 384-394.

[572] N. PERRIER et al, « *Une revue de la littérature sur le partenariat public privé en gestion de projets* », CIRRELT, janvier, Avril, 2014, p. 03.

financement des immobilisations et une plus longue durée des engagements mutuels[573].

Deux outils juridiques et financiers principaux peuvent être utilisés pour le financement des infrastructures publiques : la concession et le contrat de partenariat. Les contrats de partenariat ou PPP (partenariat public-privé) ont été introduits au Mali par la loi n° 2016-061 du 30 décembre 2016[574]. Ils visent à encourager la participation du secteur privé dans le développement de nouvelles infrastructures publiques. Cette loi permet d'étendre à l'ensemble des secteurs la logique des contrats de partenariat. Les contrats de partenariat sont des contrats administratifs qui permettent à l'autorité concédante (l'État ou les collectivités territoriales) de transférer au secteur privé la responsabilité globale de concevoir, d'opérer et de maintenir une nouvelle infrastructure publique. Ils se différencient des concessions par le fait que le partenaire privé est rémunéré non par les revenus générés par les infrastructures (par exemple, les péages dans le cadre d'une infrastructure autoroutière), mais directement par l'autorité concédante qui lui verse une rémunération dont l'unique variable sera le respect des engagements de performance du partenaire privé[575].

Contrairement au droit français, le droit malien, notamment l'article 2[576] de la loi malienne précise que le partenariat public-privé désigne les contrats de la commande publique énumérés ci-après : concessions, concession de travaux, concession de service, affermage,

---

[573] J. P. HAMEL, « *Les partenariats public-privé (PPP) et les municipalités : au-delà des principes, un bref survol des pratiques* », INRS Centre - Urbanisation Culture Société, Montréal, 2007, p. 03.

[574] Cette loi soulève beaucoup des interrogations et crée des confusions à certains égards. Il serait très difficile d'appliquer cette loi si des corrections ne sont pas apportées rapidement. Par principe, une définition se doit d'être simple, claire et précise, ce qui n'est pas le cas dans cette loi ; celle qui est donnée dans la loi parait très lourde et difficile à comprendre à cause de nombreux concepts utilisés qui ne sont pas suffisamment explicités.

[575] B. ANGLES, « *Les partenariats public-privé : l'avenir du financement des infrastructures* », revue d'économie financière, 2012/4, n°108, pp. 221-230.

[576] Les premières confusions se trouvent au niveau des définitions (article 2). En effet, la loi restreint le Partenariat public-privé au seul contrat de partenariat. Ainsi, toutes les autres dispositions de la loi cherchent à préciser le contrat de Partenariat public-privé, au point que l'intitulé de la loi ne reflète plus son contenu. La définition « *Partenariat public-privé à paiement direct* » au niveau de l'article 2, bien qu'elle soit une composante de la définition primaire, est plus explicite et comprend presque tous les modèles de coopération entre le secteur public et le secteur privé.

régie intéressée. Au total, neuf types de contrats et au passage leur nature juridique en indiquant que les partenariats public-privé relevant de la présente loi passés par des personnes morales de droit public sont des contrats administratifs[577].

Le chapitre de ladite loi décrit les conditions préalables à la passation du contrat de partenariat. Ainsi, ce chapitre comporte trois sections :

Une première section comportant l'article 7 décrit la procédure d'identification des projets éligible en PPP par les autorités contractantes.

Une deuxième section traite les conditions de lancement de la procédure. Cette section est composée de l'article 8 à 10.

Même si l'article 8 pose le principe que les seuls projets inscrits au programme d'investissements et ayant fait l'objet de l'étude préalable visée à l'article 9 de la loi sont éligibles au PPP, il admet aussi la possibilité des offres spontanées et les contrats passés selon la procédure négociée directe qui suite à une urgence résultant de circonstances imprévisibles pour l'autorité contractante et n'est pas de son fait.

L'évaluation préalable tel que précisé dans l'art. 9 doit s'inscrire dans une politique de développement durable et de viabilité du projet par une analyse du mode de réalisation du projet en partenariat public-privé, démontrant un bilan plus favorable que celui des autres modes de la commande publique.

La troisième section évoque l'avis et les autorisations préalables au lancement de la procédure et elle contient les articles 11 et 12.

L'article 11 intitulé : *« Avis préalable au lancement de la procédure »* précise que l'évaluation préalable doit être transmise à l'unité des PPP qui doit émettre un avis conforme sur l'analyse des aspects économique, social, environnemental ainsi que sur l'analyse du mode de réalisation, et ceci pour les projets relevant d'un domaine sectoriel réglementé. Cet avis tient compte de l'avis de l'autorité de régulation sectorielle concernée (Ex : la Commission de Régulation de

577 Article de la loi n°2016-061 du 30 décembre 2016 relative au partenariat public-privé au Mali.

l'Energie et de l'Eau (CREE), Autorité Malienne de Régulation des Télécommunications/TIC et des Postes (ARMTP)...)[578].

En outre, le point 2 de l'article 11 indique que le ministère en charge des finances émet un avis conforme sur l'analyse de la soutenabilité budgétaire du projet visé en application de l'art. 9 précité.

Quant à l'article 12 relatif aux *« autorisations préalables au lancement de la procédure »*, il précise l'autorité habilitée à lancer la procédure de passation des partenariats public-privé. Cette autorisation est donnée par le Premier ministre lorsque c'est l'État qui est l'autorité contractante, par l'Assemblée délibérante ou l'organe délibérant, s'il s'agit des collectivités territoriales et par l'organe décisionnel pour les autres autorités contractantes.

L'art. 15 consacre le principe d'égalité dans la passation des partenariats public-privé. Cependant, l'art. 16 met l'accent sur le fait qu'à l'exception des procédures dérogatoires, les procédures de passation doivent faire l'objet de publicité afin de susciter la plus large concurrence.

Les conditions de participation sont traitées dans l'art. 17. En substance, cet article pose comme principe que le soumissionnaire à un partenariat public-privé doit être en règle vis-à-vis de l'administration fiscale et des organismes sociaux au 31 décembre de l'année précédant celle au cours de laquelle a lieu le lancement de la consultation.

Les critères d'attribution d'un partenariat public-privé sont précisés dans l'article 19. En premier lieu, les critères doivent permettre d'identifier l'offre économiquement la plus avantageuse pour l'autorité contractante.

En second lieu, la préférence nationale dans l'exécution du contrat pour partie par les entreprises locales est clairement affirmée par le fait que parmi les critères d'attribution, figure nécessairement la part d'exécution du contrat que le candidat s'engage à confier à des petites et moyennes entreprises ou à des artisans.

En ce qui concerne les autorités d'approbation dans les partenariats public-privé, on remarque que les contrats passés par l'État et ses établissements publics sont approuvés, avant leur signature, par le

[578] D. BA, Comprendre l'essentiel de la nouvelle loi relative aux partenariats public-privé au Mali, 28/02/2019, blogavocat.fr, consulté le 18 septembre 2019.

Ministère chargé de l'Économie et des Finances, sur la base de l'avis de l'unité des partenariats.

L'art. 25 relatif à la durée du contrat précise qu'elle est déterminée en fonction de la nature des prestations demandées, des délais nécessaires à la réalisation des objectifs et des engagements de performance, de la durée d'amortissement des investissements à réaliser, lorsque des investissements sont à la charge du partenaire privé et des modalités de financement.

Les droits réels sont traités dans l'article 26, selon lequel le partenaire privé a des droits réels sur les ouvrages et les équipements qu'il réalise. Les droits réels, ouvrages et équipements ne peuvent être hypothéqués que pour garantir les emprunts contractés par le partenaire privé en vue de financer la réalisation, la modification, l'extension ou le renouvellement des ouvrages et équipements réalisés dans le cadre du contrat.

Cet article a le mérite de trancher de manière définitive la question de savoir si les ouvrages réalisés par le partenaire privé font partie du domaine public immobilier et/ou privé de l'État, question qui revenait sans cesse dans les contrats entamés avant la nouvelle loi PPP. L'hypothèse du domaine public ne pouvait avoir aucun droit réel sur l'ouvrage, car, en application de l'art. 27 du code domanial et foncier malien, le domaine public immobilier de l'État est inaliénable, imprescriptible et insaisissable.

L'art. 27 de la nouvelle loi du PPP, évoque le régime des biens dans le cadre d'un contrat PPP en les classant en bien de retour, en biens de reprise et en biens propres. Il précise, en outre, que le contrat doit définir les catégories de biens qui sont utilisés par le partenaire privé pendant toute la durée du contrat.

Cette loi est accompagnée par le Décret n° 2017-0050/PM-RM du 9 février 2017 portant création de l'Unité de Partenariat public-privé et la place auprès du Premier ministre comme un organe consultatif. Il abroge le Décret n° 2016-0839/PM-RM du 2 novembre 2016 portant création d'un Comité de Pilotage des projets en Partenariat public-privé.

L'Unité de Partenariat public-privé, conformément à la loi, se charge strictement de la gestion des contrats de partenariat depuis leur identification jusqu'au suivi-évaluation de leur exécution. Dans la mesure où le contrat de partenariat ne sera pas la seule modalité de PPP mise en œuvre au Mali, il serait approprié d'étendre leurs prérogatives à d'autres formes de PPP. Enfin, toujours concernant l'Unité de Partenariat public-privé, on pourrait ajouter la mission *« d'examiner la conformité du projet de partenariat au regard des politiques de l'État en matière d'aménagement du territoire, de développement économique, des normes environnementales et sociales »*[579].

Le PPP constitue un instrument de préfinancement des investissements publics par le privé. Le financement peut relever en partie ou en totalité du privé. Celui-ci est chargé à la fin des investissements de la gestion des infrastructures. Il est remboursé avec les revenus générés sur une période généralement allant de 15 à 30 ans (mais la loi malienne ne fixe pas de limite à la durée) par l'exploitation des infrastructures. C'est un mécanisme d'appui au processus de décentralisation à travers la réalisation de projets par les collectivités territoriales en qualité de maître d'ouvrage.

Paragraphe 2 : Le financement des infrastructures du développement

Aussi bien au Mali que sur le reste du continent africain, la croissance et les opportunités dans les secteurs porteurs se heurtent au problème de l'accès insuffisant au capital. Pourtant, ces secteurs emploient plus de la moitié de la population malienne et contribuent subséquemment au PIB du Mali. Au Mali, le secteur primaire contribue au PIB pour plus de 35 %. De plus en plus et à travers la planète, les demandes en termes d'infrastructures publiques (routes, ponts, écoles, hôpitaux, etc.) augmentent, alors que les ressources financières sont de plus en plus limitées. Plusieurs gouvernements de par le monde sont contraints de chercher des modes de financement et d'exécution des projets qui soient innovateurs et performants.

Il est généralement reconnu qu'il n'y a aucun acteur qui puisse remplacer le Gouvernement en ce qui concerne la prise en compte des intérêts de la collectivité et dans la conduite d'une politique publique saine. Toutefois, lorsqu'il s'agit de la performance, de la recherche d'un financement aux conditions avantageuses ou de la gestion efficace des projets, c'est le secteur privé qui est souvent le mieux placé. C'est dans cette optique que les gouvernements ont de plus en plus recours au secteur

[579] Art. 2 du Décret n° 2017-0050/PM-RM du 09 février 2017 portant création de l'Unité de Partenariat public-privé.

privé afin de bénéficier de son expertise dans le cadre de la réalisation de projets publics d'infrastructures[580].

L'un des domaines les plus anciens faisant l'objet de partenariat entre l'État et le secteur privé se trouve dans le domaine forestier (forêt, faune, pêche, habitat, tourisme…). Dans le cas de la chasse, le PPP existait depuis l'époque coloniale (1955). À l'indépendance, l'État socialiste a pris le monopole de tout le domaine forestier. Il a fallu attendre 1995 pour que des textes spécifiques introduisent à nouveau l'intervention du secteur privé sous l'autorisation et le contrôle de l'État et des collectivités territoriales. Les exemples les plus connus depuis cette date sont : la concession du droit de chasse dans le cercle de Ménaka, conclue avec un opérateur privé (prince arabe) ; le Complexe Bougouni-Yanfolila, une concession de droit de visite (tourisme de vision), conclue avec AID SA ; la concession de droit de visite et d'exploitation avec la société TAM S.A. Toutes ces concessions sont des contrats négociés directement par le partenaire privé sans appel à la concurrence.

[580] B. F. BALLO et *al.*, Partenariat public-privé et le développement durable au Mali, rapport national sur le développement humain, édition 2018, Observatoire du Développement Humain Durable et de la Lutte Contre la Pauvreté, p. 35.

Tableau I : Répartition des marchés publics passés de 2015 à 2016 par mode de passation

Mode de passation	**2015**				**2016**			
	Nombre de marchés	%	**Montant (en FCFA)**	%	**Nombre de marchés**	%	**Montant (en FCFA)**	%
Appel d'offres ouvert	1399	91,5	423 045 959 756	88	1492	91,7	626 698 597 816	90,03
Appel d'offres restreint	30	1,96	19 569 664 789	4,07	50	3,07	32 524 471 198	3,93
Entente directe	100	6,54	38 118 420 632	7,93	85	5,22	36 872 196 656	6,04
Total	**1529**	**100**	**480 734 045 177**	**100**	**1627**	**100**	**696 095 265 670**	**100**

Source : Rapport DGMP 2016

Tableau II : Statistiques des marchés par nature de marché de 2015 à 2016[581]

Nature de Marché	**2015**				**2016**			
	Nombre de marchés	%	**Montant**	%	**Nombre de marchés**	%	**Montant**	%
Fourniture	853	55,79	169 926 778 277	35,35	866	53,23	208 890 686 695	30,01
Travaux	421	27,53	253 596 361 310	52,75	505	31 ,04	370 131 693 526	53,17
Prestation	255	16,68	57 210 905 590	11,9	256	15,73	117 072 885 449	16,82
Total	**1529**	**100**	**480 734 045 177**	**100**	**1627**	**100**	**696 095 265 670**	**100**

581 *Ibid.*, p. 45.

Les infrastructures démontrent la capacité de maillage du territoire et d'influence. Dans le double contexte de mondialisation et de crise économique, les infrastructures représentent pour les États un défi de financement et une opportunité de relance de l'activité économique et de la croissance. Face à la rareté des deniers publics, le financement des infrastructures apparaît comme un fardeau, voire une gageure. Le financement des infrastructures pèse lourd dans les comptes publics, car elles sont majoritairement déficitaires. Et leurs coûts de fonctionnement et de modernisation ne peuvent plus être honorés par les collectivités. L'ouverture du capital de ces actifs est une solution qui permet aux entités locales d'assurer leur pérennité fonctionnelle et financière en les confiant à des investisseurs privés engagés et responsables. Pour les collectivités décentralisées, cela représente le double avantage de soulager les finances publiques locales, tout en conservant le contrôle des orientations stratégiques pour répondre aux besoins de l'aménagement du territoire[582].

Entre « services marchands » et « services non marchands », on identifie des équipements, publics par tradition, qui ont une fonction économique, dont l'utilisation n'est pas réservée à une catégorie définie de bénéficiaires. Ce qui pourrait sans doute être des équipements privés (et il y en a) mais qui font partie de l'équipement de base d'une ville dans la compétition entre des villes sur un hinterland plus ou moins commun : ce sont les marchés, gares routières, abattoirs. Leur réalisation est souvent un investissement de la collectivité, financé par le budget, et les emplacements sont loués aux marchands, transporteurs et autres bouchers. La gestion budgétaire de tels équipements - qui collecte d'un côté les taxes d'occupation et de l'autre fait les dépenses de maintenance - ne rapproche pas ces dépenses et recettes d'un équipement particulier et ne permet donc pas de s'assurer de l'équilibre et de la « rentabilité » de l'investissement, bien qu'il existe des instruments de comptabilité à cet effet.

Une gestion administrée ne permet pas non plus de mobiliser au mieux les intéressés à la définition des besoins et à la maintenance d'un marché, d'une gare routière ou d'un abattoir. On expérimente la gestion par un gérant professionnel, au même titre que la gestion des réseaux marchands. Des expériences sont également en cours, ici et là, pour mettre en place une « gestion paritaire » de ces investissements. Dans

582 *Ibid.*

cette gestion, la commune en reste le propriétaire, mais elle passe une convention avec un groupement de professionnels utilisant l'équipement considéré. En effet, au terme de laquelle ledit groupement perçoit les redevances d'occupation de ses membres avec lesquelles il rémunère la commune pour l'utilisation de l'équipement. Ainsi, il assure l'entretien et l'exploitation courante (ouverture, fermeture, nettoyage, éclairage, évacuation des déchets liquides et solides, le cas échéant)[583].

Cette gestion paritaire peut être considérée comme une forme de partenariat public privé. Une telle conception de la relation entre secteur public et secteur privé pour la gestion des équipements publics peut être étendue. Les écoles en sont un exemple : la crise a, presque partout, réduit sévèrement les capacités des États à répondre aux besoins scolaires et on a vu « *l'école privée* » se développer rapidement, sous de multiples formes : écoles confessionnelles, établissements laïques en réseaux, associations de maîtres. Mais l'école privée n'est pas seulement une réponse à la crise ; elle existait avant la crise et elle existe dans de nombreux pays. La réduction des moyens de l'État n'a fait qu'en élargir le champ, face à la demande. Une pratique était même courante : celle des parents d'élèves qui se cotisent pour financer la construction d'une école de quartier avec l'espoir que l'État assurera l'enseignement, c'est-à-dire la mise en place et la rémunération des maîtres, et que la collectivité locale prendra en charge le fonctionnement courant.

Dans le domaine de la santé, des associations ont vu le jour pour assurer le fonctionnement de centres de soins primaires (dispensaires) en revendant des médicaments obtenus de la solidarité internationale. La voirie tertiaire, celle qui, dans le langage des techniciens, assure la desserte terminale des logements et autres locaux, peut aussi, moyennant des dispositions écartant la circulation de transit et limitant le nombre des parcelles desservies, faire l'objet d'une gestion communautaire à la charge des intéressés, les « riverains » : la « *voie privée* » est une institution ancienne ! La « *pré-collecte* » des ordures ménagères relève d'un principal analogue.

Il faut même aborder sans complexe le sujet de la contribution en nature (travail et transport de matériaux...), en dépit des dérives

---

[583] Financement de la Décentralisation et du développement local, Document de travail, 22 juin 2001, p. 15.

auxquelles cette forme de contribution a donné lieu : tous les membres d'une communauté doivent participer à l'effort de construction et d'entretien des biens collectifs. Or, dans une ville où une grande proportion des ménages vit sous le seuil de pauvreté, il est difficile, politiquement et humainement, d'exiger d'eux de contribuer par l'impôt. La tentation est grande de les exonérer de toute contribution ; l'autre solution, dont on connaît les suites, étant de leur interdire l'accès dans la ville. Si ces ménages manquent de numéraire, ils ne manquent pas forcément de temps et la possibilité doit en tout cas leur être donnée de participer par leur travail à la maintenance, sinon à la construction de leur ville : c'est une nécessité économique mais c'est aussi une nécessité sociale, dans la mesure où elle conditionne l'appropriation et le respect du bien public[584].

Sur un tout autre registre, des formules de réalisation d'ouvrages publics importants offrent l'exemple d'un partenariat différent. La construction et l'exploitation de l'ouvrage pendant une durée donnée, d'autant plus longue que l'investissement est durable, sont confiés par contrat à un groupe privé qui en assure le financement, total ou partiel, lequel est remboursé par la perception d'une taxe d'utilisation, arrêtée entre les parties dans le cadre de la négociation du contrat. Cette formule s'applique plus particulièrement à la réalisation d'autoroutes et de ponts à péages, mais rien ne s'oppose à ce qu'elle soit utilisée pour un marché, une gare routière ou un abattoir. Le cadre juridique de telles opérations a fait de grands progrès ces dernières années, à l'occasion de la réalisation de grands ouvrages : il faut assurer une saine concurrence entre les opérateurs intéressés et négocier tous les paramètres du projet à la fois (définition de l'ouvrage, conception technique, coûts de réalisation, conditions de financement et conditions d'exploitation...). Cela suppose évidemment une solide capacité professionnelle de la part de la collectivité concédante.

Le financement de l'urbanisation est un service public, dès lors qu'il répond aux besoins d'une part importante de la communauté, mais que cela n'implique pas que ce service soit financé par les recettes de l'impôt et des taxes et qu'il soit géré en régie directe par l'administration municipale (les services municipaux). On pourrait même, à la limite, convenir que la gestion directe est la solution qui s'impose quand toutes les autres ont échoué ! Est-ce que c'est un aveu

---

[584] *Ibid.*

d'incapacité de la collectivité publique à faire face à ses responsabilités ? Non. D'abord parce que faire faire et faire respecter un contrat est aussi difficile et même plus difficile que de le faire soi-même : la régie directe est souvent une solution de facilité. Ensuite parce que séparer la fonction de maître d'ouvrage (celui qui définit le besoin à satisfaire et bénéficie du service, en l'occurrence la collectivité locale représentée par ses élus) de la fonction de maître d'œuvre (celui qui réalise l'ouvrage ou rend le service) est une façon d'introduire une plus grande exigence dans la qualité et le coût des services rendus.

C'est un palliatif à l'insuffisance de l'aide : « Nous devons sortir de l'aide : pour ce faire, l'état doit se tourner vers d'autres types de ressources pour son développement. Avec la restriction de l'aide, tous les vides qu'elle a laissés doivent être comblés par les ressources internes. Pour cela, il faut identifier les besoins non satisfaits, les domaines où il existe un déficit important et orienter les ressources privées vers les secteurs productifs et ainsi permettre au secteur privé de créer de la richesse ».

Section 2 : PPP, un moyen de rationalisation des budgets locaux

Poser la question du financement privé du développement local est apparemment étrange. La notion de développement local est couramment interprétée comme l'obtention d'une croissance économique harmonieuse dans un espace territorial déterminé et, en tout cas, infra-étatique. De deux choses l'une : ou ce développement local est le fait de l'ensemble des agents économiques locaux, agissant de manière indistincte, et le financement ne peut être que privé. Mais il n'est pas le seul : la stratégie, la gestion, l'exploitation sont privées, au sens où elles sont celles d'un agent mis à égalité avec les autres. Le financement de ce développement met en œuvre une logique économique qui n'a rien de spécifique, ni dans ses buts (profit) ni dans ses méthodes (instruments économiques ou juridiques). Le développement local est d'une manière significative influencé par l'intervention d'un agent particulier, une collectivité locale, une personne de nature publique. Il s'agit alors, en quelque sorte, d'un développement local public, et dans ce cas, la *« tradition française »*, de satisfaction des besoins collectifs appelle habituellement un financement public, c'est-à-dire, directement ou non, un financement par l'impôt destiné à compenser la différence entre le coût de production et la contribution demandée au bénéficiaire[585].

Quelle est donc la cause principale d'une telle contradiction apparente des termes ? Si l'on s'en tient à une stricte logique du financement, elle se trouve dans une formule simple : *« le tarissement des modes traditionnels de financement public »*[586]. Il n'est guère envisageable, en effet, qu'un accroissement durable de la fiscalité permette dans les années à venir un financement massif du développement local[587].

Les questions de financement des entités publiques en Afrique revêtent une importance particulière depuis quelques années, ceci en raison du désengagement progressif de l'État des secteurs productifs de l'économie. Ce désengagement s'inscrit dans un mouvement général de rationalisation et de transparence en matière de gestion des finances publiques. Ce qui se traduit, pour les dirigeants, par l'application effective des principes de la bonne gouvernance.

Il ne s'agit pas de relayer des critiques spontanées, politiques, ou catégorielles, mais, en partant de la justification des PPP par la promesse d'être intrinsèquement de meilleurs outils de commande publique, et donc des vecteurs d'amélioration de la performance de la gestion publique (paragraphe 1). Ce qui permet de conduire à un développement local intégré (paragraphe 2).

Paragraphe 1 : PPP vecteurs d'amélioration de la performance de la gestion publique

Les atouts des PPP comme mode de commande publique performant sont inscrits dans leurs définitions et caractéristiques mêmes, qui organisent des modalités de gouvernance et de surveillance, combinées à une procédure concurrentielle. Cette promesse intermédiaire *qualitative*, « *organisationnelle* » d'amélioration du processus de commande publique et de la gestion de projet, est porteuse d'une promesse finale d'amélioration économique, *mesurable*, de la commande publique.

---

585 J. G. GUGLIELMI, *« Le financement privé du développement local »*, p. 02.

586 G. TERNY et R. PRUD'HOMME, « *Le financement des équipements collectifs : bilan et perspectives* », *Le financement des équipements publics de demain*, Economica, 1986, p. 26 et pp. 28-33.

587 A. GUENGANT et J-M. UHALDEBORDE, *Crise et réforme des finances locales*, PUFGRAL, 1989, pp. 81-146.

Délimiter les PPP apparaît utile pour trois raisons. D'abord, il n'existe pas réellement de définition universelle, économique, des PPP. Deuxièmement, cette absence de définition entretient la confusion au sein d'un continuum qui va des PPP de type *sold to the private sector* (en France, les contrats de partenariat et formes associées) aux PPP de type *financially freestanding* (en France, les concessions et éventuellement d'autres formes de DSP). Or, pour être rigoureuse, l'analyse critique doit être ciblée sur un objet précis. Enfin, cette définition même est porteuse de certains des mécanismes assurant l'efficacité économique qui est précisément en question[588].

Contrats globaux : les PPP délèguent à un même prestataire privé une mission globale de conception, construction et entretien maintenance, voire une partie de l'exploitation, et fusionnent de fait une partie de la maîtrise d'ouvrage et de la maîtrise d'œuvre. Cette innovation juridique et organisationnelle démarque nettement les PPP des principes d'organisation de la commande publique dans le cadre plus classique ;

- *Contrats à paiement public :* la seconde innovation réside dans la rémunération du prestataire par un paiement public, sous forme de loyers, en contrepartie de la mise à disposition de bâtiments, infrastructures ou équipements de service public. Une partie de ce paiement est soumise à des objectifs de performance à atteindre, définis en volume, en quantité et en niveau de qualité et qui se traduisent notamment par des obligations de disponibilité de services. Ce mode de rémunération démarque les PPP/CPA de la concession et de la délégation de service public et redéfinit le périmètre des risques ;
- *contrats de long terme à pré-financement privé :* la troisième innovation est de nature financière puisque les CPA consacrent l'ouverture des contrats publics à l'autorisation de paiements étalés sur une longue période, elle-même adaptée à la durée d'amortissement des investissements mobilisés pour assurer un préfinancement par le secteur privé.

En proposant ainsi une forme substitutive à la commande publique classique, et complétant dans certains cas les concessions, les PPP répondent à une double justification économique :

---

[588] E. CAMPAGNAC et G. DEFFONTAINE, « *Une analyse socio-économique critique des PPP* », Revue d'économie industrielle, 4e trimestre 2012, pp. 45-79.

- apporter des fonds en période de contrainte budgétaire – argumentation déjà présente au début des années 2000 ;
- moderniser la commande publique en introduisant de nouveaux mécanismes de gouvernance inscrits dans les montages contractuels et financiers.

La personne publique, une fois ses attentes et ses besoins exprimés dans un programme fonctionnel, est censée bénéficier d'un choix plus ouvert de solutions grâce à la liberté de proposition et aux capacités d'innovation des prestataires privés[589]. En retour, son nouveau statut de *« client »* l'inciterait à plus d'attention et légitimerait son plus grand intérêt pour la qualité du service et de l'exploitation, participant à la garantie de durabilité du bien, à la préservation de sa valeur patrimoniale et à l'accroissement de la qualité des services.

Le PPP assure un mécanisme de gouvernance à long terme des projets, par le rôle des intervenants financiers. Les intervenants financiers veilleront donc particulièrement à l'optimisation du partage des risques, non seulement entre public et privé (pour éviter le transfert de risques non maîtrisables par le privé et appelant donc à de très coûteuses solutions d'assurance), mais aussi au sein des consortiums veillant tout particulièrement à la répartition efficace des risques et responsabilités sur les partenaires les plus à même de les assumer (en fonction de leurs positions, ressources et compétences respectives).

En articulant rationalisation de la gestion de projet, procédures concurrentielles mettant en compétition des offres globales intégrées, et dispositifs de gouvernance par le contrat global incitatif, dispositifs eux-mêmes contrôlés à long terme par les mécanismes du financement de projet, les PPP sont donc porteurs de promesses organisationnelles, qualitatives, « *intermédiaires* », dont est censé découler le respect de résultats quantitatifs finaux (coûts, délais, qualité de l'entretien et du service…).

À construction *ex ante* de modèles en coûts complets sur le cycle de vie d'un projet, pour comparer à une gestion publique, la passation d'un PPP est indéniablement porteuse d'avancées en termes de rationalisation des choix budgétaires.

---

589 On prête à ces derniers l'avantage de disposer de ressources plus adaptées et de retours d'expériences plus riches et plus variés que ceux dont peut disposer la personne publique.

Nous nous attacherons simplement ici à la question de savoir si le contrat de partenariat permet d'inscrire la rationalisation de la commande publique et de la gestion de projet – envisagée simplement ici sous l'angle de la définition partagée de la qualité des biens et des services – dans une relation partenariale sur le long terme. En d'autres termes, nous nous contenterons de quelques remarques sur la capacité des mécanismes de gouvernance instaurés par le contrat de partenariat à garantir cette promesse intermédiaire[590]. Dans la phase pré-contractuelle, c'est l'incertitude qui domine et qui se trouve renforcée par le changement des règles du jeu. La personne publique, si elle n'est pas entourée d'assistants à personne publique expérimentés, éprouve une grande difficulté à exprimer sa demande technique et fonctionnelle en termes d'objectifs et de performances à atteindre.

La complexité et l'hétérogénéité des critères à prendre en compte rendent difficile la comparabilité des offres. Elles répondent à des logiques juridiques, comptables et financières qui ne sont pas nécessairement celles qu'utilise la personne publique. Si elles lui ouvrent potentiellement de nouveaux champs de connaissances, elles cristallisent aussi des logiques et des modes de raisonnement qui lui sont étrangers[591].

La capacité de l'équipe réunie sous l'égide de la maîtrise d'ouvrage privée à apporter une réponse globale financière, fonctionnelle, technique et architecturale qui satisfasse à la pluralité des objectifs de la personne publique et du partenaire privé. Les autres ont trait à la capacité de la maîtrise d'ouvrage privée à fonctionner en coût global.

Cela ne signifie pas pour autant que ce travail collectif débouche nécessairement sur des solutions innovantes en coût global, celles-ci demandant en général un investissement initial plus important compensé par une perspective de diminution des coûts d'exploitation sur le long terme. Sur deux études de cas britanniques le *King's College London* et le *University College London Hospitals NHS Trust*, l'auteur (Rintala, 2005) observait que certains principes contractuels des PPP et la configuration des acteurs tendent à freiner la mise en œuvre de solutions qui optimisent le coût global d'un projet, et que dans les deux

[590] L'analyse de la rationalisation de la commande publique, par le biais les CPA, demeure cependant incomplète si on ne l'inscrit pas aussi dans l'instrumentation de l'action publique accompagnant la diffusion de ces nouveaux contrats.
[591] DEFFONTAINES, 2012.

cas observés, l'entreprise de construction influençait les décisions d'investissement. Le maintien de la séparation des logiques métiers, la faible association de l'exploitation et des services à la conception, l'hétérogénéité des logiques d'acteurs notamment autour du dilemme coûts d'investissement/coût d'exploitation, viennent ainsi démentir l'automaticité du fonctionnement en coût global dans un contrat qui se veut optimal.

En particulier lorsque les marchés de capitaux sont sous-développés, ou perturbés, la disponibilité d'un financement à long terme peut s'avérer limitée. Par conséquent, les autorités locales peuvent choisir de fournir un financement selon des conditions qui seraient inaccessibles. Les collectivités territoriales ont souvent accès à un financement accordé selon des conditions favorables, leur permettant de faire baisser le coût des projets liés à l'infrastructure. Ceci peut aussi faire partie d'une politique plus large impliquant des institutions financières publiques pour accorder des prêts à long terme à des fins de développement.

Dans le cadre de PPP de type « *usager payeur* », comme les routes à péage, l'entité privée fournit un service aux usagers et produit des recettes en leur imposant des redevances pour le service en question. Ces frais (ou tarifs, ou péages) peuvent être complétés par des subventions versées par le gouvernement. Celles-ci peuvent être axées sur la performance (par exemple, subordonnées à un niveau de qualité donné) ou sur les résultats (par exemple, en fonction des paiements par l'usager).

Le modèle d'escompte est une structure financière parfois utilisée pour réduire le coût du financement des PPP, dans le cadre de projets de type *« gouvernement payeur »*. En vertu de ce modèle, une fois la construction terminée de manière satisfaisante, le gouvernement délivre un engagement irrévocable de paiement d'une partie des frais du contrat à la société de projet, un montant en principe suffisant pour couvrir le service de la dette. Ceci permet éventuellement de réduire les coûts de financement du projet. Cependant, ce modèle signifie aussi que le gouvernement conserve un risque plus élevé dans le cadre du PPP, et les paiements de service de la dette n'étant plus subordonnés à la performance, les bailleurs de fonds sont moins motivés à garantir la performance du projet durant la phase d'exploitation. Le modèle d'escompte a été largement utilisé en Allemagne pour des projets de petite taille, municipaux pour la plupart, où plus d'une moitié des PPP mis en œuvre entre 2002 et 2006 ont utilisé cette structure[592].

Un déficit d'infrastructures constitue une entrave à la croissance partout dans le monde et, tout particulièrement, dans les pays en développement. Les services liés à l'infrastructure sont souvent déficients et ne permettent pas de répondre à la demande, entraînant une congestion ou un rationnement du service. Les services liés à l'infrastructure sont souvent de faible qualité et peu fiables, tandis que de nombreux endroits ne sont tout simplement pas desservis.

Cette mauvaise performance de l'infrastructure reflète les défis omniprésents auxquels les gouvernements se trouvent confrontés. Tout d'abord, la plupart des pays ne dépensent pas suffisamment afin de fournir l'infrastructure nécessaire. Deuxièmement, les ressources limitées peuvent être consacrées aux mauvais projets, en raison d'une planification et d'une coordination laissant à désirer, d'une analyse insuffisante lors de la sélection des projets, de la poursuite d'objectifs partisans, et de la corruption. Par ailleurs, la prestation de biens et services liés à l'infrastructure est souvent décevante, la construction de nouveaux actifs coûte plus cher et est plus longue que prévu, et la prestation du service laisse à désirer. Finalement, les actifs liés à l'infrastructure sont souvent mal entretenus, ce qui a pour effet d'augmenter les coûts et de réduire les profits.

Lorsque les circonstances sont favorables, les PPP peuvent permettre de mobiliser des sources supplémentaires de financement pour l'infrastructure. En testant diverses hypothèses permettant de susciter l'intérêt du secteur privé, les PPP peuvent, dans une certaine mesure, contribuer à l'amélioration de la sélection du projet. L'expérience de pays bénéficiant de longs antécédents dans le domaine des PPP révèle que l'inscription dans le long terme de ces derniers permet de mieux gérer les projets de construction que les contrats traditionnels de passation de marché. Les projets étant plus souvent réalisés dans les temps et en respect des limites budgétaires, du fait de mesures incitatives définies dans le cadre du contrat de PPP. Finalement, les perspectives d'investissement à plus long terme contenues dans les

[592] Guide de référence des PPP, version 2.0, World Bank Group, PPIAF, p. 22.

contrats de PPP peuvent aussi aider à favoriser une maintenance appropriée pour maintenir les actifs en bon état de fonctionnement[593].

Les mécanismes par lesquels un PPP contribue à l'amélioration de la réalisation de l'infrastructure sont souvent désignés par l'expression « *créateurs de valeur* ». En d'autres termes, de quelle façon le recours à des PPP dans le domaine de l'infrastructure permet-il d'optimiser les ressources ?

Les autorités publiques font souvent face à une insuffisance de leurs ressources budgétaires pour financer des infrastructures et services de base ; ainsi qu'à un accès difficile sur le marché financier pour lever des fonds. Ainsi, le recours aux PPP leur facilite le développement des investissements. Cela permet ainsi un meilleur contrôle des dépenses publiques et une réaffectation budgétaire vers des dépenses sociales non susceptibles d'être financées sous une forme partenariale.

Paragraphe 2 : Pour un développement local intégré

La réalité du développement local montre une panoplie d'approches analytiques, stratégiques et politiques. Le développement local émerge, également de la diversité, par exemple, des expériences, des approches politiques et des stratégies des acteurs. Paradoxalement, cette complexité des expériences n'a pas empêché qu'au niveau des analyses – souvent plus liées aux grands débats théoriques et idéologiques - on parvienne à distinguer facilement des alternatives aux modèles orthodoxes de développement[594]. De nos recherches émergent à la fois des éléments encourageants et décourageants pour l'avenir des stratégies alternatives de développement[595].

Le recours au financement privé n'est en général conçu que comme un stratagème ou un avatar dans la réalisation d'une opération

---

[593] *Ibid.*, p. 39.

[594] Dans la pratique, on trouve une combinaison impressionnante de principes orthodoxes de développement (croissance économique pure, projets de planification à grande échelle, dérégulation des marchés immobiliers et du marché du travail) et de principes alternatifs (satisfaction des besoins essentiels, démocratie directe pour les citoyens et les groupes de citoyens exclus, application de principes d'autogestion et d'autoproduction), ainsi que de principes appartenant à différentes traditions de planification urbaine (aménagement du territoire, planification stratégique, planification intégrée)

[595] F. MOULAERT et al., *« Le développement territorial intégré : le rôle des rapports sociaux »*, 2000, p. 6.

déterminée par une volonté politique[596]. Les gouvernements locaux, en tant qu'organes de prise de décision proches des populations, sont capables de mieux définir les besoins des populations et d'entamer des actions de développement qui aient le plus d'impact sur les vies des gens. Le lien entre le niveau local et national devient ainsi stratégique dans la promotion de la gouvernance locale démocratique et du développement local.

Les PPP sont des modes de collaboration que mettent en place les autorités publiques avec des entreprises privées pour atteindre un objectif commun. Ils sont particulièrement importants et déterminants pour le développement local. Le pouvoir public n'est plus le seul acteur du développement économique et social, mais les PME, le secteur associatif et tout simplement les habitants d'un territoire en sont des parties prenantes. Les collaborations sont l'expertise, au service et aux finances.

Le développement local doit s'inscrire dans un plan stratégique, basé sur une étude préalable. Ceci est une évidence. Ce plan stratégique (PDSEC) est détaillé dans le projet de commune, voté à l'unanimité par le conseil communal. Concrètement, il se traduit par une démarche méthodologique qui nécessite la mobilisation et l'implication de l'ensemble des acteurs compétents et concernés, y compris ceux de la société civile (citoyens, entreprises, associations, etc.).

Une bonne planification et une coordination sectorielle ou intersectorielle sont nécessaires afin d'assurer que les « *meilleurs* » projets soient sélectionnés, pour permettre un développement régional intégré et offrir aux usagers les services qu'ils désirent. En l'absence d'une planification solide, les pouvoirs adjudicateurs responsables ne bénéficieront pas d'une perspective complète des éventuels projets pouvant être mis en œuvre, et ne connaîtront pas l'ordre dans lequel il convient d'exécuter ces projets afin d'optimiser les ressources.

Lorsque les conditions le permettent, les PPP peuvent contribuer à l'amélioration de la sélection d'un projet lié à l'infrastructure, en s'appuyant sur la capacité d'analyse et les idées des investisseurs du secteur privé, dont les résultats financiers dépendent de l'exactitude des prévisions en matière de coûts et de revenus. Les investisseurs et les

[596] Cela explique que la notion de financement privé soit surtout apparue à l'occasion de problèmes de technique fiscale, Cf. Le GALL (J.-P.), « *La fiscalité du financement privé des équipements collectifs* », *Al 1990.3.*

bailleurs de fonds du secteur privé entreprennent leur propre analyse du projet en fonction de leur expérience et de mesures incitatives solides axées sur les profits pour évaluer avec soin les bénéfices ainsi que les coûts. Le secteur privé fait preuve de plus d'efficience et d'efficacité en termes de gestion des projets de construction dans le secteur de l'infrastructure et de prestation du service une fois les actifs en place. Telle est la raison fréquemment invoquée pour expliquer la participation du secteur privé dans le domaine de la réalisation des infrastructures.

Dans le cadre de la majorité des contrats de PPP, l'entité privée est une société chargée tout spécialement du projet, formée uniquement à cette fin, souvent appelée entité *ad hoc*. La société de projet lève les fonds nécessaires au moyen d'une combinaison de fonds propres, fournis par ses actionnaires et d'emprunts accordés par les banques ou de dette financée par l'intermédiaire d'obligations ou autres instruments financiers. La structure de financement correspond au panachage de fonds propres et de recours à la dette de même qu'aux relations contractuelles existant entre les actionnaires et les bailleurs de fonds.

Les projets de PPP *consensuels* s'inscrivent davantage dans une optique de développement, où les partenaires publics et privés travaillent ensemble à des solutions communes tout en répondant également à des intérêts spécifiques. Une structure plus souple et des conditions moins formelles permettent d'adapter le projet aux modifications inhérentes au développement.

Le modèle de contrat PPP est diversement apprécié. Il est à la fois décrié comme une source d'exploitation par le privé, une bombe à retardement, une nouvelle forme d'exploitation tout comme une alternative pour rattraper les retards d'investissements.

La prise de dispositions[597] est nécessaire pour restaurer et entretenir la confiance sur la gouvernance de projet PPP. L'intérêt de faire participer les organisations de la société civile est unanime.

Les OSC n'ont pas toujours un interlocuteur unique et consensuel. Leur implication au niveau du suivi de la réalisation des investissements

[597] Identification participative du projet, mise en place d'un mécanisme de concertation et de validation du choix du projet avec les communautés destinataires de l'investissement, informations et communications sur le projet, désignation d'un représentant des communautés-cibles du projet et tenue de rencontres périodiques de suivis-bilans-concertations sur le projet.

et de la gestion est possible, quel que soit leur niveau de représentativité[598].

L'expérience de l'approche PPP, bien qu'ancienne, connaît peu de cas de réussite locale. Il est important que les autorités s'inspirent des leçons tirées d'autres acteurs sur l'approche pour s'améliorer et être plus efficaces. Dans ce sens, c'est une des conditions à respecter pour devenir meilleur. Les échanges d'expériences sont essentiels pour améliorer la prise en compte des moindres détails utiles sur le plan contractuel, la gestion des risques lors des renégociations afin de ne plus commettre les mêmes erreurs.

Le développement est en effet une des tâches des secteurs tant publics que privés. Tous doivent être engagés dans la lutte pour éradiquer la pauvreté, conformément aux Objectifs du millénaire. Toutefois, les nouvelles alliances que constituent les PPP doivent obéir à toute une série de conditions si elles veulent contribuer à la réalisation de ces objectifs. La mise en œuvre de projets impliquant des partenaires dont les motivations ou les intérêts divergents nécessite des dialogues et des régulations. Des organes de régulation, dont les formes et les pratiques varient d'un PPP à l'autre, apparaissent comme indispensables notamment pour concilier des intérêts souvent divergents et défendus par des acteurs forts hétérogènes. Cette régulation doit permettre de contribuer à améliorer les perspectives de développement dans un intérêt collectif. L'article de *Mahaman Tidjani Alou*[599] offre à cet égard une illustration éclairante des difficultés qui peuvent surgir dans ce type d'exercice.

Les partenariats impliquant divers acteurs sont *« multisectoriels »* et doivent donc intégrer des motivations diverses, voire contradictoires. Ainsi est posée la question du rôle de la société civile, des usagers des services susceptibles de faire l'objet de PPP. Dans une dynamique de développement visant à sortir les populations les plus faibles de la pauvreté, il est essentiel que les concernés aient leur mot à dire. Ce sont eux qui disposent des solutions les plus adéquates. Une telle participation nécessite toutefois, elle aussi, des règles précises. Cette piste suggère que les PPP, pour qu'ils deviennent utiles au

---

598 J-P. SALAMBERE, précité.

599 M. T. ALOU, *« Le partenariat public-privé dans le secteur de l'eau au Niger : autopsie d'une réforme »*, Annuaire Suisse de politique de développement, n°24/2, 2005, pp. 161-177.

développement, soient conçus non comme un partenariat entre deux acteurs, États et entreprises, mais comme un partenariat entre trois acteurs, incluant, à côté des deux premiers, les usagers.

La question du choix du financement est liée à un phénomène de grande ampleur qui affecte le mode de réaction actuel des personnes publiques. Les formes d'intervention publique sur le développement local ont profondément changé depuis la décentralisation de 1982, en raison aussi bien des possibilités offertes par son cadre juridique que des nécessités d'adaptation aux fluctuations économiques' totalement inconnues en France jusqu'alors[600]. La *« privatisation locale »*[601], au-delà de son aspect conjoncturel, traduit un changement de mentalité dans l'action des collectivités territoriales : l'organisation même de la structure publique est devenue une variable ; elle devient adaptable aux objectifs politiques[602].

Les dynamiques institutionnelles devraient enrichir durablement la démocratie locale, les relations avec les autorités locales et avec les autres partenaires publics et privés externes à la localité, mais participant au développement local. La communauté locale pourrait par cette voie à nouveau prendre possession de sa propre gouvernance et, dès lors, placer ses propres mouvements au centre du processus de renaissance.

Si le PPP est un moyen pour rationaliser les dépenses des collectivités territoriales en se faisant accompagner par divers acteurs, les mêmes collectivités disposent déjà des moyens qu'elles peuvent consolider.

---

[600] Est-il besoin de justifier que les entreprises et collectivités publiques des États-Unis sont plus familières des cycles économiques alternant croissance et récession (1982 ; 1991) que leurs homologues françaises, lorsque la simple diminution du PIB de 0,8 % sur la seule année 1993 fut considérée dans notre pays comme une dépression gravissime et un drame national, après dix-huit années d'une croissance toujours positive ?

[601] D. BROUSSOLLE, *« Les privatisations locales »*, AIDA 1993, p. 323, où l'auteur remarque que la plupart des opérations ainsi qualifiées par lui, qui devraient être encadrées par l'article 34 de la Constitution, passent étrangement au travers du filtre : *« Alors que s'offre une gradation continue de modes d'appropriation et de gestion, assujettir les exploitants de services locaux à la logique binaire de la partition constitutionnelle de l'économie entre secteur public et secteur privé est particulièrement cruel et difficile »*, soulignement par nos soins.

[602] J. GALBRAITH, *Organization design*, Addison-Wesley, 1977 ; cf. O. BADOT, *"De la quasi-intégration au réseau pensant : quarante ans de brèche dans le paradigme rationaliste de l'organisation"*, *Working Paper EAP*, Paris, sept. 1993.

CHAPITRE 2

LA CONSOLIDATION ET LA STIMULATION DES AUTRES MOYENS DE FINANCEMENT DES COLLECTIVITÉS TERRITORIALES

Dans ce sens, les montants actuels du fonds de dotation de la décentralisation et du fonds d'équipement des collectivités territoriales alloués aux entités décentralisées s'avèrent très insuffisants pour une couverture correcte de leurs dépenses de fonctionnement et le financement de leurs investissements.

Aussi, doit-on renforcer sensiblement les ressources provenant de ces deux fonds conformément aux recommandations des différentes études réalisées sur la question. Ces mutations pourraient être liées aux efforts de chaque collectivité territoriale, en matière de mobilisation des ressources internes et de rationalisation des dépenses de fonctionnement pour le compte de l'investissement. Dans le même ordre, des systèmes d'évaluation et de notation des collectivités territoriales doivent être institutionnalisés.

Les cadres législatif et réglementaire doivent également être réaménagés pour permettre aux collectivités territoriales d'accéder aux nouveaux instruments de financement de leurs infrastructures. Il s'agit des emprunts (classique ou obligataire) (section 2), des partenariats publics privés (PPP). Dans le même sens, le dispositif de la coopération décentralisée doit y être réadapté pour soutenir l'investissement dans les collectivités territoriales (section 1).

En outre, il y a lieu d'assainir le cadre budgétaire et financier des collectivités territoriales pour mutualiser les bonnes pratiques accumulées par l'État en matière de gestion financière afin d'ancrer la culture de transparence et de reddition des comptes au sein des entités locales.

Il est certain que, laissées à elles-mêmes, les collectivités territoriales ne parviendront jamais à prendre en charge le financement de l'ensemble de leurs activités programmées. Une réforme structurante des modes de financement de la décentralisation s'avère incontournable pour assurer aux collectivités territoriales des moyens suffisants pour agir dans le développement de leurs terroirs.

Section 1 : La coopération, un soutien au pouvoir financier

La notion de coopération décentralisée est nimbée d'un certain mystère. En dehors d'une dénomination peu évocatrice, elle est assez confuse en raison de l'association très contestable de concepts - coopération et décentralisation -, *a priori* connotés. Elle est, de surcroît, de plus en plus concurrencée, dans la mesure où la matière est ouverte au développement et au foisonnement sémantique (coopération transfrontalière, coopération interrégionale, coopération territoriale...) qui en trouble le contenu. C'est pourquoi le choix se portera ici sur une définition *lato sensu*. La coopération décentralisée désignera toute forme de relations, de collaboration ou d'actions entre les collectivités territoriales d'un État ou leurs groupements et des autorités locales étrangères[603].

Si la coopération décentralisée figure dans les textes officiels[604] du Mali, ni son contenu ni sa finalité n'y sont définis. Seuls ses acteurs sont désignés, à savoir les collectivités territoriales (ou un de leurs groupements) dans leur relation avec d'autres collectivités territoriales (ou un de leurs groupements). Elles peuvent faire appel au concours d'autres acteurs : associations de solidarité internationale, mais aussi d'éducation populaire, organismes d'insertion, entreprises, universités. Toutefois, la pleine responsabilité des choix et méthodes d'action appartient aux collectivités concernées.

Ces références, aussi importantes qu'elles soient, sont floues. L'inexistence d'un cadre politique précis ouvre des marges d'appréciation très larges aux acteurs de la coopération décentralisée pour définir l'objet de leur action. Selon le contenu qu'ils lui donnent et les objectifs qu'ils poursuivent, on peut identifier trois types d'approches de la coopération décentralisée. Pour certains, la coopération décentralisée est un moyen de « *rapprochement entre les hommes* », une « *école de solidarité* », « *un espace de rencontre interculturel* ».

La coopération décentralisée ouvre à des rapports de solidarité et à une meilleure connaissance mutuelle entre les hommes. Dans ce cas, les

[603] P. COMBEAU, *« coopération décentralisée »*, JurisClasseur Collectivités territoriales, fascicule n° 60, Date du fascicule : 25 octobre 2010, p. 03.

[604] La solidarité et la coopération entre collectivités territoriales maliennes et entre celles-ci et leurs homologues étrangères sont mises en œuvre conformément aux textes en vigueur, Art. 295 de la loi n° 2012-007 de février 2012 portant code des collectivités territoriales au Mali. Il n'y a aucune précision de cette loi par rapport à la coopération décentralisées.

collectivités territoriales interviennent surtout dans les domaines de « *l'aide solidarité* » (envoi d'objets en nature : livres, matériels médicaux, matériels de transport, etc.) et pour le financement de petites infrastructures (puits, écoles, centres de santé, etc.).

Leurs actions ne se distinguent pas des modes traditionnels d'appui au développement. Elles s'intéressent plus à l'équipement du dispensaire qu'à l'organisation du système local de santé, à la construction d'une école qu'à son insertion dans le contexte social, au coût direct des projets qu'à la mise en place de dispositifs pérennes de financement du développement local ; à la réalisation d'infrastructures plus qu'aux dispositifs et procédures de soutien aux innovations sociales. De ce point de vue, les collectivités territoriales reproduisent les mêmes pratiques et souvent les mêmes erreurs que beaucoup d'ONG à leur naissance.

D'autres agissent plus franchement sur le registre du développement communal, en appuyant la gestion de services urbains, la mise en place de zones artisanales, l'amélioration de la qualité des services de santé, l'enlèvement et le traitement des ordures ménagères, etc. Ce deuxième type d'approche inscrit l'appui des collectivités étrangères dans le contexte politique et institutionnel du pays de leur partenaire, dans la recherche de voies qui permettent de légitimer les nouvelles collectivités territoriales. Elles étendent parfois leur action en appuyant la mise en place de mutuelles de santé, de formations professionnelles, par une contribution financière à des fonds locaux de développement avec l'idée de favoriser les dynamiques de développement local[605].

Le financement de la coopération décentralisée est d'abord l'affaire du budget propre des collectivités territoriales. Confirmé par J. M. PASTOR, selon lui, la principale ressource de la coopération décentralisée provient des collectivités territoriales[606]. Classiquement, la notion de financement s'envisage sous l'angle des dépenses [607] et des ressources[608]. La dépense

---

[605] B. HUSSON, *« La coopération décentralisée, légitimer un espace public local au Sud et à l'Est »*, (Ciedel), Transverses n° 7, juillet 2007, p. 04.

[606] J. M. PASTOR, *« Le financement des projets de coopération décentralisée »*, AJ Collectivités territoriales, 2011, p.548.

[607] Art 250 de la loi n°2017-051 du 02 octobre 2017 portant code des collectivités territoriales dispose que les charges des collectivités territoriales comprennent les dépenses de fonctionnement et les dépenses d'investissement.

[608] Art. 248 de la loi n°2017-051 du 2 octobre 2017 portant code des collectivités territoriales dispose que les ressources des collectivités se comprennent :

-Des ressources fiscales qui comprennent les impôts d'État transférés aux collectivités territoriales, les impôts et taxes locaux directs et les impôts et locaux indirects ;

d'une collectivité territoriale emporte pour conséquence d'influer sur son champ de compétences c'est-à-dire de l'accroître ou de le réduire. Les dépenses publiques locales sont la manifestation financière de l'exercice des compétences des collectivités territoriales[609]. Les ressources propres des collectivités territoriales, qu'elles soient fiscales ou tarifaires, sont essentielles pour garantir l'autonomie financière des collectivités territoriales[610].

Les ressources affectées par les collectivités territoriales à leur coopération ont des assises variables. Elles prennent la forme, selon les cas, soit le versement d'une subvention annuelle au comité de jumelage, soit une somme forfaitaire par habitant ou un pourcentage de ses ressources sur le budget de fonctionnement ou d'investissement[611], soit la détermination d'un volume financier établi à partir des projets retenus, ou soit de frais généraux voire même des prestations en nature[612].

Les activités de la coopération décentralisée sont principalement le soutien technique et l'aide méthodologique (études et savoir-faire). Les moyens mis en œuvre prennent essentiellement la forme d'une mise à disposition de personnel, d'envoi d'équipement et de soutien financier, en fonction des capacités des collectivités territoriales (ressources humaines et financières). Les thèmes de la coopération varient selon les priorités sectorielles définies par les collectivités, en accord avec la politique internationale des États : développement rural, santé, éducation, promotion de la Démocratie locale et renforcement institutionnel, etc.

-Des produits par nature (les produits d'exploitation, les produits financiers, les revenus du domaine et les redevances).
-Des ressources budgétaires qui sont constituées des dotations et subventions spéciales de l'État aux collectivités territoriales ;
-Le produit des emprunts autorisés qui sont exclusivement destinés au financement des investissements ;
-Des dons et legs ;
-D'autres ressources notamment les subventions des partenaires.

609 A. TAILLEFAIT, *« Budgets locaux »*, Jurisclasseur, fasc.127-10, 2014, p.37-38.

610 *Ibid.*

611 Ministère des Affaires étrangères, DGCID, Guide de la coopération décentralisée, Échanges et perspectives et partenariats internationaux des collectivités territoriales, la documentation française, 2e édition, 2006, p.87

612 Rapport HUNAULT, la coopération décentralisée et le processus d'élargissement de l'Union européenne, Assemblée Nationale, cité par C. MONDOU et A. POTTEAU, L'action extérieure des collectivités territoriales, bilan et perspectives, Harmattan, Paris, 2007, p.161

La coopération décentralisée est un des éléments de la stratégie globale de renforcement des capacités des collectivités territoriales ; un levier qui conforte la décentralisation en cours au Mali[613].

« *La coopération décentralisée assouplit les contraintes administratives et financières propres à la coopération entre États et permet la flexibilité dans l'instruction des actions* »[614]. « *Dans son aboutissement, elle vise des objectifs ambitieux : contribuer à instaurer une notion de service public ; appuyer l'élaboration et la mise en œuvre de la politique locale. Soutenir le recouvrement des impôts locaux* »[615]. Les acteurs sont variés : les collectivités territoriales, les comités de jumelage, les autorités administratives, l'État malien, les programmes de développement et les ONG[616].

Ainsi, nous analyserons d'abord la part de la coopération bilatérale sur le développement local des collectivités territoriales maliennes (paragraphe 1) et, ensuite, l'importance de la coopération multilatérale comme un soutien indéfectible du développement local au Mali (paragraphe 2).

Paragraphe 1 : La coopération décentralisée, un soutien au pouvoir financier local

Derrière l'image d'un « *village planétaire* », souvent utilisée pour illustrer les interdépendances entre les territoires du monde, le phénomène de mondialisation devient porteur de charges idéologiques profondément contradictoires. Il recouvre, selon Michel Beaud, trois grands types de processus, révélant l'expansion à l'échelle mondiale des systèmes capitalistes les plus puissants. Il s'agit de l'internationalisation (des échanges du crédit, des paiements), la multinationalisation (des entreprises, des banques, des organismes financiers) et la globalisation (monétaire, financière, culturelle)[617]. La mondialisation est avant tout

---

613 MATCL, SCAC, Guide de la coopération décentralisée au Mali, p. 13. Disponible sur : www.coopdec-mali.org/joomla/images/stories/documents_AMM/guide_cooperation_décentralisee.pdf, consulté le 10/08/2018.

614 *Ibid.*, p. 16.

615 M. DIAWARA, B. HUSSON, Évaluation de la coopération décentralisée franco-malienne, DGCID, MAE, 2003, p. 10.

616 *Ibid.*, p. 19. Cité par B. LADISLAS NZE, Introduction aux finances des collectivités territoriales d'Afrique francophone (Bénin, Burkina Faso, Gabon, Mali, Sénégal), édition Publibook, 2014, p. 186.

617 M. BEAUD, Le basculement du monde, de la terre, des hommes et du capitalisme, Paris, Éditions la Découverte, 2000, p. 112.

marquée par la dépendance de plus en plus forte des sociétés vis-à-vis de l'économie. Si elle concerne principalement la carte des populations aux revenus et au pouvoir d'achat les plus importants, ses effets s'exercent sur les systèmes productifs et marchands locaux du monde entier. L'inscription dans une économie mondiale, l'émergence d'organisations et de pouvoirs supranationaux (organisations internationales, Union africaine, etc.) ou encore la multiplication des mobilités internationales, sont autant de facteurs liés à la mondialisation. Ils impactent l'action publique qui connaît ainsi un phénomène de déterritorialisation[618]. Les interdépendances entre les territoires du monde sont la première manifestation de cette mondialisation. Elles reposent sur l'idée selon laquelle « *toute ville du monde est reliée, d'une manière ou d'une autre, à toutes les autres villes* »[619].

Cette notion d'interdépendance des territoires est donc fréquemment utilisée pour exprimer une communauté de destins des pays, quelle que soit leur localisation géographique face à diverses crises : l'augmentation des inégalités et des exclusions sociales et économiques à l'intérieur des pays, entre eux et entre blocs continentaux, le réchauffement climatique, etc. Face à l'internationalisation de ces problématiques environnementales, urbaines, sociales, etc., G. BREGEOT et I. CHENEVEZ considèrent que la coopération entre les territoires à l'échelle mondiale s'impose comme « *une nécessité absolue* »[620].

La notion d'interdépendance est alimentée par l'idée, selon laquelle certains éléments appartiennent à un patrimoine commun à l'humanité et ne peuvent donc faire l'objet d'une appropriation privative de la part des États. L'existence des biens publics mondiaux tels que la paix, l'environnement, l'eau ou encore la santé publique est considérée comme bénéfique à tous les pays sans exclusion ni concurrence[621].

L'État et les élus locaux maliens s'accordent à considérer la coopération décentralisée comme un facteur et une modalité efficiente du

---

[618] F. LELOUP et al., *« La gouvernance territoriale comme nouveau mode de coordination territoriale ? »*, Géographie, économie, société, vol. 7, 2005, pp. 321-332.

[619] J-M. OFFNER et D. PUMAIN, 1996, p. 231.

[620] G. BREGEOT et I. CHENEVEZ, *« L'impact de la coopération décentralisée sur les territoires : ouvrir les communes, intercommunalités, pays, Départements et Régions à l'international »*, collection *« Réflexions »*, Cités Unies France, 2006, p. 68.

[621] M-C. SMOUTS, Dictionnaire des relations internationales 2003 ; citée par M. GOUNELLE, Le système politique des relations internationales, 2006, Collection Connaissance du droit, Dalloz-Sirey, p.72-73.

développement des dynamiques sociales, économiques et culturelles à l'échelle de territoires urbains autant que ruraux.

Au Mali, la coopération décentralisée recouvre un champ très vaste d'initiatives. Elle a connu une évolution historique remarquable, partant de simples amitiés pour évoluer vers des jumelages culturels, des jumelages-coopérations. Avec l'avènement des collectivités territoriales, elle a franchi une nouvelle étape avec le développement de conventions de partenariat entre régions, cercles, communes et institutions homologues étrangères de niveaux similaires.

Le Mali détient le record, parmi les pays d'Afrique subsaharienne, de partenariats de coopération avec des collectivités territoriales françaises. Aujourd'hui, on y compte 200 partenariats de coopération décentralisée actifs avec des collectivités territoriales étrangères dont 176 avec la France. La région de Kayes concentre le tiers des interventions. La politique de décentralisation, mise en place par les autorités maliennes, a conduit à une réorientation des objectifs des coopérations décentralisées dont les plus actives ou celles qui mobilisent les fonds les plus importants sont :

- Bamako – Angers ;
- Evry – Kayes ;
- Montreuil – Yélimané ;
- Sanankoroba – Sainte Elizabeth ;
- Région Nord-Pas-de Calais – Région de Kayes ;
- Région Ile-de France – Région de Kayes ;
- Maurepas – Mopti ;
- Département Ile-et-Vilaine – Région de Mopti ;
- Région Rhône-Alpes – Région de Tombouctou.

Les relations financières sont bien évidemment au cœur des relations entre les collectivités territoriales. Elles contribuent fortement à la motivation des collectivités maliennes pour la coopération décentralisée. Les collectivités étrangères n'en font pas le centre de leur coopération, elles leur accordent néanmoins une attention soutenue.

Selon que l'on prend en considération les contributions des collectivités étrangères ou l'ensemble des fonds mobilisés pour la coopération décentralisée, les montants mis en jeu sont extrêmement variables.

Les volumes financiers mobilisés par les *collectivités étrangères* sont identifiables, voire connus à partir des délibérations des assemblées, mais ces informations nécessitent d'être consolidées.

• Les dépenses de coopération des collectivités ne sont pas toutes inscrites sur le même budget[622].

Les volumes annuels engagés sont variables. Ils se décomposent souvent en deux parties : une part fixe comprenant une subvention régulièrement reconduite année après année, un pourcentage du budget de fonctionnement ou du budget d'investissement et une part variable en fonction du coût des actions engagées.

• Les engagements des collectivités étrangères sont également à consolider par les cofinancements apportés par les MAE (Ministère des Affaires étrangères). Exemple de financement : la ville de Rennes (France) vote chaque année un budget de coopération sous la forme d'une subvention à l'Association de Jumelage Coordination Rennes/Plateau Dogon, correspondant à 1/1 000 de son budget de fonctionnement. En plus de ce budget, la ville de Rennes accepte de prendre en charge des projets spécifiques lorsqu'ils engagent des montants importants.

Ainsi, la construction de la Maison du Partenariat à Bandiagara a fait l'objet de délibérations spéciales de la ville de Rennes

• en 1996 pour un montant de 53 179,10 €,

• en 1997 pour un montant de 15 244,90 €.

Par ailleurs, la Caisse des Dépôts et Consignations a ouvert une subvention de 24 045,55 € pour cette réalisation.

Le coût total s'élevant à 95 518,64 €, la ville de Rennes s'est engagée à prendre en charge le complément de financement pour un montant de 3 049,09 € à inscrire au budget de 2002 ou 2003.

Le chantier n'ayant pas encore été engagé en septembre 2002 (il devrait débuter en novembre), aucun versement n'a été effectué au Mali.

---

622 Par exemple des frais de logistique pour les missions ou l'accueil de responsables maliens ne sont pas toujours inscrits au budget de la coopération mais pris sur le fonctionnement général de la collectivité ; de même pour les salaires des fonctionnaires territoriaux en mission ; problème de la valorisation des matériels envoyés par la collectivité locale comme les camions-bennes.

Les volumes financiers mobilisés directement par les comités de jumelage français et les autres opérateurs sont beaucoup plus difficilement appréciables. Variables selon les années[623], ces ressources ont de multiples origines : collecte directe de fonds, fête du jumelage, cofinancements ponctuels d'autres collectivités territoriales, ONG, envoi de matériels par les institutions de santé, entreprises.

Les volumes financiers liés à la coopération décentralisée, transférés réellement au Mali, sont encore plus difficiles à apprécier vu du côté malien. Les collectivités territoriales sont peu ou mal informées des fonds qui vont à des actions entrant dans leurs compétences. Elles connaissent moins encore les ressources qui sont affectées à des projets gérés par d'autres acteurs de leur territoire. L'appréciation des volumes est par ailleurs complexifiée par les cheminements des fonds : transferts par les circuits bancaires, apports en liquide, sous forme de matériel…

Cette mauvaise information a un effet à double détente :

• les collectivités maliennes n'inscrivent pas correctement dans leur budget la totalité des ressources dont elles disposent ;

• elles ne sont pas en mesure de prévoir les charges de fonctionnement des équipements réalisés.

La loi malienne prévoit pourtant que ces ressources et charges sont à inscrire dans le budget des collectivités territoriales[624].

Les contreparties maliennes aux fonds reçus sont modestes. Pour ce qui est des investissements, les coopérations décentralisées apportent généralement 100 % de la liquidité, les populations locales étant parfois sollicitées pour la main-d'œuvre et les matériaux locaux. Le financement peut aussi se regarder, par ailleurs, comme un moyen d'encouragement de l'exercice de la coopération décentralisée[625]. L'acteur infra-étatique malien supporte le financement de ses actions en complémentarité avec l'apport financier de son partenaire de coopération. Les dépenses, en la matière, se répartissent sur plusieurs chapitres dans la section de

---

623 B. HUSSON et M. DIAWARA, *« Évaluation de la coopération décentralisée franco-malienne »*, direction générale de la coopération décentralisée en France, 2003, p. 80.
624 *Ibid.*, pp. 86-88.
625 B. DOLEZ, *« Coopération décentralisée, souveraineté de l'État, contribution à l'étude du régime juridique de l'action extérieure des collectivités territoriales »*, thèse de doctorat en droit public, université de Lille 2, 1993, p.50-56.

fonctionnement et d'investissement selon leurs caractéristiques propres et sont soumises à cet égard aux règles budgétaires locales[626].

Le cas particulier des régions

Les volumes financiers mobilisés pour la coopération entre les régions représentent un cas de figure particulier d'une plus grande simplicité. Les régions gérant directement leur coopération, les budgets votés permettent de connaître leur engagement avec un très bon degré de précision. Par exemple : Contribution de la région Rhône-Alpes (France) à la région de Tombouctou (Mali) en 2001 s'élève à 1 287 000 € dont appui direct à la région de Tombouctou 770 400 €.

L'impossibilité de dresser à ce jour un état précis des financements de la coopération décentralisée crée un flou sur l'affectation des fonds engagés par les collectivités étrangères. Ce flou ne permet pas de mesurer la part des ressources affectées : à l'investissement, au fonctionnement de services publics ou collectifs (exemple : cantines et fournitures scolaires, gestion des déchets), aux actions humanitaires, pour l'organisation et le fonctionnement des collectivités territoriales elles-mêmes (contribution pour le fonctionnement d'une agence de développement, d'une cellule d'appui…, mais aussi pour la fourniture de carburant à la mairie), à l'appui institutionnel…[627]

Aussi, il ne permet de mesurer correctement la part est affectée au transport de matériel et à l'envoi de conteneurs ou de caisses, de même la part qui va au transport pour les chantiers de jeunes, les voyages de responsables d'association, l'accueil à l'extérieur des représentations envoyées par les Maliens et la part consacrée aux comités de jumelage et aux différents opérateurs pour leur fonctionnement, à la gestion des programmes à l'étranger et au Mali : charges de personnel, coût de télécommunication, immobilier, déplacements.

---

[626] M. DIALLO, Le droit de la coopération décentralisée au Mali : une approche juridique *« du droit administratif international »*, thèse de doctorat, Université du Luxembourg, 2 avril 2019, p. 215.

[627] L'ambassade de France à Bamako propose pour sa part une fourchette très large, entre 1 et 5 milliards de FCFA (1,525 million € et 7,627 millions €) transférés dans le cadre de la coopération décentralisée.

L'un des principaux handicaps de ce flou porte sur la méconnaissance des coûts de gestion de la coopération[628]. Cette absence d'information ne permet pas de faire des arbitrages pourtant attendus tels que :

- Comparer le coût d'un service d'appui permanent sur le terrain avec celui d'une structure malienne assurant une prestation identique rétribuée à cet effet (par exemple un bureau privé conventionné pour être présent sur site),
- Comparer le coût de gestion des fonds dans les conditions actuelles avec celui par l'ANICT,
- comparer le coût d'un matériel acheté à l'étranger et transporté au Mali avec celui du même matériel acquis sur place.

Les circuits financiers

En concentrant l'attention sur les flux apportés par les collectivités étrangères, trois types de circuits financiers sont identifiables.

Une gestion directe des fonds par la collectivité étrangère

Dans ce premier cas, la collectivité malienne ne gère aucun fonds de coopération décentralisée ni n'est associée à sa gestion. Et ne fait aucun transfert de ressources. Elle participe à la détermination des actions, elle est associée au suivi des travaux ou à la mise en place du service sans passer les marchés, engage les dépenses, s'assure de la bonne affectation des fonds. Souvent même, elle ne connaît pas le montant des financements engagés, *a fortiori* s'ils vont à un investissement ou à une action réalisée à la demande d'une association locale (parents d'élèves, association de santé, ONG locale).

L'ensemble des circuits financiers est directement contrôlé par la collectivité étrangère. Les dépenses relatives à la réalisation des équipements sont exécutées par le trésorier-payeur de ladite collectivité. Ce cas est fréquent. Il met en quelque sorte la collectivité malienne sous tutelle de la collectivité étrangère. Par exemple, certaines collectivités françaises, soucieuses de mieux associer leur partenaire à l'engagement des dépenses, exécutent les décaissements après la consultation de

628 La région Nord-Pas de Calais fait exception. Elle a consolidé ses appuis sur la période 1994-2001. 24,4 % de ses appuis ont été au développement institutionnel, 75,6 % au développement.

l'autorité locale malienne sur l'état d'avancement des travaux, mais il s'agit là d'un ajustement sans effet sur le mode de gestion des finances[629].

Un transfert des fonds sur le compte d'un tiers opérateur

C'est là un autre cas où la collectivité malienne n'est pas associée à la gestion financière des opérations de coopération, ni même parfois informée des montants en jeu. Le tiers opérateur — dans la quasi-totalité des cas exécute les dépenses, y compris lorsqu'elles portent sur des actions que le législateur national a transférées aux collectivités territoriales. Il est à la fois maître d'ouvrage délégué de la collectivité étrangère et maître d'œuvre des actions sur le terrain. Il assure la responsabilité technique, le suivi de la réalisation et la gestion financière de l'action.

La collectivité malienne (ou l'association malienne « *bénéficiaire* ») est associée à la définition du programme sans intervention dans les différentes étapes.

Transfert des fonds vers un compte privé

C'est aussi un autre cas de plus en plus courant. La collectivité étrangère verse les fonds à destination de la collectivité malienne sur un compte bancaire spécial ouvert par elle à cet effet (à la BNDA, à la BDM). Dans ce cas, les fonds sont gérés selon une procédure privée par les responsables maliens qui agissent en leur nom personnel, mais pour le compte de la collectivité. Il n'y a pas de distinction entre celui qui ordonne la dépense et celui qui l'exécute. Pour pallier cette confusion, il est nécessaire d'appliquer une approche participative, une méthode transparente qui consiste à recourir souvent à une double voire à une triple signature (exemple la co-signature du président de l'exécutif local et adjoint aux finances au minimum). La même procédure de transparence existe pour les transferts financiers aux comités maliens de jumelages.

À la différence des cas précédents, les marchés sont passés par la collectivité malienne qui suit les travaux et les réceptionne. Le bilan présenté en fin d'exécution des opérations est fait communément par les deux parties. Ce dispositif réunifie les fonctions de responsabilité politique et financière, le contrôle de l'affectation des fonds émane de la compétence du partenaire. Deux exemples ci-dessous illustrent les opérations qui précèdent :

---

[629] B. HUSSON et M. DIAWARA, op. cit., p. 91.

• La région Île-de-France a opté pour un transfert vers un compte privé ouvert au nom de l'Assemblée régionale de Kayes (et non au nom d'un élu). C'est là une voie conforme à la réglementation malienne.

• La région Rhône-Alpes qui, avec le concours de l'AFD, finance le PADL. Le choix des investissements est fait par un comité de gestion composé par des élus municipaux, des cercles et des élus régionaux de Tombouctou. Les fonds sont libérés sur ordonnancement des maires (ou présidents de cercles ou région) par le directeur du programme.

Les villes principales, qui sont aussi les chefs-lieux de région, ont toutes établi des rapports de coopération avec une collectivité étrangère surtout française ainsi qu'un grand nombre de chefs-lieux de cercle. Les régions politiquement les plus sensibles pour des raisons historiques ou de migrations sont également partenaires de régions françaises.

À la différence des autres organisations qui financent des infrastructures locales, les ONG, les programmes de développement, les programmes sectoriels, les collectivités étrangères ne demandent pas en général de contreparties financières aux fonds qu'elles apportent, alors que ces autres instances demandent aux collectivités ou aux citoyens de supporter 20 % de la charge d'investissement, et parfois beaucoup plus.

Ce déséquilibre oriente vers la coopération décentralisée des demandes de financement que d'autres bailleurs de fonds pourraient satisfaire moyennant la mobilisation d'une contrepartie locale. Cette situation produit surtout un effet pervers. Certaines collectivités maliennes, assurées des financements de la coopération décentralisée, négligent la collecte des impôts ou s'en préoccupent très peu.

La situation est similaire, lorsque les fonds de la coopération décentralisée se substituent à la contrepartie financière que la commune doit mobiliser pour accéder aux fonds de l'Agence nationale pour les Investissements des collectivités territoriales (ANICT). Que la coopération décentralisée permette aux collectivités maliennes d'accéder à ces ressources est une démarche positive ! Mais elle ne doit pas les conduire, dans ce cas, à renoncer à collecter l'impôt, ce qui se produit dans de nombreux cas.

Les rencontres avec les collectivités territoriales qui n'ont pas de coopération décentralisée montrent que le taux de recouvrement de leurs impôts est supérieur à celui de leurs collectivités voisines qui en ont. On ne saurait tirer de conclusion du trop petit nombre de cas étudiés. Il n'en reste pas moins que la question de l'impact de la coopération décentralisée sur le niveau de collecte des impôts est centrale pour l'avenir de la décentralisation au Mali.

Tout équipement génère des coûts de fonctionnement et d'entretien. La capacité du niveau local à supporter devrait être un élément dans la décision de les réaliser. Très souvent, l'inexistence d'un service ou son trop faible niveau de prestation est l'unique déterminant du choix. Les collectivités n'anticipent pas les conditions qui permettent d'assurer la pérennité d'un investissement :

❑ La composante financière.

Les collectivités (ou les associations) locales auront-elles les ressources suffisantes pour financer les coûts de fonctionnement ? Un appui financier doit-il leur en être apporté dans le temps ? S'il se justifie, quelles modalités sont propices pour la mise en œuvre ?

❑ La dimension sociale.

La prise en charge des coûts récurrents tient beaucoup à la manière dont les populations sont associées au choix, à la définition et au financement des actions. Que les populations suggèrent une action n'est pas synonyme de leur acceptation d'en supporter les charges ultérieures. En revanche, si elles participent financièrement à l'investissement initial, la prise en charge des coûts de celui-ci (investissement) ne pose généralement pas de problème majeur. Dans le cas contraire, elle est particulièrement difficile.

Exemple de la corrélation entre la participation des populations à la décision d'investissement et leur prise en charge des coûts récurrents. Les CSCOM construits dans les communes de Bamako avec le concours financier de la ville d'Angers fonctionnent bien. La gestion des centres de santé est assurée par les associations de santé communautaire (ASACO) qui préexistaient à leur construction et qui ont été régulièrement associées et informées du suivi des travaux.

Les plateaux sportifs (terrains de sport pour le handball, le basket, le volley), construits sur financement de la coopération angevine, sont dégradés faute d'entretien. Quant aux associations de quartier et associations sportives, locales ou nationales, elles n'ont pas été associées à la définition ni à l'élaboration des projets, encore moins à leur gestion. Aujourd'hui, aucune d'entre elles ne veut supporter la charge de leur entretien.

De ce qui précède, on peut qualifier les circuits financiers de méfiance. En effet, les trois types de dispositifs financiers portent la marque d'une méfiance, à tout le moins d'une très grande prudence des collectivités étrangères sur tout ce qui touche au domaine financier.

❑ En ordonnançant elles-mêmes les dépenses exécutées par leur « *représentation* » sur le terrain, en transférant les fonds à une ONG ou à un comité de jumelage, en versant les fonds sur des comptes privés sous signature des responsables locaux ou d'associations, les collectivités étrangères se donnent les moyens de contrôler les flux financiers qu'elles alimentent.

❑ Le principe d'unicité de caisse, similaire à celui existant dans les États des collectivités donatrices, inquiète les collectivités étrangères. Elles craignent qu'en raison d'un manque de liquidité, le Trésor public malien n'utilise les fonds des coopérations décentralisées pour financer des charges autres[630].

Les autorités maliennes connaissent les réserves des bailleurs de fonds, y compris celles des collectivités étrangères. Bien qu'insistant pour que les fonds à destination de toutes les collectivités publiques soient versés sous forme d'aide budgétaire, elles ont instauré des procédures particulières pour améliorer la transparence financière des collectivités territoriales :

- inscription au budget des collectivités de toutes leurs dépenses d'investissement,
- possibilité pour les collectivités territoriales d'ouvrir un compte à leur nom dans une banque privée (après accord du ministre des Finances). La gestion de ce compte doit alors être faite selon les procédures de gestion publique : séparation de l'ordonnancement (par le responsable de l'exécutif) et de l'exécution de la dépense (par le trésorier-payeur général).
- versement sur le Fonds régional d'investissement des collectivités territoriales, géré par le Trésor (effet : application de conditions de décaissement similaires à celles de l'ANICT[631]).

En somme, les acteurs infra-étatiques maliens restent tributaires de l'État et des partenaires. Ces rapports entre l'État et les collectivités

[630] Depuis plusieurs années, le gouvernement malien ne connaît plus cette situation (source Ministère malien des Finances et comptes nationaux).
[631] Voir la procédure de décaissement des fonds à l'ANICT.

territoriales sont confrontés à des difficultés et, comme l'a dit M. VERPAUX, l'une des difficultés des finances locales réside dans la complexité des relations financières des collectivités territoriales avec l'État, car c'est lui qui fixe le régime législatif des impôts et taxes locaux dont les collectivités territoriales se contentent de voter les taux, les perçoit, fixe le montant de son concours et les règles de péréquation entre collectivités afin de garantir un minimum d'égalité entre collectivités pauvres et riches[632]. Cela qui explique d'ailleurs le recours aux financements extérieurs des acteurs infra-étatiques maliens comme mode alternative de leurs difficultés financières. Aussi, les collectivités maliennes attendent-elles, de la coopération décentralisée, des financements pour réaliser les équipements qui leur incombent et répondre ainsi aux attentes des habitants[633].

Paragraphe 2 : La planification régionale, gage d'une affirmation du pouvoir financier local

Avec la mise en place des lois de décentralisation et l'attribution de nouvelles compétences aux collectivités territoriales, le besoin de planification régionale s'est fortement accru pour élaborer des projets régionaux et pour organiser leur mise en œuvre. La loi confie au conseil régional le rôle d'organisation de la planification régionale.

La pluralité des acteurs et la multiplicité des dispositions législatives dans le domaine de la décentralisation ont créé un jeu complexe d'intérêts mais, en même temps, une nécessité de dépasser les oppositions pour produire une ambition commune sur le territoire régional : la concrétisation en est le plan régional.

Bien qu'importants, les transferts de compétences laissent cependant à l'État un rôle considérable, qu'il s'agisse de l'État en région qui dispose encore de moyens étendus, mais aussi de l'État central qui doit veiller à la cohérence et à la compatibilité entre sa propre stratégie et celle des régions.

Les nouveaux besoins de planification dans le cadre régional mais aussi la nécessité de procéder à une articulation plus efficace entre planification régionale et planification nationale ont donné lieu à des avancées méthodologiques. Celles-ci ont essentiellement porté sur la définition des rôles respectifs des uns et des autres à tous les stades, depuis l'élaboration d'un diagnostic économique et social de la région jusqu'à la signature des

---

632 M. VERPEAUX, *op. cit.*, p. 854.
633 B. HUSSON et M. DIAWARA, *op. cit.*, p. 106.

contrats de Plan qui traduisent les engagements pris dans le champ des priorités communes à l'État et à la Région.

Ce sont ces questions de méthode qui sont abordées ici. La concertation et l'organisation des procédures permettent, en théorie, de dégager des plans régionaux plus efficaces, compatibles entre eux et avec les priorités de la planification nationale. La qualité de la concertation et sa dynamique sont aussi des biens collectifs permettant d'en élargir la portée[634].

La loi reconnaît au conseil régional une compétence générale pour organiser la concertation avec les élus des différentes assemblées (régions, départements, villes) visant à dégager des objectifs communs et à faire jouer, dans cette perspective, la complémentarité des compétences. De même, la Région est-elle l'interlocutrice privilégiée pour la préparation des contrats de Plan État-Région qui se déroule en phase finale du processus de planification. Ainsi, l'État reconnaît que la Région est le niveau territorial le plus pertinent pour les négociations qu'il engage.

Parmi les partenaires du conseil régional, l'État joue un rôle considérable sur le territoire, par ses compétences et par les moyens qu'il est susceptible de mobiliser. Les liens que l'État entretient avec les assemblées élues de la région (conseil régional, conseils de cercle, conseils municipaux) et leurs exécutifs respectifs dans les domaines relevant du développement économique du territoire constituent une réalité complexe.

L'État en région peut être considéré comme une réalité multiforme. Il est constitué du préfet qui représente le gouvernement, des services déconcentrés des ministères et d'autres éléments qui ne sont pas sous son autorité, tels que les antennes territoriales des établissements publics et des agences nationales dont certaines sont soumises à un impératif de rentabilité. Jusqu'à la publication de la charte de la déconcentration en juillet 1992, il n'y avait pas de hiérarchie claire dans les attributions des responsabilités relevant du domaine de la coordination du développement économique.

La définition de la stratégie de l'État en région[635] constitue pour l'État la première étape de sa participation à la planification régionale. Il s'agit

---

634 D. BESNAINOU, *« Planification nationale, planification régionale »*, *in* revue économique, Persée, numéro hors-série, 1993, pp. 177-192.

635 Formellement, la stratégie de l'État en région répond à des normes communes édictées pour toutes les préfectures de région. En première partie, un diagnostic ciblé où sont repérées forces et faiblesses majeures. En seconde partie, l'énoncé de la stratégie globale

de replacer l'action de l'État dans une perspective de moyen terme et d'assurer la plus grande cohérence possible dans les actions entreprises par ses représentants. Au cours des conférences administratives régionales sont confrontés les analyses et les programmes de moyen terme que chaque direction, service ou agence de l'État souhaite mettre en œuvre. L'exercice est de nature stratégique, car il consiste à privilégier une combinaison d'outils nationaux susceptibles d'avoir le plus grand impact sur le développement du territoire. Ce qui implique une concertation poussée et des arbitrages minutieux pour articuler les différents programmes à moyen terme. Dans cette perspective, la structure des dépenses de l'État en Région qui résulte de la stratégie de l'État en région ne reflète pas nécessairement les équilibres budgétaires nationaux par ministère, pas plus que la répartition des crédits par région ne doit obéir à une clé de répartition prédéterminée.

La stratégie de l'État en région est engagée parallèlement à l'exercice de planification régionale. L'élaboration du plan régional relève de la libre décision des régions. À cet effet, le conseil régional consulte l'État, les conseils généraux, les municipalités et les structures intercommunales à vocation de développement et d'aménagement. Cette démarche n'a pas le même caractère obligatoire, en raison de l'indépendance des collectivités élues qui ont des stratégies différentes et sont libres de leur degré d'engagement dans la concertation et dans la formalisation des résultats de cette dernière. Elle prend également appui sur les travaux du Conseil économique et social régional, des instances consulaires, notamment régionales, des comités de bassins d'emploi, des associations, et de manière plus générale sur tous les réseaux d'initiative de la région. Le conseil régional a une démarche consistant à inférer, à partir des concertations menées, les axes prioritaires pour le développement régional et à mobiliser autour de ceux-ci l'ensemble des acteurs publics[636].

Ces deux démarches n'ont certes pas le même objet et mobilisent des acteurs différents, mais elles ont d'évidence des champs d'intérêts communs qui font l'objet du contrat de Plan État-Région. Si l'on considère les méthodes utilisées, les caractéristiques générales de la planification régionale suivent assez largement celles qui ont été analysées pour la planification nationale. Dans chaque région, la prospective doit être largement utilisée comme outil pour effectuer les diagnostics. Il s'agit,

---

et des priorités de l'État dans la région. Celui-ci doit être suivi d'un plan d'action décrivant l'organisation des moyens et des modes d'intervention.

[636] D. BESNAINOU, *« Planification nationale, planification régionale »*, *op. cit.*

pour l'essentiel, de chercher à identifier le potentiel, les ruptures et les axes de développement futurs. Ces exercices conduits sous forme de tables rondes à large représentativité s'appuient sur des études et des investigations à caractère principalement géographique, visant à analyser l'évolution des territoires. Au cours du processus de planification, la concertation doit être conduite dans leurs domaines respectifs par le préfet de région et le conseil régional en associant les élus et milieux socio-professionnels. La consultation du Conseil économique et social est institutionnalisée dans chaque région comme au niveau national. C'est autour de quelques objectifs en nombre limité, mais sur lesquels se concentre une forte adhésion que se construit la planification régionale. L'identification des priorités communes à l'État et à la Région constitue la tâche essentielle des planificateurs. Enfin, à l'instar de ce qui est entrepris au niveau national, un travail de mise au point des méthodes d'évaluation fait l'objet d'échanges entre les partenaires régionaux et nationaux concernés.

Les différences tiennent au débouché de ces exercices et à la manière dont les résultats de l'un sont utilisés pour être intégrés dans l'autre. À la nature purement indicative des recommandations de la planification nationale, du moins pour les équilibres macro-économiques, la monnaie, l'environnement international, à l'évolution des conditions de production s'opposent des plans et programmes régionaux cherchant à affirmer une identité et ayant une traduction concrète en projets et en engagements de crédits. Les données indicatives de la planification nationale sont intégrées par les acteurs régionaux qui mènent des actions concrètes sur le territoire régional. Lorsque les planificateurs nationaux élaborent leurs recommandations, ils ne procèdent pas par addition des préoccupations territoriales. Même si des représentants des régions siègent dans chaque groupe de travail du Plan national, ils raisonnent toujours sur des thèmes transversaux nationaux. À l'inverse, les régions ont à mener un exercice particulièrement complexe, tendant à penser leur développement non seulement en termes de territoire régional, mais aussi en termes interrégionaux, transfrontaliers, européens et internationaux. À cet effet, les travaux issus des grands chantiers de l'aménagement du territoire fournissent des éléments d'appui considérable.

Il existe toujours des politiques définies à moyen terme au niveau national ayant un fort impact territorial (transport, éducation, villes), mais leur mise en œuvre est progressivement réintégrée dans le processus de négociation entre l'État et les régions. Cette nouvelle approche est censée modifier les pratiques constatées lors des plans précédents lorsque, sur certaines politiques, on a fait intervenir des collectivités territoriales dans le domaine des compétences de l'État, sans qu'elles soient associées à leur élaboration.

La planification urbaine cohérente constitue un élément clé de la mobilisation des ressources locales, sur laquelle vont pouvoir s'élaborer la programmation des équipements urbains ainsi que la stratégie fiscale permettant de contribuer à son financement, en mobilisant son potentiel de valorisation du foncier. Elle représente également un élément déterminant de l'accès aux ressources externes de long terme, qu'il s'agisse d'emprunt ou de PPP. La planification urbaine stratégique est enfin une dimension essentielle de la qualité de la gouvernance urbaine.

Pour les acteurs publics, l'un des enjeux majeurs consiste à anticiper l'étalement urbain et l'évolution spatiale de l'urbanisation. À cet égard, la planification urbaine est un élément important de toute opération publique de valorisation foncière. Inversement, une production de la ville spontanée et non programmée condamne les décideurs à des politiques de rattrapage, se révélant plus coûteuses et moins efficaces[637], ce qui constitue pourtant une pratique encore très répandue.

Idéalement, la planification urbaine est basée sur une vision de long terme ; elle permet aux acteurs de se projeter dans l'avenir pour élaborer et mettre en œuvre leurs projets. Elle s'accompagne d'une définition flexible de la réglementation urbaine qui permette une adaptation aux conditions du marché au moment de la réalisation des projets d'aménagement. Il est donc indispensable, pour la collectivité, de disposer d'un savoir-faire public en matière de planification urbaine et de gestion foncière.

La présence de l'État reste significative dans le processus de planification régionale, acquis important de la décentralisation. En effet, c'est par son rôle national d'arbitre, sa capacité de moduler ses interventions et d'édicter des règles de péréquation entre collectivités que l'État oriente le dispositif. Par ailleurs, si l'on considère les budgets en dépenses de personnels et en investissement affectés par l'État sur le territoire d'une région, ceux-ci dépassent largement la somme des budgets des autres collectivités territoriales. Il faut ajouter que, par l'intermédiaire de ses directions régionales et des compétences attribuées aux préfets,

---

[637] Mais l'anticipation peut également amener au gaspillage de fonds publics par des investissements stériles (par exemple villes nouvelles ou zones industrielles inutilisées ou durablement sous utilisées).

l'État dispose d'une capacité décisive d'expertise et de mobilisation des acteurs régionaux et influence fortement l'élaboration des projets surtout avec la nouvelle agence de développement régionale[638] (ADR).

Tout au long du processus, le préfet et le président du conseil régional peuvent se rencontrer, organiser des consultations où sont associés les représentants de l'État, des élus ainsi que des chambres de commerce, d'agriculture et de métiers. Ces réunions de planification ont pour but de valider des accords généraux sur de grands thèmes (infrastructures, développement rural). Elles peuvent aussi prendre la forme d'assises régionales cherchant à englober le plus grand nombre d'acteurs concernés par les orientations de moyen terme de la région.

Dans la pratique, il s'agit de mettre en œuvre de multiples procédures d'harmonisation, de concertation et d'arbitrage entre les institutions afin d'élaborer le Plan régional. La démarche est complexe en raison non seulement du morcellement des compétences, du poids relatif et inégal des protagonistes, mais aussi de la personnalité, de la stratégie et de la place respective des acteurs dans les instances régionales et nationales de décisions.

La partie essentielle de la concertation réside dans la mise au point du Plan régional. Celui-ci est élaboré à partir des documents d'orientation produits par le conseil régional et le document sur la stratégie de l'État en région, mais il est aussi justifié et adopté par une large concertation avec l'ensemble des acteurs régionaux afin de fixer les priorités communes. Le Plan régional formalise les intérêts communs à l'ensemble des acteurs État, collectivités territoriales et peut être accompagné d'un protocole d'orientations communes.

---

638 L'Agence de Développement Régional est un Établissement Public à caractère Administratif créé par l'ordonnance N° 2015-017/PRM du 2 avril 2015 portant création d'Agences de Développement Régional. Sa mission est d'assister les collectivités territoriales, surtout les régions dans l'exercice de la maîtrise d'ouvrage du développement régional et local dans les domaines de la planification des opérations de développement, la gestion des services des collectivités territoriales et la mobilisation des ressources pour le financement du développement régional et local, entres autres.
Le projet de Gouvernance Locale dénommé *« 'Sub-National-Governance Project »* de l'USAID, partenaire de l'ADR est un programme qui vise à aider le Mali dans l'approfondissement de la décentralisation. Dans ce cadre, il a pour but de promouvoir les changements ciblés dans les systèmes régionaux/locaux qui permettent d'accroître la confiance entre le gouvernement et les collectivités territoriales.

Cette démarche de planification s'analyse comme une concertation où le préfet de région et les collectivités territoriales, par itérations successives, concourent à fixer les priorités des uns et des autres. Il s'agit de faire l'inventaire des actions à entreprendre, de dégager les complémentarités les plus efficaces aux regards des objectifs de chacune des parties et de définir progressivement la totalité des actions à entreprendre, y compris celles qui interviennent dans le champ de la contractualisation. Ce processus peut impliquer une révision de l'ordre des priorités que s'est fixées l'État en région, si du fait d'une meilleure implication des divers acteurs dans les programmes envisagés, celle-ci peut être susceptible d'apporter une solution préférable au développement de la région. Il en va de même pour chacune des collectivités. À ce stade du processus, la plus grande flexibilité et la concertation la plus large sont nécessaires pour chacun des acteurs afin d'améliorer l'outil de développement qui est élaboré conjointement[639].

La synergie entre les actions que l'État souhaite entreprendre et celle retenue par les collectivités territoriales sera d'autant plus forte que la négociation aura fonctionné pleinement, chaque acteur ayant pour objectif d'accroître le résultat global en mobilisant la plénitude des compétences. Dans cette négociation, l'issue dépend du degré de consensus, de la capacité à surmonter les clivages politiques, mais aussi des rôles assignés à chaque acteur du développement régional tels que ceux-ci sont définis par les lois de décentralisation et la charte de la déconcentration. Dans la pratique, il peut se produire une confusion des rôles, l'État ou une collectivité territoriale voulant opérer ou engager un acteur sur un domaine de compétence qui ne lui est pas attribué, afin d'assurer à tout prix la mise en place d'un projet. Cette substitution aboutit, *in fine*, à la pratique des «*financements croisés*» qui ont été critiqués par les experts ayant eu à évaluer les précédents contrats de Plan État-Région. Ces distorsions peuvent conduire notamment à maintenir des projets trop lourds à assurer pour un acteur donné et répartir la charge sur d'autres collectivités au détriment d'autres projets plus économes et ayant un impact non moins considérable sur le développement régional. Ce cas de figure se produit essentiellement lorsqu'il s'agit de financer des infrastructures de transport.

La négociation des contrats de Plan constitue une deuxième phase qui est de nature opérationnelle. Lors des Plans précédents, les contrats de Plan ont été, pour la plupart, élaborés entre l'État et les Régions sans aucune

---

[639] D. BESNAINOU, *op. cit.*

connexion avec les démarches de planification. Les phases de préparation vont permettre que les contrats de Plan État-Région soient précédés d'une vraie réflexion stratégique débouchant sur un plan régional (diverses expressions étant d'ailleurs utilisées pour qualifier le plan régional).

Jusqu'à présent, la contractualisation entre l'État et la Région consistait à élaborer des plans de financement pour réaliser des opérations souvent ponctuelles et généralement présentées par l'État.

Si le domaine de la contractualisation reflète le champ des priorités communes à l'État et à la Région ou à l'État et à d'autres collectivités, c'est l'ensemble du dispositif, avec les actions propres à chaque acteur, qu'il faut amener vers le meilleur rendement économique et social.

Le contrat de Plan indique la nature et le contenu des programmes intégrés qui est nécessaire pour atteindre chacun de ces objectifs. Les engagements financiers contractuels des différents partenaires ainsi que les principes généraux des modalités de mise en œuvre. Le contrat d'exécution qui lui est associé est signé par tous les partenaires concernés qui engagent ainsi leur responsabilité dans l'exécution du programme. En outre, il permet de détailler les modalités et les phases de mise en œuvre.

Cette innovation se situe au moment du bilan de plus deux décennies de décentralisation. Celle-ci évoluera nécessairement par le transfert de nouvelles compétences, par la pratique de la déconcentration, la rationalisation des procédures et le travail dans le cadre d'entités plus larges, à dimension plurirégionale.

Cette démarche s'accompagnera nécessairement d'une clarification des rôles respectifs de l'État et des collectivités territoriales dans le développement de la région, les niveaux supérieurs fixant les cadres d'actions et les règles, les niveaux décentralisés ayant les responsabilités d'organisation.

Section 2 : Le pouvoir de recours à l'emprunt

L'emprunt nécessite de la part de la collectivité une reconnaissance juridique, la personnalité morale, qui lui permet d'agir par elle-même, ainsi qu'une certaine indépendance vis-à-vis de l'État[640]. Sans cette autonomie minimale, la collectivité qui s'endette ne serait qu'une personne-écran

[640] L. BALMOND, M. PAILLET, *« L'emprunt local »,* in Histoire du droit des finances publiques, coord. H. ISAIA et J. SPINDLER, vol III, Economica, Paris, 1988, , p. 387.

pour l'État. Ainsi, elle s'endetterait à la place de ce dernier sans pour autant bénéficier du produit de l'emprunt.

De cette manière, l'histoire de l'emprunt préfigure celle de la décentralisation, comme le font remarquer M. Balmond et Paillet en ces termes : « *Il est difficile de ne pas voir que la latitude dont disposent communes, cercles puis régions pour emprunter est une pierre de touche de la décentralisation. Donc, la reconstitution du mouvement qui a amené le pouvoir local en la matière à ce qu'il est aujourd'hui permet de percevoir, sur le versant financier, ce qu'ont été les fluctuations dans le temps de l'autonomie locale* »[641]. L'auteur de cette pensée révèle à la fois l'ampleur de l'emprunt sur l'autonomie locale, et les entraves liées à l'emprunt local. Ainsi, l'emprunt est l'une des ressources parafiscales des collectivités territoriales au Mali, mais mal usité par celles-ci.

Du moment que, au Mali, l'emprunt local est conditionné tout d'abord, par l'autorisation de la tutelle. Puis, uniquement que des besoins d'investissement et non pour le fonctionnement de l'autorité locale. La solvabilité des autorités locales est dérisoire et ne leur permet pas l'accès aux emprunts locaux.

Depuis la crise économique de 2008 et, plus particulièrement, depuis la crise des dettes publiques, la question des emprunts réalisés par les collectivités territoriales est redevenue un sujet sensible, tant en matière politique qu'économique. La crainte qu'une collectivité fasse faillite a commencé à émerger. L'analyse de l'endettement local est devenue une préoccupation au niveau national[642]. Désormais, la dette est envisagée uniquement en termes de risque (paragraphe 2) qui y sont attachés. Le spectre de la cessation de paiement par la collectivité s'est matérialisé avec des exemples étrangers extrêmes, comme celui de la ville de Detroit aux États-Unis qui a dû se déclarer en faillite en 2013 face à une dette colossale et une situation financière de plus en plus critique[643]. Les taux d'endettement des collectivités sont depuis vus comme le marqueur clé de la qualité de la gestion financière des élus.

---

[641] L. BALMOND, et M. PAILLET, *op. cit.*

[642] I. INSCHAUPE, *« Les finances locales, l'autre bombe ». L'opinion, 5 octobre 2014* ; M-C. TABET, « Collectivités locales : la bombe à retardement », *Journal du Dimanche* 5 octobre 2014.

[643] M. DAVEY et M. WILLIAMS WALSH, *« Billions in debt, Detriot tumbles into Insolvency ». New York Times,* 18 juillet 2013.

Pourtant, la question des dangers de la dette locale masque celle de ses bénéfices, notamment du point de vue politique. L'emprunt nécessite, de la part de la collectivité, une reconnaissance juridique, c'est-à-dire la personnalité morale qui lui permet d'agir par elle-même, ainsi qu'une certaine indépendance vis-à-vis de l'État (paragraphe 1). Sans cette autonomie minimale, la collectivité qui s'endette ne serait qu'une personne-écran pour l'État. Ainsi, elle s'endetterait à la place de ce dernier sans pour autant bénéficier du produit de l'emprunt. De cette manière, l'histoire de l'emprunt préfigure celle de la décentralisation comme le font remarquer M.M. BALMOND et M. PAILLET : *« Il est difficile de ne pas voir que la latitude dont disposent les communes, départements puis régions pour emprunter est une pierre de touche de la décentralisation et que donc la reconstitution du mouvement qui a amené le pouvoir local en la matière à ce qu'il est aujourd'hui permis de percevoir, sur le versant financier, ce qu'ont été les fluctuations dans le temps de l'autonomie locale »*[644]. Malgré ce lien entre emprunt et décentralisation et, *in fine*, l'autonomie des collectivités territoriales, l'emprunt a longtemps été délaissé par la doctrine publiciste du XIXe et du début XXe siècles[645]. Les collectivités territoriales sont alors renvoyées à leur raison d'être, la proximité avec la population ; ce qui les rendrait étrangères aux affaires financières. L'emprunt des collectivités territoriales est ignoré parce qu'il est perçu comme n'ayant pas la même finalité que l'emprunt de l'État, mais aussi pas la même dignité. Selon le Doyen HAURIOU, *« la dette publique de l'État (...) est au premier chef une opération de gestion destinée à assurer l'exécution des services publics »* tandis que *« les dettes départementales et communales ne donnant pas lieu à inscription sur un Grand livre et étant considérées (...) comme contractées pour la vie civile »*[646]. Dès lors, *« la dette locale n'est pas au même titre que la dette de l'État, une dette publique »*[647].

---

[644] L. BALMOND, M. PAILLET, *« L'emprunt local », in Histoire du droit des finances publiques »*, coord. H. ISAIA et J. SPINDLER, vol III, Economica, Paris, 1988, p. 387.

[645] La question de l'emprunt local est inexistante dans l'ouvrage de JEZE, *« La technique du crédit public »* G. JEZE, *Cours de science des finances et de législation financière française*, tome II, Giard, 6e édition, 1934, pp. 532 - 533 ; ou encore l'ouvrage de Laufurberger Dette publique et richesse privée (vol 2, 1942).

[646] S. JEANNARD, *« L'identification de la nature juridique des emprunts publics »*, RFFP, septembre 2013, p. 54.

[647] F. CUENNE, *Le vote et le contentieux des impôts locaux*, Thèse de doctorat en droit, Dijon 1910, p. 92.

Paragraphe 1 : Les conditions de l'emprunt

Dès le départ, la décentralisation est inscrite dans un contexte de démocratisation locale. Un tel mouvement permet de *« rendre la parole »* aux citoyens et de rapprocher les centres de décision des lieux d'exécution. Or, l'autonomie des collectivités territoriales, dans le cadre de la démocratie locale, a pour but de satisfaire les besoins de biens collectifs des individus sur leur territoire. Cela nécessite une gestion financière permettant à la fois de pouvoir financer les équipements nécessaires tout en ayant des taux d'imposition les plus bas possibles. Ainsi, le recours à l'emprunt s'inscrit dans le cadre de la valorisation des collectivités territoriales pour les citoyens.

Le recours à l'emprunt permet à la collectivité territoriale d'étendre matériellement son autonomie par le financement d'opérations d'investissement. Le montant important exigé par les investissements a fait de l'emprunt une ressource complémentaire, mais aussi nécessaire.

Les vagues d'investissements publics, que doivent faire les collectivités territoriales, remettent en cause la conception d'un État limité devant être le moins endetté possible. En effet, dans la conception libérale, l'État et, plus généralement, toute personne publique, ne peut s'endetter que pour des raisons exceptionnelles, au premier rang desquelles se trouve la guerre[648]. Progressivement, les agents économiques vont admettre la nécessité de l'investissement public ainsi que de l'emprunt qui permet de le financer. La théorie économique de KEYNES donne à l'emprunt public une toute nouvelle ampleur, surtout après la Seconde Guerre mondiale, en devenant le référentiel pour élaborer les politiques économiques. KEYNES reprend la Fable des abeilles de MANDEVILLE pour justifier la nécessité pour les personnes publiques de s'endetter. Il reprend la conclusion de MANDEVILLE à la suite de sa fable : « *Tout l'art de rendre une nation heureuse et florissante consiste à donner à chacun la possibilité d'être employé. Pour y parvenir, le premier souci d'un Gouvernement doit être de favoriser tous les genres de manufactures, d'arts et de métiers, que l'homme peut inventer (...). Car c'est par cette politique et non par une futile réglementation de la prodigalité et de l'économie qu'on peut accroître la grandeur et le bonheur des nations* »[649]. Et KEYNES de conclure : *« Il n'est pas surprenant que des sentiments aussi pervers*

---

[648] A. SMITH, La richesse des nations, 1776, rééd. Paris, Garnier-Flammarion, 1991.

[649] B. MANDEVILLE, *« La fable des abeilles », in* J. M. KEYNES, *« Théorie générale de l'emploi, de l'intérêt et de la monnaie »*, 1936, rééd., Paris, Payot & Rivages, 2005.

(l'épargne, ndlr) aient été flétris par deux siècles de moralistes et d'économistes, qui se sentaient beaucoup plus vertueux en possession de leur austère doctrine d'après laquelle, hors la pratique de l'épargne la plus stricte par les individus et par l'État, il n'existe pas de salut »[650]. Après la Seconde Guerre mondiale, les conditions sont réunies pour donner à l'emprunt des collectivités territoriales la place qu'il a aujourd'hui. En outre, il y a un État pragmatique qui sait qu'il ne peut pas seul assumer financièrement la reconstruction.

Sur le plan strictement juridique, l'emprunt n'existe pas en tant que tel. L'opération d'emprunt est, pour les collectivités territoriales, un crédit dont les caractéristiques de l'opération sont définies à l'article L 313-1 du CMF français. À ce titre, *« constitue une opération de crédit tout acte par lequel une personne agissant à titre onéreux met ou promet de mettre des fonds à la disposition d'une autre personne ou prend, dans l'intérêt de celle-ci, un engagement par signature tel qu'un aval, un cautionnement, ou une garantie. Sont assimilés à des opérations de crédit le crédit-bail, et, de manière générale, toute opération de location assortie d'une option d'achat ».*

Il s'agit plus précisément de la commune, du cercle et de la région dont l'existence est prévue par l'article 98 de la Constitution malienne de 1992. Sur le plan strictement juridique, la collectivité territoriale est une personne morale de droit public qui exerce ses compétences dans un cadre territorial délimité.

L'emprunt constitue un choix de gestion dont l'opportunité relève de la collectivité. Celle-ci en use grâce à la libre administration. Si la décision d'emprunter est une expression de la libre administration, le régime juridique initial, défini par la loi du 2 mars 1982, a vu sa portée être sensiblement étendue par l'allégement global de la tutelle réalisé au nom d'une nécessaire autonomie des collectivités dans une organisation décentralisée.

Ainsi, la liberté d'emprunter bénéficie des externalités de la libre administration, au premier rang desquelles se trouve la liberté contractuelle. Il en découle, pour la liberté d'emprunter, un double fondement ancré dans la libre administration. Sur le plan formel, la liberté d'emprunter est juridiquement fondée sur la libre administration des collectivités territoriales.

---

[650] *Ibid.*

Le cadre juridique du recours à l'emprunt permet une autonomie pour la collectivité territoriale. Cela ne devient une possible assimilation que si la faculté à une liberté qui serait suggérée par le droit positif (1). La nature singulière de l'emprunt fait que, malgré son aspect financier, celle-ci à une place à part dans le cadre financier local (2).

1-Une liberté d'emprunter suggérée par le droit positif

Le terme de liberté d'emprunter est absent dans les textes juridiques, notamment le CGCT. Pourtant, malgré cette omission, le cadre juridique du recours à l'emprunt permet une autonomie telle que, pour la collectivité territoriale, l'assimilation de cette faculté à une liberté suggérée par le droit positif est possible. La nature singulière de l'emprunt fait que, malgré son aspect financier, celle-ci a une place à part dans le cadre financier local. Rendue implicite par le droit, la liberté d'emprunter conserve néanmoins une certaine « *évidence* » désormais. L'exercice de cette liberté qui ne dit pas son nom a été encouragé par l'État et par un accès au capital de plus en plus simple pour les collectivités.

Rapidement, le système mis en place en France en janvier 1959 fait l'objet de critiques. La Commission d'Étude des Finances Locales préconise une libéralisation du recours à l'emprunt, dès lors que la collectivité présente une situation financière saine et que le prêt est contracté avec un établissement du secteur public. La proposition de la Commission est impossible en ce qu'elle est trop en avance sur son temps. La libéralisation d'un type particulier de délibération est incompatible avec la tutelle administrative qui s'exerce de façon générale. Cette libéralisation est d'autant plus inconcevable à l'époque que l'emprunt local a longtemps fait l'objet d'une critique par la doctrine et d'une suspicion par l'État.

D'une part, le Conseil constitutionnel s'est émancipé du rôle restreint que lui avait confié la Constitution française de 1958 en contrôlant les lois par rapport aux droits fondamentaux[651]. Mais, en plus de cette utilisation comme règle de répartition des compétences, le Conseil constitutionnel épaissit le contrôle en usant de la libre administration pour contrôler la loi et s'assurer que celle-ci ne méconnaît pas « *les garanties fondamentales à la libre administration* ». Désormais, le Conseil constitutionnel exige de la loi qu'elle respecte et mette en œuvre ces garanties fondamentales nécessaires à la libre administration. Comme le font remarquer MM FAVOREU et ROUX, *« au-delà de la liberté "d'être", c'est de la liberté*

[651] Cons. cont., 16 juillet 1971, n° 71-44 DC, rec. Cons. cont. 1971, p. 29.

"d'agir" des collectivités qui se trouve garantie par le juge constitutionnel »[652]. Bien que la libre administration doive coexister avec la tutelle administrative, elle protège un champ de gestion dépourvu de toute intrusion et annonce la croissance de cette sphère inviolable.

Désormais, l'autorisation préalable à l'emprunt local n'a lieu que dans trois hypothèses : soit cette décision est intégrée dans le cadre plus large de l'approbation du budget de la collectivité, soit l'emprunt est conclu avec un prêteur hors du secteur public de prêt, ou alors il est conclu auprès d'une personne privée qui ne respecte pas les conditions.

Le lien prêt-subvention permet à l'État de guider directement l'emprunt des collectivités territoriales en choisissant de subventionner tel ou tel équipement, tout en sachant que les établissements de prêts du secteur public prêteront à la collectivité. La rupture avec la pratique du lien prêt-subvention peut permettre d'introduire les prêts globalisés[653].

L'apparition de la libre administration comme norme constitutionnelle permet à l'emprunt local de s'y rattacher et d'avoir un socle juridique, peut-être même mystique en raison de la valeur du principe. Quant à l'assouplissement du contrôle, il porte sur les deux points qui sont les composantes de la liberté d'emprunter. D'une part, la destination de l'emprunt, bien que toujours limitée au financement d'un investissement, devient plus floue avec l'introduction de prêts globalisés. D'autre part, les choix des prêteurs possibles s'élargissent.

Bien que le secteur public du prêt reste majoritairement présent, les prêts accordés par des personnes privées font l'objet d'un contrôle de moins en moins poussé[654]. Sur le plan juridique, l'État conserve un contrôle en imposant aux prêteurs, publics comme privés, des conditions portant notamment sur le taux d'intérêt. De plus, sur les plans économique et financier, la forte présence de l'État dans le secteur public de prêt lui permet d'imposer des conditions favorables pour les collectivités territoriales, qui empêche les prêteurs privés d'émerger et de devenir des concurrents sérieux.

---

[652] L. FAVOREU, *« La libre administration des collectivités territoriales est-elle une liberté fondamentale ? »*, Cahiers du Conseil Constitutionnel, mai 2002 n°12.
[653] J- C MORAUD, *« Analyse du cadre légal de la dette des collectivités locales depuis la décentralisation »* Gestion et finances publiques, novembre 2009, n°11, p. 860.
[654] R. HERTZOG, *« Les emprunts des collectivités territoriales et la libre administration »*, p. 26.

Avec la suppression de la tutelle administrative, le régime d'autorisation préalable disparaît. Le contrôle de l'État demeure au travers d'un contrôle de légalité des actes des collectivités territoriales, exercé par le représentant de l'État. Ce contrôle est réalisé *a posteriori* et présente trois caractéristiques : il est réalisé *a posteriori*, il est juridictionnel (seul le juge administratif peut annuler l'acte d'une collectivité territoriale) et il est légal (les moyens d'une annulation doivent être fondés sur la loi). Enfin, il s'érige en contrepartie à l'autonomie accordée aux collectivités qui exercent leur libre administration. Le contrôle de la décision d'emprunter est devenu ainsi moins approfondi. La destination de l'emprunt fait ainsi l'objet d'un contrôle plus lâche. La seule limite, c'est son affectation à une dépense d'investissement pour la collectivité. De même, le choix du cocontractant ne fait plus l'objet d'un contrôle et n'est plus le critère déclenchant l'obtention d'une autorisation préalable. En revanche, les contraintes pesant sur les caractéristiques de l'emprunt demeurent mais sont limitées conformément à une visée protectrice de l'intérêt financier des collectivités territoriales.

Les conditions institutionnelles nécessaires à un véritable exercice de la libre administration sont remplies et permettent aussi une gestion libre pour la collectivité. La libre administration, par son étendue, permet de protéger les composantes de la liberté d'emprunter. Avec la suppression de la tutelle administrative, le recours à l'emprunt se transforme en liberté d'emprunter. Cette dernière n'a jamais été reconnue comme telle par le législateur qui confère aux collectivités une faculté d'emprunter.

Toutefois, il faut voir dans cette faculté une liberté financière et politique qui apparaît en 1982 et qui ira en s'accroissant au fil des années suivant l'Acte I de la décentralisation.

Il s'agit bien d'une liberté dans le sens où il est d'une capacité d'autodétermination pour la collectivité en la matière, mais aussi au sens de l'article 4 de la Déclaration Universelle des Droits de l'Homme et du Citoyen du 26 août 1789 : « *La liberté consiste à pouvoir faire tout ce qui ne nuit pas à autrui* ». La nuisance pour les tiers de la liberté d'emprunter, c'est principalement l'État qui la subit et justifie le cadre législatif que celui-ci a mis en place pour limiter l'emprunt local. La liberté d'emprunter est devenue une liberté de gestion financière intégrée au champ de la libre administration. Au titre de la libre administration, la collectivité peut choisir d'investir librement selon les modalités qu'elle souhaite. Grâce à la liberté de dépenser, elle choisit les ressources dans le financement de l'investissement. La liberté contractuelle lui permet de choisir, avec une relative liberté, son cocontractant[655] et de négocier les caractéristiques de l'emprunt, à savoir principalement le montant du capital, le taux d'intérêt et la durée du contrat. Dans une interprétation littérale de l'autonomie financière, l'emprunt y est intégré puisque les collectivités en bénéficient librement dans les conditions fixées par la loi. Mais, pour des raisons, l'emprunt a été exclu par crainte de voir son usage déformer les ratios d'autonomie. Comme le souligne M. HERTZOG, *« les emprunts sont expressément exclus des ressources propres aussi bien que des ressources totales, pour éviter les effets déformants que produit la mobilisation de ce type très particulier de ressource qui connaît des variations cycliques importantes, en partie liées aux cycles électoraux qui déterminent les politiques d'investissement »*[656]. Le calcul des ratios d'autonomie est un enjeu financier sensible, tant pour les collectivités que pour l'État.

En raison de cette exclusion des ressources des collectivités, la place de l'emprunt au sein de l'autonomie financière est moins évidente qu'il ne paraît. Le lien entre la libre administration et l'autonomie financière est évident. Or, la liberté de dépenser est nécessaire pour l'existence de la liberté d'emprunter. Par ailleurs, la décision d'emprunter est un choix essentiellement financier et est donc naturellement intéressé par l'autonomie financière. Mais la liberté d'emprunter n'a pas qu'une nature financière. La collectivité doit user de prérogatives ouvertes par la libre administration, comme la liberté contractuelle. Par conséquent, la liberté d'emprunter s'est retrouvée « *atomisée* » et partagée entre l'autonomie financière et la libre administration en ce que ses composantes ont été rattachées sur ces deux fondements juridiques qui, bien que proches, sont dissociés. Cette différenciation apparaît dans les propos de M. MORAUD. À l'occasion d'une analyse des interventions de l'État suite à la crise financière, il détaille la logique. Il en ressort que, par rapport à la liberté d'emprunter des collectivités territoriales, *« il n'est pas envisagé de légiférer ni de réglementer dans un champ qui relève de la libre administration »*[657]. En faisant référence à la libre administration comme principe limitant l'action de l'État, l'auteur observe le rattachement conceptuel de la liberté d'emprunter à la libre administration plutôt qu'à

[655] Puisque l'emprunt reste une opération de crédit, la collectivité territoriale est obligée de se fournir chez un établissement de crédit agréé par l'Autorité des Marchés Financiers selon l'article L 511-1 du CMF.

[656] R. HERTZOG, *« La loi organique relative à l'autonomie financière des collectivités territoriales : précisions et complications »*, AJDA, 2004, p. 2007.

[657] J- C MORAUD, *« Analyse du cadre légal de la dette des collectivités locales depuis la décentralisation »* Gestion et finances publiques, novembre 2009, n°11, pp. 862-863.

l'autonomie financière. Ce rattachement se comprend par rapport à la raison même d'être de l'emprunt local : un moyen de financement de l'investissement. Par conséquent, l'aspect politique et institutionnel de l'emprunt l'a emporté sur sa nature financière.

Il est possible de critiquer ce rattachement en considérant l'autonomie financière, en élargissant le cadre et en adoptant une vision plus large du concept. Selon M. CONAN, l'autonomie financière serait interprétée différemment par l'État et par les collectivités territoriales. *« L'historique de cette autonomie financière sur les trente dernières années repose pour autant sur un malentendu persistant entre les collectivités, d'une part, et l'État central, d'autre part, né d'une incompréhension fondamentale »*[658]. L'autonomie financière, telle qu'elle est prévue par la Constitution, consiste à disposer librement de ses ressources tout en cherchant à éviter les dérives financières du processus décentralisateur avec le transfert de compétences non compensées. Les élus locaux ont fait émerger la question de l'autonomie financière en s'intéressant essentiellement à l'aspect fiscal[659]. Pour sa part, l'État a répondu à la demande de l'autonomie financière en l'envisageant de façon globale et non pas seulement fiscale. Dès lors, la place de la liberté d'emprunter dans l'autonomie financière est difficile à appréhender parce qu'elle est ambivalente. L'interprétation littérale des textes l'exclut, tandis que la considération par rapport à l'essence du principe pousse à rattacher la liberté d'emprunter au sein de l'autonomie financière[660].

2-L'utilisation incontournable de l'emprunt dans la politique d'investissement

La finalité du recours à l'emprunt local constitue sa raison d'être. Son utilisation pour pouvoir investir est devenue nécessaire à cause des finances locales qui sont dans l'incapacité d'assurer par elles-mêmes le financement des équipements de la collectivité. L'importance de l'investissement fait que l'emprunt local s'inscrit dans des contextes

---

658 M. CONAN, *« L'autonomie financière des collectivités territoriales : trente ans après la loi de décentralisation du 2 mars 1982, état des lieux »*, AJDA, 2012, p. 759.

659 *« Le fait de voir le débat circonscrit à la seule autonomie fiscale des collectivités renvoie pourtant à une image dépassée et rappelle un manque de vision d'ensemble dans la structuration des relations entre l'État et les collectivités ».* J- L BOEUF, L'autonomie financière des collectivités locales existe-t-elle ?, Gestion et Finances publiques, novembre 2009, p. 839 cité par M. Conan.

660 R. HERTZOG, *« Les emprunts des collectivités territoriales et la libre administration »*, p. 32.

locaux, différents où l'investissement est dicté par une logique particulière élaborée par la collectivité. Il faut donc étudier le lien entre l'emprunt et l'investissement de façon globale et individuelle ainsi que les logiques que les collectivités territoriales suivent pour pouvoir élaborer leur stratégie d'investissement.

Malgré le fait que le choix de recourir à l'emprunt dépende d'une multitude de facteurs, il faut constater que le recours à l'emprunt même dépend au moins en partie de facteurs cycliques, dans le sens que ceux-ci se répètent de façon plus ou moins fréquente. Il y a principalement deux types de cycles qui interviennent en matière d'emprunt local.

Le premier type de cycle est de nature politique. Il se décompose lui-même en deux *« sous »* cycles. Il existe d'une part un cycle électoral. Il a été démontré à de nombreuses reprises[661] que le recours à l'emprunt a une place dans le cadre de la stratégie électorale[662]. La cyclicité relative aux élections locales a été à nouveau démontrée avec les élections municipales[663] en raison du fort dynamisme des communes en matière d'investissement en fin de mandat[664]. Le second facteur déclencheur d'un cycle politique est le processus décentralisateur avec notamment les transferts de compétences. Et pour cause, en transférant une compétence, l'État transfère une charge. Dans ce contexte, *« les missions des collectivités territoriales ont une face juridique, qu'on nomme compétence, et une face financière qui s'appelle dépense »*[665]. Dès lors, la charge des compétences ne cesse de s'accroître, et les collectivités doivent puiser dans leurs ressources pour pouvoir rénover, améliorer et bâtir de nouvelles infrastructures dans ses compétences.

Hormis les cycles politiques, un cycle économique vient influer sur les comportements d'emprunt des collectivités. Ce cycle repose sur le niveau des taux d'intérêt, notamment quand ceux-ci sont bas, puisque le loyer de

---

[661] Par exemple : V. DUSSART, *« Les difficultés de financement des investissements des collectivités territoriales »* ; R. HERTZOG, *« L'investissement local est-il surévalué ? »* ; voir également M-E. BINET, J-S. PENTECOTE, *« Structure de l'impôt et cycle électoral au plan municipal »*, Economie et prévision, 2006, n°174, vol. 174, p. 113.

[662] G. DUFRENOT *et al.*, *« Les comportements d'emprunt des régions françaises : quel degré d'hétérogénéité ? »*.

[663] R. HERTZOG, *« L'investissement local est-il surévalué ? »*.

[664] G. DUFRENOT *et al.*, *op. cit.*

[665] R. HERTZOG, *« La réforme des collectivités territoriales : une ambition financière »*, RFAP, 2012/1 n°141, p. 134.

l'argent devient moins cher. Ce cycle a été rappelé avec le *credit crunch*[666] lié à la crise économique. Le resserrement de l'épargne a mécaniquement entraîné une hausse des taux d'intérêt et donc un recours à l'emprunt moindre par les collectivités. Toutefois, le recours à la cyclicité des taux d'intérêt pour expliquer le recours à l'emprunt reste relatif, puisque à la fin des années 1990 jusqu'en 2004, les collectivités territoriales ont connu une période de désendettement alors même que les taux étaient bas.

Le contexte financier et budgétaire est peu propice aux collectivités territoriales actuellement. La plupart des ressources totales connaissent un mouvement général de diminution. Ce mouvement de contrainte sur les recettes fait dire à V. DUSSART qu'« *à terme les difficultés de financement pourraient, cependant, venir essentiellement de la réduction des recettes versées par l'État* »[667]. Par ailleurs, le mouvement de spécialisation des compétences a pour conséquence de réduire les hypothèses de financement croisé des investissements locaux[668].

La situation actuelle du financement de l'équipement local laisse envisager une augmentation de la part de l'emprunt, ce qui est d'autant plus problématique avec l'accès au crédit qui se complexifie avec les nouvelles règles introduites par Bâle III (Suisse).

Afin d'enrayer la hausse de l'emprunt, les collectivités territoriales ont développé des méthodes permettant d'investir sans s'endetter. Il existe un véritable phénomène de l'investissement local financé par un emprunt parallèle réalisé par des personnes externes à la collectivité, mais sur qui elle dispose d'un certain pouvoir. Toutefois, ce financement périphérique n'est pas sans poser problème et il en résulte une externalisation, incontrôlée de l'emprunt. Tout en étant liée à ces emprunts, mais sans pouvoir les contrôler, la collectivité rencontre un véritable problème gestionnaire posé par l'emprunt parallèle.

La faculté pour les collectivités territoriales de garantir des emprunts est relativement ancienne[669]. La garantie d'emprunt constitue une externalisation, dans la mesure où c'est « *un engagement par lequel l'État*

---

[666] Il s'agit d'un phénomène de raréfaction du crédit disponible des établissements financiers.

[667] V. DUSSART, « *Les difficultés de financement des investissements des collectivités territoriales* », p. 53.

[668] F. NAVARRE, M-P. ROUSSEAU, *op. cit.*, p. 4.

[669] B. TRIQUENAUX, « *Le cadre juridique des garanties et cautionnements d'emprunts accordés par les collectivités territoriales* », Petites affiches, 17 novembre 1995, n°138, p. 13.

ou une autre personne publique accorde sa caution à un organisme dont il veut faciliter les opérations d'emprunt, en garantissant aux prêteurs le service des intérêts et le remboursement du capital en cas de défaillance de leur débiteur »[670].

La garantie d'emprunt pour les collectivités est indolore puisqu'elle ne grève aucune ressource. Parallèlement aux garanties d'emprunt, la libre administration des collectivités leur permet de choisir le mode de gestion des services publics. Parmi les nombreux choix, plusieurs consistent à accorder la gestion à une entité plus ou moins indépendante dotée de l'autonomie financière puis sortent ainsi du bilan de la collectivité. Cette externalisation peut prendre plusieurs formes sur le plan juridique comme la création d'un établissement public local ou d'une société, ou un partenariat avec une tierce personne dans le cadre d'un contrat relevant de la commande publique (marché public ou délégation de service public principalement). Dans ces deux hypothèses, l'opération nécessite fréquemment de devoir investir pour bâtir l'infrastructure nécessaire au service public ; ce qui impliquera nécessairement la collectivité vu qu'elle reste la commanditaire. Cette externalisation, sous la forme d'une personne morale, permet une souplesse de gestion des services publics et/ou de réalisation des opérations d'aménagement en introduisant une logique de rentabilité. Toutefois, la collectivité, puisqu'elle possède l'intégralité du capital, est obligée d'intervenir pour refinancer le service public local (SPL) en cas de défaillance dans les emprunts. L'externalisation se déroule essentiellement dans le cadre des contrats de la commande publique de longue durée[671] et repose fréquemment sur des emprunts.

Qu'il s'agisse de garantie d'emprunt ou d'externalisation, la collectivité développe par ces moyens un investissement, dans lequel elle voit son intérêt tout en guidant l'investissement privé. Cet emprunt parallèle peut aussi s'appeler l'investissement indirect. « *Les garanties accordées, en général, soutiennent une politique économique ou sociale qui n'aurait pas vu le jour en l'absence de cette garantie. La collectivité en attend des retombées en termes d'images, de développement mais aussi d'augmentation des bases fiscales* »[672]. Comme le fait remarquer

---

[670] S. GUINCHARD, T. DEBARD, « *Lexique des termes juridiques Dalloz* », *Garantie d'emprunt* p. 395.

[671] P. GIRARD, « *Présentation des différents montages relevant de l'appellation PPP* », p. 950.

[672] Note AMF sur les garanties d'emprunts des collectivités territoriales. Site :

M. HERTZOG, si ces dettes sont hors bilan, les sommes ainsi investies le sont également, ce qui crée un phénomène de sous-évaluation de l'investissement[673].

Par essence, toute relation entre prêteur et emprunteur est génératrice de risques et ce, pour les deux partenaires commerciaux, en l'espèce : l'établissement financeur et la collectivité locale endettée[674]. Le risque inhérent à l'activité de prêt est par définition pour le prêteur, le risque de crédit[675], en cas de défaillance de la contrepartie. Les impératifs d'une rentabilité bancaire et d'une réglementation prudentielle doivent également composer avec un risque de transformation des échéances[676], un risque d'illiquidité[677] ou d'insolvabilité[678] et un risque systémique[679], ainsi que de toute une série de risques opérationnels[680] (HULL, 2010). L'emprunteur n'est pas en reste : il assume un risque de taux d'intérêt (lié aux variations de taux d'intérêt) et un risque de change (lié aux variations de taux de change, dans l'hypothèse d'un crédit en devises).

L'emprunt a une nature singulière nécessitant d'être usé avec précaution. La crise des emprunts en 2008 est extrêmement instructive pour comprendre la relation entre l'emprunt local et la libre administration lorsque le premier est dévié de son but et empêche toute autonomie pour la collectivité.

Le problème des emprunts locaux a contribué à la définition du contenu de la libre administration. Les dérives révélées par la crise et les

---

http://www.amf.asso.fr/document/fichier.asp?FTP=AMF_12307_FICHE_N%B01_LES_GARANTIES_D_EMPRUNT. Consulté le 20 mai 2018.

[673] R. HERTZOG, *« L'investissement local est-il surévalué ? »*, pp. 737-738.

[674] M. MURIEL-CLUPOT et S. ROUOT, *« la communication financière des collectivités territoriales : nouveaux usages de l'internet pour un système de financement en mutation »*, revue politique et management public, 2013, pp. 159-180.

[675] A. de SERVIGNY, B. METAYER et I. ZELENKO, le risque de crédit, éd. Dunod, collection management sup-gestion-finance, 2010, 4e édition, p. 320.

[676] Faire de ressources *« courtes »* au passif (dépôts et placements des clients sensibles à une épargne disponible) des emplois *« longs »* à l'actif (crédits immobiliers ou d'investissement).

[677] Scénario des paniques bancaires (« *bank runs* ») où une crise de confiance pousse les déposants à retirer leur épargne. L'établissement ne sait plus faire face dans la mesure où ses engagements sont à long terme et qu'il fait l'objet d'une défiance aussi sur les marchés interbancaire et obligataire.

[678] L'illiquidité contraindrait alors à la cession d'actifs : des portefeuilles titres sans doute dépréciés jusqu'aux immobilisations elles-mêmes. C'est la crise de solvabilité.

[679] Par effet de contagion, à tout le secteur bancaire.

[680] Risques humains (erreur, fraude) ou techniques (informatiques, juridiques).

conséquences financières souvent désastreuses ont montré l'usage fait de la liberté d'emprunter et donc de la libre administration. Paradoxalement, la bonne gestion des emprunts de la grande partie des collectivités démontre que l'État peut également avoir confiance en leur gestion financière et leur laisser de l'autonomie de gestion financière. Dans les deux cas, la conséquence sur la libre administration est similaire. Si les collectivités sont là où elles en sont aujourd'hui, c'est uniquement de leur fait et de la gestion de leur autonomie.

Cette conception d'une libre administration opposable aux collectivités renverse la logique d'une libre administration principalement conçue comme pouvant être usée dans les relations entre l'État et les collectivités qu'elles pouvaient opposer aux intrusions de l'État. La libre administration est une liberté fondamentale[681] et, à ce titre, elle peut être opposée à ses titulaires, à l'instar de la dignité humaine[682]. Toutefois, la jurisprudence du Conseil constitutionnel français en matière de libre administration a tracé les limites « en pointillés »[683] de cette liberté, même s'il s'agit de limites qui restent relativement lointaines. Il semble que les juges constitutionnels usent de la libre administration pour l'opposer aux collectivités territoriales afin de justifier les interventions de l'État. La décision constitutionnelle du 24 juillet 2014 sur la loi de validation des contrats d'emprunt[684] voit dans l'intérêt économique de l'État un intérêt général supérieur justifiant l'atteinte portée à la libre administration. Toutefois, sur le plan politique, l'idée d'une opposabilité de la libre administration est inconcevable et justifierait les choix de l'État de ne pas rayer d'un trait de crayon les contrats d'emprunts problématiques.

En étant potentiellement opposable aux collectivités territoriales, la libre administration se voit ajouter un nouveau caractère. Il ne s'agit plus seulement du « *droit d'exister* » ni de la « *liberté d'agir* »[685], mais du « *devoir d'agir* ».

---

681 L. FAVOREU, A. ROUX, *« La libre administration des collectivités territoriales est-elle une liberté fondamentale ? »*, Cahiers du Conseil Constitutionnel, mai 2002 n°12.
682 CE, ass., 27 octobre 1995, Commune de Morsang sur Orge, req. n°136727 ; CE, 4 juin 1975, Bouvet de Maisonneuve, req. n°92161.
683 J. VEDEL
684 A. ROBLOT-TROIZIER, *« Quand le Conseil constitutionnel protège les intérêts de l'État », in* A. ROBLOT-TROIZIER, G. TRUSSEAU, *« Chronique de jurisprudence – Droit administratif et droit constitutionnel »*, RFDA, 2014, p. 1218.
685 L. FAVOREU, A. ROUX, *op. cit.*, p. 7.

Il faut alors relever le paradoxe : les contrats d'emprunt ont de fortes conséquences financières sur la collectivité. Cette libération a toutefois eu pour conséquence de rendre l'emprunt plus complexe à gérer. Les gestionnaires publics locaux, qui ne relèvent pas nécessairement de la catégorie des « *emprunteurs avertis* » au regard des produits proposés par les établissements financiers, doivent opérer des choix financiers et négocier librement les taux et les conditions financières de leur dette, avec les prêteurs de leur choix.

C'est dans ce contexte que, depuis le milieu des années de 1990 en France, une part croissante de l'endettement des collectivités territoriales a été contractée sous la forme d'emprunts dits « *structurés* », généralement dans une optique de gestion active de la dette[686]. Compte tenu de l'évolution des taux d'intérêt et de l'écrasement des marges, la complexité des produits offerts n'a cessé de s'accroître. Ces emprunts, qui associent dans un même contrat un emprunt bancaire et une clause sous-jacente construite à partir d'un ou plusieurs produits dérivés (contrats d'échange de taux d'intérêt ou options), peuvent être définis comme des prêts dont les intérêts sont déterminés en référence à des index non standards. Ils sont appliqués selon des formules non linéaires de sorte que l'évolution des taux supportés est plus que proportionnelle à l'évolution de l'index lui-même.

Ces emprunts permettent à l'emprunteur de bénéficier d'un taux d'intérêt bonifié pendant une première période d'amortissement, en contrepartie d'un risque accru, pendant une phase ultérieure de remboursement. Les produits structurés permettent ainsi de substituer à une charge déterminée à l'avance, une charge aléatoire avec un risque de probabilité qui se veut faible.

La libéralisation a ainsi conduit à reconnaître, aux collectivités territoriales et aux établissements publics locaux, une liberté d'appréciation pleine et entière de l'opportunité financière de souscrire ou non des produits. Elle a conduit à la standardisation et à la banalisation des règles applicables à la gestion de leurs emprunts.

---

[686] La gestion active de la dette est une expression générique pour regrouper les différentes techniques afin de rationaliser la gestion de la dette des collectivités territoriales en visant à minimiser les frais financiers, à sécuriser les financements pour assurer l'équilibre budgétaire et la solvabilité et réduire les risques d'exposition de l'encours. La gestion active de la dette concerne à ce titre la gestion des flux d'emprunts, de l'encours et de la trésorerie.

Or, la complexité des contrats d'emprunts conclus par certains organismes publics locaux n'a pas forcément toujours été parfaitement appréhendée par les emprunteurs, les faisant ainsi basculer dans des opérations financières complexes basées sur des indices déconnectés de leur mission d'intérêt général. La très grande liberté dont bénéficient les collectivités et leurs établissements publics, en matière de souscription de contrats d'emprunts ou de contrats de produits dérivés, a donc amené certains d'entre eux à prendre des engagements particulièrement risqués qu'ils n'étaient pas certains de pouvoir assumer seuls par la suite. L'exposition aux risques liés aux emprunts structurés met en exergue l'exigence de facteurs de vulnérabilité de nature endogène, liés à de mauvaises anticipations sur les évolutions des marchés financiers dans le cadre des politiques de gestion active de la dette mise en œuvre par les collectivités.

Paragraphe 2 : L'emprunt, comme mécanisme de financement du développement local

L'emprunt peut être un moyen de parvenir au développement local. Dans l'ensemble des pays du monde, le financement des investissements des collectivités territoriales repose toujours sur trois ressources :

- l'autofinancement : il dépend de la capacité d'épargne des collectivités territoriales et, dans le cas d'équipements marchands, des produits de la tarification qui pourront financer en totalité ou en partie la réalisation des équipements ;

- les subventions : elles peuvent venir de l'État ou de bailleurs de fonds nationaux ou internationaux ;

- les emprunts : s'ils existent, ce qui n'est pas toujours le cas, les emprunts constituent une ressource qui n'est pas définitive. Il faudra rembourser l'emprunt et c'est la capacité d'épargne qui formera la garantie des futurs remboursements. Les emprunts permettent d'étaler la charge entre les générations et de lisser les efforts financiers.

Il s'agit du principe de l'emprunt en tant que moteur du développement. Cependant, pour les collectivités territoriales, il y a toujours eu et il y a encore un débat sur l'opportunité de l'emprunt. Certains pensent qu'il vaudrait mieux opérer le financement des équipements uniquement par subventions.

Pourtant, dans la plupart des pays du monde, des systèmes de financement par emprunt des collectivités territoriales ont été mis en place.

Encensé ou diabolisé depuis la bible, l'emprunt est bien une affaire qui interpelle tout un chacun. Le taux d'intérêt, les frais financiers semblent intolérables pour certains : payer un banquier est quelque chose qui n'est pas toujours très simple, ni toujours bien vu.

Malgré tout ceci, on considère l'emprunt comme un facteur fondamental du développement :

- Il déplace les ressources d'épargne inutilisées, par exemple, de l'agriculture vers les secteurs industriels, commerciaux, voire vers les secteurs urbains, ou vers le financement de la ville.

- Il est un élément d'anticipation du futur ; il repose chez l'emprunteur sur l'idée qu'il aura des revenus qui lui permettront de rembourser l'emprunt. Chez le prêteur, cela repose sur l'idée que l'emprunteur aura la possibilité de rembourser grâce à ses revenus futurs. Cette idée des revenus futurs, par rapport aux revenus qui existent à un certain moment, est un des moteurs du développement[687].

Ces revenus futurs sont de diverses sortes : les revenus directs des projets, les revenus indirects liés à la fiscalité locale (taxe sur le logement par exemple ou sur les entreprises), et enfin les revenus économiques. Parmi ces derniers, notons l'éducation par exemple, qui va se traduire par des recettes à long terme pour l'économie.

Chaque type de revenu correspond à des classes différentes de risque et chaque classe de risque aura son système de garantie.

- Le risque projet : c'est le cas lorsque le financement repose uniquement sur des revenus directs des projets.

- Le risque client ou risque de contrepartie : lorsque les revenus sont indirects, reposant sur des transferts de l'État ou la fiscalité locale ou sur les recettes globales de la collectivité. Il s'agit alors d'un risque *« client »*, ce que les banquiers appellent un *risque de contrepartie*. La question que se pose le banquier est la suivante : est-ce que l'emprunteur aura la contrepartie pour rembourser l'emprunt, quelle que soit la nature de ses revenus ? Le risque « *client* » est considéré comme très élevé notamment en Afrique subsaharienne, mais aussi dans beaucoup de pays en développement. Ceci résulte du fait que les banquiers traditionnels ne

---

[687] V. CHOMENTOWSKI, *« Les perspectives de recours à l'emprunt par les collectivités locales dans les PVD et notamment en Afrique subsaharienne », in « Ressources du développement local »* organisé par l'Association des Professionnels du développement urbain et coopérative, acte de la journée du 10 septembre 2004, p. 66.

connaissent pas ou connaissent mal et se méfient de la clientèle publique en générale, et publique locale en particulier. Le risque de contrepartie est donc considéré comme très élevé.

- Le risque dit souverain : ce sont des risques de nature plutôt politique ; un pays peut décider de ne pas rembourser sa dette. Il se met en position de négociation, où le plus faible joue de sa faiblesse pour faire pression sur ses banquiers et obtenir des moratoires (cas de l'Argentine aujourd'hui, par exemple). C'est donc un risque important pour les banquiers. Dans le cas des collectivités territoriales, on considère qu'il y a un *risque sous-souverain*[688], c'est-à-dire qu'il peut devenir de nature souveraine : on l'a vu en France avec l'affaire dite d'Angoulême. Une ville comme Angoulême ne peut pas disparaître, il ne peut pas y avoir un trou à la place d'Angoulême, on ne peut pas la raser parce qu'elle est en cessation de paiement. Elle a continué d'exister et les banquiers ont payé. Il y a donc effectivement de vrais risques au niveau des collectivités dans le monde entier. Tous ces risques appellent des garanties différentes.

À ce stade, on peut soulever un point important, il s'agit de l'effet de levier et des effets de lissage de l'emprunt. L'emprunt a un effet de levier immédiat puisque, si on a une capacité de dépense de 10 et qu'on prête 100, alors on a une capacité de dépense de 110 ; cela entraîne un effet de levier de 10.

Mais il y a un effet d'accélération des investissements qui a eu une influence considérable pour l'équipement urbain, par exemple en France.

Par ailleurs, l'emprunt a également des effets de lissage. La plupart du temps, le financement des investissements des collectivités nécessite que soient d'abord réunies les ressources destinées à la réalisation des opérations. Il est clair que sans emprunt, sans le recours à un tiers financeur, on va être limité à ses ressources propres et à la rigidité de leur évolution une année sur l'autre : ceci entraîne un ralentissement, une stérilisation provisoire des ressources, jusqu'au moment où la somme qui sera nécessaire sera réunie. Un tel comportement est celui des petites communes françaises pratiquant la politique du « *bas de laine* » : elles épargnent pendant plusieurs années pour pouvoir financer un équipement important. Cette thésaurisation est inefficace du point de vue économique. Au contraire, on peut imaginer que tout ce qui va permettre d'accélérer le

[688] *Ibid*, p. 68.

processus, comme l'emprunt, assouplissant le dispositif, sera plutôt favorable.

Doit-on laisser uniquement jouer le marché en ce qui concerne les taux ? La théorie économique classique est claire : toute intervention sur les taux entraîne une distorsion dans l'allocation optimale des ressources. À chaque fois qu'on aide un sous-ensemble particulier, cela va perturber le système. En pratique, aucun pays ne respecte la théorie puisque dans presque tous les systèmes financiers qui existent, même dans les pays les plus purement libéraux, il y a toujours des sous-systèmes particuliers. Nous en avons un en France qui ne concerne plus que le logement social et, partiellement, les collectivités territoriales : il s'agit du système de prêts de la CDC, adossé à la ressource du livret A des caisses d'épargne qui est détaxé. Les épargnants ne paient pas d'impôts et, en contrepartie, ils sont moins rémunérés : cette moindre rémunération permet de financer des équipements à des taux inférieurs au taux du marché. Aux États-Unis, tout bon gestionnaire de patrimoine possède des obligations des villes, appelées *municipal bonds,* qui ont la particularité d'être détaxés[689]. On revient par une autre méthode à la même idée : détaxer le revenu du capital pour avoir des taux plus faibles, pour pouvoir financer les opérations longues, en particulier celles des collectivités territoriales.

La pulsion vers l'égalité des conditions est très forte. Quel que soit le niveau de leurs ressources, ou de leur capacité financière, tous les emprunteurs voudraient bénéficier de la même condition en termes de taux et de durée, c'est-à-dire la plus favorable. L'égalité de traitement, lorsque la ressource est rare, risque d'entraîner un contingentement des prêts par des conditionnalités fortes. Ces conditions, adaptées aux collectivités les plus pauvres afin qu'elles aient accès à l'emprunt, finissent par s'imposer à tous. Il y a un risque de nivellement par le bas qui peut finir par handicaper la totalité du marché.

Selon le type de défiscalisation, on va avoir des systèmes de financement différents. Lorsqu'il existe des ressources comme celles provenant de l'épargne populaire (caisse d'épargne), des institutions financières spécialisées vont se créer. Lorsque la ressource est représentée par des émissions obligataires, ce sera plutôt le marché obligataire qui sera favorisé.

---

689 *Ibid.*

Au Mali, le système bancaire traditionnel n'intervient pratiquement pas. Cette situation est en évolution mais, pour le moment, la plupart des opérations reposent sur des Institutions Financières Spécialisées (ISF) et non pas sur le système commercial bancaire traditionnel.

Dans notre cas, c'est un organisme de financement qui ne repose pas uniquement sur des prêts mais uniquement sur des subventions : le FICT (fonds d'investissement des collectivités territoriales) qui a ses bailleurs de fonds et qui répartit des subventions. Ce fonds est géré par l'ANICT.

Si les prêts se développent très lentement, c'est tout d'abord parce que la décentralisation est encore en devenir pose parfois des problèmes : coexistence de systèmes concurrentiels, instabilité politique.

Par ailleurs, les ressources des collectivités sont extrêmement limitées. Elles s'élèvent au maximum à environ 20 000 francs CFA par habitant et par an, c'est-à-dire 30 fois moins que la moyenne européenne au niveau des ressources. Ensuite, la capacité de maîtrise d'ouvrage est faible. Enfin, la taille des marchés est insuffisante : le Mali a très peu de villes qui pourraient atteindre, dans des conditions de marché, un financement par emprunt. Même avec des financements adoucis, beaucoup de villes ne pourraient pas facilement rembourser des emprunts. La situation des collectivités est extrêmement hétérogène : elles ne sont pas toutes aussi pauvres ; certaines disposent relativement plus de ressources que d'autres.

La pire des choses serait d'appliquer le principe qui forme le titre d'un film de Woody Allen : « *Take the money and run* »[690]. Si emprunter consiste à prendre l'argent avec l'idée que jamais on ne le remboursera, le système ne fonctionnera pas. À partir du moment où l'emprunteur se dit « si je rembourse, je pourrais emprunter à nouveau », on est déjà dans un système positif d'anticipation.

Face à ces risques, quelles garanties peut-on obtenir de la part des collectivités territoriales ?

- Les sûretés réelles via des montages techniques : On a longtemps cru que les collectivités ne pouvaient pas apporter des *sûretés réelles*[691] en partant du principe que le patrimoine public est inaliénable. Je crois que ce n'est pas là qu'est le vrai problème parce qu'on peut toujours faire des montages de telle façon que l'équipement n'appartienne pas en réalité ou en totalité à la collectivité locale. On peut envisager par exemple que des

---

690 *Ibid.*

691 *Ibid.*, p. 70.

sociétés d'économie mixte possèdent ces équipements. Il y a donc une possibilité, qui n'a jamais été pratiquée ou très peu, de récupération de ces sûretés réelles. On parle ici d'équipements cessibles, il n'est pas question de récupérer une mairie ou une école. Par contre, un marché ou un parking est possible d'être cédé.

- La capacité d'épargne de la collectivité : c'est la base même de la garantie, et la meilleure. Elle est alimentée par les ressources générales et fiscales et c'est le *risque de contrepartie* qui intervient.

- Les comptes séquestres : ce sont des comptes bancaires qui sont alimentés par des ressources d'un projet et qui permettent de sécuriser ces ressources. On est alors face à un *risque-projet* : si le projet a été mal évalué, il ne rapportera pas de ressources. S'il est basé sur des tarifs qui peuvent être manipulés pour des raisons démagogiques ou politiques, les ressources peuvent également se tarir et le compte séquestre ne sera pas alimenté.

- Le système des cautions par les tiers : la caution (rarement gratuite) fait passer le risque de contrepartie de l'emprunteur au risque de contrepartie du garant.

- L'adaptation aux capacités mensuelles de trésorerie des collectivités territoriales : on a eu tendance à gérer le risque des communes comme un risque souverain, comme des États avec des budgets annuels, et des remboursements sous forme d'annualités, en une seule fois. Or, les collectivités, surtout dans la zone subsaharienne, ont plutôt des comportements proches de celui des ménages. Elles vont chaque mois avoir des besoins incompressibles comme, par exemple, payer le personnel pour 80 % des ressources mensuelles. Il reste 20 % qui peuvent représenter une capacité de financement à partager entre l'autofinancement et le remboursement mensuel des prêts.

La première remarque est que toutes les collectivités ne sont pas égales : il faudra donc certainement des produits et des systèmes différents pour les communes ou les collectivités territoriales les plus pauvres et les autres. Certaines collectivités pourront peut-être supporter des conditions du marché ou proches du marché ou des conditions mixtes.

L'idée d'un organisme régional afin de limiter les coûts d'intermédiation peut non seulement pallier beaucoup de problèmes aussi bien pour les collectivités territoriales maliennes que pour celles d'autres pays ouest-africains. Aucun pays de la zone ne peut générer un volant d'activité suffisant pour équilibrer une banque limitée à chaque État.

Il est ensuite nécessaire de favoriser une confiance entre les prêteurs et les emprunteurs, laquelle n'existe pas aujourd'hui sauf dans le cadre de l'Agence de Développement Municipale au Sénégal. Si on arrive à mettre en place un système de confiance, il sera alors possible d'amorcer un système pérenne entre l'emprunteur et le prêteur.

En somme, il faut utiliser l'emprunt comme accélérateur du développement des infrastructures urbaines. Mais il faut être pragmatique avec, d'une part, de vrais emprunts pour les collectivités territoriales qui peuvent rembourser et, d'autre part, des systèmes de dotations pour les autres.

Le recours aux marchés des capitaux pour le financement des investissements des collectivités territoriales peut s'envisager de deux façons : par émission obligataire directe d'une collectivité elle-même, ou par le canal d'une institution financière. Les conditions requises pour que ce mode de financement puisse se développer sont nombreuses et de natures différentes. Il faut que de grandes collectivités territoriales, en nombre croissant, accèdent à de bonnes notations et à des capacités de gestion suffisantes pour maîtriser dans tous ses aspects ce mode de financement. Il faut bien sûr qu'il existe un marché des capitaux suffisamment actif, avec des investisseurs diversifiés, mais aussi que ce marché ne soit pas totalement accaparé par les émissions publiques souveraines.

Il faut que les environnements institutionnel, légal et fiscal au niveau national s'y prêtent, et ce tant du double point de vue du contrôle et de l'encadrement de l'endettement des collectivités que des outils du financement structuré, tels que décrits précédemment. Enfin, il faut que les collectivités y trouvent leur intérêt, c'est-à-dire que les conditions des financements obtenus sur les marchés des capitaux soient *in fine* plus intéressantes que celles des autres financements éventuellement disponibles.

Ces conditions ne seront peut-être pas aisément réunies à court terme sur le continent. Premièrement, le montant de ressources disponibles sur les marchés naissants africains risque de rester longtemps inférieur aux besoins des économies dans leur ensemble et des entreprises du secteur privé. La part de ces ressources qui pourra être effectivement drainée par des collectivités territoriales auxquelles restera malgré tout associée une certaine image de risque est à déterminer. Deuxièmement, reste posée la question des avantages comparatifs du financement des collectivités territoriales par émission obligataire sur un financement bancaire. Après tout, le mode de financement sur les marchés reste minoritaire dans la plupart des pays développés hors États-Unis, notamment en Europe[692].

- **L'émission obligataire directe**

Nous avons vu qu'un nombre assez restreint de collectivités territoriales du continent se sont financées directement sur les marchés que par émissions d'obligations dans les dernières décennies.

L'intérêt pour la collectivité porte sur l'autonomie que peut lui apporter la méthode de financement, mais aussi et peut-être principalement sur le coût et les caractéristiques du financement. Celui-ci doit être en monnaie locale pour échapper aux risques de change. Les marchés domestiques répondent à cet objectif, à condition d'avoir la profondeur nécessaire, mais ces marchés sont aussi frileux et chers jusqu'à maintenant. Cela pose immédiatement la question du taux de sortie et de la durée. L'étude de cas sur la RSA[693] a montré que même dans un pays dont le cadre institutionnel est particulièrement adapté, le financement par obligations ne paraît pas s'imposer indiscutablement.

À la lumière de l'expérience des États-Unis, on s'attend souvent implicitement à ce que les ressources collectées sur les marchés obligataires soient systématiquement plus longues et moins coûteuses que celles d'autres origines. Premièrement, il existe une corrélation entre le taux de sortie et la profondeur du marché, notamment en part relative au PNB, voire par rapport au revenu *per capita*. Il en résulte que, de façon générale sur le continent, les taux sont souvent élevés – voire extrêmement élevés sur les marchés étroits[694]. Deuxièmement, le marché américain bénéficie du fait que les obligations des municipalités sont défiscalisées, et c'est d'abord cela qui en fait un placement très attractif. Au total, les taux obtenus sur les marchés africains peuvent souvent être concurrencés par les banques (à condition naturellement qu'elles s'intéressent au marché des collectivités, ce qui, il est vrai, reste rare sur le continent, voire même inexistant pour le cas spécifique du Mali). Cela d'autant que l'émission

---

692 P. YATTA, Financer les villes africaines, p. 262.

693 Revenu de Solidarité Active est une prestation sociale qui complète les ressources faibles ou inexistantes.

694 Par exemple au Ghana, où le taux sur le marché interbancaire à court terme dépasse 20 % (2009).

entraîne un certain nombre de frais supplémentaires pour l'emprunteur : rémunération de l'agence de notation, honoraires de l'arrangeur, redevance à la commission des opérations de bourse, frais de publicité et, éventuellement, frais de rehaussement[695].

Circonstance aggravante, les caractéristiques des financements obtenus ne sont pas des plus favorables pour les investissements locaux. Il semble difficile d'obtenir plus de sept à dix ans sur les marchés domestiques des pays émergents. Cela est court pour faire des investissements urbains qui s'amortissent sur quinze à vingt ans, voire plus. Il faut donc envisager une ligne de crédit de préfinancement ou des refinancements, générant des coûts supplémentaires. Ce type de ressources demande en outre une grande qualité technique de la maîtrise d'ouvrage : par opposition aux financements bancaires, qui peuvent être faits en plusieurs tranches, les fonds arrivent en une fois et les retards dans la réalisation de l'investissement se traduisent par le paiement d'intérêts inutiles. Enfin, l'absence de différé dans les financements de marché constitue un handicap pour la plupart des investissements urbains et spécialement pour les opérations d'aménagement.

On peut dire actuellement qu'au Mali, le marché de l'emprunt des collectivités décentralisées est très faible. Au vu de l'évolution, les collectivités territoriales les plus importantes seront amenées à chercher ce mode de financement. Mais le financement sur les marchés par intermédiation pourrait avoir un grand rôle à jouer.

- **Financement par intermédiation**

Les institutions financières qui prêtent aux collectivités territoriales émettent elles-mêmes sur les marchés obligataires. Elles le font comme mode de refinancement pour ensuite procéder à leur activité de prêt classique pour le compte de collectivités, agissant alors comme ensemblier. Un grand nombre d'institutions de ce type existent dans les pays développés[696].

---

695 T. PAULAIS, *« Financer les villes d'Afrique : l'enjeu de l'investissement local »*, publié par Pearson Education France, 2012, p. 65.

696 Ce modèle se décline par exemple selon différentes variantes, aux États-Unis (voir encadré 5.5) avec les banques d'obligations (*Bonds Banks*) et en Europe, par exemple avec les *Kommunalbanken* de Norvège et *Kommuninvest* de Suède. Ces institutions permettent notamment aux petites et moyennes municipalités d'accéder à des ressources de marché à des conditions plus favorables que si elles avaient émis en direct. Cité par T. PAULAIS, *« Financer les villes d'Afrique : l'enjeu de l'investissement local »*, p. 265. *Précité.*

Ces banques font des émissions dont elles assument le risque final. Les collectivités territoriales remboursent le capital et les intérêts à la banque et non pas aux investisseurs. Elles se rémunèrent naturellement par des commissions, mais compte tenu du gain sur le coût de la ressource initiale, les emprunteurs finaux bénéficient en fin de compte de conditions relativement satisfaisantes. En raison des coûts fixes – rémunération de l'arrangeur, commission et redevances, frais de publicité financière – et du fait de la pratique des investisseurs institutionnels qui ne souhaitent pas trop fractionner leurs placements pour des raisons de coûts de gestion, il y a un effet de seuil, un montant au-dessous duquel le recours direct au marché n'est plus envisageable. Les petites villes sont par conséquent pratiquement exclues de ce mode de financement. Cela a conduit à la pratique des émissions dites syndiquées ou groupées (*pooling*), selon laquelle un intermédiaire – institution financière – procède à une émission obligataire pour le compte d'un groupe de collectivités. Le montant de cette émission devient alors suffisant pour retenir l'intérêt des investisseurs.

L'intérêt de l'intermédiation réside aussi dans les économies d'échelle sur l'ingénierie financière et surtout sur la sophistication de cette dernière. Les émissions groupées peuvent ainsi bénéficier des mécanismes de financement structuré et de rehaussement de crédit mentionnés ci-avant.

Ce système des obligations structurées est délicat et s'appuie généralement sur un soutien public (fonds de garantie et défiscalisation) assez important. Certains observateurs y voient la limite d'un système qui ne pourrait pas se pérenniser. En fait, un tel soutien public n'est pas exceptionnel : un statut fiscal privilégié est de longue date la véritable clé de la prospérité du marché des obligations municipales aux États-Unis.

Un des aspects les plus intéressants de ce mécanisme est la façon dont l'institution intermédiaire opère simultanément comme conseil auprès des collectivités, prêteur et collecteur de capitaux sur les marchés. Cela est à mettre au crédit de ce genre de dispositif, en plus du résultat final du point de vue financier – montant effectivement levé sur le marché local des capitaux – et de son impact positif sur la collecte de l'épargne locale[697].

- **L'alternative des banques commerciales**

Les banques commerciales africaines ne s'intéressent pas spontanément au marché des collectivités territoriales. Alors que les

[697] *Ibid.*, p. 67.

banques, spécialisées ou généralistes, sont devenues progressivement les premiers prêteurs aux collectivités territoriales dans beaucoup de pays européens, elles sont absentes de ce marché sur le continent africain, à quelques exceptions près.

En Afrique subsaharienne, le système bancaire est notoirement sous-actif, dégageant des rentabilités importantes en prêtant peu sans prendre de risques[698]. Cette situation explique en partie les difficultés des moyennes et petites entreprises du secteur privé, qui éprouvent des difficultés à se financer. Beaucoup des économies du continent sont victimes de ce cercle vicieux : les banques ne sont pas incitées à prêter au secteur privé, puisqu'elles dégagent des marges substantielles sur les obligations d'État ; le secteur privé est asphyxié par le manque de crédit, donc les recettes de l'État stagnent ; par conséquent, ce dernier est conduit à se refinancer et le cycle se répète.

On comprend que, dans ces conditions, les collectivités territoriales soient complètement absentes des prospects des banques. D'une part, le marché solvable est restreint. D'autre part, ce marché est spécifique et les banques n'ont pas les capacités humaines nécessaires pour l'appréhender. Enfin, ce marché est considéré comme plus risqué que celui des entreprises du secteur privé, pour les raisons liées à la gouvernance.

Cependant, dans les pays aux systèmes financiers les plus modernes, on constate des mouvements qui pourraient être l'augure de changements profonds à plus long terme. En République sud-africaine, il semble que certaines banques commerciales, après une période d'observation et d'apprentissage en tant qu'actionnaires d'une institution spécialisée, s'intéressent au marché du financement des investissements des grandes villes du pays. Au Maroc, les banques commerciales sont devenues en quelques années une des sources de refinancement du FEC. Il n'est pas exclu que ce mouvement ne préfigure un intérêt à venir pour le financement direct de certaines municipalités ou de projets[699].

L'exemple de la République du Cap-Vert témoigne que le recours aux banques commerciales peut constituer une alternative crédible au montage d'une institution spécifique[700]. Dans le schéma utilisé, un bailleur de fonds

---

698 *Ibid.*, voir section *« Système financier et financement de l'investissement local, chapitre 4 ».*

699 Voir étude de cas en annexe de T. PAULAIS, *« Financer les villes d'Afrique : l'enjeu de l'investissement local », op. cit.*

700 *Ibid.*

fait transiter par les banques commerciales ses concours aux collectivités, en fonction d'un certain nombre de critères prédéfinis et moyennant un dispositif d'incitation pour les banques. Une cellule d'appui technique légère prodigue du conseil aux collectivités pour le montage des projets et des dossiers de financement.

Il s'agit donc là d'une solution qui pourrait se révéler opportune pour un certain nombre de pays d'Afrique subsaharienne (comme le Mali) qui ne disposent d'aucun instrument de prêts aux collectivités. Cette solution paraît aussi rationnelle pour les pays qui disposent d'un outil de type fonds d'investissement. Au lieu de chercher à transformer ce dernier en institution financière prêteuse, il pourrait être judicieux de le conforter et le professionnaliser en tant que conseil à l'investissement, et de passer par les banques commerciales pour émettre des prêts[701].

- **Le rôle des banques régionales**

L'absence des banques régionales de développement dans le secteur des investissements urbains et des collectivités territoriales s'explique par les mêmes raisons que pour les banques commerciales : le marché est restreint, perçu comme risqué, et ces institutions n'ont pas les capacités humaines nécessaires pour l'appréhender. Quelques-unes de ces institutions interviennent ponctuellement dans le secteur des infrastructures (BOAD, par exemple), mais en prêts souverains.

Une telle absence est difficilement justifiable pour des institutions financières ayant vocation à financer le développement : le secteur urbain et les collectivités territoriales devraient être deux des cœurs de cible de ces banques régionales. Ces institutions pourraient jouer un rôle décisif dans la structuration du marché des investissements locaux et le financement ou le refinancement, spécialement dans les ensembles régionaux où la taille moyenne des pays et/ou des villes est modeste[702].

Une des principales contraintes auxquelles se heurtent les opérateurs est la rareté des financements de long terme, aux caractéristiques adaptées à la réalisation d'infrastructures urbaines et aux opérations d'aménagement. Il y a probablement là un rôle à jouer pour les banques régionales de développement, consistant à combler cette lacune de financement de long terme. Elles devraient être en mesure d'agir en relais des grands bailleurs multilatéraux auprès de qui elles pourraient se refinancer et de se focaliser

---

701 *Ibid.*, p. 69.
702 *Ibid.*, p. 71.

sur la redistribution à l'échelon local de produits financiers adaptés aux investissements locaux.

La question du risque de change et de la collecte de ressources en monnaie locale représente également un grand potentiel pour ces institutions. Elles paraissent positionnées de façon optimale pour faciliter, à des regroupements de collectivités, l'accès à des ressources sur le marché des capitaux locaux, lesquels sont, on l'a vu, souvent à l'échelle régionale. Autrement dit, les banques régionales pourraient progressivement se positionner sur des modèles analogues à celui des banques d'obligations aux États-Unis.

Ces nouveaux rôles supposent également un investissement intellectuel et humain dans le secteur des collectivités territoriales. C'est la proximité des institutions financières régionales qui les rend légitimes sur ce marché des investissements locaux. Elles sont en position d'acquérir la connaissance profonde et permanente des enjeux et potentiels économiques locaux. Elles sont aussi au courant de la situation financière des collectivités qui exigent précisément la proximité. Mais cette connaissance suppose l'existence d'équipes compétentes et stables. Sur ce plan aussi, la collaboration avec d'autres institutions financières ou des agences bilatérales pourra peut-être se révéler nécessaire.

Les contextes dans lesquels l'autonomie financière des collectivités territoriales est faible se traduisent en général par le sous-investissement et de mauvais niveaux de services. Ils empêchent l'émergence d'une culture de l'investissement et de l'emprunt et, en définitive, freinent l'émergence d'un marché de la dette locale.

Le contexte financier des collectivités territoriales est tiraillé entre les lignes de forces contradictoires que connaissent les finances publiques. Dans ce cadre, la place de l'emprunt est délicate à trouver et nécessite des collectivités qu'elles en usent avec parcimonie. Cette contrainte pour les collectivités suppose de leur part qu'elles maîtrisent leurs emprunts et affermissent leur position vis-à-vis de leurs créanciers. Ces derniers consistent en un capital accordé par le prêteur à la collectivité. Celle-ci pourra en user librement pour des dépenses d'investissement. Il s'agit là d'une rupture dans la conception dominante, où l'emprunt était systématiquement lié à une opération d'investissement.

Le financement des équipements publics est assuré par les collectivités territoriales grâce à la perception des impôts locaux. La fiscalité locale appliquée au foncier, aux autorisations de construire ou de lotir, aux terrains non bâtis, permet de mobiliser des ressources et de contribuer au financement des équipements publics (voiries, réseaux, infrastructures et superstructures) nécessaires pour le développement urbain. Mais du fait de leur importance, ces dépenses ne peuvent plus être prises en charge par la seule fiscalité locale, ni même par le seul budget des collectivités, quelles que soient les sources fiscales et non fiscales qui l'alimentent. Aussi faudrait-il réfléchir à de nouveaux outils de financement pour faire financer, par des personnes privées, des équipements publics rendus nécessaires par des opérations ponctuelles d'aménagement ou de construction. Ces outils permettraient de mobiliser des ressources dans des cadres négociés contractuellement et de faciliter ainsi la réalisation, dans les meilleurs délais, des équipements publics nécessaires, notamment le préfinancement de ceux-ci[703].

[703] L. JAIDI, *op. cit.*

CONCLUSION

Depuis la fin des années 1990, la politique de décentralisation sur le continent africain avait suscité un regain d'espoir pour permettre aux collectivités territoriales de jouer pleinement leurs rôles dans la délivrance des services de proximité.

En France, les communautés d'habitants constituées en associations privées, ancêtres de la commune moderne pourrait-on dire, ont pu s'épanouir selon un mode d'auto-organisation. Ce système est le reflet de la véritable expression d'affaires locales dans la mesure où la détermination de leurs intérêts n'était pas fixée par l'État. Leur attribution est recommandée chaque fois par les nécessités de la question locale[704].

Au demeurant, la volonté des constituants africains d'adhérer au principe de la décentralisation, avec comme corollaire la reconnaissance d'une autonomie de gestion à leurs collectivités territoriales, ne fait l'ombre d'aucun doute. Le constituant et le législateur n'ont pas tari d'ardeur pour consacrer le principe de l'autonomie financière des collectivités territoriales, en tant que pilier incontournable de la décentralisation. Mais, en dépit de la consécration solennelle de la libre administration des collectivités territoriales, ces dernières ne semblent pas avoir gagné le pari de leur autonomie financière. Déjà dans sa formulation de principe, l'autonomie financière des collectivités territoriales apparaît obstruée par des controverses doctrinales sur ses composantes majeures[705].

D'une part, les éléments indispensables à une autonomie financière pleine et entière ne sont pas clairement déterminés[706]. Là où on assiste à un effort de détermination de ces éléments, ils restent insuffisamment réunis. Dans tous les cas, les autorités locales ne disposent pas d'un véritable pouvoir de décision en la matière. Elles se trouvent largement dépendantes de l'autorité centrale.

D'autre part, les collectivités territoriales en Afrique se trouvent limitées par l'insuffisance de ressources propres, nécessaires à leur

---

[704] B. FAURE, « *La compétence générale des collectivités territoriales : consécration et vicissitudes historiques* », pouvoirs locaux, n° 68, 2000, p. 43.

[705] R. HERTZOG, « *L'ambigüité constitutionnelle des finances publiques locales* », *Actualité juridique, Droit administratif*, Mars 2003.

[706] F. LABIE, « *Finances locales et autonomie financière* », In *Décentralisation, État et territoire*, Cahier français n° 318, Paris, La documentation française, 2004, p. 80.

émancipation vis-à-vis du pouvoir central. Ce handicap majeur est aggravé par les contrôles étroits que ces collectivités subissent, tant de la part de l'administration générale que de celle des juridictions financières et administratives. Désespérées, certaines opinions pouvaient se demander si, dans ces conditions, l'autonomie financière des collectivités territoriales avait encore un sens[707].

Il suffit, pour parvenir à une véritable autonomie financière des collectivités territoriales, que les autorités centrales s'engagent, avec détermination et volonté politique, à renforcer la capacité financière de ces collectivités. Ceci passera par la reconnaissance d'un véritable pouvoir fiscal local[708], une des garanties pour doter lesdites collectivités de ressources propres nécessaires à leur développement. Ainsi, *« une décentralisation politique sans capacité administrative et financière ou une décentralisation financière sans autonomie politique et administrative conduit à la frustration »*[709]. À partir de l'analyse des textes et des entretiens auprès des autorités locales, nous avons été conduit à séparer « le système fiscal local » de « l'organisation financière locale », pour essayer d'étudier l'environnement juridique et politique des collectivités territoriales d'une meilleure mobilisation et l'utilisation des ressources financières.

Cet exercice a confirmé l'inadaptation des règles fiscales et financières à la mission confiée aux collectivités.

En général, un consensus large - y compris de la part des autorités centrales - reconnaît le bien-fondé d'une certaine autonomie de gestion en matière de dépenses locales. Il n'en va pas de même pour les recettes. L'autonomie de gestion des ressources locales est particulièrement limitée. Or, une certaine initiative dans la gestion des recettes est indispensable pour renforcer les responsabilités locales. Le renforcement de capacité gestionnaire des collectivités concernées peut en attester.

---

[707] M. BOUVIER, *« L'autonomie financière locale a-t-elle un sens ? »*, in *La territorialisation du pouvoir fiscal*, *op. cit.*, pp. 121-144.

[708] G. DRAGO, La nécessaire consécration constitutionnelle d'un pouvoir fiscal des collectivités territoriales, In *Mélanges en l'honneur de Jacques MOREAU*, Paris, Economica, 2003, p.125 ; cf. A. BARILARI, *« La question de l'autonomie fiscale »*, *Revue française de finances publiques*, n°80, 2002, p. 77.

[709] S. CHEEMA, *« Local governance: Report of United Nations Global Forum on Innovative Policies and Practices in Local Governance »*, Gothenburg Sweden September 23-27- 2005.

Une diversification de la base d'imposition locale est nécessaire pour renforcer le potentiel fiscal des gouvernements locaux. En effet, les bases d'imposition locales sont souvent étroites, et le potentiel fiscal que constitue l'impôt foncier est largement sous-utilisé. En moyenne, l'impôt foncier rapporte 0,5 % du PIB dans les pays en développement contre 2 % dans les pays développés. Il faut ajouter que son recouvrement est coûteux et complexe, en particulier pour la plupart des pays en développement. En effet, ils ne disposent pas de registres fonciers, l'habitat informel domine et les dotations budgétaires destinées à l'évaluation de la valeur des biens, à la mise en œuvre de l'impôt et à son recouvrement sont faibles.

Au-delà de la définition de l'assiette des impôts locaux, s'observent également les problèmes récurrents d'actualisation des bases d'imposition. Pour les impôts fonciers et immobiliers, l'évolution de ces bases exige des dispositifs coûteux d'informations relatives au prix du marché ou aux valeurs cadastrales. C'est également le cas des redevances et paiements des usagers ainsi que des impôts locaux appliqués aux activités économiques individuelles.

Enfin, le rôle des collectivités territoriales dans la collecte des ressources est insuffisamment développé. Tous les pays s'efforcent de maximiser les recettes tout en minimisant les frais de gestion et de contrôle en renforçant le rôle dominant des niveaux supérieurs, bien que la gestion centralisée soit parfois mieux adaptée pour certains impôts.

Une stimulation insuffisante des administrations fiscales étatiques pour assurer le recouvrement des recettes locales constitue souvent un frein majeur à la dynamisation de la fiscalité locale. Des exemples un peu partout montrent qu'un accroissement significatif des recettes se produit lorsque la responsabilité fiscale est transférée aux collectivités territoriales.

Dans les pays en développement en particulier, les montants partagés sont largement déséquilibrés au regard des compétences dévolues. À cet égard, le manque de méthodes et de pratiques adaptées pour mesurer le coût des responsabilités transférées ne favorise pas la mise en place d'un système de financement équilibré. De plus, ces transferts peuvent aussi être incertains ou manquer de transparence, ce qui complique la planification à long terme pour les collectivités territoriales. C'est le cas au Mali où l'État retient, pour son propre usage, les ressources des collectivités territoriales ou en retarde le versement.

Or, un partage inéquitable ou inefficace des recettes peut avoir des effets pervers sur la génération des ressources locales. Cela peut nuire à l'autonomie locale, à la responsabilité des collectivités territoriales envers leurs électeurs, et aussi affaiblir les capacités locales à assurer les services, à mobiliser des revenus et à recourir à l'emprunt. Par ailleurs, la non-prise en compte systématique des charges récurrentes liées aux équipements publics locaux a des conséquences considérables sur la dynamique de la décentralisation et sur le développement économique des territoires. Des équipements non entretenus, mal utilisés et des services inefficaces mettent les collectivités territoriales dans une situation de fragilité permanente. Comment prélever des impôts locaux si leur contrepartie n'est pas effective, si la voirie n'est pas entretenue, si les ordures ne sont pas ramassées ni évacuées, si l'éclairage public est déficient, les marchés et le stationnement chaotiques ?

Au Mali, une partie des impôts nationaux est reversée aux collectivités territoriales, mécanisme simple qui présente un potentiel élevé de recettes. Ce mécanisme peut offrir une solution partielle aux déséquilibres verticaux, mais il est soumis à diverses contraintes. Le partage des recettes selon le lieu d'origine des ressources collectées peut être vu comme un stimulant pour l'activité économique locale, mais il peut également renforcer les disparités horizontales et entraîner une volatilité accrue des budgets locaux.

Il convient donc de ne pas limiter les ressources des collectivités territoriales à leurs seules ressources propres. Les transferts financiers en provenance des niveaux supérieurs d'administration peuvent être légitimes, dès lors que leurs objectifs le sont. Mais tous les types de transferts ne sont pas également performants en fonction des objectifs recherchés. Il n'y a pas en soi de « *bons* » types de transferts, mais il y a de bons et de mauvais couplages entre types de transferts et objectifs poursuivis.

Tout au plus, peut-on faire valoir qu'en général, les transferts qui laissent le plus de marge de manœuvre aux collectivités territoriales (en termes de choix d'utilisation, de montants) sont favorables à l'exercice des prérogatives décentralisées par celles-ci. Tel est le cas des transferts globaux, forfaitaires et non rationnés. Encore convient-il que les conditions nécessaires à l'exercice efficace des responsabilités dévolues soient satisfaites.

Aujourd'hui, en matière de financement des infrastructures publiques de proximité, il est indispensable que la possible défiance entre l'État et les collectivités territoriales soit dépassée pour aller vers une mise en synergie de ces deux partenaires, souvent mis à mal par les antagonismes politiques entre les deux entités et les enjeux de pouvoir.

Il ne s'agit pas d'un vœu pieux, mais d'une absolue nécessité pour promouvoir une urbanisation viable et équilibrée.

Les transferts financiers des États en faveur des collectivités territoriales doivent donc être maintenus. Cependant, la fin du paradigme de l'État-providence et l'assèchement des ressources publiques financées par l'endettement et l'inflation ainsi que des baisses des recettes traditionnelles[710] font que les stratégies nationales de financement des territoires doivent évoluer. La part relative des ressources territoriales dans le financement des infrastructures urbaines devra augmenter.

Dans ces conditions, il est clairement dans l'intérêt des États d'accompagner et de renforcer les capacités des gouvernements locaux à mobiliser des masses de ressources locales encore largement inexploitées par la puissance publique.

L'importance des mécanismes de participation citoyenne a été évoquée comme un des fondements des processus de décentralisation. Le dialogue citoyen constitue également un des éléments déterminants du civisme fiscal. Cependant, c'est en matière de captation de la plus-value foncière que celui-ci prend une dimension particulièrement aigüe.

En effet, tous les mécanismes de captation de plus-value foncière sont des arrangements complexes, très contextuels, entre les divers acteurs. Les outils basés sur la construction d'un large consensus nécessitent certes du temps, mais une durée optimale de co-construction de l'ingénierie financière territoriale assurera ensuite un résultat potentiellement plus équitable (entre propriétaires, utilisateurs, investisseurs et pouvoirs publics) et pérenne.

En somme, la participation financière des collectivités territoriales est insignifiante voire inexistante selon le niveau d'entité. Cette situation est due à plusieurs facteurs. En premier rang de ceux-ci se trouve le contexte juridique même de la décentralisation et de son corollaire qu'est la libre administration des collectivités territoriales. On a démontré l'inadaptation du système fiscal. Si l'impôt doit être la première ressource, et de surcroît la plus importante, sur quoi s'appuie l'action publique aussi bien de l'État

[710] Par exemple, les recettes publiques nationales, largement adossées à la fiscalité indirecte liée au commerce international, vont se réduire sous l'effet des désarmements douaniers des zones de libre-échange.

que des collectivités ? L'impôt doit être la corde qui lie les autorités locales et les citoyens contribuables. C'est à travers lui que les seconds apprécient la responsabilité et l'efficacité des premières. Mais l'environnement fiscal ne peut jouer pleinement son rôle, du fait que les impôts locaux sont, dans la plupart des cas, des impôts avec un taux de rendement très faible. Les collectivités ont hérité des impôts dont l'État voulait se débarrasser. L'organisation financière locale n'échappe pas à cette inadaptation, c'est-à-dire que les collectivités ne suivent pas l'évolution des règles budgétaires et des principes de la gestion budgétaire.

Tout ceci a des conséquences sur la prise en charge du développement local par les collectivités elles-mêmes. Dépourvues de tout moyen financier pour jouer leur rôle d'incubateur du développement à la base, les entités décentralisées deviennent de fait des institutions exécutrices des volontés des autorités centrales. C'est la raison pour laquelle les collectivités doivent s'orienter vers de nouveaux mécanismes de financement pour améliorer leur performance en matière de création de ressources, de mobilisation et de l'utilisation des ressources nécessaires pour le financement du développement local qui est leur raison d'être.

ANNEXES

ANNEXE 1 : DÉFINITION DE QUELQUES CONCEPTS DE BASE DE LA DÉCENTRALISATION FINANCIÈRE.

ANNEXE 2 : LISTE DES INSTITUTIONS PARTENAIRES TECHNIQUES ET FINANCIERS DU MALI.

ANNEXE 1 : DÉFINITION DE QUELQUES CONCEPTS DE BASE DE LA DÉCENTRALISATION FINANCIÈRE (GOUVERNANCE FINANCIÈRE LOCALE)

Accise : Taxe levée en Angleterre sur les boissons et autres objets de consommation. En Angleterre, l'administration de l'accise a été empruntée des fermiers, MONTESQ., Espr. XIII.

Assiette : détermination et évaluation de la matière imposable.

Autorisations d'engagement : limite supérieure des dépenses pouvant être juridiquement engagées au cours de l'exercice pour la réalisation des investissements prévus par la collectivité.

Budget : acte par lequel est prévu et autorisé l'ensemble des charges et des ressources des collectivités territoriales. Le budget est donc le cas échéant, l'état des prévisions de recettes et de dépenses, et finalement un acte politique de prévision et un acte juridique d'autorisation.

Budgétisation : c'est le processus par lequel on établit le budget.

Bordereau d'ordres de recettes : c'est un document qui récapitule les ordres de recettes numérotés en continu et accompagnés des pièces justificatives des recettes. Ils sont numérotés en série et totalisés selon les mêmes modalités que les bordereaux de dépenses

Chapitre : subdivision structurée du budget regroupant des recettes et des dépenses selon leur nature ou leur destination. Il constitue l'unité de base de la nomenclature budgétaire.

Compensation : dédommagement d'un mal par un bien, d'une perte par un profit, d'un inconvénient par un avantage, d'une valeur moindre par un supplément.

Comptabilité : concerne l'exécution du budget, c'est-à-dire la pratique de la nomenclature budgétaire et comptable, les émissions de titres et mandats, les dépenses engagées, l'enregistrement des différentes opérations.

Collectivité territoriale : institution politique et administrative décentralisée jouissant de la personnalité morale et d'une autonomie financière placée sous la tutelle de l'État.

Compétences : bloc de compétences.

Compte administratif : comptabilité tenue par le Maire, ordonnateur, qui décrit les opérations relatives à la constatation des droits acquis contre les débiteurs (recettes), l'engagement, la liquidation et le mandatement des dépenses budgétaires.

Son résultat doit correspondre à celui du compte de gestion établi par le receveur.

Compte de gestion : Acte établi par le Receveur et destiné à justifier les dépenses et les recettes de l'année et à présenter la situation patrimoniale de la Commune. Il est comparable au bilan et au compte de résultats d'une entreprise privée.

Centralisation : technique d'organisation administrative selon laquelle la gestion de l'ensemble des services publics d'un pays est assurée par un pouvoir central.

Concentration : système administratif dans lequel le pouvoir de décision et la compétence d'accomplir des actes juridiques engageant la puissance publique sont du ressort quasi exclusif de la haute autorité de l'unité administrative considérée.

Crédit de paiement : la limite supérieure des dépenses pouvant être ordonnancées ou payées au cours de l'exercice.

Dotation : action de doter une personne déterminée, un établissement, une société. En matière budgétaire, action d'allouer des ressources à une entité ou une catégorie d'entités de ressources budgétaires.

Décentralisation : système dans lequel il est procédé à un transfert, par l'État, de compétences de gestion de certaines activités ou fonctions à caractère public, à des agents ou organes autonomes vis-à-vis du pouvoir central mais soumis à sa tutelle, donc à son contrôle. **Déconcentration :** technique d'organisation administrative consistant à répartir le pouvoir de décision et la compétence d'accomplir des actes juridiques engageant la puissance publique entre des agents hiérarchiquement subordonnés à la haute autorité administrative considérée.

Débet : constatation d'un manquement ou d'une irrégularité comptable donnant lieu à remboursement sur les deniers propres du comptable public ou tout autre agent chargé de la gestion des deniers publics.

Disparité : différence qui empêche de mettre sur le même plan des choses qui peuvent se comparer. En matière de décentralisation, différence de niveau de développement de deux collectivités territoriales de même catégorie.

Engagement : l'engagement est l'acte par lequel l'ordonnateur du budget local ou son délégué crée ou constate à l'encontre de la collectivité territoriale une obligation de laquelle résultera une dépense.

Formule exécutoire : mention obligatoirement apposée sur tout acte susceptible d'exécution forcée, notamment un ordre de recettes. Elle peut se présenter ainsi : *« Émis et rendu exécutoire le (date) »*. Elle est toujours suivie de la signature du président de l'organe exécutif de la collectivité territoriale.

Fonds : somme plus ou moins considérable destinée à un usage quelconque.

Gouvernance : est une notion parfois controversée, car définie et entendue de manière diverse et parfois contradictoire. Cependant, malgré la multiplicité des usages du mot, il semble recouvrir des thèmes proches du *« bien gouverner »*. Chez la plupart de ceux qui, dans le secteur public ou privé, emploient ce mot, il désigne avant tout un mouvement de « *décentrement* » de la réflexion, de la prise de décision, et de l'évaluation, avec une multiplication des lieux et acteurs impliqués dans la décision ou la construction d'un projet. Il renvoie à la mise en place de nouveaux modes de pilotage ou de régulation plus souples et éthiques, fondés sur un partenariat ouvert et éclairé entre différents acteurs et parties prenantes, tant aux échelles locales que globales et Nord-Sud.

Gouvernance territoriale : également appelée **gouvernance locale**, est un système de gouvernance à l'œuvre aux différents niveaux et échelons territoriaux dans les États fédéraux et les États unitaires décentralisés. Elle associe généralement les parties responsables des objectifs, fonctions et gestion de la collectivité, ainsi que de l'évaluation, dans les domaines économique, social et environnemental.

Gouvernance financière : est l'ensemble des processus, règles, normes, valeurs et institutions grâce auxquels les différents acteurs (organismes publics locaux, d'État et internationaux, entreprises, mouvements sociaux et citoyens, entre autres) gèrent les actifs et les flux financiers. Gestion qui s'insère dans le cadre de systèmes et de marchés financiers présents sur tous les territoires, aussi bien à l'échelle mondiale que locale.

Impôt : l'impôt constitue un prélèvement obligatoire effectué par voie d'autorité par la puissance publique (État, collectivités territoriales, provinces, régions et départements, cantons, pays, communes, etc.) sur les ressources des personnes vivant sur son territoire ou y possédant des intérêts. Ce prélèvement est destiné à être affecté par l'intermédiaire des budgets publics aux services d'utilité générale. Dans les États démocratiques, le pouvoir de fixer, de lever et d'affecter l'impôt est de la compétence exclusive du Parlement. Trois paramètres essentiels permettent de caractériser un impôt : l'assiette, le taux et les modalités de recouvrement.

Impôt direct : un impôt direct est un impôt dû nominativement par une personne physique ou morale. Taxant le capital ou le revenu, il est périodique et fait généralement l'objet d'un recouvrement par voie de rôle. Il se distingue donc d'un impôt indirect qui est prélevé à l'occasion d'opérations précises et indépendamment de la personne.

La fiscalité directe est généralement déclarative, autrement dit établie soit par l'intéressé, soit par un tiers en son nom en cas de prélèvement à la source (le cas des employeurs dans certains pays pour les revenus versés à leurs salariés).

Impôt indirect : est un impôt collecté par une autre personne que celle qui en supporte le coût. C'est-à-dire que la personne intermédiaire (une entreprise en règle générale) qui paie l'impôt à l'État répercute tout ou une partie du montant de l'impôt sur le prix de vente au consommateur, c'est donc un impôt indirect pour le consommateur.

Ce type de fiscalité est très prisé par les gouvernements car :

- il est plus facile à collecter, car il y a moins de redevables à adresser que pour une taxe directe, les intermédiaires factorisant les personnes qui paient l'impôt indirect ;

- les contribuables réels, qui sont les consommateurs, ont moins l'impression de payer des impôts qu'avec l'impôt direct. Aussi qualifie-t-on les impôts indirects d'impôts *indolores*.

Exemples :

- La taxe sur la valeur ajoutée (TVA)
- Les droits de douane
- Le droit d'accise
- La taxe sur la vente

Imputation : opération comptable consistant à rattacher une opération de dépense ou de recette à la rubrique correspondante de la nomenclature budgétaire.

Liquidation : acte ayant pour objet de vérifier la réalité de la dette et d'arrêter le montant exact de la dépense. Elle est faite au vu des titres et pièces justifiant la preuve des droits acquis par les créanciers.

Mandat : acte du président de l'organe exécutif donnant au comptable public l'ordre de payer une dépense de la collectivité territoriale. Il est accompagné de pièces justificatives

Mandatement : action de donner l'ordre de paiement. Le mandatement est une sorte d'ordonnancement.

Nomenclature budgétaire : cadre budgétaire et comptable de collectivités territoriales qui permet le classement des recettes et des dépenses en section, titres, sous-titres, chapitres, articles et paragraphes.

Obérer : accabler d'une lourde charge financière pouvant endetter jusqu'à la ruine.

Ordre de recette : acte du président de l'organe exécutif donnant au comptable public l'ordre de recouvrer une recette. Il est accompagné des pièces justificatives. **Ordonnancement :** acte par lequel le président de l'organe exécutif donne au comptable public, conformément au résultat de la liquidation, l'ordre de payer une dépense de la collectivité territoriale.

Ordonnateur : autorité habilitée à donner à un comptable public l'ordre d'exécuter une dépense du budget (ou de percevoir une recette).

Partie fonctionnement : partie du budget où figurent les dépenses et les recettes qui concourent à l'activité normale des services de la collectivité territoriale.

Partie investissement : partie du budget où sont retracées les dépenses et les recettes qui concourent à enrichir ou à appauvrir le patrimoine de la collectivité territoriale.

Patrimoine : ensemble des biens (meubles, immeubles bâtis et non bâtis, voirie, réseaux divers), droits, créances (usagers du service public, contribuables...) et obligations (salaires à verser, factures à payer, emprunts à rembourser...) appréciables en argent, d'une même personne. Cette personne peut être publique ou privée.

Prélèvement obligatoire : procédure comptable qui permet de transférer un excédent de ressources de la partie de fonctionnement à la partie d'investissement du budget de la collectivité territoriale. Est également dit *« autofinancement brut local »*.

Prise en charge (titre de recettes ou mandats) : opération effectuée par le comptable qui enregistre dans sa comptabilité les créances ou les dettes de la collectivité territoriale afin de pouvoir procéder au recouvrement des recettes et au paiement des dépenses.

Receveur : comptable public (fonctionnaire du Trésor public) chargé de contrôler la bonne exécution du budget de la collectivité territoriale. Il vise les mandats et procède aux paiements des dépenses. Il encaisse les titres de recettes, gère la trésorerie de la collectivité territoriale. Il rend compte à sa hiérarchie de l'accomplissement de ces missions qu'il exécute sous sa responsabilité personnelle et pécuniaire. Il est responsable de sa gestion devant le Juge des Comptes.

Recouvrement : ensemble des opérations tendant à obtenir le paiement d'une créance ou d'un impôt. Réception de ce paiement.

Régie de recettes : procédure comptable qui, par dérogation à la règle de la séparation des ordonnateurs et des comptables, permet à l'agent de la collectivité territoriale, le comptable public, de percevoir et détenir temporairement une recette en attendant de la reverser au Trésor.

Régie d'avance : procédure comptable qui, par dérogation à la règle de la séparation des ordonnateurs et des comptables, permet à un agent de la collectivité territoriale, le régisseur de dépenses, de régler directement une dépense au moyen d'une avance qui lui est consentie par le comptable.

Régisseur : agent de la collectivité territoriale chargé d'une régie de dépenses ou de recettes. Il agit pour le compte et sous le contrôle exclusif du comptable public

Règlement du budget : décision par laquelle l'autorité de tutelle, se substituant aux autorités des collectivités territoriales défaillantes, établit d'office le budget.

Réquisition : ordre écrit par lequel l'ordonnateur contraint le comptable public à effectuer une dépense que celui-ci a refusé de payer pour insuffisance de pièces justificatives.

La réquisition engage la responsabilité pécuniaire et personnelle du président de l'organe exécutif relativement à la dépense concernée.

Rôle : document administratif qui fixe pour chaque contribuable, l'assiette de l'impôt, en liquide le montant et constitue à la fois titre de recettes et titre exécutoire pour son recouvrement.

Règle du Service fait : règle de comptabilité publique en vertu de laquelle une dépense ne peut être payée qu'après livraison des fournitures ou exécution dûment constatées de la prestation ou des travaux. La constatation du *« service fait »* constitue une des opérations de la procédure d'exécution de la dépense publique.

Secteur : subdivision d'activités économiques. Par exemple : secteur primaire, etc. **Subsidiarité :** l'application d'un tel principe est destinée à prévenir toute intervention abusive du niveau central d'une organisation (par exemple d'une collectivité territoriale) laquelle ne doit intervenir dans les domaines qui ne relèvent pas de sa compétence exclusive.

Taxe additionnelle : taxe qui s'ajoute à un autre impôt en se calculant en pourcentage de celui-ci.

Quitus : acte en vertu duquel la gestion du responsable d'une affaire est reconnue exacte et conforme aux obligations.

ANNEXE 2 : LISTE DES INSTITUTIONS PARTENAIRES TECHNIQUES ET FINANCIERS DU MALI

AFD (Agence Française pour Développement)

BAD (Banque Africaine de Développement)

BIRD (Banque Internationale pour la Reconstruction et le Développement) dite aussi BM (Banque Mondiale)

BIT (Bureau International du Travail)

Coopération belge

Coopération suisse

Coopération allemande (**GIZ,** Gesellschaft für Internationale Zusammenarbeit, Agence allemande de coopération internationale, en remplacement de la **GTZ** depuis 2011, Agence de coopération technique allemande et **KfW,** Kreditanstalt für Wiederaufbau, établissement de crédit pour la reconstruction)

Coopération canadienne **ACDI** (Agence Canadienne de Développement International)

Délégation de la Commission Européenne

FMI (Fonds Monétaire International)

F**AO** (Food and Agriculture Organisation ou Organisation des Nations unies pour l'alimentation et agriculture)

ONUDI (L'Organisation des Nations Unies pour le Développement Industrielle).

PAM (Programme Alimentaire Mondial)

PACUM (Programme d'Appui aux Communes Urbaines du Mali)

MCC (Millenium Challenge Corporation)

PNUD (Programme des Nations Unies pour le Développement).

USAID (United States Agency for International Développement), ou Agence des États-Unis pour le Développement)

SNV : Société Néerlandaise pour le Développement.

BIBLIOGRAPHIE

I - OUVRAGES DE MÉTHODOLOGIE

- BEAUD (M.), *l'art de la thèse, Paris, la découverte*, 2006, 202 p.
- COHENDET (M.A.), *méthodes de travail,* Paris, Montchrestien, 3e édition, 1998, 215 p.
- DEBBASCH(CH.) et ALIA, *Lexique de politique*, PARIS, Dalloz, 2001, 7e éd., p. 117.
- DRABO(S.) (dir.), *Notre Mali 1960-2010*, Bamako, 2010, 191 p.
- DREYFUS (S.) et NICOLAS-VULLIERME (L.), *La thèse et le mémoire de doctorat en droit*, Paris, *CUJAS*, 3e éd., 2000, 486 p.
- DÉSCARTES (R.), *Discours de la méthode, les classiques de la philosophie,* éd. 2009, pp. 88-90
- FRAGNIERE(J.P), *comment réussir un mémoire, comment présenter une thèse. Comment rédiger un rapport*, nouv. Ed. Dunod, 1996,117 p.
- GRAWITZ(M), *Lexique des sciences sociales*, Paris, Dalloz, 1988, 4e éd., p. 215.
- GRAWITZ (M.), *méthodes des sciences sociales*, Paris, Dalloz, 9e éd., 1993, p. 302.
- MAZEAUD (H.), méthodes générales de travail, Paris, Montchrestien, 1996, 121 p.

- ROMI (R.), *Méthodologie de la recherche en droit*, Paris, *Litec*, 2008, 157 p.
- ROUVEYRAN (J.C), mémoires et thèses. L'art et les méthodes, édition Maisonneuve et Larose, 1989, 197 p.

II- OUVRAGES GÉNÉRAUX ET SPÉCIALISÉS

A- OUVRAGES SPÉCIALISÉS

- Edgard ALLIX, *Traité élémentaire de science des finances et de législation financière française*, 6e éd., 1931, p. 322 ;
- Paul AMSELEK, *Une institution financière en clair — obscur : la règle du service fait, in étude de finances publiques,* Mélanges P.M, GAUDEMET, Paris, Economica, 1937, pp. 421-449 ;
- Jean François Bayard, *L'État et l'Afrique. La politique du ventre*, Paris, Fayard, 1989, 439 pages ;
- Christian BIGAUD, *Finances publiques, droit budgétaire*, Paris, Eyrolles, droit et sciences humaines, 1991, 248 pages ;
- Michel BOTTIN, *Histoire des finances publiques*, Paris, Economica, collection poche, finances publiques, Paris, 1999, 112 pages ;
- Marie-Claire BOUAT et Jean-Louis FOUILLANT, *Les finances publiques des communes et des communautés rurales*, Dakar, *Clairafrique,* 1983, 271 pages ;
- Max BOUCARD et Gaston Jèze, *Eléments de la science des finances et de la législation financière française*, 2e édition, Paris, V. Giard et E. Brière, 1896, 452 pages ;
- M Michel BOUVIER, Marie Christine ESCLASSAN, Jean-Pierre LASSSALE, *Finances publiques*, Paris, L.G.D.J., 6e édition, 2002, 839 pages ;
- Michel BOUVIER, Marie Christine ESCLASSAN, Jean-Pierre LASSSALE, *Finances publiques*, 12e édition, Paris, LGDJ, 2013, 878 pages ;
- Michel BOUVIER, (sous dir.), *Réforme des finances publiques, démocratie et bonne gouvernance*, Paris, LGDJ, 2004. 396 pages ;

- Michel BOUVIER, *Les finances locales*, Paris, LGDJ, col. Systèmes, 11e éd., 2006, 234 pages ;
- Michel BOUVIER, *Introduction au droit fiscal et à la théorie de l'impôt*, Paris, LGDJ, 12e éd., 2014, 322 pages ;
- Michel BOUVIER, Les Finances locales, Paris, LGDJ, éditions, 16e éd., 2015, 304 pages ;
- Michel BOUVIER, *La gestion de la dépense publique dans les pays de l'Afrique francophone subsaharienne*, Paris, Ministère des Affaires Étrangères, 2004, 391 pages ;
- Frédéric BRÉMAD, *« L'organisation régionale au Maroc »*, Paris, LGDJ, 1949, 161 pages ;
- Bruno REMOND et Jacques BLANC, *Les collectivités locales,* Paris, Presse de la Fondation nationale des sciences politiques et Dalloz, 2e édition, juin 1992, 550 pages ;
- Jean CATHELINEAU, *Le contrôle des finances communales en France*, Tome II, Paris, LGDJ, 1963, 221 pages ;
- Jacques CHEVALLIER, *La communication administration-administré*, Paris, PUF, coll. Publication du Centre universitaire de recherche administrative et politique de Picardie, 1983, 166 pages ;
- George CORNU, *Vocabulaire juridique*, Paris, PUF, 4e édition mise à jour, 2003, 862 pages ;
- Damian CATTEAU, *La LOLF et la modernisation de la gestion publique : la performance, fondement d'un droit public financier rénové*, Paris, Dalloz, 2007, 500 pages ;
- Charles DEBASSCH, *Finances publiques et droit administratif*, Mélanges Trotabas, Paris, Librairie Générale de Droit et de Jurisprudence, 1967, 113 pages ;
- Jean-Karl DESCHAMPS et Didier GARDINAL, *Pour une réforme globale de la fiscalité locale*, Paris, journal Officiel, 2018, 114 pages ;
- Djibril DIOP, *Décentralisation et gouvernance locale au Sénégal. Quelle pertinence pour le développement local* ?, Paris, L'Harmattan, 2006, 27 pages ;

- Etienne DOUAT et Xavier BADIN, *Finances publiques ; finances communautaires*, nationales, sociales et locales, Paris, PUF, coll. Thémis, 3e édition, 2000, 485 pages ;
- Vincent DUSSART, *L'autonomie financière des pouvoirs publics constitutionnels*, Paris, CNRS Editions, 2000, 334 pages ;
- Etienne DOUAT et Alain GUENGANT, *Leçons de finances locales*, Paris, Economica, 2002, 262 pages ;
- François LABIE, *Gestion financière collectivités locales : cas de la France*, Strasbourg, les éditions du conseil de l'Europe, 1993, 117 pages ;
- François Paul YATTA, « Partenariat pour le développement municipal », rapport, Paris, Ministère des Affaires Étrangères et Européennes et Agence Canadienne de développement international, 2007, 160 pages
- François Paul YATTA, *La décentralisation fiscale en Afrique : enjeux et perspectives*, Paris, Karthala, coll. Economie et développement, 2009, 314 pages ;
- Hilaire Kouomegne NOUBISSI , *La décentralisation et centralisation au Cameroun, la répartition des compétences entre l'État et Collectivités locales*, Paris, L'Harmattan, 2013, 495 pages ;
- Robert HERTZOG, *L'autonomie en droit, trop de sens, trop peu de signification* ?, in mélanges AMSELEK Paul, Bruxelles, Bruylant, 2005, 459 pages ;
- George CORNU et Henri CAPITANT, Vocabulaire juridique, Paris, PUF, 15e édition, 2013, 458 pages ;
- Jean-Luc ALBERT et Luc SAIDJ, *Finances publiques*, Paris, Dalloz, 2015, 9e édition., 874 pages ;
- Jacques Blanc, *Finances locales comparées*, Paris, LGDJ, Coll. Systèmes-Collectivités locales, 2002, 150 pages ;
- Jean Bernard AUBY et R. NOGUELLOU, *Droit des collectivités locales*, Paris, PUF, 4e édition, 2008, 324 pages ;
- Jean François PICARD, *Finances locales,* Paris, Lexis-Nexis-Litec, 2009, 2e édition, 320 pages ;

- Jean-François PICARD, *Finances publiques*, Paris, Litec, 1989, 445 pages ;
- Jean RIVÉRO, *La décentralisation, problème et perspectives,* études janvier 1990, p. 46 ;
- Gaston JEZE, *Cours élémentaire de science des finances et de législation financière*, Paris, Giard, 1922, 988 pages ;
- Josette PEYNARD et Max PEYNARD, *Dictionnaire de Finance*, Paris, Vuibert, 2e édition, 2001, 305 pages ;
- Pierre LALUMIÈRE, *Les Finances publiques*, Paris, Armand Colin, 1976, 543 pages ;
- Pierre LALUMIERE et André DEMICHEL, *Les finances publiques,* Paris , Armand colin, collection U, 1989, 543 pages ;
- Louis BALMOND, Marc Paillet, « L'emprunt local » in Histoire du droit des finances publiques, coord. H. Isaia et J. Spindler, vol III, Economica, 1988, Paris, 387 pages.
- Francis LEFEBVRE, Mémento pratique fiscale, Paris, Francis Lefebvre, 1985, 987 pages ;
- Jean-Marc LEGRAND, *Les enjeux de la fiscalité foncière*, ADEF, Paris, Économisa, 1983, 287 pages ;
- Yves LUCHAIRE François LUCHAIRE, *Décentralisation et constitution : Commentaire de la loi constitutionnelle relative à l'organisation décentralisée de la République, Paris, Economica, 2003, 68 pages ;*
- Roland MASPETIOL, Pierre LAROQUE, *La tutelle administrative*, Paris, Sirey, 193 0, 403 pages ;
- François FOURNIE, « *Recherche sur la décentralisation dans l'œuvre de Maurice Hauriou* », in répertoire de droit administratif, Tome 245, Paris, LGDJ, 656 pages ;
- Guy MELLERAY, *La tutelle de l'État sur les communes*, Paris, Sirey, 1981, 400 pages ;
- Michel KLOPFER, *Gestion financière des collectivités locales*, Paris, Moniteur, 5e édition, 2010, 610 pages ;
- Raymond MUZELLEC, *Finances locales*, Paris, Dalloz, 5e édition, 1995, 206 pages ;

- Raymond MUZELLE, *Finances publiques*, Paris, Sirey, col. Intégral concours, 14e édition, 2006, 685 pages ;
- Roger Gabriel NLEP, *L'administration publique camerounaise : Contribution à l'étude des systèmes africains d'administration publique,* Paris, *LGDJ, 1986, 406 pages ;*
- Gilbert ORSONI, *Les finances publiques sont-elles encore les finances de l'État* ?, Mélanges P.AMSELEK, Bruxelles, Bruyan, t 2005, p. 631 et s. ;
- Tiégoué Amadou OUATTARA, *Les finances publiques du Mali et la théorie générale des finances publiques*, Bamako, éditions-populaires, 1975, 225 pages ;
- Tiégoué Amadou OUATTARA, *L'économie des finances publiques et le système budgétaire malien*, Bamako, édition Jamana, 2e édition, 2002, 224 pages ;
- Pascal MAHON, *La décentralisation administrative, étude de droit public français, allemand et suisse*, Genève, librairie Droz, 1985, 280 pages ;
- Loïc PHILIP, *Dictionnaire encyclopédique de finances publiques*, Paris, Economica, 1re édition, 1991, 1700 pages ;
- Rosnert Ludovic ALISSOUTIN, *Les défis du développement local au Sénégal*, Dakar, CODESRIA, 2019, 327 pages ;
- Filiga Michel SAWADOGO, *Précis de droit fiscal burkinabé*, Bruxelles, édition André Boland, Namur-Flawinne, 1991, 633 pages ;
- Sékou SISSOKO, *Les finances publiques : De la théorie générale, des expériences du Mali*, Bamako, MBallou, 2004, 346 pages ;
- Thierry MICHALON, *La décentralisation les régimes d'administration locale*, Paris Syros/Alternatives, , avril 1988, 206 pages ;
- Sanoussi TOURE, *Le budget du Mali : Sa conception, ses fonctions*, Bamako, édition Jamana, 1994, 316 pages ;
- Dominique TURPIN, *Droit de la décentralisation : Principes-Institutions-Compétences*, Paris, Gualino-éditeur, 1998, 238 pages ;

- Virginie DONIER, *Droit des collectivités territoriales*, les mémentos Dalloz, 1re édition, 2014, 210 pages ;
- William GILLES, *Les transformations du principe de l'unité budgétaire dans le système financier public contemporain*, Paris, Dalloz, 2007, 458 pages ;
- Yves MENY, *Centralisation-décentralisation dans le débat politique français*, Paris, LGDJ, 1974, 536 pages ;
- Salif YONABA, *Les finances de l'État burkinabè*, Ouagadougou, PADEG, collection Précis de droit burkinabè, 2006, 393 pages.

B - DISCIPLINES ACCESSOIRES

- Adam SMITH, La richesse des nations, 1776, rééd. Garnier-Flammarion, Paris, 1991
- Arnaud DIEMER et Christel MARQUAT, Regards croisés nord-sud sur le développement durable, édition Louvain-la-Neuve, De Boeck, 2015, p. 243
- André De LAUBADÈRE, Traité élémentaire de Droit administratif, Tome 1, LGDJ 3e édition 1963, p. 85
- André DE LAUBADÈRE, Jean-Claude VENEZIA, Yves GAUDEMET, *droit administratif*, Paris, LGDJ, 1re édit., 1999, pp. 285-295
- André HAURIOU et Lucien SFEZ Institutions Politiques et Droit Constitutionnel, édition Montchrestien 1972, p. 64
- Arnaud DE SERVIGNY, Benoît Métayer et Ivan ZELENKO, le risque de crédit, éd. Dunod, collection management sup-gestion-finance, 2010, 4e édition, 320 p.
- Bernard MANDEVILLE, « La fable des abeilles » in John Maynard KEYNES, « Théorie générale de l'emploi, de l'intérêt et de la monnaie », 1936, rééd., Payot & Rivages, 2005, Paris.
- Bruno REMOND et Jacques BLANC, les collectivités locales, presse de la fondation nationale des Sciences Po et Dalloz 1989, p. 26
- Jean BODIN, Les six livres de la République, VI, 2, Paris, 1576.

- Alain BOKEL, *Droit administratif,* Dakar, NEA, 1978, p. 29.
- René CHAPUS, *Droit administratif général,* Tome I, Paris, *Montchrestien,* 15e éd., 2009, 1425 p.
- Charles EISENMANN, cours de droit administratif, tome I, Paris, LGDJ, 1982, p. 17
- Bernard CHANTEBOUT, *Droit Constitutionnel, Armand Colin,* 19e éd, 2002, 575 p.
- Christophe GUETTIER, *Institutions administratives,* Paris, Dalloz, 1990, p. 107. Olivier
- Djibril DIOP, 2006, Décentralisation et gouvernance locale au Sénégal : Quelle pertinence pour le développement local ?, L'Harmattan, Collection Etudes Africaines, 265 p.
- Fabrice HATEM, « Le marketing territorial : principes, méthodes et pratiques », Eyrolles, Paris.
- George. BURDEAU, Droit Constitutionnel et Institutionnel Politiques, LGDJ 19e édition 1980, p. 54
- Gilles DARCY, le système administratif français, édition CFPC 1982, p. 10
- George VEDEL, Droit Administratif, PUF, 7e édition 1980, p. 812
- Olivier GOHIN, *Institutions administratives,* 7e édition, coll. « Manuels », Paris, LGDJ, 2016
- Jean BOURDON, « coût et financement de l'éducation primaire en Afrique subsaharienne », collection CEPED : défis du développement en Afrique subsaharienne, l'éducation en jeu ; éd. Marc Pilon UR 105 « Savoir et développement », 2006, pp. 123-145.
- Jacques CHEVALLIER, *Science administrative,* PUF, coll. « Thémis », Paris, 1986, 607 pages.
- Jacques GENEREUX, Les vraies lois de l'économie, Economica, 2001, p. 356
- Jean RIVERO, Droit administratif; édition Dalloz 1980, 9e édition, p. 315

- Hans KELSEN, *Théorie générale des normes,* Paris, *PUF*, 1re éd., 1996, 604 p.
- Hans KELSEN, *Théorie pure du droit,* Paris, *Dalloz*, 1962, 496 p.
- Jean-François LACHAUME, *droit administratif,* Paris, PUF, 13e éd. p. 237.
- Louis ROLLAND, Précis de Droit Administratif, Dalloz 10e édition nouveau tirage 1953, p. 142
- Maurice HAURIOU, Précis élémentaire de droit administratif, Sirey 1938, p. 40
- Marcel WALINE, Droit Administratif, édition Sirey, 8e édition 1958, p. 266
- Marcel WALINE et Raymond ODENT, ss dir, Encyclopédié Dalloz Droit administratif, 1958, pp. 32-33
- Maurice BOURJOL, Droit Administratif, Tome I, édition Masson, 1972, p. 101
- Malcolm GILLIS al, Economie du développement, éd. De Boeck, Paris, 1998, pp. 293 et s.
- Michel REYDELLLET, le nouveau contrôle des actes des collectivités locales ou la suppression de la tutelle, coll. Collectivités territoriales, Economica, 1985, pp. 17-18.
- Pierre ARDANT, Institutions Politiques et Droit Constitutionnel, LGDJ 1990, p. 30
- Michel ROUSSET, Jean GARAGNON, droit administratif marocain, 1781 p.
- Mireille TOUZERY (sous la direction), De l'estime au cadastre en Europe : l'époque moderne, Comité pour l'histoire économique et financière de la France, Paris, 2007, 625 p.
- Adolph WAGNER, *Traité de science des finances*, traduction. Française., Pais, 1909, p. 74.

III -ARTICLES ET REVUES SCIENTIFIQUES

- Abdou BALLO, Infrastructures routières et économie des transports ?, Bamako, septembre, 2005
- Daron ACEMOGLU et James Robinson, « A theory of political transitions », American economic review, 91 (4), 2001, pp. 938-963
- Alain DUBRESSON et Yves-André FAURE, « Décentralisation et développement local : un lien à penser », Revue Tiers Monde, n° 181, 2005, pp. 7-20
- Antonio ESTACHE, « Infrastructures et développement : une revue des débats récents et à venir », Revue d'économie du développement, De Boeck, n° 4, Décembre, 2007, pp. 5-53
- Abdelkrim GUIRI, *intervention le modèle et instrument de la gestion financière des collectivités territoriales*
- Alain GUENGANT, « le potentiel fiscal mesure-t-il correctement la richesse fiscale des communes », Annuaire des collectivités locales, n° 11, 1991, pp. 5-21
- Alberto ALESINA et Roberto PEROTTI, « the political economy of growth: a critical survey of the recent literature », world bank economic review, 8 (3), 1994, pp. 351-371.
- Anne AMAR et Ludovic BERTHIER, « Le nouveau management public : avantages et limites », *Gestion et management public*, 2007, vol. 5, pp. 1-14
- Philipe ANGOTTI et Philipe LAURENT, « La communication financière des collectivités locales : enjeux et perspectives », RFFP N° 71, 2000, p. 13
- Andrée PASTERNAK et Jean-Paul PELLISSIER, « Transport et logistique : enjeux territoriaux et rôle des autorités locales et régionales », MediTERRA, Hors collection, 2014, p. 1
- Alain PIVETEAU, « Décentralisation et développement local au Sénégal : chronique d'un couple hypothétique », Revue Tiers Monde, n° 181, 2005, pp. 71-93
- Christopher HAUTBOIS et Michel DESBORDES, « Le sport dans la stratégie de communication des collectivités territoriales : le cas

de la Seine–Saint-Denis », Politiques et management public, vol. 28/4, octobre-décembre, 2011, pp. 509-530

- Catherine Araujo BONJEAN et Gérard CHAMBAS, Taxing the urban unrecorded economy in sub-saharan Africa, in Taxing the hard to tax. Lessons from theory and pratice, Alm (J.), Martinez (J), eds, Elsevier, 2004
- André ROUX, « L'autonomie financière des collectivités locales en Europe », Rapport introductif, Annuaire international de justice constitutionnelle, 2006, p. 499.
- Agnès ROBLOT-TROIZIER, « Quand le Conseil constitutionnel protège les intérêts de l'État » in Agnès ROBLOT-TROIZIER, Guillaume Trusseau, « Chronique de jurisprudence – Droit administratif et droit constitutionnel », RFDA, 2014, p. 1218
- Alphonse YAPI-DIAHOU, « Migration et décentralisation en Afrique : À la recherche des animateurs du jeu local », in L'aménagement au défi de la décentralisation en Afrique de l'Ouest, Presse universitaire de Mirail, 2005, p. 92
- Nassirou BAKO-ARIFARI, Allaye Biréma DICKO, Martin DOEVENSPECK, Bala Wenceslas SANOU, Uwe SINGER, Financer la décentralisation rurale : Taxes et impôts à l'échelle locale au Bénin, Burkina Faso et Mali, Série : Décentralisation et gouvernance locale, Bulletin 357, Institut Royal des Tropiques (KIT) – AmsterdamKIT Development, policy and practice, 2004, p. 80
- André BARILARI, « La question de l'autonomie fiscale », *Revue française de finances publiques*, n° 80, 2002, p. 77
- Bernard HUSSON, « La coopération décentralisée, légitimer un espace public local au Sud et à l'Est », (Ciedel), Transverses n° 7, juillet 2007, p. 4
- Katalyn KOLOSY : « le développement local : réflexion pour une définition théorique du concept », édition Horizon local, 1996-2001
- Bréhima KASSIBO, « la décentralisation au Mali : état des lieux », Bulletin de l'APAD, numéro 14, 1997, p. 12
- Bruno TRIQUENAUX, « Le cadre juridique des garanties et cautionnements d'emprunts accordés par les collectivités territoriales », Petites affiches, 17 novembre 1995, n° 138, p. 13

- Barbé VANESSA, « La péréquation, principe constitutionnel », Revue française de droit constitutionnel, 2010, n° 81, pp. 3-19
- Charley DARBOUSSET, Recherches sur la notion de péréquation en droit public, Thèse de doctorat, Université de la Rochelle, 2011, p. 19
- Mamadou Z. CAMARA, « problématique de la mise en place du cadastre au Mali », 2010, p. 4
- Chambas GERARD et Al, « La mobilisation de ressources propres locales en Afrique », Nations Unies (Vienne, 26-29 juin 2007) a été rédigée à la demande de l'UNDESA, juin 2007
- Isabelle CHATRY, Cheffe de projet, réformes territoriales et finances locales à l'OCDE, le 8 novembre 2017
- Christel ALVERGNE, « Quelles politiques territoriales pour inscrire l'Afrique dans la mondialisation ? », l'aménagement du territoire en Afrique subsaharienne, Avril-Juin 2007, pp. 203-216
- Cyrille MONEMBOU, « Le pouvoir réglementaire des collectivités locales dans les États d'Afrique noire francophone (les cas du Cameroun, du Gabon et du Sénégal) », Revue CAMES/SJP, n° 002/2015, pp. 79-111
- Charles DE COURSON, « Autonomie financière des collectivités locales : La voie étroite », in Commentaire, n° 100, Hiver 2002-2003, pp. 885
- Denis BESNAINOU, : « planification nationale, planification régionale », in revue économique, Persée, numéro hors-série, 1993, pp. 177-192
- David CARASSUS, Sébastien DIAZ, Damien GARDEY et Serge. HUTEAU, « Evolution de la gestion publique locale vers l'amélioration de la performance : le cas des départements », Annuaire des collectivités locales, 2008, n° 28, pp. 43-59
- Bernard DAFFLON, La nouvelle péréquation financière après le référendum du 28 novembre 2004, in Oscar MAZZOLENI (éd.) Fédéralisme et décentralisation/Federalismoe decentramento, Casgrande Editore, Lugano et Milano, 2005, pp. 127-181

- Jean-Karl DESCHAMPS et Dominique GARDINAL, Pour une réforme globale de la fiscalité locale, J.O de la République française, avril 2018, p. 55
- Mamadou DIOUF, « Politique de décentralisation : finances locales, budget participatif et contrôle des collectivités locales » *in Sénégal Finances publiques, Décentralisation et Transparence budgétaire*, J. H.Sy (dir.), *Aide Transparence*, 2005, pp. 157-218
- Abdourahmane DIOUKHANE, « Le principe de la libre administration des collectivités locales » in l*a régionalisation : approche sénégalaise et expérience française*, Dakar, *CREDILA*, 1998, pp. 95-115
- Léopold DONFACK SOKENG, « Bonne gouvernance, État de droit et développement : Approche critique de la réforme de l'État en Afrique », in Revue trimestrielle de droit et des activités économiques, n° 2, Avril-juin 2007, pp. 241-296
- Malika Ahmed ZAID CHERTOUX, « le développement local à travers une analyse critique des Finances communales de la Wilaya de Tizi-Ouzou » ; Revue Campus N° 5, Page : 11
- Abdelbaki SMATI, « nature du développement local et rôle des collectivités locales dans son financement », centre universitaire de Souk-Ahras, p. 82
- Guillaume DRAGO, La nécessaire consécration constitutionnelle d'un pouvoir fiscal des collectivités territoriales, In, *Mélanges en l'honneur de Jacques MOREAU*, Paris, Economica, 2003, p. 125
- Daniel TARSCHYS, *« L'horizon budgétaire », dans la revue de l'OCDE, vol. 2, n° 2, 2002, p. 95*
- Máiréad DUNNE, Kwame AKYEAMPONGA, Sara HUMPHREY, (2007). "School processes, Local Governance and Community Participation: Understanding Acces". Create Pathways to access. Research Monograph n°6 Brighton: Consortium for Research on Education Acces. Transitions and Equity (CREATE), Centre For International Education ; Sussex school of Education University of Sussex
- Eloi DIARRA, « Editorial sur l'actualité des finances publiques en Afrique », afrilex.u-bordeaux4.fr/sites/afrilex/IMG / pdf/3

- Eric OLIVA, « *Les principes de la libre administration et d'autonomie financière* », article dans la RFFP, n° 119, 2012, pp. 49-69, spécialement p. 61
- Fabienne LELOUP et al., « la gouvernance territoriale comme nouveau mode de coordination territoriale ? », Géographie, économie, société, vol. 7, 2005, pp. 321-332
- Jean FLORIMOND-GASTON, Du culte du Dieu Terme et de la limitation de la propriété chez les romains ; De la péréquation de l'impôt foncier, Jourde, Université de Droit, 1886.
- François PLASSARD, « Transport et territoire » la Documentation française, 2003, Paris, p. 6
- Bertrand FAURE, « la compétence générale des collectivités territoriales : consécration et vicissitudes historiques », pouvoirs locaux, n° 68, 2000, p. 43
- François Paul YATTA « La gouvernance financière locale », Partenariat pour le développement municipal (PDM), communication, 24 p.
- Ghislain BRÉGEOT et Isabelle CHENEVEZ, « l'impact de la coopération décentralisée sur les territoires : ouvrir les communes, intercommunalités, pays, Départements et Régions à l'international », collection « Réflexions », Cités Unies France, 2006, p. 68
- Gérard CHAMBAS, « L'impôt rural et la fiscalité indirecte interne au Mali », Bamako, CERDI, 1990
- Gérard CHAMBAS, Jean-François BRUN et Grégoire Rota GRAZIOSI, « la mobilisation de ressources propres locales en Afrique », juin 2007, p. 3
- Gérard CHAMBAS et al, « Corruption et mobilisation des recettes publiques : une analyse économétrique sur les pays en développement », Communication au colloque AUPELF-UREF, Paris, septembre 2006
- Gilles DUFRÉNOT *et al.*, « Les comportements d'emprunt des régions françaises : quel degré d'hétérogénéité ? », Revue économique 2011/5 Vol. 62, pages 919 à 940

- Günter SCHOMOÏDERS, Psychologie des finances et de l'impôt, PUF, 1973, p. 13
- Jean-Baptiste GEFFROY, « *Grands problèmes fiscaux contemporains* ». PUF. Paris. 1993, pp. 30-31
- Gérard MARCOU, « La régionalisation en Europe », Groupement de Recherches sur l'Administration Locale en Europe (GRALE), CNRS, 170 p.
- Guy GILBERT (dir.), « La péréquation financière entre les collectivités locales », Actes du colloque international « A la recherche de la péréquation », Limoges, 12-13 octobre 1995, Paris, PUF, 1996, quatrième page de couverture
- Guy GILBERT et Alain GUENGANT, « Évaluation de la performance péréquatrice des concours financiers de l'État aux communes », Économie et statistique, n° 373, Paris, 2004, pp. 81 à 108
- Gilles DUFRENOT, E. Houessou et E. Nonfodji : Politique budgétaire et dette dans les pays de l'UEMOA, Paris, Economica, 2007, p. 69
- Alain GUENGANT, « Egalité des collectivités territoriales et péréquation », actes du XIe colloque de l'ASRDLF : « Convergence et disparités régionales au sein de l'espace européen : les politiques régionales à l'épreuve des faits », Bruxelles, 1, 2 et 3 septembre 2004, p. 16
- Guy GILBERT et Alain GUENGANT, « Evaluation du dispositif de péréquation financière entre les communes, les départements et les régions », Territoires 2020, 2e trimestre 2004, n° 10, Paris Territoires 2020, pp. 19-28
- Alain GUENGANT, Le potentiel fiscal mesure-t-il correctement la richesse fiscale des communes ?, Annuaire des collectivités locales, 1991, tome 11, pp. 5-21
- Laurent GUIHERY, « Fédéralisme fiscal en Allemagne : quelle réforme de la péréquation financière allemande ? », Economie Publique, n° 8-2001/2, pp. 1-34
- Hansjörg BLÖCHLIGER et Claire CHARBIT, « Péréquation financière », Revue économique de l'OCDE, N° 44, 2008, pp. 283-309

- Mohamed HADDY, *« Liberté et pauvreté : Quelles articulations ? »*. REMALD, n° 96, janvier-février. 2011. 26
- Hassan Maman ABDO, « Rôle des infrastructures de transport dans la construction de l'espace ouest-africain », Mondes en développement, De Boeck Université, vol. 0 (4), pages 137 à 152
- Harald MIQUET, « l'articulation des initiatives publiques locales et privées dans le déploiement des réseaux de communications électroniques ! Fondements et instruments juridiques », Annuaire des collectivités locales, n° 34, 2014, pp. 647-655
- Herbert A. SIMON, « Rationality as process and as product of thought », T. ELY Richard lecture, Carnegie, Million University, american association, n° 2, 1978
- Henri STERDYNIAK, « Incohérences fiscal », Le blog, octobre 2017
- Ismaïla Madior FALL, « le contrôle de légalité des actes des Collectivités Locales au Sénégal », Afrilex, n° 5, juin 2006, p. 86
- Irène BOUHADANA, Willian GILLES, « l'autonomie du pouvoir dépensier des collectivités territoriales : quelles contraintes pour quelle optimisation ? » ; annuaire des collectivités territoriales, 2011, N° 31, pp. 75-85
- Idrissa Soiba TRAORE, Ecole et décentralisation au Mali : des logiques d'approbation locales aux dynamiques de conquête de l'espace scolaire, L'Harmattan, 2011, p. 7
- Isabelle JOUMARD et Per Mathis KONGSRUD, « les relations financières entre l'État et les CL », révue économique de l'OCED, N° 36, 2003/1, p. 9
- Jean Christophe MORAUD, « Analyse du cadre légal de la dette des collectivités locales depuis la décentralisation » Gestion et finances publiques, novembre 2009, n° 11, p. 860
- Jean-Claude WATHELET, « Reddition des comptes et gouvernance des collectivités territoriales françaises », Politiques et management public 2003, n° 21-4, pp. 71-88
- Louis-Jérôme CHAPUISAT « les affaires communales » AJDA 1976, P. 471 du même auteur la notion d'affaires locales LGDJ 1972

- Jean ARTHUIS, *« Faut-il étendre la LOLF à l'ensemble des entités de la sphère publique ?* », article dans la RFFP, n° 100, numéro spécial, 2007, pp. 129-132
- Jean BOUINOT, « La communication financière des villes », RFFP N° 41, 1993, p. 149
- Jean-Pierre DUPRAT, *« La dynamique des réformes budgétaires : globalisation des problèmes, unification des outils et adaptation nationale des solutions »,* RFFP, n° 98, 2007
- Jean Marc FONTAN, « Le développement du local, de la contrainte économique au projet politique », *Revue française d'administration publique* n° 135, ENA, 2010/3
- Jean-Marc GALLAND, *« L'autonomie financière des collectivités locales : l'arlésienne du XXIe siècle ? »* RFFP n° 81, mars 2003, p. 73
- Jean-François MEDARD, « décentralisation du système de santé publique et ressources huamaines au Cameroun », in un système de santé en mutation : le cas du Cameroun, Bulletin de l'A.P.A.D, n° 21, 2001, p. 5
- Jean-Joël GOUVERNATORI, légalité du financement des équipements publics, Collectivités/Finances locales/Droit public économique, publié le 15/01/2013
- Joseph KANKEU, « L'autonomie des collectivités territoriales décentralisées : quelle autonomie », Juridis périodique, n° 85, Janvier-Février-Mars 2011, p. 93
- Jean-Marie PONTIER, « les dépenses obligatoires des collectivités locales », revue administrative, n° 305, 1998
- Jinane SAYAH, « quelques remarques sur les principes directeurs pour les services publics locaux en Europe, in le service public local, presse universitaire de Grenoble, Grenoble, 1998, pp. 121-132
- Amadou KEITA, « orpaillage et accès aux ressources naturelles et foncières au Mali », GERSDA, les cahiers du CIRDIS collection recherche, n° 2017-01, p. 6
- Amadou KEITA et al, « Communautés locales et "manne aurifère" : les oubliées de la législation minière malienne », Groupe GERSDA, collection « Legal tools for citizen empowerment », 2008, p. 38

- Henri-François HENNER, « Infrastructures et développement », Mondes en développement, tome 28, 109, 2000, pp. 79-86
- Khadija SACKO, « Taxez-nous si vous le pouvez : pourquoi l'Afrique doit défendre la justice fiscale », Réseau pour la justice fiscale-Afrique, 2012, p. 11
- Kare MBOMOZOMO, Guide du développement local, le développement économique local : expérience dans le bassin du fleuve du Sénégal (Mauritanie, Mali, Sénégal), février 2014, p. 14
- Amavi KOUEVI, « La problématique générale de la solidarité financière territoriale Actes du colloque : « La solidarité en droit public », Université de Franche-Comté, 21-22 avril 1999, Paris, L'Harmattan, 2005, pp. 97-135
- Anne O KRUEGER, political economy of policy reform in developing countries, MIT-Press. 1993
- Kaïd Tlilane NOUARA, « le service public local au service du développement durable », in Marché et Organisation, sous le thème : développement durable et responsabilité sociale des acteurs, L'Harmattan, n° 8, 2009, pp. 79-102
- François LABIE, *« Finances locales »*. DALLOZ. 1995. pp. 12-14
- François LABIE), « Finances locales et autonomie financière », In *Décentralisation, État et territoire*, Cahier français n° 318, Paris, La documentation française, 2004, p. 80
- Jean Le GARREC, contribution écrite de l'Association des maires de France et des présidents d'intercommunalité in Maires de France, n° 134, juillet-août 2002, p. 45
- Bernard LEVALLOIS : « L'évolution du contrôle financier des administrations locales », RFFP, N° 79, 200, p. 11
- L. Lankaoni : « Régionalisation élargie : quel financement des initiatives économiques locales ? », in Amal MÉCHERF « Les finances des collectivités locales dans les États du Maghreb », actes des VI journées Maghrébins de droit, organisées par le réseau des juristes maghrébins (REJMA), tenues les 5 et 6 avril à Marrakech, pp. 77-78

- Loïc PHILIP, « L'autonomie financière des collectivités territoriales », in Les Cahiers du Conseil constitutionnel n° 12/2002, p. 98, note n° 16
- Loïc PHILIP, « Le pouvoir fiscal bénéficie-t-il d'une protection constitutionnelle » ?, Pouvoirs Locaux n° 46 III/2000, p. 61
- Louis FAVOREU, A. Roux, « La libre administration des collectivités territoriales est-elle une liberté fondamentale ? », Cahiers du Conseil Constitutionnel, mai 2002 n° 12
- Larabi JAIDI, « La réforme de la fiscalité locale : Un ajustement technique ou un changement de paradigme ? », mai 2008
- Luc SAÏDJ, *« L'influence de la LOLF sur les collectivités locales »,* article dans la RFFP, n° 107, 2009, pp. 7-24
- Luc SAÏDJ, « Recherche sur la notion de finances publiques en droit constitutionnel et financier positif », *RDP*, 1982, p. 1297
- Fara MBODJ, « L'application du principe de l'équilibre réel du budget dans les collectivités locales : du formel au mythe, *Droit sénégalais*, n° 7 novembre 2008, pp. 317-347
- Matthieu Conan, « L'autonomie financière des collectivités territoriales : trente ans après la loi de décentralisation du2 mars 1982, état des lieux », AJDA, 2012, p. 759
- Mayacine DIAGNE. La construction juridique de la décentralisation au Sénégal : Une application contrariée. p. 55
- Mohamed EL-YAÂGOUBI, « La régionalisation avancée dans les discours royaux », p. 53
- Marie Johnson GENEVIEVE et al, « Le fonds de péréquation des ressources communales et intercommunales (E.P.I.C) : vraie solution ou vrai problème ? »
- Marcel JOLIVET, « Le développement local, mode ou mouvement social ? », in Economie rurale, n° 166, 1985, pp. 10-16
- Messaoud SAOUDI, « Typologie des dépenses locales : problématiques et enjeux », la revue du trésor, p. 473
- Michel BOUVIER, « Mutations des finances publiques et crise du pouvoir politique ? », *RFFP* n° 79, 2002, p. 241

- Michel BOUVIER, « L'autonomie financière locale a-t-elle un sens ? », in *La territorialisation du pouvoir fiscal, op. cit.*, p. 121-144
- Michel BOUVIER, « Fiscalité locale : quels enjeux ? », RFFP n° 135, 2015, p. 5
- Michel BOUVIER, « Les ambigüités fatales du droit public financier », Revue française des finances publiques, n° 122, 2013, p. 8
- Michel BOUVIER, « Repenser la solidarité financière entre collectivités locales : les nouveaux enjeux de la péréquation en France », Revue française d'administration publique, n° 121-122, 2007, pp. 75-78
- Mohammed YAHIA, « Les Institutions Administratives et Politiques Marocaines : Essai de Réflexion Théorique et Pratique » p. 72
- Bernard MOMO, « Réflexions sur le système communal camerounais : contribution à l'étude de la décentralisation territoriales au Cameroun », *in Juridis* Info n° 24, Octobre-Novembre-Décembre, 1995, pp. 81-92, p. 90
- Moussa MBALLO, *« Pourquoi les collectivités locales sénégalaises sont-elles indigentes ? »*
- Muriel MURIEL-CLUPOT et Serge ROUOT, « La communication financière des collectivités territoriales : nouveaux usages de l'internet pour un système de financement en mutation, Revue politique et management public, 2013, pp. 159-180
- Mamadou SAMOURA, « L'expérience guinéenne de décentralisation », in L'aménagement au défi de la décentralisation en Afrique de l'ouest, presse universitaire de Mirail, 2005, p. 107
- Nejib BELAÏD, « L'expérience tunisienne de l'autonomie locale », Actes séminaire international organisé par le congrès des pouvoirs locaux et régionaux de l'Europe en
- Paulin Ibanda KABAKA, « L'importance des dépenses d'investissement sur la croissance économique », archives-ouvertes.fr, 2016, p. 2

- Patrick DEVEDJIAN, « Pourquoi il est si difficile de réformer l'État », novembre 2017.
- Paul PRÉVOST, « Le développement local : contexte et définitions », cahiers de recherche IREC
- Pascal COMBEAU, « Coopération décentralisée », JurisClasseur Collectivités territoriales, fascicule n° 60, Date du fascicule : 25 octobre 2010
- Jean-Pierre GIRARD, « Présentation des différents montages relevant de l'appellation PPP », p. 950
- Jean-Marie PONTIER, La fracture civique, la citoyenneté et les collectivités locales, Rev.adm., n° 298, 1997, p. 440
- Paul ROMER, « Increasing returns and long-run growth », journal of political economy, vol. 94, 1986, pp. 102-1037
- Robert E LUCAS, « On the mechanics of economic developpment », journal of monetary economics, n°22, 1988, pp. 3-42.
- Robert J. BARRO, « Gouvernment spending in a sjmple model of endogenous growth », Journal of political economy, n° 98, Octobre 1990
- Robert HERTZOG, ''L'ambiguë constitutionnalisation des finances locales'', *Actualité juridique – droit administratif*, mars 2003, p. 548
- Robert HERTZOG, « A la recherche d'une théorie du système financier public complexe », in Loïc PHILIP (études en l'honneur de), Constitution et finances publiques, Economica, Paris, 2005
- Robert HERTZOG, « L'investissement local est-il surévalué ? » ; M-E. Binet, J-S. Pentecôte, « Structure de l'impôt et cycle électoral au plan municipal », Economie et prévision, 2006, n° 174, vol. 174, p. 113
- Robert HERTZOG, « La loi organique relative à l'autonomie financière des collectivités territoriales : précisions et complications », AJDA, 2004, p. 2007
- Robert HERTZOG, « La réforme des collectivités territoriales : une ambition financière », RFAP, 2012/1 n° 141, p. 134

- Robert HERTZOG et E. PORTAL, « Les innovations dans la gestion financière locale : imposées, proposées et décidées », Annuaire des collectivités locales, Tome 28, 2008. Où en est la gestion locale ? pp. 73-85
- Raymond MUZELLEC, « De la pertinence des principes budgétaires et comptables applicables aux collectivités territoriales », Politiques et management public, 1988, P : 3-37
- Yvon ROCABOY, *« Qui paie la ville ? Logique et efficacité du système de financement ».* Revue d'économie financière, n° 86. 2006, Paris, pp. 6 et 7
- Roland DEBBASCH, « L'indivisibilité de la République et l'existence de statuts particuliers en France », in IDL, État, Régions et Droits locaux
- Sbihi. (M), *« Volonté d'autonomie et obstacles financiers : les défis des collectivités territoriales »,* Actes du colloque national des XIXème Universités Fiscalessités De Printemps, organisé les 24 et 25 mai 2013 à Oujda, sous le thème *« Autonomie financière territoriale face à la crise économique : Afrique, Amérique, Europe »*
- Stéphane BRACONNIER, « Les contrôles de l'État sur les collectivités territoriales aujourd'hui », p. 7
- Friedrich SCHNEIDER, Enste DOMINIK H, « Shadow Economies: Size, causes and consequences », Journal of Economic Literature, vol. XXXVIII, 77-114.
- *Serge HUTEAU : La nouvelle gestion publique locale : LOLF et collectivités territoriales, Paris, Dexia, 2008, p. 120*
- Sébastien JEANNARD, « L'identification de la nature juridique des emprunts publics », RFFP, septembre 2013, p. 54
- Paul Bernd SPAHN, Le maintien de l'équilibre fiscal dans une fédération : L'Allemagne, Francfort, août 2001, 21 p.
- Thierry PAULAIS, « Financer les villes d'Afrique : l'enjeu de l'investissement local », publié par Pearson Education France, 2012, p. 65
- Thierry PAULAIS, « Les collectivités locales et la crise financière : une mise en perspective », the Cities Alliances, AFD, 2009, 23 p.

- Théa HILHORST, Elsbet LODENSTEIN, « Réaliser le transfert de compétence dans le domaine de la santé », Bulletin n°383.
- Cheickna TOURE, « Détermination des facteurs socioculturels de blocage au paiement des impôts et taxes au Mali : analyse socio-anthropologique », novembre 2011, p. 15
- Cheickna TOURE : « Le système de contrôle des finances publiques au Mali », *Revue électronique Afrilex, n° n° 4, décembre 2004, http://afrilex.u-bordeaux4.fr. pp. 150-302*
- Victor. CHOMENTOWSKI, « Les perspectives de recours à l'emprunt par les collectivités locales dans les PVD et notamment en Afrique subsaharienne », in « Ressources du développement local » organisée par l'Association des Professionnels du développement urbain et coopérative, acte de la journée de 10 septembre 2004, p. 66
- Vincent DUSSART, « Les difficultés de financement des investissements des collectivités territoriales », p. 53
- (Philippe VALLETOUX « Fiscalité et finances publiques locales », CESE, 2016.
- François-Paul YATTA, « La décentralisation financière en Afrique : Succès, Problèmes et Contraintes », Windhoek 18 mai 2000, p. 03
- Harold WOLMAN, « Les facteurs de réussite ou d'échec des politiques publiques », Politiques et management public, 1985, N° 3, p. 81.
- Xavier BEZANÇON, « Une approche historique des services publics locaux », in le service public local, PUG, 1998, pp. 23-75

IV. THÈSES DE DOCTORAT/MÉMOIRES

- Babacar FAYE, « La réforme du système financier des collectivités locales sénégalaises », thèse de doctorat en droit public, soutenu en septembre 2017 à l'université de jean Moulin de Lyon
- B. D. BA, « Finances publiques et gestion par la performance dans les pays membres de l'UEMOA : étude de cas du Sénégal, thèse de doctorat, Université Bordeaux, 2015, p. 88

- C. NANAKO, La libre administration des collectivités territoriales au Bénin et au Niger, Thèse, Université d'Abomey-Calavi (Bénin), 2016, p. 331
- DIARRA (E.) : *les aspects financiers de la Communauté économique de l'Afrique de l'Ouest (CEAO)*, thèse, université de droit, d'économie et de sciences sociales de Paris 2), 1982, 516 p.
- DETHAN E., Les dépenses obligatoires des budgets départementaux et communaux, Thèse, Paris, 1914, pp. 14-15
- F. Cuenne, *Le vote et le contentieux des impôts locaux*, Thèse, Dijon 1910, p. 92
- GUIHERY Laurent, Fédéralisme fiscal et redistribution : fondements et enseignements du fédéralisme allemand, Thèse doct. : Sciences économiques, Université Lumière Lyon II, 1997, 464 p.
- J-B. BOUET, L'administration décentralisée du territoire : choix et perspectives ouverts sous la cinquième République, thèse de doctorat droit, Université d'Angers, 2006, p. 500
- Abdoul Aziz KEBE, *la répartition des compétences entre la loi et le règlement en droit fiscal sénégalais,* thèse, UCAD, Dakar, 2012, 398 p.
- KY (A), Décentralisation au Burkina Faso : une approche en économie institutionnelle, Faculté des sciences économiques et sociales de l'Université de Fribourg (Suisse), 2010, P. 167.
- L. N. Tsimi, L'autonomie administrative et financière des collectivités territoriales décentralisées : l'exemple du Cameroun, thèse de doctorant en droit public, septembre 2010
- M. K. TRAORE, La gouvernance locale dans le secteur de l'éducation au Mali, thèse de doctorant, Université de Toulon, 2015, p. 85
- Issouf TOURE, « La décentralisation et la gestion foncière au Mali », thèse de doctorant, Institut Supérieure de Formation et de la Recherche Appliquée, Bamako, 2016, p. 216.
- Maurice MINORET, La contribution mobilière et foncière pendant la Révolution, Thèse de doct. : Droit public, Librairie A.

Rousseau, Paris, 1900, 720 p. et ARDANT Gabriel, Histoire de l'impôt, tome 2, Fayard, Paris, 1972.

- Modibo FOFANA, la gouvernance financière locale au Mali, thèse, Université Gaston Berger, soutenue en janvier 2019

V - AUTRES DOCUMENTS :

- A. CHAMBE, « Etude sur la notion de développement local », actes de la journée de Association des professionnels du développement urbain et de coopération (AdP), in les ressources du développement local, septembre 2004, p. 10
- *Acte uniforme portant organisation des procédures simplifiées de recouvrement et des voies d'exécution adoptée le 10 avril 1998,* Journal Officiel OHADA N° 6 du 1er juillet 1998.
- Actes de la Conférence Résolutions Afrique tenue à Marrakech en 2014, sous le thème *« Valoriser et mobiliser les ressources endogènes du territoire pour le développement : Renforcer l'autonomie locale et la prévisibilité »*. Choix de rapports opinions et discours à la tribune nationale, Robespierre ; p. 323
- A. L. HILLMAN et E. JENKNER, « l'éducation des enfants dans les pays pauvres », dossiers économiques n° 33, Fonds Monétaire International, 2004, p. 10
- Annexe 9 : les concours financiers de l'État aux collectivités locales, *revue française des finances publiques en 2008,* France p. 350
- Alain (D. L), Aménagement foncier urbain et gouvernance locale en Afrique subsaharienne, enjeux et opportunités après la conférence habitat II, rapport du colloque régional des professionnels africains, Ouagadougou, Burkina Faso, 20-23 avril 1999, p. 74
- A. Roux, « L'autonomie financière des collectivités locales en Europe », Rapport introductif, Annuaire internationale de justice constitutionnelle, 2006, p. 499
- A. SENE, la gestion axée sur le résultat et le développement local ?, Global local forum, le dialogue des territoires, 2014
- Banque africaine de Développement, *Evaluation du potentiel des recettes au Sénégal*, étude économique et sectorielle, département-pays, région Ouest *2*, octobre 2010

- Babacar FAYE, *Les recours du représentant de l'État contre les actes des collectivités locales : le déféré*, mémoire de DEA, Section Collectivités locales, UFR Sciences Juridiques et Politiques, 2003, 57 p.
- Banque Mondiale, Rapport sur le développement dans le monde, Banque Mondiale, Washington, 1996
- B. PECQUEUR, « le développement territorial : une nouvelle approche des processus de développement pour les économies du sud », communication au colloque international sur « la décentralisation au service du développement local », Tizi Ouzou, 27-28 novembre, 2004, pp. 27-47
- C. BAUMONT, « Economie géographique et intégration régionale : quels enseignements pour les pays d'Europe centrale et orientale ? », document de travail n° 9811, octobre 1998
- Cheikhou DIOP « Situation des finances des collectivités locales en Afrique/caractéristiques des ressources en Afrique : État des lieux » élément du module d'intervention sur la « Situation des finances des collectivités locales en Afrique et état des lieux des pratiques des collectivités locales en matière de mobilisation des ressources », centre international des autorités/acteurs locaux (CIFAL), Ouagadougou, du 08 au 12 juin 2009 à Douala
- Commission finances locales et développement de CGLU, « les conditions de la mobilisation des ressources du financement local pour une urbanisation durable », relevé de conclusions de la 1re phase de l'étude et lancement de la seconde phase, p. 17
- Conseil de l'Europe, gestion financière des collectivités locales : cas de la France et du Royaume-Uni, Rapport, comité directeur des autorités locales et régionales (CDLR), Communes et régions d'Europe, n° 50, 1993, p. 45
- Dafflon (B) et Madiès (T), Décentralisation : quelques principes issus de la théorie du fédéralisme financier, Notes et documents n° 42, Paris : Agence Française de développement, département de la recherche
- D. DOUGNON, I. BOCOUM…, « Ecole et décentralisation : le cas du Mali », cahier de recherche de l'IIPE (Institut International de Planification de l'Education, UNESCO, 2008, p. 11

- Document de synthèse d'un atelier national au Sénégal, 1998
- E. BARRAU, développement local : renforcement des acteurs locaux et décentralisation, conception et mise en œuvre d'une démarche de développement local en Mauritanie, mémoire de DESS, Paris VIII, 2004-2005, p. 6
- Ebel (R), Yilmaz (S), Le concept de décentralisation fiscal et survol mondial, Institut de la Banque Mondiale, symposium international sur le déséquilibre fiscal du 13-14 septembre 2001, Québec.
- El Allali. (A), (Présentation). Actes du colloque national des XIXe Universités Fiscales De Printemps, organisé les 24 et 25 mai 2013 à Oujda, sous le thème *« Autonomie financière territoriale face à la crise économique : Afrique, Amérique, Europe ».*
- Etude FMI, « Mobilisation des recettes dans les pays en développement », 8 Mars, 2011, pp. 4
- G. Chambas et al, « Corruption et mobilisation des recettes publiques : une analyse économétrique sur les pays en développement », Communication au colloque AUPELF-UREF, Paris, septembre 2006
- GILBERT Guy (dir.), « La péréquation financière entre les collectivités locales », Actes du colloque international « A la recherche de la péréquation », Limoges, 12-13 octobre 1995, Paris, PUF, 1996, quatrième page de couverture
- Guengant (A), « Egalité des collectivités territoriales et péréquation », actes du XIe colloque de l'ASRDLF : « Convergence et disparités régionales au sein de l'espace européen : les politiques régionales à l'épreuve des faits », Bruxelles, 1, 2 et 3 septembre 2004, p. 16
- Grégoire Rota GRAZIOSI ; Emilie CALDEIRA et Gérard CHAMBAS, fiscalité locale et décentralisation : Mali, Fonds monétaire international, Département des finances publiques, juillet 2015, p. 50
- Ibrahima MBAYE, « Mécanismes de financement : les ressources propres des collectivités locales », actes de Kaolack et Fatick, journées de la coopération décentralisée et de la planification régionale, 2e édition, 14-20 mai 2004, p.104.

- I. Inschaupé, « Les finances locales, l'autre bombe ». *L'opinion, 5 octobre 2014* ; M-C. Tabet, « Collectivités locales : la bombe à retardement », *Journal du Dimanche* 5 octobre 2014
- J. M. COUR, « le financement de l'urbanisation et le développement local », in Ecoloc, gérer l'économie localement en Afrique : Evaluation et prospective, pp. 5 et 6
- Document du Programme National d'Irrigation de Proximité au Mali (PNIP), août 2010, p. 15
- K. NADVI et H. SCHMITZ, industrial clusters in developping countries, World development, vol. 27, n° 9, septembre, 1999, Special issue, pergamon
- K. Simon et W. McCluskey, Etudes sur les régimes fonciers
- KUATE (J. P), contribution au renforcement des ressources financières des communes camerounaises, Mémoire DESS en Gestion financière municipale, CESAG, juin 2004, p. 39
- La gouvernance de la fiscalité au Mali : enjeux et défi de la mobilisation des recettes fiscalités, Forum multi-acteurs sur la gouvernance au Mali, 8e séance, p. 13
- le « Livre blanc de la décentralisation financière dans l'espace UEMOA »
- L. TOURE, la gouvernance de la santé dans la région de Sikasso, in programme « l'État local, la gouvernance quotidienne et les réformes du service public, miseli, financement DDC, p. 40
- MATCL, SCAC, Guide de la coopération décentralisée au Mali
- M. BENLHACEN, « Délocalisations-relocalisations : quelles implications économiques et managériales, communication pour les journées d'études du CESEM-HEM, Casablanca, les 12-13 mars, 2011
- M. Davey et M. Williams Walsh, « Billions in debt, Detriot tumbles into Insolvency ». *New York Times*, 18 juillet 2013
- M. DIAWARA, B. HUSSON, Evaluation de la coopération décentralisée franco-malienne, DGCID, MAE, 2003

- Mamadou DIOUF, « Réflexions sur les fonds de dotations, actes de Kaolack et Fatick, journées de la coopération décentralisée et de la planification régionale », 2e édition, 14-20 mai 2004, p. 233
- M. K. KONATE et al, Politique de santé communautaire et viabilité économique et sociale des centres de santé communautaires au Mali : étude de cas en milieu urbain et rural, document préliminaire préparé pour le projet RUIG/UNRISD « Mondialisation, inégalité et santé », septembre 2003, p. 18
- Mayacine DIAGNE « La décentralisation politique, fiscale et administrative au Sénégal et son impact dans la performance des collectivités locales », communication lors d'un atelier organisé par l'innovation environnement développement (IED Afrique) et le forum d'action pour la gouvernance locale en Afrique francophone (FLAGLAF), du 18 au 19 octobre 2011 à Saly (Sénégal), p. 11
- OCDE, Financement des services d'eau et d'assainissement : Enjeux, approches et outils, Paris, OCDE, 2013, étude de l'OCDE sur l'eau, p. 154
- Ouédraogo (A. J), ouvrage collectif publié en 2008 par le conseil des ministres africains de l'eau (AMCOW)
- Programme de Développement Institutionnel (Mali), Etude sur la révision du système de fiscalité locale, CDI, août 2010, p. 25
- Programme Solidarité-Eau, Financer la filière assainissement en Afrique subsaharienne, guide méthodologique
- Rapport Conférence habitant III : vers la définition d'un nouvel agenda urbain, financement local, condition du développement territorial durable et inclusif, pp. 1 à 3
- Sbihi. (M), *« Volonté d'autonomie et obstacles financiers : les défis des collectivités territoriales »*, Actes du colloque national des XIXème Universités Fiscalités De Printemps, organisé les 24 et 25 mai 2013 à Oujda, sous le thème *« Autonomie financière territoriale face à la crise économique : Afrique, Amérique, Europe »*
- S. COULIBALY, « Les dimensions sécurité routière dans les projets sectoriels des transports en Afrique : le cas du Mali », communication
- Stéphanie FLIZOT, Etude sur la révision du système de fiscalité locale, étude réalisée pour le compte du CDI du Mali dans le cadre du programme du développement institutionnel, Août 2010, p. 43

- S. TEMBELY et Y. DIAKITE, « la gestion décentralisée de l'éducation au Mali », rapport de l'atelier régional sur la gestion décentralisée de l'éducation dans les pays de l'ouest africain, aide et action, Parakou mars 2007, pp. 36-57.
- Traoré M.K., (2013), « La gouvernance locale comme stratégie de développement éducatif au Mali » Cahier de l'Association Tiers - Mondes n° 29 - 2014, pp. 269-278. Présente lors du colloque de l'ATM 2013
- Vergne (C), « Décentralisation Fiscale en Afrique Francophone : Note sur les Transferts Intergouvernementaux », Division Réforme du Secteur Public et Renforcement des Capacités (AFTPR), Région Afrique, septembre 2009, p. 9
- WEHRMANN. B, les options de l'introduction d'impôts liés au foncier comme contribution de la décentralisation fiscale au Mali, pour la division gestion du foncier communal, PACT, mars 2009, pp. 7-8.

VI-TEXTES JURIDIQUES NATIONAUX

A- Constitutions

- La Constitution du 22 septembre 1960
- La Constitution du 2 juin 1974
- La constitution du 25 février 1992

B- Lois et Règlements

Lois :

- Loi N° 2017-051 du 2 octobre 2017 portant code des collectivités territoriales ;
- Loi N° N° 2017-052 du 2 octobre 2017 déterminant les conditions de la libre administration des collectivités territoriales ;
- Loi N° Loi N° 2017-053 du 2 octobre 2017 portant statut particulier du district de Bamako ;
- Loi N° 2016-048 du 17 octobre 2016 portant loi électorale ;
- Loi N° 2011-036 du 15 juillet 2011 relative aux ressources fiscales des communes, des cercles et des régions ;

- Loi N° 96-058/AN-RM déterminant les ressources fiscales du district de Bamako et des communes qui le composent ;

- **Décrets :**

- Décret N° 2017-0511/P-RM du 12 juin 2017 fixant le détail des compétences transférées de l'État aux collectivités territoriales dans le domaine des sports ;
- Décret N° 2016-0273/P-RM du 29 avril 2016 fixant le détail des compétences transférées de l'État aux collectivités territoriales en matière d'agriculture, d'aménagement et d'équipement ruraux et de protection des végétaux ;
- Décret N° 2015-0678/P-RM du 20 octobre 2015 abrogeant et remplaçant le décret N° 02-313/P-RM du 4 juin 2002 fixant le détail des compétences transférées de l'État aux collectivités territoriales en matière d'éducation ;
- Décret N° 2015-0543/P-RM du 6 août 2015 fixant les détails des compétences transférées de l'État aux collectivités territoriales en matière d'élevage et de pêche ;
- Décret N° 2014-0572/P-RM du 22 juillet 2014 fixant le détail des compétences transférées de l'État aux collectivités territoriales dans le domaine de l'assainissement et de la lutte contre les pollutions et nuisances ;
- Décret N° 2012-082/P-RM du 8 février 2012 fixant les détails des compétences transférées de l'État aux collectivités territoriales en matière de développement social, de protection sociale et d'économie solidaire ;
- Décret N° 02-314/P-RM du 4 juin 2002 fixant les détails des compétences transférées de l'État aux collectivités territoriales des niveaux communes et cercles en matière de santé ;
- Décret N° 02-315/P-RM du 4 juin 2002 fixant les détails des compétences transférées de l'État aux collectivités territoriales en matière d'hydraulique rurale et urbaine ;
- Décret N° 2017-0555/P-RM du 29 juin 2017 fixant le détail des compétences transférées de l'État aux collectivités territoriales dans le domaine des mines ;

- Décret N° 2018-0079/P-RM du 29 janvier 2018 fixant le détail des compétences transférées de l'État aux collectivités territoriales en matière de gestion des ressources forestières et fauniques ;
- Décret N° 2016-0956/P-RM du 21 décembre 2016 portant création de la commission interministérielle de pilotage des transferts de compétences et de ressources de l'État aux collectivités territoriales.

VIII- Sources électroniques.

- www.afrilex.fr
- www.globenet.org
- https://www.ofce.sciences-po.fr/blog/incoherences-fiscales/
- Collectivités-locales.gouv.fr
- www.erudite.univ-paris-est.fr

TABLE DES MATIÈRES

Structures éditoriales du groupe L'Harmattan

L'Harmattan Italie
Via degli Artisti, 15
10124 Torino
harmattan.italia@gmail.com

L'Harmattan Hongrie
Kossuth l. u. 14-16.
1053 Budapest
harmattan@harmattan.hu

L'Harmattan Sénégal
10 VDN SICAP AMITIE 3
BP 45034 Dakar-Fann
direction@senharmattan.com

L'Harmattan Cameroun
Tsinga/Derrière polyclinique FECAFOOT
BP 11486 Yaoundé
Jacques.koukam@harmattan.fr

L'Harmattan Burkina Faso
Villa 281, secteur 23 623, rue 14.32
Ouagadougou
zagbie@outlook.fr

L'Harmattan Guinée
Almamya, rue KA 028 OKB Agency
BP 3470 Conakry
harmattanguinee@yahoo.fr

L'Harmattan RDC
185, avenue Nyangwe
Commune de Lingwala - Kinshasa
matangilamusadila@yahoo.fr

L'Harmattan Congo
219, avenue Nelson Mandela
BP 2874 Brazzaville
deunovmikhael@gmail.com

L'Harmattan Mali
Immeuble Mgr Jean Marie Cissé
Aci Hamadallaye
BP 145 Bamako
syllaka@yahoo.fr

L'Harmattan Togo
Djidjole - Maison Amela
face EPP BATOME
02 BP 20680 Lomé
didieramela11@gmail.com

L'Harmattan Côte d'Ivoire
Résidence Karl - Cité des Arts
Abidjan-Cocody
03 BP 1588 Abidjan
harmattan.ivoire@gmail.com

L'Harmattan Bénin
Rue 604, (Immeuble à l'entrée
de la rue UCAO- Cite de Saint-Jean)
Cotonou
stepcorpus@gmail.com

Nos librairies en France

Librairie internationale
16, rue des Écoles
75005 Paris
librairie.internationale@harmattan.fr
01 40 46 79 11
www.librairieharmattan.com

Librairie des savoirs
21, rue des Écoles
75005 Paris
librairie.sh@harmattan.fr
01 46 34 13 71
www.librairieharmattansh.com

www.ingramcontent.com/pod-product-compliance
Lightning Source LLC
LaVergne TN
LVHW021153061026
849535LV00002B/454